住房和城乡建设领域
"十四五"科学技术应用预测

住房和城乡建设部科学技术委员会科技协同创新专业委员会　组织编写

石永久　主编

中国建筑工业出版社

图书在版编目（CIP）数据

住房和城乡建设领域"十四五"科学技术应用预测 / 住房和城乡建设部科学技术委员会科技协同创新专业委员会组织编写；石永久主编. — 北京：中国建筑工业出版社，2021.6

ISBN 978-7-112-26147-5

Ⅰ.①住… Ⅱ.①住…②石… Ⅲ.①科学技术-应用-城乡建设-预测-中国 Ⅳ.①F299.2

中国版本图书馆CIP数据核字（2021）第086751号

本书在系统梳理和总结住房和城乡建设领域"十三五"科技发展成果的基础上，围绕信息技术、通信和航空航天技术、材料技术、人居健康与安全技术、生态环保技术、绿色能源技术、绿色建造技术、绿色金融及中介服务技术8项重点技术，对住房和城乡建设领域"十四五"科技发展进行预测。

预测面向国际前沿科技，面向国家重大战略需求，深入分析住房和城乡建设领域绿色和高质量发展面临的形势和挑战，服务制造强国、安居中国、城乡治理的重大科技需求，具有全局性、前瞻性、创新性和可操作性。

责任编辑：李　明
助理编辑：葛又畅
责任校对：芦欣甜

住房和城乡建设领域"十四五"科学技术应用预测
住房和城乡建设部科学技术委员会科技协同创新专业委员会　组织编写
石永久　主编

*

中国建筑工业出版社出版、发行（北京海淀三里河路9号）
各地新华书店、建筑书店经销
北京鸿文瀚海文化传媒有限公司制版
天津翔远印刷有限公司印刷

*

开本：787毫米×1092毫米　1/16　印张：18¾　字数：465千字
2021年8月第一版　2021年8月第一次印刷
定价：**78.00**元
ISBN 978-7-112-26147-5
（37702）

版权所有　翻印必究
如有印装质量问题，可寄本社图书出版中心退换
（邮政编码100037）

编委会

顾　问：
吴一戎　曲久辉　赵宇亮　张平文　缪昌文　肖绪文

主　编：
石永久

副主编：
魏育成　梁冬梅　胥小龙　彭　刚　张路金

编委会委员（以姓氏笔画为序）：
万　超　马荣全　王　华　王元丰　王爱勋　令狐延　冯　蕾
刘　鹏　刘军龙　江　燕　安占法　孙　炜　李久林　李丽娜
李国建　杨柳忠　何怡刚　沈体雁　张　涛　陈　浩　陈德刚
林波荣　金　睿　周予启　胡　清　钱增志　徐成华　殷　红
高秋利　曹少卫　龚　剑　傅志斌　戴良军

编写组成员（以姓氏笔画为序）：
于晨龙　王从远　王文昊　王琛茜　亓彦涛　尹　岭　石春力
朱日明　朱科键　乔晓冬　刘　栋　刘大宇　刘永奇　许静静
阳　凡　纪博雅　严　晗　李新明　杨邦会　吴华峰　余永明
陈　刚　陈　兵　范源艺　林剑远　季永新　段会龙　徐　浩
高　仓　郭群录　涂程亮　陶　瑜　梁玉美　韩　鞠　程　莹
薛晶晶

主编单位：
住房和城乡建设部科学技术委员会科技协同创新专业委员会
北京中科城镇科技协同创新中心

参编单位（排名不分先后）：
住房和城乡建设部城乡规划管理中心
住房和城乡建设部科技发展促进中心
清华大学
北京大学政府管理学院
北京大学学科建设办
北京航空航天大学材料学院
武汉大学电气与自动化学院
湖南大学
南方科技大学工程技术创新中心（北京）
北京交通大学土木学院
中国科学院空天信息研究院
中国科学院生态环境研究中心
国家纳米科学中心
中国建筑节能协会
江苏省土木建筑学会
中国工商银行现代金融研究所
金华职业技术学院
建设综合勘察研究设计院有限公司
中建一局集团建设发展有限公司
中国建筑第四工程局有限公司
中铁建工集团有限公司建筑工程研究院
上海建工集团股份有限公司
湖南建工集团有限公司
安徽建工集团控股有限公司
河北建工集团有限责任公司
江苏省建筑科学研究院有限公司
北京城建集团有限责任公司
上海市建筑科学研究院（集团）有限公司
河北建设集团股份有限公司
黑龙江省建设投资集团有限公司

武汉建工（集团）有限公司
青建集团股份公司
中亿丰建设集团有限公司
深圳市腾讯计算机系统有限公司腾讯云
中科九度（北京）空间信息技术有限责任公司
中新城镇化（北京）科技有限责任公司
中科边缘智慧信息科技（苏州）有限公司
中科万城（南京）智能科技有限责任公司
南京云创大数据科技股份有限公司
合肥金星机电科技发展有限公司
湖南链未来科技有限公司
中铁建设集团有限公司
浙江省建工集团有限责任公司
三一筑工科技有限公司
北京市数字城市工程技术研究中心
陕西建工第九建设集团有限公司

序

　　《住房和城乡建设领域"十四五"科学技术应用预测》即将出版面世，本人有幸先睹为快，对原稿进行了阅读和学习，令本人大开眼界，得益良多。这本书的信息量非常大，以城乡建设为主线，延伸和扩展的面特别广、深、新，这无疑是我所见到的我们住房和城乡建设领域十分精彩的"科技猎头图书"，也是我们土木工程界极好的博雅教育读物！

　　博雅教育特别强调以下两要素：一是博，文理融合，学科交叉，在广博的基础上求深度；博学多闻，博古通今。二是雅，做人第一，修业第二；君子以厚德载物，明大德，守公德，严私德。

　　上海《文汇报》曾刊登过这样一篇报道：对上海市相关从业人员的综合素质抽样调查显示，"不同程度地存在着从业者的知识结构较窄、专业技能不够精湛、职业责任感需要增强、创新能力亟待提升等'一窄三弱'问题"。这则新闻报道之后，对我思想触动很大，令我更加感受到了实施推行博雅教育的重要性和迫切性。

　　本人认为这本《住房和城乡建设领域"十四五"科学技术应用预测》，在极大程度上体现了浓郁的博雅思想和博雅文化。溯本求源，本人对住房和城乡建设部科学技术委员会科技协同创新专业委员会的成立，及其贵在"协同"和"创新"的敦厚人文生态，深表赞赏和敬意。专业学科的交叉及其具有高度融合，对住房和城乡建设领域而言无疑是一件极具影响力的大好事。

　　路漫漫其修远兮，吾将上下而求索。本人认为这类图书不可能一次完美铸成，而是需要陆续补充修订，严格地讲它是永无止境的，正因为如此，此书才更有价值和意义，为此我想表达四点：第一，倡议编写此书的思路相当前卫，很新颖，很有意义；第二，此书的各位撰稿人正是我们行业的"科技智库"集体；第三，建议围绕"住房和城乡建设领域"的科学技术发展预测，能否再聚焦，再精炼？譬如浓缩原书至1/3或1/4，可以成为高层次高雅科普读物；第四，希望科技协同创新专业委员会不断进取，并持之以恒地做好此项任务，成为行业推行博雅教育理念、实施博雅教育的交流平台。祝贺撰写本书的各位专家勇立潮头，为行业发展所做出的贡献！不胜赞叹之余，乐此而为之序！

许溶烈
2021年2月15日于北京

前　言

受住房和城乡建设部标准定额司委托，科技协同创新专业委员会根据住房和城乡建设领域绿色和高质量发展的需要，启动了住房和城乡建设领域中长期科学技术发展趋势预测工作，为住房和城乡建设领域"十四五"科学技术发展布局和规划进行前期调研准备。

根据住房和城乡建设部科学技术委员会统一部署要求，"十四五"住房和城乡建设领域新技术预测工作要面向国际前沿科技、面向国家重大战略需求、面向经济社会发展主战场，深入分析住房和城乡建设领域绿色和高质量发展面临的形势和挑战，服务制造强国、安居中国、城乡治理的重大科技需求，提出住房和城乡建设领域的科学技术中长期发展规划目标、重点任务和措施建议。技术预测的范围包括住房和城乡建设领域的科研开发、应用场景、科技平台建设、成果转化、人才培养和金融服务。在此基础上提出住房和城乡建设领域全局性、前瞻性、创新性和可操作性的"十四五"科学技术发展规划建议。

2019年12月12日，科技协同创新专业委员会（以下简称专委会）在北京西郊宾馆组织召开了"住房和城乡建设领域技术应用发展预测工作会议"，会议讨论确定了住房和城乡建设领域未来5～10年技术发展预测的领域、预测要点和预测方法。技术预测拟包括信息、通信和航空航天、材料、人居健康与安全、生态环保、绿色能源、绿色建造和绿色金融及中介服务等支撑建设领域发展的8个技术领域，并按照技术要点、发展现状和趋势、应用场景和效益分析、支撑条件4个维度展开；预测方法主要采用文献调研、专家意见征集、问卷调查、专家访谈、企业调研、专家座谈会、研讨会、邀请行业专家做专题报告、召开主题系列论坛等多种形式。专委会秘书处成立了4个工作小组配合各方面专家的意见征集和文献汇总工作，并形成技术预测报告初稿。

行业以及专委会相关专家在系统梳理和总结评估住房和城乡建设领域"十三五"科技发展成果的基础上，分析了我国住房和城乡建设领域关键技术现状与短板，围绕规划设计、建筑施工、装饰装修、基础设施、地下空间、未来社区、城市更新、应急保障、人居环境等应用场景，形成了住房和城乡建设领域新技术应用发展报告和选题征集表。各方面专家共提出技术发展建议228项，其中，技术发展建议书164项，项目选题征集表64项，包括信息技术40项，通信和航空航天技术12项，材料技术24项，人居健康与安全技术9项，生态环保技术57项，绿色能源技术18项，绿色建造技术39项，绿色金融及中介服务5项，学科交叉和前沿技术24项。

专委会秘书处工作组根据各方面专家提供的技术预测建议，经过系统的整理、归纳和编辑，形成本技术预测报告。

目 录

1 绪论 1
  1.1 "十三五"科技发展回顾 1
  1.2 "十四五"科技发展预测 2

2 信息技术 5
  2.1 城市信息基础设施技术 6
    2.1.1 人工智能技术 6
    2.1.2 区块链技术 12
    2.1.3 云计算技术 17
    2.1.4 大数据技术 21
  2.2 城市融合基础设施技术 26
    2.2.1 边缘计算技术 26
    2.2.2 城市物联网技术 30
    2.2.3 虚拟现实建筑仿真技术 36
    2.2.4 建筑结构智能传感技术 38
    2.2.5 智能建筑新型传感技术 39
    2.2.6 无线传感器网络技术 41
  2.3 城市信息物理系统技术 43
    2.3.1 建筑信息模型（BIM）技术 43
    2.3.2 城市信息模型（CIM）技术 47
    2.3.3 数字孪生城市技术 50

3 通信和航空航天技术 55
  3.1 现代通信技术 55
    3.1.1 5G通信技术 55
    3.1.2 天地一体化信息网络技术 58
  3.2 导航定位技术 60
    3.2.1 北斗卫星导航系统 60
    3.2.2 室内场所导航技术 63
    3.2.3 室内高精度定位技术 66
    3.2.4 北斗监控与预警技术 71
  3.3 测量和遥感技术 75
    3.3.1 航空航天遥感技术 75
    3.3.2 雷达遥感技术 78

3.3.3　航空测绘技术 ··· 81
　　3.3.4　高精度视觉测量技术 ··· 85
　　3.3.5　机载激光雷达技术 ··· 89
　　3.3.6　无人机技术 ·· 91
　　3.3.7　AI视频测量技术 ··· 93
4　材料技术 ··· 95
　4.1　结构材料技术 ··· 95
　　4.1.1　高性能金属材料技术 ·· 95
　　4.1.2　高性能水泥基复合材料技术 ···································· 100
　　4.1.3　膜材料技术 ·· 104
　　4.1.4　高性能纤维材料技术 ·· 107
　　4.1.5　新型木质复合材料技术 ··· 109
　　4.1.6　新型地下管线材料技术 ··· 111
　　4.1.7　建筑玻璃技术 ··· 112
　　4.1.8　超高性能混凝土技术 ·· 114
　4.2　功能材料技术 ··· 115
　　4.2.1　表面涂层材料技术 ··· 115
　　4.2.2　防火和阻燃材料技术 ·· 120
　　4.2.3　建筑节能材料技术 ··· 122
　4.3　装修材料技术 ··· 124
　　4.3.1　建筑陶瓷技术 ··· 124
　　4.3.2　高分子材料技术 ·· 126
　4.4　新材料技术 ·· 128
　　4.4.1　纳米材料技术 ··· 128
　　4.4.2　石墨烯材料技术 ·· 131
　　4.4.3　气凝胶材料技术 ·· 133
　　4.4.4　相变储能材料技术 ··· 135
　　4.4.5　智能材料技术 ··· 137
5　人居健康与安全技术 ·· 139
　5.1　社区卫生健康技术 ··· 139
　　5.1.1　健康大数据采集与监测技术 ···································· 139
　　5.1.2　公共卫生远程监控预警技术 ···································· 140
　　5.1.3　公共卫生立体感知防控技术 ···································· 141
　　5.1.4　社区智能诊疗服务技术 ··· 141
　　5.1.5　街区健康服务综合体技术 ······································· 143
　　5.1.6　居家远程诊疗新技术 ·· 144
　　5.1.7　城市健康食品储供销技术 ······································· 145
　5.2　宜居康养智能建筑技术 ··· 146
　　5.2.1　智能住宅技术 ··· 146

5.2.2 健康建筑技术	146
5.2.3 健康光环境提升技术	151
5.3 社区公共空间健康安全技术	153
5.3.1 共享交通融合技术	153
5.3.2 适老亲幼增强技术	154
5.3.3 社区更新技术	155
5.3.4 生活垃圾社区处置新技术	157
5.3.5 消防与预警救助方舱技术	158

6 生态环保技术 … 160

6.1 城乡绿色建筑技术 … 160
  6.1.1 绿色街区规划设计评价技术 … 160
  6.1.2 市政设施建造运行评价技术 … 161
  6.1.3 生态环境监测与治理技术 … 162
  6.1.4 植物与建筑融合技术 … 162

6.2 城乡水系统循环利用技术 … 166
  6.2.1 水系统规划与节水用水技术 … 167
  6.2.2 雨水径流污染控制技术 … 167
  6.2.3 城市污水处理提质增效技术 … 168
  6.2.4 城镇污水资源化利用技术 … 169
  6.2.5 排水管道综合检测技术 … 169
  6.2.6 城市智慧水务技术 … 170
  6.2.7 寒区微生物污水处理技术 … 171

6.3 城乡饮用水安全保障技术 … 173
  6.3.1 饮用水水质改善技术 … 174
  6.3.2 供水厂净水工艺优化技术 … 174
  6.3.3 供水管网输配控制技术 … 175
  6.3.4 二次供水水质保障技术 … 175

6.4 城乡固体废弃物综合处理技术 … 176
  6.4.1 环卫作业装备智能化技术 … 176
  6.4.2 环卫设施运营控制技术 … 176
  6.4.3 固体废弃物一体化处置技术 … 177
  6.4.4 污水污泥处理技术 … 178
  6.4.5 污水处理厂污泥利用技术 … 180
  6.4.6 沥青路面再生技术 … 186
  6.4.7 废旧轮胎声屏障开发利用技术 … 187

7 绿色能源技术 … 189

7.1 建筑节能技术 … 189
  7.1.1 既有建筑节能改造技术 … 189
  7.1.2 围护结构材料功能提升技术 … 193

7.1.3　近零能耗建筑技术 …………………………………… 194
7.2　城市天然能源技术 ……………………………………………… 197
　　7.2.1　城市风电能技术 ……………………………………… 197
　　7.2.2　太阳能技术 …………………………………………… 199
　　7.2.3　海洋能技术 …………………………………………… 211
7.3　城市再生能源技术 ……………………………………………… 213
　　7.3.1　生物质能源技术 ……………………………………… 213
　　7.3.2　深层地热能技术 ……………………………………… 219
　　7.3.3　氢能技术 ……………………………………………… 223
7.4　城市能源综合利用技术 ………………………………………… 225
　　7.4.1　区域建筑能源互联技术 ……………………………… 225
　　7.4.2　建筑与设备综合调适技术 …………………………… 226
　　7.4.3　可再生能源多能互补技术 …………………………… 226
　　7.4.4　低压直流建筑技术 …………………………………… 227
　　7.4.5　智能微电网技术 ……………………………………… 228
　　7.4.6　多能源耦合供热技术 ………………………………… 228

8　绿色建造技术 ……………………………………………………… 233
8.1　智能化生产技术 ………………………………………………… 233
　　8.1.1　预制部品部件信息化技术 …………………………… 234
　　8.1.2　智能建造定位技术 …………………………………… 234
　　8.1.3　3D打印建筑技术 ……………………………………… 237
　　8.1.4　建筑施工机器人技术 ………………………………… 239
　　8.1.5　板材安装建筑机器人技术 …………………………… 242
　　8.1.6　高层建筑机器人技术 ………………………………… 243
8.2　装配式建造技术 ………………………………………………… 244
　　8.2.1　装配式建筑建造技术 ………………………………… 244
　　8.2.2　装配式模块化组合建筑技术 ………………………… 250
　　8.2.3　装配式混凝土建筑技术 ……………………………… 253
　　8.2.4　钢木组合装配式建筑技术 …………………………… 256
　　8.2.5　BIM装配式建筑技术 ………………………………… 259

9　绿色金融及中介服务技术 ………………………………………… 269
9.1　住房和城乡建设领域绿色金融支持项目类别 ………………… 269
　　9.1.1　绿色建筑 ……………………………………………… 269
　　9.1.2　超低能耗建筑 ………………………………………… 270
　　9.1.3　建筑可再生能源应用 ………………………………… 270
　　9.1.4　既有建筑节能及绿色化改造 ………………………… 270
　　9.1.5　海绵城市建设 ………………………………………… 270
9.2　住房和城乡建设领域绿色金融支持工具 ……………………… 270
　　9.2.1　绿色信贷 ……………………………………………… 271

  9.2.2 绿色债券 ………………………………………………………………… 271
  9.2.3 绿色基金 ………………………………………………………………… 272
  9.2.4 绿色保险 ………………………………………………………………… 272
  9.2.5 碳金融 …………………………………………………………………… 273
  9.2.6 基础设施领域不动产投资信托基金（REITs）………………………… 274
 9.3 住房和城乡建设领域绿色发展有关指数评估方法 …………………………… 275
  9.3.1 绿色发展指数 …………………………………………………………… 275
  9.3.2 建筑工程造价指数 ……………………………………………………… 275
  9.3.3 住宅产业化指数 ………………………………………………………… 275
  9.3.4 建筑可持续发展指数 …………………………………………………… 275
  9.3.5 ESG 绿色指数 …………………………………………………………… 276
  9.3.6 城市体检指标体系 ……………………………………………………… 276
 9.4 建筑绿色化投融资动态评价方法 ……………………………………………… 276
 9.5 推动科技成果转化中介服务机构建设 ………………………………………… 276
  9.5.1 成果转化中介服务机构主要职责 ……………………………………… 277
  9.5.2 成果转化服务主要模式 ………………………………………………… 277
  9.5.3 成果转化服务机构的激励机制 ………………………………………… 277
  9.5.4 成果转化服务保障机制 ………………………………………………… 277
10 展望与建议 ……………………………………………………………………… 278
参考文献 …………………………………………………………………………… 280
致谢 ………………………………………………………………………………… 286

1 绪论

1.1 "十三五"科技发展回顾

《住房城乡建设科技创新"十三五"专项规划》的发展目标是：以绿色发展为核心，以资源节约低碳循环、提高城市综合承载能力、创建韧性城市为目标，强化科技创新和系统集成，统筹技术研发、应用示范、标准制定、规模推广和科技评价的全链条管理，抓好人才、基地、项目、协同、资金、政策六大创新要素，取得一批前瞻性、引领性、实用性科技成果，显著增强对行业科技创新的供给和支撑能力，为推动城市绿色发展，促进建筑业向工业化、绿色化、智能化转型升级提供科技支撑。

"十三五"期间，住房和城乡建设行业认真贯彻落实《国家中长期科学和技术发展规划纲要（2006～2020年）》，有序推进《住房城乡建设科技创新"十三五"专项规划》实施，围绕新型城镇化"集约、智能、绿色、低碳"发展战略和节能减排目标，坚持新发展理念，注重需求引导，突出工作重点，以产业链布局创新链，形成从基础前沿、重大共性关键技术到应用示范的全链条科技创新规划和布局，统筹推进重大科技研发、创新能力建设和成果推广应用。重点领域规划和布局了城镇区域规划与动态监测、城市功能提升与空间节约利用、建筑节能和绿色建筑、城市生态居住环境质量保障、城市信息平台等优先主题任务，成功组织了"水体污染控制与治理""高分辨率对地观测系统"国家科技重大专项和城镇化与城市发展领域一批科技项目研究开发，启动智慧城市示范项目，稳步推进建筑节能与绿色建筑，提高城乡规划系统性和技术水平，工程建造技术取得重要突破，住房和城乡建设行业科技创新取得显著成效，在以下8个主要领域取得了重大科技成果：

1. 城乡规划领域：推动规划设计技术创新，促进形成集约空间格局。取得了基于大数据的"多规合一"技术、道路BIM智能设计技术等技术成果；以绿色生态为城市发展导向，建立了适合我国国情和不同区域特征的城市新区规划设计理论方法和优化技术体系，为以雄安新区为代表的未来新区规划提供设计优化技术支撑和实操指引。

2. 信息技术领域：推动智能化技术应用，促进城市安全高效运行。取得了流域水环境治理智慧管控技术、建筑工业化互联网平台、基于BIM技术的轨道交通数字化预配基地、工程建设安全应急管理技术、建筑机器人技术、安全监测与预警智慧云、城市生态宜居和安全韧性评估等技术成果；在智慧城市、城市供水、轨道交通建设、建筑施工智能化管控系统、城市防灾减灾智慧化等方面创建了一批集成应用现代信息技术的项目。

3. 节能减排技术领域：提升节能减排技术水平，促进低碳节约循环发展。取得了太阳能光热利用技术、高效冷热源设备技术、蒸发冷却技术、储能技术、工业固体废弃物资源化、雨水回收再利用等新型节能减排技术的集成应用，研发了被动式铝木复合窗、构件式明框玻璃幕墙、复合超低能耗幕墙等建筑外围护系统节能保温产品，实现了基于可再生能源的热泵辅助供热制冷技术，具有余热回收、除湿功能的新风系统等被动式超低能耗建筑技术集成应用；以"安全、宜居、低能耗"为目标，充分考虑不同区域人民对供暖空调的迫切要求，体现区域与城乡协同发展，全面提升城市能源使用效率。

4. 生态环境技术领域：加强技术集成应用，促进城市环境生态宜居。取得了城市节水技术、非常规水资源开发利用技术、不同功能水源地及典型流域安全保障技术、公共建筑节水技术、城镇供水系统运行管理技术、饮用水安全及应急供水技术、城市污水深度处理及再生利用技术、海绵城市建设及黑臭水体治理技术、城市生活垃圾焚烧残渣资源化利用技术、海绵城市建设技术等技术成果；构建多尺度、多层次城市生态保护与修复技术体系，改善城市水环境质量，修复城市水生态，提升居住区环境质量。

5. 绿色建筑技术领域：构建绿色建筑技术体系，促进建筑品质显著提升。取得了装配式组合框架新结构体系、装配式混凝土新一代连接技术、装配式内装修技术、装配式减隔震结构设计技术、立体园林绿色建筑技术、建筑与小区雨水集约化控制利用技术、建筑外墙外保温工程质量评估技术、传统村落绿色宜居住宅设计技术、分布式太阳能供暖系统等技术成果；提高了绿色建筑技术集成度，提升了既有住宅的品质、功能和宜居性。

6. 先进建造技术领域：发展先进建造技术，促进建筑产业提质增效。取得了装配式钢结构、模块化建筑、构件工厂化生产等预制装配绿色建造系列技术，装配式混凝土结构连接与施工关键技术，超高及复杂高层建筑结构关键技术等技术成果；成果应用到了新城项目建设，如雄安市民服务中心、上海中心大厦（高 632m）、深圳平安金融中心（高 599.1m）等标志性建筑中，尤其是在不到一个月的时间内确保完成了总建筑面积约 11 万 m^2 的雷神山、火神山医院建设，为治疗提供了近 3000 张床位。提升了建筑能效、品质和建设效率，为绿色建筑及建筑工业化实现规模化、高效益和可持续发展提供了有力支撑。

7. 经济适用技术领域：推广经济适用技术，促进农村环境明显改善。取得了新型乡村规划评价技术、绿色村镇建筑及其环境适宜技术、绿色村镇气候适应性规划技术、垃圾分类及再利用技术、围护结构本土化材料构造技术、混凝土企口砌块砌体结构技术、轻钢骨架轻混凝土隔墙技术等技术成果；建立了适合于我国各地地域特点的农村环境整治技术，形成可复制可推广的范式和经验。

8. 城市公共安全保障领域：发展城市管网安全规划、健康诊断、智能修复等技术，建立城市地下综合管廊安全监测、检测和预警系统等，形成城市管网安全运行保障、监测预警减灾、应急处置等集成智能监控平台，显著提升城市管网运行安全保障能力和水平，构建全运行风险评估与安全韧性城市。研究建筑工程安全性能检测、评估与提升技术，城镇建筑安全监测和管控、安全拆除技术，老旧城区防灾减灾能力提升技术。

1.2 "十四五"科技发展预测

"十四五"期间要在住房和城乡建设技术集成创新与应用水平不断提高、绿色建筑实现规模化高效发展的基础上，持续推广应用"十三五"专项科技规划取得的成果，并深入分析"十三五"规划实施过程中遇到的困难和问题，大力推动 5G 通信网络、物联网、信息技术等高新技术与住房和城乡建设领域的交叉融合，展现"新基建"、智慧技术、数字化技术和绿色技术对住房和城乡建设领域生产和生活方式带来的革命性影响。加强城市建设管理体系的顶层设计，全面推动新能源、新材料、先进制造、信息技术、人工智能、虚拟仿真新技术以及绿色金融工具等在城市规划和城市设计、工程建造和质量控制、城市管理和安全保障等领域的应用，初步形成市政、交通等生命线工程运行的智能化，大面积推广智慧社区，实现城市建设、管理和服务方式的数字化变革。加强跨行业、跨领域的新技术深度融合和创新应用，将是"十四五"期间住房和城乡建设行业科技创新发展的新机遇和新趋势。

信息技术、通信和航空航天技术、材料技术、人居健康与安全技术、生态环保技术、绿色能源技术、绿色建造技术、绿色金融及中介服务技术等8项重点技术领域具体如下：

1. 信息技术领域：（1）城市信息基础设施技术包括：人工智能技术、区块链技术、云计算技术、大数据技术；（2）城市融合基础设施技术包括：边缘计算技术、城市物联网技术、虚拟现实建筑仿真技术、建筑结构智能传感技术、智能建筑新型传感技术、无线传感网络技术；（3）城市信息物理系统技术包括：建筑信息模型（BIM）技术、城市信息模型（CIM）技术、数字孪生城市技术。

2. 通信和航空航天技术领域：（1）现代通信技术包括：5G通信技术、天地一体化信息网络技术；（2）导航定位技术包括：北斗卫星导航系统、室内场所导航技术、室内高精度定位技术、北斗监控与预警技术；（3）测量和遥感技术包括：航空航天遥感技术、雷达遥感技术、航空测绘技术、高精度视觉测量技术、机载激光雷达技术、无人机技术、AI视频测量技术。

3. 材料技术领域：（1）结构材料技术包括：高性能金属材料技术、高性能水泥基复合材料技术、膜材料技术、高性能纤维材料技术、新型木质复合材料技术、新型地下管线材料技术、建筑玻璃技术、超高性能混凝土技术；（2）功能材料技术包括：表面涂层材料技术、防火和阻燃材料技术、建筑节能材料技术；（3）装修材料技术包括：建筑陶瓷技术、高分子材料技术；（4）新材料技术包括：纳米材料技术、石墨烯材料技术、气凝胶材料技术、相变储能材料技术、智能材料技术。

4. 人居健康与安全技术领域：（1）社区卫生健康技术包括：健康大数据采集与监测技术、公共卫生远程监控预警技术、公共卫生立体感知防控技术、社区智能诊疗服务技术、街区健康服务综合体技术、居家远程诊疗新技术、城市健康食品储供销技术；（2）宜居康养智能建筑技术包括：智能住宅技术、健康建筑技术、健康光环境提升技术；（3）社区公共空间健康安全技术包括：共享交通融合技术、适老亲幼增强技术、社区更新技术、生活垃圾社区处置新技术、消防与预警救助方舱技术。

5. 生态环保技术领域：（1）城乡绿色建筑技术包括：绿色街区规划设计评价技术、市政设施建造运行评价技术、生态环境监测与治理技术、植物与建筑融合技术；（2）城乡水系统循环利用技术包括：水系统规划与节水用水技术、雨水径流污染控制技术、城市污水处理提质增效技术、城镇污水资源化利用技术、排水管道综合检测技术、城市智慧水务技术、寒区微生物污水处理技术；（3）城乡饮用水安全保障技术包括：饮用水水质改善技术、供水厂净水工艺优化技术、供水管网输配控制技术、二次供水水质保障技术；（4）城乡固体废弃物综合处理技术包括：环卫作业装备智能化技术、环卫设施运营控制技术、固体废弃物一体化处置技术、污水污泥处理技术、污水处理厂污泥利用技术、沥青路面再生成套技术、废旧轮胎利用技术。

6.绿色能源技术领域：（1）建筑节能技术包括：既有建筑节能改造技术、围护结构材料功能提升技术、近零能耗建筑技术；（2）城市天然能源技术包括：城市风电能技术、太阳能技术、海洋能技术；（3）城市再生能源技术包括：生物质能源技术、深层地热能技术、氢能技术；（4）城市能源综合利用技术包括：区域建筑能源互联技术、建筑与设备综合调适技术、可再生能源多能互补技术、低压直流建筑技术、智能微电网技术、多能源耦合供热技术。

7.绿色建造技术领域：（1）智能化生产技术包括：预制部品构件信息化技术、智能建造定位技术、3D打印建筑技术、建筑施工机器人技术、板材安装建筑机器人技术、高层建筑机器人技术；（2）装配式建造技术包括：装配式建筑建造技术、装配式模块化组合建筑技术、装配式混凝土建筑技术、钢木组合装配式建筑技术、BIM装配式建筑技术。

8.绿色金融及中介服务技术领域：住房和城乡建设领域绿色金融支持工具、住房和城乡建设领域绿色发展有关指数评估方法、建筑绿色化投融资动态评价方法、推动科技成果转化中介服务机构建设。

2　信息技术

2020年3月4日，中共中央政治局常务委员会召开会议，指出要加快5G网络、数据中心等新型基础设施建设（以下简称"新基建"）进度。2020年4月20日，在国家发展改革委新闻发布会上，国家发展改革委明确了"新基建"的定义，即"新基建"是以新发展理念为引领，以技术创新为驱动，以信息网络为基础，面向高质量发展需要，提供数字转型、智能升级、融合创新等服务的基础设施体系，主要包括以下三个方面内容：一是信息基础设施，主要指基于新一代信息技术演化生成的基础设施，比如以5G网络、物联网、工业互联网、卫星互联网为代表的通信网络基础设施，以人工智能、云计算、区块链等为代表的新技术基础设施；以数据中心、智能计算中心为代表的算力基础设施等；二是融合基础设施，主要指深度应用互联网、大数据、人工智能等新技术，支撑传统基础设施转型升级，进而形成的融合基础设施；三是创新基础设施，主要指支撑科学研究、技术开发、产品研制的具有公益属性的技术设施。根据中国电子信息产业发展研究院发布的《"新基建"发展白皮书》，预计到2025年，5G基建、特高压、城际高速铁路和城市轨道交通、新能源汽车充电桩、大数据中心、人工智能、工业互联网等七大领域"新基建"直接投资将达10万亿元左右，带动投资累积或超17万亿元。

可以预计，"十四五"时期，"新基建"将对住房和城乡建设行业发展带来重大影响，以5G网络、人工智能、物联网、大数据、区块链等为代表的新一代信息技术将广泛而深入地渗透到住房和城乡建设各技术领域，与建筑信息模型（BIM）、智能建造、城市信息模型（CIM）、新材料等技术交叉融合，将前所未有地推动科技创新、应用场景、产业聚变、突破和重构，实现城乡管理向网络化、数字化、智能化、虚拟化、透明化、精准化的颠覆性变革，助力住房和城乡建设转型升级，实现现代城市智能化治理，推动关联产业经济发展。

1. 以新一代信息技术为核心的新一轮科技创新，将成为引领住房和城乡建设行业高质量发展的第一动力。新一代信息技术具有渗透性、颠覆性和引领性的特点，通过新一代信息技术与以投资带动为典型特征的建筑"传统基建"深度融合，将使得网络化、数字化、无人化、精准化和智能化成为行业技术发展的主流，形成以科技创新为典型特征的数字经济发展新动能、"新城建"，催化智能建造和新型建筑工业化，培育城市新型服务业态，促进住房和城乡建设行业人才、市场、资本等要素优化配置，通过科技新生产要素的市场规模和应用场景优势，催生绿色、低碳、智能、高效的可持续发展新格局，重塑"新基建"背景下住房和城乡建设行业新增长点和竞争新优势。

2. 以新一代信息技术为核心的新一轮科技创新，将推动宜居、宜业、宜文的高品质城乡生活方式转变。以全面感知、透彻可视、泛在智能、安全可信为特征的新一代信息技术突破和融合应用，与安全可靠、节能环保的高性能材料技术相结合，将打破传统城乡生活方式中时间和空间不协调、供给与需求不均衡的制约，形成链接不同角色的虚拟化、社区化、移动化的价值空间，建立泛在开放、均衡对等、便捷舒适以及乐业、康养、生活一体化的新社区平台，重构现代城市的公共服务和基本框架，催生新的协作模式和生产生活方式，打造安全、宜居、便捷和以人为本的城市环境，提升人民群众获得感和幸福感。

3. 以新一代信息技术为核心的新一轮科技创新，将融合催生城市运行大平台，实现城市系统高韧性、高智慧。经过"十一五"城市网格化管理、"十二五"海绵城市建设和"十三五"城市黑臭水体整治，住房和城乡建设领域形成了以网格化管理为核心的精细化管理模式。而新一代通用信息技术和城市信息模型等专用技术的深度融合，精细化管理模式与先进信息基础设施、城市基础设施充分结合，将形成以虚拟化、透明化、感知化和可视化为特征的数字孪生城市运行和存储大平台，实现贯彻城市不同建造阶段的"横向集成"，打通传统城市管理层级模式的"垂直集成"，形成主动式、智能化、精准化的城市治理体系，使得城市提质增效、韧性智慧。

2.1 城市信息基础设施技术

城市信息基础设施是城市规划、设计、建筑、运营和更新全生命周期管理的信息化基地底座，随着新一代信息技术的不断渗透和引领，正面临着新旧动能转换、建设运营管理模式等重大变革，将实现从传统的服务器硬件、网络基础设施、安全基础设施以及政府应用门户等通用信息基础设施建设，向以人工智能、大数据、云计算、区块链等新一代信息技术为核心的新一代城市信息基础设施建设转变，从而极大提升城市建设与运营管理能级和核心竞争力，推动城市数字经济的全面发展。

2.1.1 人工智能技术

人工智能是在计算机科学、控制论、信息论、语言学等学科研究基础上发展起来的一门前沿学科，通过计算机模拟人的思维过程和智能行为，从而使得计算机能够实现更高层次的应用，具备数据挖掘、机器学习、认知与知识工程、智能计算等应用能力。自1956年达特茅斯会议提出"人工智能"的概念以来，经过60多年的不断演进，人工智能已逐渐从技术研究走向行业应用，特别是在物联网、大数据、云计算等新一代信息技术以及经济社会转型升级强烈需求共同作用下，已成为推动人类经济社会各领域向数字化、网络化和智能化转变的新技术引擎，必将深刻地改变人类生产和生活方式。

2.1.1.1 技术要点

"十四五"期间，人工智能技术将在各行业得到不断突破和加速应用。人工智能技术可以有效揭示事件演变和发展的历史规律，准确感知基础设施和社会安全运行的现势态势，及时预测和预警事件发生发展的未来态势，从而使得人们能够主动决策反应，将显著提高社会治理的能力和水平，为人类社会应对人口老龄化、资源环境约束等重重挑战带来新机遇。为此，人工智能已成为国际竞争的主要焦点之一，作为引领未来的战略性技术，世界主要发达国家纷纷把发展人工智能作为提升国家综合竞争力、维护国家安全的重大战略。为抢抓人工智能发展的重大战略机遇，构筑我国人工智能发展的先发优势，加快建设创新型国家和世界科技强国，2017年7月国务院印发了《新一代人工智能发展规划》，预计到2025年人工智能基础理论实现重大突破，部分技术与应用达到世界领先水平，人工智能成为带动我国产业升级和经济转型的主要动力，智能社会建设将取得积极进展；2016年3月，工业和信息化部、国家发展改革委、财政部三部委联合印发了《机器人产业发展规划（2016～2020年）》，为"十三五"期间我国机器人产业发展描绘了清晰的蓝图，也为"十四五"期间人工智能技术及其装备快速发展奠定了良好基础；2017年12月，工业和信息化部印发了《促进新一代人工智能产业发展三年行动计划（2018～2020年）》，以信息技术与制造技术深度融合为主线，推动新一代人工智能技术的产业化与集成应用；此外，国家正在研究制定我国机器人产业面向2035年的发展规划，将为我国人工智能技术及其装备的快速发展奠定良好基础。

人工智能技术将对住房和城乡建设行业带来深刻的影响，将成为建筑业转型升级强有力的助推器。建筑业及其相关产业占我国GDP比重大，在国民经济中的支柱产业地位显著。相对于医疗、金融、互联网等行业而言，建筑业人工智能应用起步较晚。随着新一轮数字化浪潮的兴起，建筑业的转型升级已成为必然趋势，越来越多的人工智能技术将在建筑行业得到广泛应用，促进建筑业实体经济与数字经济深度融合。通过人工智能技术研发突破的智能机器人、便携式智能终端、智能家居等将在住房和城乡建设领域得到广泛应用，有助于将人们从繁重的劳动场景中解放出来；数据挖掘与机器学习技术的突破，也将极大拓展建筑规划设计辅助支持、施工现场远程实时智能监控、道路桥隧安全识别分析与预测等应用场景，使得城市规划、设计、建造、运管和更新更加科学合理、更加精准智能。

人工智能技术得以在住房和城乡建设行业等领域应用，关键在于算法、算力和数据三大要素的突破和集成。作为人工智能技术及其装备快速发展的三驾马车、核心驱动力和生产力，算法、算力和数据三者之间相互联系、相互促进，共同推动人工智能技术进步和应用。

1. 人工智能算法

当前机器学习和深度学习是人工智能应用的两大热点技术。其中，机器学习是一种实现人工智能的方法，使用算法来解析数据，通过大量数据的训练和学习，对事件作出决策和预测。深度学习是一种实现机器学习的技术，深度学习全称深度神经网络，本质上是多层次的人工神经网络算法，即从结构上模拟人脑的运行机制，从最基本的单元上模拟人类大脑的运行机制。自从Hinton提出深度置信网络（Deep Belief Network，DBN）以来，深度学习的发展经历了一个快速迭代周期，尤其是云计算等计算机软硬件技术的加快应用，为人工智能技术应用提供了强大的算力；物联网、大数据等技术的加快突破与应用，为人工智能技术应用提供了大数据，于是以深度学习为核心的人工智能算法（算力）研究与应用成为带动本轮人工智能发展的最主要动力，并在计算机视觉、语音识别、自然语言理解等领域取得了突破和应用。在语言识别领域，使用深度神经网络模型的语音识别相对传统混合高斯模型识别错误率大大降低，目前大部分商用语音识别算法都是基于深度学习算法的，为人工智能装备语言交互提供了技术基础。在机器视觉领域，包括面向城乡规划的遥感图像解译、图像提取分类，面向智慧城市安防管理的视频人脸识别、目标监测、目标跟踪和行为分析等应用上，深度学习算法均已取得了突破性的进展。

目前，我国缺乏人工智能原创算法，算法落地技术投资周期较长。开源系统允许公众使用、复制和修改源代码，具有更新速度快、拓展性强等特点，可以大幅降低企业开发成本和客户购买成本。开源深度学习平台将是推进人工智能技术发展的重要动力，目前流行的深度学习框架包括 PaddlePaddle、Tensorflow、Caffe、Theano、MXNet、Torch 和 DL4J 等，如表 2-1 所示。

目前流行的深度学习框架　　　　　　　　表 2-1

框架名称	开源公司	支持语言	框架简介
PaddlePaddle	百度	Python/C++	深度学习开源平台
Tensorflow	谷歌	Python/C++/Go/…	神经网络开源库
Keras	谷歌	Python	模块化神经网络库 API
Caffe	加州大学伯克利分校	Python/C++	卷积神经网络开源框架
Theano	蒙特利尔大学	Python	深度学习库
MXNet	DMLC 社区	C++/Python/R/…	深度学习开源库
Torch	Facebook	Lua	机器学习算法开源框架
CNTK	微软	C++	深度学习计算网络工具包
DL4J	Skymind	Java/Scala	分布式深度学习库

2. 人工智能算力

随着人工智能算法模型所需精度越来越高，所要求的计算能力也呈现出增长趋势，人工智能算法的快速发展对整个计算需求所造成的挑战也变得越来越大，提高人工智能计算系统的性能与效率显得尤为重要。近年来，新型高性能计算架构成为人工智能技术演进的催化剂，从传统的以 CPU 为主、GPU 为辅的架构逐步转变为以 GPU 为主、CPU 为辅的结构，但现有通用芯片在基础能力上无法满足密集线性代数和海量数据高吞吐需求，亟须解决云端的高性能和通用性、终端的高能效和低延时等问题。随着专用芯片技术的发展，神经网络芯片将取代当前的通用芯片，逐步发展形成包括面向云端的升级网络芯片、面向终端的神经网络芯片等系列型谱的专用芯片格局，支持卷积神经网络（Convolutional Neural Networks，CNN）、递归神经网络（Recursive Neural Network，RNN）、长短期记忆网络（Long Short Term Memory，LSTM）等主流神经网络算法，从而促进人工智能技术在可穿戴智能终端、无人自动驾驶、智慧安防、智能家居等重点领域规模化应用。

3. 人工智能数据

人工智能技术应用基础之一是收集大量样本数据进行训练，获得对结果进行预测的能力。由于样本数据获取以及数据本身的复杂性，尤其是随着物联网、大数据等技术快速发展，数据价值密度大大增加，如何对数据进行加工处理、组织管理和价值挖掘，成为人工智能发展的关键价值点，出现机器辅助标注、人工标注等人工智能基础数据专业服务，并持续释放对人工智能的基础支撑价值。随着算法需求越来越旺盛，迫切需要提高人工智能基础数据服务水平，目前机器辅助标注、人工标注等手段需要改进提升，同时需要增强数据处理平台持续学习和自学习能力，进一步提升基础数据维度和精度。人工智能基础数据服务包括数据集产品和数据资源定制服务两类，数据集产品是人工智能基础数据服务商根据自身积累产出的标准数据集；数据资源定制服务是指由客户提出具体需求，数据服务商直接对客户提供数据标注，或对数据进行采集并标注的服务。

目前，主要的开源人工智能公共数据集如表 2-2 所示，可为人工智能算法研究和测试提供优质数据。

主要的开源人工智能公共数据集　　　　　　　　　　表 2-2

类型名称	数据集名称	数据集特点
自然语言处理	WikiText	维基百科语料库
	SQuAD	斯坦福大学问答数据集
	Common Crawl	PB 级别的网络爬虫数据
	Billion Words	常用的语言建模数据库
语音识别	VoxForge	带口音的语料库
	TIMIT	声学—音素连续语音语料库
	CHIME	包含环境噪声的语音识别数据集
机器视觉	SVHN	谷歌街景中的图像数据集
	ImageNet	基于 wordnet 构成，常用的图像数据集
	Labeled Faces in the Wild	面部区域图像数据集，用于人脸识别训练

2.1.1.2 发展现状和趋势

人工智能技术在住房和城乡建设领域的应用，相对于医疗、金融、互联网等行业而言起步较晚，目前为止，人工智能技术已开始应用于城市规划、建筑设计、建筑施工、建筑运营等业务中，并在实际的应用流程中发挥了作用，能够极大简化业务应用流程、降低用户使用技能要求、提供系统智能化水平，人工智能技术必将极大推动未来智能建筑的发展。

1. 人工智能在建筑规划中的应用情况

人工智能技术已应用于建筑设计选型、设计规范自动检测等诸多方面。典型应用包括：在建筑消防专业知识基础上，利用条件规则和模糊判断算法，构建建筑消防设计人工智能专家系统，对建筑消防设计是否符合规范进行自动检验和辅助诊断；在传统钢筋混凝土框架结构 CAD 系统设计基础上，引入人工智能技术，辅助钢筋混凝土空间框架结构分析与设计；针对基坑支护结构初步方案设计阶段的方案选型工作，采用 CLIPS 专家系统建立相应的控制系统和规则知识库，辅助技术方案选型和设计。

2. 人工智能在建筑结构中的应用情况

建筑物在长期运行试用中容易产生裂缝、破损，或是经过振动、地震后的破损，都是影响建筑安全的重要因素。利用人工智能技术可以辅助故障诊断和破损情况评估。典型应用包括：针对地震后房屋破损情况评估，利用各种观测数据和现场记录数据进行不确定性推理，可以有效解释房屋的破损程度，帮助工程师作出房屋破损情况评估决策。基于长时间序列的建筑结构损伤样本数据集，通过人工神经网络进行样本训练和学习，可以构建面向建筑结构损伤识别和预测的人工智能模型，根据模型参数可以计算和预测相应的结构损伤参数。

3. 人工智能在给水排水中的应用情况

人工智能技术在城市污水处理，城市、小区需水量模拟和给水管网故障诊断等城市给水排水领域中有着广泛的应用。典型应用包括：在城市污水处理方面，针对城市污水处理厂日常运行故障类型繁杂、故障处理时效性要求高等特点，采用正反向混合推理机制，结合日常运行故障树等形式，可以构建城市污水处理厂日常运行故障专家诊断系统，有效提升系统智能化运行管理水平。在城市建设规划、供水系统建设管理方面，可以利用人工神经网络对管网内每小时用水量、管网监测点水压值、用水量等进行预测。在城市给水排水管网故障监测方面，可以根据多个监测点的采用数据，利用人工神经网络技术进行给水管网故障位置、故障程度、故障影响范围等实时诊断，包括对未监测点位水压变化情况的预测。

4. 人工智能在建筑工程管理中的应用情况

人工智能技术可以应用于施工图生成、施工现场安排、建筑工程预算、建筑效益分析等业务中。典型应用包括：采用知识表示方法描述施工网络图涉及的各种规则和知识，通过正向推理等人工智能方法，实现施工网络图节点的拓扑分析，以支持施工网络图的自动生成。利用模糊数学中的隶属函数反映各建筑工程特征上的差异性，结合定性分析和定量分析方法，并运用模糊神经网络可以实现建筑工程造价的估算。利用神经网络对建筑劳动生产力效率进行预测，建立建筑工程性能效益分析系统，从而实现对劳动力成本进行预测分析，诊断分析建设项目性能效益。

5. 人工智能在城乡规划中的应用情况

人工智能技术在城市绿地监测、城乡用地分类、违章建筑监测、城市扩张监测、城市生态环境评估等领域有着广泛的应用。典型应用包括：依托高分辨率卫星遥感数据，采用深度学习神经网络（CNN、RNN、GAN）等人工智能技术，构建典型地物提取和分类系统，实现对典型地物如绿地、水体、厂房等目标的快速提取，对城市自然和建成环境要素的自动识别和评价，并可快速、自动化生成相应的专题分析产品，广泛应用于园林城市监测、城市水体保护、城乡规划监管等相关领域；面向城乡规划监测应用需求，依托多时相高分辨率卫星遥感，利用机器视觉对图像进行比对分析，实现对城市变化区域（图斑）的快速识别和评价，并利用强化学习等方法，与规划方案进行快速比对，生成相应的专题报告，对城市规划进行有效监管和治理，引领城市生态绿色发展。

6. 人工智能在燃气管网中的应用情况

人工智能技术在城市燃气安全监测、智慧调度运营、智能需求预测等领域有着广泛的应用。典型应用包括：通过对海量城市燃气管道监测传感器的持续监测，结合日常监测故障树等专家知识经验，采用正反向混合推理机制和模拟仿真方法，可构建城市燃气运行故障专家诊断系统，准确预测燃气管道泄漏事件的智能感知预警，并通过专家诊断系统提供最佳处置策略；同时，采用深度学习网络和知识库模型，构建不同城市区域级别的智能需求预测模型，实现对市政燃气使用量的动态调配和高效调度。

"十四五"期间，人工智能技术在住房和城乡建设领域将呈现更为快速的发展态势，有可能在以下几个方面得到突破：一是将逐步建立住房和城乡建设领域的人工智能科技协同创新体系，人工智能技术在规划、建设、管理和运维等环节的应用将更加成熟；二是将形成住房和城乡建设领域的人工智能创新平台，包括人工智能领域算法模型、统一计算框架平台、人工智能公共数据集和数据处理工具等，从而形成面向规划、建设、管理和运维等各环节的基础应用支撑；三是建筑行业机器人和智能终端将得到快速应用，行业智能化水平将得到大幅度提升。

2.1.1.3 应用场景和效益分析

建筑业属于资金密集型和劳动密集型行业，生产过程中常常需要占用大量的劳动力。人工智能技术能够高效快速地完成复杂的工作，能够部分替代人工作业，提高工作效率、降低工作成本，尤其是能够适用于工作环境恶劣、高危险性等应用场景，能够将人类从恶劣的环境和繁重的劳动中解脱出来，是解决建筑业转型升级的较好手段。人工智能技术除了广泛应用于城市规划、设计、建筑、运营和更新等信息系统中外，未来还将形成以建筑机器人为核心的人工智能装备，广泛应用于人们工作和生活的方方面面，如绿色建造的建筑施工、美好生活的居家养老等场景。

1. 居家养老智能机器人

随着我国正迈入老龄化社会以及机器人技术突破，居家养老智能机器人成为行业探索新方向。通过运用居家养老智能机器人，优化居家养老服务，为居家养老服务提供高科技设备，提高居家养老科技体验。居家养老智能机器人主要包括智能管家机器人、老幼看护机器人、家庭扫地机器人、厨房机器人等。

2. 便携式智能终端

便携式智能终端通过搭载各种操作系统，可根据用户需求定制各种应用功能，具有可穿戴、移动性、多任务等特点，能够适用于建筑施工现场管理、建筑设备设施巡检等场景，主要包括智能穿戴设备、手持智能终端设备，如建筑施工现场智能头盔、建筑运维增强现实眼镜、市政设施巡检移动终端（路灯、水电气污通信管线等）等，支持施工现场人员管理、现场数据实时采集等，可以极大提高现场作业效率和远程知识支持能力。

3. 机器人流程自动化（RPA）

机器人流程自动化（Robotic Process Automation，RPA）是以软件机器人及人工智能（AI）为基础，通过"技术＋人员＋流程"有机集成，自动完成预先设定的工作流程的软件机器人，通常包括流程建模编辑器、流程机器人和协调控制器。RPA可以联动多个业务系统，自动执行任务；可以自动串联工作流程，实现流程再造和优化；能够执行重复性、标准化、规则明确的任务。通过RPA可以极大降低运维成本，提升工作效率；实现各类装配式建筑的自动化生产、运输，乃至装配工作，极大提升原有效率。

4. 人工智能技术综合应用

人工智能技术涉及的数据挖掘与深度学习等算法，能够广泛应用于城市规划、设计、建筑、运营和更新等全生命周期各环节。譬如，适用于建筑规划设计辅助支持、施工现场远程实时监控、道路桥隧安全识别分析等诸多应用场景，可以有效提升辅助决策支持和风险预测预警能力。此外，借助人工智能技术的城市影像数据深度学习能力，可有效应用于城市建设活动的自动监察识别，对于及时发现并纠正城市违规建设现象，提升城市规划建设监管的自动化、智能化、精细化水平具有重要支撑作用。此外，人工智能技术在城乡规划中也有着广泛的应用，利用机器视觉对图像数据进行分析，实现城市自然与建成环境要素的自动识别和评价；利用强化学习进行规划方案快速生成、比选和快速调整；对建设时序的模拟等。

2.1.1.4 支撑条件

在政策支撑方面，我国已发布了《新一代人工智能发展规划》《机器人产业发展规划

（2016～2020年）》等，并正在研究制定我国机器人产业面向2035年发展规划。在住房和城乡建设领域，应根据国家人工智能政策和部署，制定相关产业发展规范和行业管理规范，促进人工智能技术在建筑设计、建造和使用等方方面面的应用和产业落地，从顶层上引领和指导人工智能在住房和城乡建设领域的快速发展。

在技术支撑方面，住房和城乡建设领域人工智能技术研究和应用起步相对较晚，需要通过"政产学研金服用"等多要素相结合的方式，推动人工智能技术在住房和城乡建设领域形成规模化应用；可以联合我国已建成的机器人技术领域国家级科研基地/平台开展住房和城乡建设领域人工智能关键技术研究，包括机器人技术国家工程研究中心、机器人学国家重点实验室、机器人技术与系统国家重点实验室、机器人视觉感知与控制技术国家工程实验室等；联合具有良好的建筑机器人等研究基础的高科技综合性企事业单位，开展需求深化论证、技术成果转化和装备产品研制等。

在经济支撑方面，2020年3月30日，中共中央、国务院发布了《关于构建更加完善的要素市场化配置体制机制的意见》，将深化要素市场化配置改革，促进要素自主有序流动，提高要素配置效率，进一步激发全社会创造力和市场活力，推动经济发展质量变革、效率变革、动力变革，为住房和城乡建设领域以人工智能为代表的技术、生产要素快速流转奠定了基础。在住房和城乡建设领域，应加强和引导人工智能技术与社会资本等多要素的融合与优化配置，以解决人工智能技术应用面临的科技成果转移转化和产业化推广应用的资金问题。

2.1.2 区块链技术

区块链（Blockchain）技术是一种将数据区块有序连接，并以密码学方式保证其不可篡改、不可伪造的分布式账本（数据库）技术，可以在无须第三方背书情况下实现系统中所有数据信息的公开透明、不可篡改、不可伪造和可追溯。2019年10月24日，中共中央总书记习近平在主持中共中央政治局第十八次集体学习时强调，区块链技术的集成应用在新的技术革新和产业变革中起着重要作用，要把区块链作为核心技术自主创新重要突破口，着力攻克一批关键核心技术，加快推动区块链技术和产业创新发展；要推动区块链底层技术服务与新型智慧城市建设相结合，探索在信息基础设施、智慧交通、能源电力等领域的推广应用，提升城市管理的智能化和精准化水平，从而为区块链技术和产业发展指明方向。区块链技术通过解决信任问题，提供一种通用技术和全球范围内的解决方案，从而使整个行业的运行效率和整体水平得到提高，这将对住房和城乡建设领域的数据获取、交换共享等系统有效运转起到关键性作用，并在基础设施建设供应链中发挥可追溯性、安全性和便捷性等效能，必将对住房和城乡建设行业产生深远影响。

2.1.2.1 技术要点

区块链技术在本质上是一套由多个节点共同维护、能够系统运转的数据库储存系统，核心技术包括分布式账本技术、共识机制技术、智能合约技术、信息安全及加解密技术等，解决了在不依靠中心机构、在完全无信任基础的前提下如何建立信任机制的问题，从形式上看是按照时间顺序将数据区块以顺序相连的方式组合成的一种链式数据结构。正是由于区块链特殊的数据结构与运作机理，使区块链技术具有去中心化、共识机制、可追溯性以及高度信任四个典型特征。

1. 采用分布式账本技术，具有去中心化特征，为建立网络化社会奠定了技术基础。

分布式账本技术（Distributed Ledger Technology，DLT）是一种可以在多个网络节点、多个物理地址或者多个组织构成的网络中进行数据分享、同步和复制的去中心化数据存储技术。相较于传统的分布式存储系统，分布式账本技术主要具备两种不同的特征：一是传统分布式存储系统执行受某一中心节点或权威机构控制的数据管理机制限制，分布式账本技术则往往基于一定的共识规则，采用多方决策、共同维护的方式进行数据的存储、复制等操作；二是传统分布式存储系统将系统内的数据分解成若干片段，然后在分布式系统中进行存储，而分布式账本技术中任何一方的节点都各自拥有一份独立的、完整的数据存储，各节点之间彼此互不干涉、权限等同，通过相互之间的周期性或事件驱动的共识达成数据存储的最终一致性。

分布式账本技术使得区块链成为由众多节点共同组成的点对点网状结构，不依赖第三方中介平台或硬件设施，无中心管制，通过分布式记录和存储的形式，各节点之间实现数据信息的自我验证、传递和管理。数据在每个节点互为备份，各节点地位平等，共同维护系统功能，因此系统不会因为任意节点的损坏或异常而影响正常运行，使得基于区块链的数据存储具有较高的安全可靠性。区块链技术的去中心化特点，将形成开放式、扁平化、平等性等系统结构，为建立虚拟化、网络化社会奠定了良好的技术基础。

2. 采用共识机制技术，具有共识机制特征，为建立高可用应用奠定了技术基础。

区块链作为一个历史可追溯、不可篡改的分布式（去中心化）系统，通过共识机制解决多方互信的问题。共识达成需要依赖可靠的共识算法，共识算法通常解决的是分布式系统中由哪个节点发起提案，以及其他节点如何就这个提案达成一致的问题，分为可信节点间的共识算法与不可信节点间的共识算法两类。可信节点间的共识算法包括 Paxos 和 Raft 及其相应变种算法；不可信节点间的共识算法包括以 PoW（Proof of Work）和 PoS（Proof of Stake）等算法为代表的适用于公链的共识算法和以 PBFT（Practical Byzantine Fault Tolerance）及其变种算法为代表的适用于联盟链或私有链的共识算法。

通过共识机制技术，网络中的所有节点间达成共识的认证原则，在此基础上认定一份交易信息的有效性，保证了信息的真实性和可靠性。得益于该机制，区块链应用中无须依赖中心机构来鉴定和验证某一数值或交易。共识机制可以减少伪冒交易的发生，只有超过51%的节点成员达成共识，数据交易才能发生，有利于保证每份副本信息的一致性，建立适用于不同应用场景的交易验证规则，从而在效率与安全之间取得平衡。区块链技术的共识机制将有效解决分布式多中心应用中的信息一致性和有效性问题。

3. 采用智能合约技术，具有可追溯性特征，为建立高可信应用奠定了技术基础。

智能合约（Smart Contract）是一种旨在以信息化方式传播、验证或执行合同的计算机协议。智能合约允许在没有第三方的情况下进行可信交易。这些交易可追踪且不可逆转。其目的是提供优于传统合同方法的安全，并减少与合同相关的其他交易成本。基于区块链的智能合约包括事件处理和保存的机制，以及一个完备的状态机，用于接受和处理各种智能合约，数据的状态处理在合约中完成。事件信息传入智能合约后，触发智能合约进行状态机判断。如果自动状态机中某个或某几个动作的触发条件满足，则由状态机根据预设信息选择合约动作自动执行。因此，智能合约作为一种计算机技术，不仅能够有效地对信息进行处理，而且能够保证合约双方在不必引入第三方权威机构的条件下，强制履行合约，避免了违约行为的出现。

在智能合约约束下，区块链是一个分散的数据库，区块链中的数据信息全部存储在带有时间戳的链式区块结构里，将数据分散在网络链接的各台计算机上，不受中心化服务器控制，数据存储方式是不可篡改的，具有极强的可追溯性和可验证性。区块链中任意两个区块间都通过密码学方法相关联，可以查询追溯到任何一个区块的数据信息，可以有效解决监管监督类应用的信息可信性、可靠性等问题。

4. 采用信息安全及加解密技术，具有高度信任特征，为建立高可靠应用奠定了技术基础。

基于区块链的高可靠和不可篡改特性，各种高保密性的数据在区块链中的存储和应用需求将大量出现，如何保证数据隐私和安全是区块链技术的基础。区块链中常使用现代信息安全和密码学的技术成果，主要包括哈希算法、对称加密、非对称加密、数字签名、数字证书、同态加密、零知识证明等。例如，可以采用密码学哈希算法技术，保证区块链账本的完整性不被破坏。

通过信息安全及解密技术，区块链成为建立信任关系的新技术，这种信任依赖于算法的自我约束，任何恶意欺骗系统的行为都会遭到其他节点的排斥和抑制。区块链技术具有开源、透明的特性，系统参与者能够知晓系统的运作规则和数据内容，任意节点间的数据交换通过数字签名技术进行验证，按照系统既定的规则运行，保证数据信息具有较高的可信度，降低了系统的信任风险，为建立高可靠应用奠定了技术基础。

2.1.2.2 发展现状和趋势

区块链技术最初是应用在加密数字货币领域。随着以比特币为首的数字货币受到越来越多的关注，人们开始将区块链技术应用到金融领域，为区块链系统引入智能合约技术。智能合约技术对区块链的功能进行了拓展，区块链应用范围开始从单一的货币领域扩大到涉及合约共识的其他金融领域，并得以在股票、清算、私募股权等众多金融领域崭露头角。随着区块链技术的进一步发展，其开放透明、去中心化及不可篡改的特性在其他领域也越来越受到关注。除了金融领域外，区块链技术又陆续被应用到公证、仲裁、审计、域名、物流、医疗、邮件、鉴证、投票等其他领域，应用范围逐渐扩大到整个经济社会。

目前，区块链技术在住房和城乡建设领域的应用，相对于金融、教育、邮政、交通等行业而言起步较晚，但也逐步呈现出良好的发展态势，北京、深圳等地住房和城乡建设领域正积极推进区块链技术的行业应用，该技术已先后被应用在建设项目全生命周期管理、混凝土质量监管、工程项目征信监管等多个业务领域，并在实际的应用流程中发挥了作用，取得了良好的效益，实现建筑行业监管水平的显著提升。

1. 区块链在建材溯源中的应用情况

区块链技术已应用于建材质量监管、施工管理溯源等诸多方面。典型应用包括：在政府混凝土质量监管方面，通过区块链分布式记录方法，实时采集混凝土生产、配送、签收、使用等全生命周期信息；通过建立不可篡改、可永久追溯的混凝土记录数据库，实现了混凝土全生命周期信息化监管，实现对混凝土质量数据的永久溯源，为建筑工程质量保驾护航。在施工管理溯源方面，通过构建建筑材料溯源区块链平台，支持多家混凝土搅拌站、施工单位上链，统一管理运营，具有极大的业务拓展性；结合制度建设，可从根本上解决交易信息易篡改、混凝土质量难溯源的问题，杜绝弄虚作假、腐败贿赂现象，实现建筑行业监管水平显著提升。

2. 区块链在建设项目监管中的应用情况

区块链技术已应用于工程项目全生命周期管理、重大项目资金监管等诸多方面。典型应用包括：在棚改项目全生命周期监管方面，通过区块链分布式记录方法，实时采集工程启动、采购、施工、评估、验收等全生命周期信息；通过建立不可篡改、可永久追溯的棚改项目记录数据库，实现了对棚改项目的全生命周期信息化监管和永久溯源，确保棚改项目有据可依、有证可查，实现了重大工程项目的阳光政务公开。在重大工程资金监管方面，顺义区住房和城乡建设委员会通过上线棚改项目全生命周期智慧监管信息平台，支持棚改相关单位，如施工单位、银行、拆迁用户、政府相关部门等多家上链，确保信息的公开透明；结合制度建设，实现了棚改项目资金使用情况的不可篡改和不可伪造，有效解决了棚改项目政府和老百姓最关心的资金安全问题。

3. 区块链在不动产登记中的应用情况

区块链技术已应用于不动产登记、房屋产权交易等诸多方面。典型应用包括：在不动产登记方面，通过区块链分布式记录方法，将房管、国土、地税、国税等多家部门数据进行上链，各部门相关的所有房产交易记录会被完整记录在区块链上，进而对房产以往交易信息进行跟踪，实现不动产信息的全生命周期信息化监管和永久溯源，并可实现信息在多个部门之间的共享和同步，群众只需向综合窗口提交一套材料即可，真正做到"让百姓少走路、让信息多跑路"，同时也保证了不动产信息的权威性和准确性。在房屋产权交易监管方面，通过将房产中介、房屋出售者、房屋购买者、税务等相关单位的数据进行上链，对相应房屋的所有交易记录进行全过程记录，可实现对房屋产权和交易过程的全程监管。

4. 区块链在市场监督中的应用情况

在市场监督管理方面，利用区块链、大数据挖掘分析等相关技术，融合互联网科技、房产、金融、保险、财政等政企领域相关信息，构建智慧房产市场管理监督平台，可以提供安全、可信的房屋存证证明。通过智能合约、数字化证书等相关技术，能够实现房产数据的高效安全监管，确保信息不可篡改，从而避免了开发商提供的相关证书不易辨别真伪、伪造合格证书等情况的发生。

"十四五"期间，区块链技术将逐步成熟、基础平台将逐步完善，作为价值网络的基础，逐渐成为未来互联网不可或缺的一部分。其应用领域从数字货币加速渗透到住房和城乡建设等其他领域，将催生更多"区块链+"行业应用场景的落地，尤其是区块链与云计算的结合，建立以 BaaS（Blockchain as a Service）平台为核心的企业级服务，可以有效降低企业级应用区块链的部署成本和应用门槛，使得各行业数据和业务上链的过程更加简便，从而推动区块链应用向数字资产管理、企业征信管理、跨域信息共享、产品溯源防伪等应用场景快速扩散，降低管理成本、提升协作效率，实现数字化、虚拟化、透明化治理体系的构建，带动行业数字经济发展。

2.1.2.3 应用场景和效益分析

建筑业对信任管理、信息协同、跨部门共享和过程自动化等方面的技术要求较高，而区块链技术所具有的信息公开透明、不可篡改、不可伪造和可追溯等特点，将使其在建筑行业具有广泛的应用场景。除了上文提到的行业应用尝试外，区块链技术在建筑合同透明管理、工程采购透明管理、建筑资产问题追责、建筑市场防伪监管、房地产市场监管、行业联盟资信链打造、新型智慧城市建设等诸多应用场景中也有着极大的应用潜力。

1. 建筑合同透明管理

建筑合同是费用支付、项目交接、损害赔偿、纠纷解决等的重要依据。利用区块链智能合约公开透明的技术特点，实现建筑合同智能管理、工程量清单薪酬结算等，自动创建可供审查和追溯的交易记录以及建筑工程全生命周期内的事件证明记录，有助于降低建筑工程的过程风险。

2. 工程采购透明管理

利用去中心化的匿名组织技术特点，实现建筑工程数据采集与存储、工程资料存证、工程人力和机械资源计量、工程现场数据存证、建筑产品供应链管理、建筑工程采购管理，辅助费用支付、项目交接、损害赔偿、纠纷解决等。

3. 建筑资产问题追责

因建筑材料质量不合格而造成的建筑工程质量问题屡见不鲜，利用不可篡改、可追溯的技术特点，可以实现对建筑材料生产、运输、安装等建筑资产过程管理，实现对建筑材料损害、设施运行故障等问题追责，有助于推动建筑行业高质量发展。

4. 建筑市场防伪监管

建筑行业是一个高管制行业，对建筑行业从业企业、从业人员有着严格的要求，只有具备相应资质或资格的企业、个人才允许从事相应的作业。利用不可篡改、不可伪造的技术特点，实现建筑行业从业企业、从业人员资质和档案管理，有助于提升行业管理水平。

5. 房地产市场监管

基于分布式账本技术和智能合约技术构建房地产市场安全交易平台，实现传统房产证的区块链上云。在房屋买卖市场，将房地产开发商、房屋中介、房屋购买人和政府房产管理部门纳入到区块链交易过程中，基于区块链的高可靠性和高保密性，确保交易的真实性和可控性；并在此基础上衍生相应的电子化凭证，如电子房屋产权证、电子房屋交易合同等，实现基于区块链云的房产安全可信交易体系。

6. 行业联盟资信链打造

建筑行业属于资金密集型行业，工程投资大，工程链条长，面对建筑行业金融资信监管难的问题，可充分利用区块链技术，依托金融机构、政府监管机构和第三方行业联盟协会，构建行业联盟资信链平台，在分布式记账数据状态下，通过智能合约，实现数据共享；利用溯源技术，防止勘察检测类数据作假；利用区块链技术（信任机制），帮助中小企业解决贷款难等问题，帮助行业解决工程款拖延等突出问题。

7. 新型智慧城市建设

新型智慧城市建设要求打破传统的"信息烟囱"和"数据孤岛"现象，实现从纵向开放向横向一体化延伸，构建透明高效、安全可靠的城市综合治理体系。其中涉及大量的城市数据跨层次、跨区域、跨系统的高效、有序、低成本流动，正逐渐成为制约新型智慧城市建设的重要因素。区块链技术集合了点对点网络、数据加密、协商一致机制、智能合约等优势，可以为可靠的城市数据流通提供一种低成本的解决方案，将有效地促进新型智慧城市高水平发展。

2.1.2.4 支撑条件

在政策支撑方面，为贯彻落实习近平总书记在中共中央政治局第十八次集体学习会上关于区块链技术发展现状和趋势的重要讲话精神，将区块链技术应用到住房和城乡建设领域，应结合住房和城乡建设领域的业务特点和实际需求，制定区块链技术产业化推广应用和组织实施等相关政策，从顶层上引导和推动区块链技术的广泛应用。

在技术支撑方面，住房和城乡建设领域数据整合共享和各业务应用体系建设已初具规模，为实现由传统偏重建筑资产管理和应用的服务模式，向以数据资产为核心的数字化、网络化、智能化服务转型升级，应加快推动住房和城乡建设领域"区块链＋"基础共性技术突破和BaaS基础平台研发，为区块链技术在住房和城乡建设领域的广泛应用提供基础技术支撑。

在经济支撑方面，2020年3月30日，中共中央、国务院发布了《关于构建更加完善的要素市场化配置体制机制的意见》，将深化要素市场化配置改革，促进要素自主有序流动，提高要素配置效率，进一步激发全社会创造力和市场活力，推动经济发展质量变革、效率变革、动力变革。在住房和城乡建设领域，应加强和引导区块链技术与社会资本等多要素的融合与优化配置，以解决区块链技术应用面临的科技成果转移转化和产业化推广应用的资金问题。

2.1.3 云计算技术

云计算技术能够实现随时随地、便捷地从可配置计算资源共享池中获取所需的资源（例如网络、服务器、存储、应用及服务等），具有按需付费、弹性伸缩、可靠性高等特点，是架设供需衔接的"桥梁"设施。根据《IDC FutureScape：全球云计算2020年预测——中国启示》，未来云计算技术将朝着分布式云、API生态、多云管理、数字采购、云堆栈扩展、自动化开发生命周期、行业应用规模化、云管理服务商、数据大爆炸、超敏捷APP等方向发展。住房和城乡建设领域信息化建设以项目制为主，具有临时性、标准化程度不高等特点，大多数为解决办公环境下的业务应用，如信息系统利用率不高、可扩展性较低、维护成本较高等问题。可以预见，"十四五"期间将以云计算技术为核心，形成住房和城乡建设领域大数据云服务基础信息平台，实现行业大数据的获取汇集、整理处理和云服务，满足用户对建筑数据的综合应用需求，在此基础上构建各类专用云服务，从而有效降低信息系统建设成本，提高数据共享服务与业务协同效率。

2.1.3.1 梯式计算技术

2.1.3.1.1 技术要点

梯式计算简言之是服务资源的灵活配置优化，针对不同组织架构或应用场景，各层次业务处理、资源服务能够自动化、柔性地根据需求进行组织或重组，并部署在合适的计算力梯次层级，实现各层算力资源的配置共享与负载优化。这种融合边缘到云端间多层梯度，同时具备柔性、包容、安全等特性的计算模式，即为梯式计算。梯式计算在宏观层次上分为边缘梯次、分支梯次、骨干梯次及核心梯次，其不像传统云计算或边缘计算架构，强制地、人为地将业务处理环节指定到云端、边缘端或组织架构中的固定位置，而是合理调度使用了各个梯次的计算资源，并部署与之最为适应的微服务。其中，每个梯次可根据对象的不同，具备不同的应用效果，不受硬件资源的限制。从微观层次上看，每个梯次都是分布在全网的自适应云计算，形成集计算、存储、网络、数据为一体的分布式计算资源池，提供一种更为灵活、快速、自动化的应用构建与部署运行机制。

梯式计算博采众长，充分融合集中式计算、分布式计算、智能计算，具有跨时空应用、分时共享、智能计算、跨域共享等多种特征。通过应用梯式计算，在无需"数据搬家"的前提下，实现了从数据共享到信息共享，最终达到智力共享。

1. 跨时空应用

梯式计算以互通互联为核心，通过建立连接传感层、网络层、分组控制层以及业务应用层的梯级平台，实现资源的跨时空聚合。因此，无论用户在何时何地，都可不受时间与地域限制，通过电脑或者手机快速查看数据与信息，并为下一步举措提供参考。梯式计算在智慧安防、智能家居等领域都有着广泛的应用。

2. 分时共享

梯式计算突破了传统云计算模式的瓶颈，在大数据、物联网、人工智能等技术支持下，不仅实现了资源的充分整合，同时在进行资源分享时，应用多重程序与多任务处理等技术，使得多个用户可以分时共享CPU、软件以及数据等资源，进一步提高了资源利用率以及系统吞吐量，为云计算基础设施运维服务模式创新奠定了基础。

3. 智能计算

梯式计算在人工智能的加持下，通过云、管、端的联动，可以有效分散数据存储与处理的压力，也即通过人工智能分析，将感知终端能够存储与分析的数据就地解决，需要由云端处理的部分传至云端，并在"管"设备的支持下实现互通有无，而处理结果将如同爬梯子般逐级上传过滤与集中，最终落实到具体应用，为住房和城乡建设领域大数据存储与智能计算奠定基础。

4. 跨域共享

无论是各种传感器设备采集的图片、视频等多种数据资源，还是在此基础上经过分析处理而来的共享信息与智力成果，通过梯式计算，即使需要的文件在其他服务器上，也可通过属性设置，在自己的服务器上运行，从而实现跨域名、跨端口、跨协议的跨域共享，为住房和城乡建设领域内数据共享和业务协同应用场景的落地奠定基础。

2.1.3.1.2 发展现状和趋势

在物联网与5G技术推动下，数据量呈指数级增长，这对数据处理和应用的高性能计算提出了更高要求。集中式计算由小型机、大型机构成，数据全部存储在系统上，所有计算由该系统完成，所有任务都在主机上运行。分布式计算是通过互联网，把需要大量计算的任务进行分割，由网络中多台计算机分别计算，实现按需提供共享计算、存储、应用等资源的计算模式。单一的集中式计算或分布式计算已难以适应发展现状与未来需求。

梯式计算是融合了集中式计算、分布式计算、智能计算等多种计算模式的新型自适应架构，它在云与端之间存在多个梯级，每个梯次架构依据应用场景提供不同的功能，能够就近提供智能互联服务。其融合计算、存储、网络、业务应用等核心开发平台，将计算任务从云数据中心逐步分层分级地迁移到相关的边缘端，具有跨时空应用、分时共享、智能计算、跨域共享等优势，可广泛用于智慧城市建设的各个具体领域，能够满足物联网时代不断增长的数据催生的计算需求，满足各行业在智能化转型中的关键需求，具有巨大的市场空间。未来梯式计算将更好地推动人工智能、万物互联的技术发展。

2.1.3.1.3 应用场景和效益分析

梯式计算在以下场景中有着良好的应用潜力，将极大提升数据处理和应用效率，从而拓展应用深度和广度。

1. 城市交通调度

智慧城市建设中，梯式计算将在公共交通的智能优化方面发挥巨大作用。通过梯式计算，有关部门能够及时处理交通需求、车流量监测、车辆间距监测、道路负荷监测以及车辆报警等信息，对道路路况、车辆进行实时监控，降低事故发生率，提升道路通行效率，实现公共交通的实时智能优化。

2. 城市公共安全

城市各个角落中部署着大量的视频监控摄像头，用来应对新型犯罪及社会管理等公共安全问题。以云计算、大数据、万物互联为技术基础，融合边缘计算模型和人脸识别技术，可以构建基于梯式计算的新型人脸识别应用服务系统，提高前端设备的智能处理能力，将部分或全部视频图像分析处理迁移到边缘端，降低云平台中心端的计算、存储、网络等资源要求，提升大规模人脸识别分析速度和分析效率，进而可以增强刑事犯罪破案和防范恐怖袭击的能力。

3. 城市重大事件处置

采用梯式计算的方式，可以将城市重大事件相关的数据进行边缘计算，允许边缘端节点处理更多需要实时处理的数据，减少云平台计算负荷，避免信息传输的延迟，可以提高城市重大事件分析与处理能力。例如，基于梯式计算研发新冠肺炎疫情预测模型，预测结果与疫情实际走势十分吻合，可以为疫情防控提供科学依据。

2.1.3.1.4 支撑条件

在技术支撑方面，梯式计算技术的应用需要依托分布式智能体、梯次资源构建等技术，为梯式计算技术在住房和城乡建设领域规模化应用奠定技术基础。

1. 分布式智能体技术

梯式计算架构中设计分布式智能体的目标是，将大而复杂的平台建设成小的、彼此互相通信和协调的、易于管理的平台。

2. 梯次资源构建技术

根据用户单位架构情况与算力需求，设计梯次资源分类标准和依据，构建梯次资源从边缘到核心的结构体系、管理关系、权限体系、支撑范围等相关内容。

3. 计算资源动态分配技术

该技术的设计需要根据业务场景、业务资源、业务环节等因素进行细化拆分，定义各层级类别，并对服务进行归类封装。

4. 应用服务调度技术

梯式计算中各梯次计算能力、资源、负载是动态变化的，为避免资源、负载的不平衡，需要针对各梯次实时资源情况进行综合调度，为其分配最为合适的计算资源。

2.1.3.2 云原生技术

2.1.3.2.1 技术要点

云原生技术是一种构建和运行应用程序的方法，其利用云计算交付模型的优势，既包含技术（微服务、敏捷基础事业），也包含管理（DevOps，持续交付），是一系列云技术应用和管理方法的集合。云原生技术有利于各组织在公有云、私有云和混合云等新型动态环境中，构建和运行可弹性扩展的应用，构建容错性好、易于管理和便于观察的松耦合系统，结合可靠的自动化手段，对系统作出频繁和可预测的重大变更，支持跨多云构建微服务，持续交付部署业务生产系统。

2.1.3.2.2 发展现状和趋势

过去几年里，随着云计算技术的风起云涌，云形态发生着日新月异的变化，云原生技术也随着云平台的快速发展而得到发展。未来云原生技术将更加深入应用到城市建设等相关应用系统中。与往年相比，我们清楚地看到开源容器管理正在进入 IT 应用主流，其解决了大规模管理基础架构的成本问题等。同时，基于 Kubernetes 的混合云方案支持在多重云上运行，可跨本地数据中心和多家云服务商混合部署应用程序。但是 Kubernetes 在混合云安全性方面承受着巨大的压力，为满足这一需求，新一股的网络安全创业浪潮正在崛起，从趋势上看，是将网络安全某种程度上掌握在开发人员自己手里。另外，上文介绍的梯式计算也可为云原生技术提供计算服务能力，即先将数据在边缘梯次计算，然后再将计算结果集中在一起，既可以减少带宽需求，又可以提高安全性和隐私性，并能优化其计算使用的过程。

2.1.3.2.3 应用场景和效益分析

目前，已有公司尝试使用云原生技术进入智慧城市建设领域，基于云原生构建新的地理信息服务方式，通过整合底层数据获取、数据中台分析以及上层应用扩展的能力，利用云原生技术实现在线、实时处理数据，从而大幅提升效率。其中最关键的就在于云原生及 AI 的应用结合，通过云原生构建智能建模算法引擎、地理信息算法引擎及 AI 算法引擎等，打通从数据采集、加工建模、共享协同到多场景大范围数据应用的端到端闭环，使地理空间服务"在线化"，这十分贴合未来智慧城市建设的两大要素：一是城市物理空间的全面数字化；二是空间规划、监管等城市治理能力的提升。

1. 数字信息基础设施建设

以云计算等技术为核心，建设住房和城乡建设领域信息基础设施，如建筑领域大数据云服务平台等，实现建筑行业大数据的获取汇集、整理处理和云服务，满足用户对建筑数据的综合应用需求，在此基础上构建各类专用云服务。

2. 建筑规划设计云服务

综合利用云服务下计算存储和服务资源虚拟化，实现建筑规划设计海量数据的分布式存储管理、分析挖掘，为规划设计提供领域知识和辅助决策，支持规划交互沟通与协同设计。

3. 建筑工程应用云服务

实现从建设到运维的建筑全生命周期数据管理，为建筑行业提供数据服务，支持工程质量在线监控、施工进度模拟、施工平面图应用、建筑工程造价咨询等云服务。

4. 装配式建筑云服务

支持装配式建筑数据和应用的云服务，为各阶段参与方提供统一的交付和流转描述平台，支持设计人员、工厂生产、装配人员进行需求确认、质量检验、运输分析和拼接安装等。

5. 建筑企业数字化转型云服务

通过公有云、混合云、私有云等手段，为建筑企业提供云基础设施服务；在建筑大数据资源基础上，通过建筑企业上云，提供"云＋端"一体的建筑施工全过程监管、分布式环境下的建筑项目云协同办公等服务。

6. 城市运行管理云服务

通过建立统一的大数据云服务平台，为智慧城市运行提供基础支持，从源头实现数据共融、资源共用和服务共享。其主要包括智慧城市云服务平台、智慧社区云服务平台、智慧园区云服务平台、智慧工地云服务平台等典型场景下的云服务应用。

2.1.3.2.4 支撑条件

在技术支撑方面，云原生技术需要依托容器技术、微服务技术、服务网格技术、DevOps技术等综合运用，形成面向住房和城乡建筑领域的云计算应用能力。

1. 容器技术

容器技术是一种轻量级的虚拟化技术，能够在单一主机上提供多个隔离的操作系统环境，通过一系列的命名空间（namespace）进行进程隔离，每个容器都有唯一的可写文件系统和资源配额。通过容器技术，用户可以将微服务及其所需的所有配置、依赖关系和环境变量打包成容器镜像，轻松移植到全新的服务器节点上，而无须重新配置环境。容器能够最大限度地提高云之间的移动性，大大简化云应用程序的部署，并提高安全性，可以说容器技术是云原生技术应用发展的基石。

2. 微服务技术

微服务是一种架构方案，其将复杂软件应用拆分成多个简单应用，系统中的各个简单应用可以单独部署、升级、扩展和重启等。有别于传统的单体式方案，微服务架构具有降低系统复杂度、独立部署、独立扩展等特点。云原生应用程序由多个不同的微服务组成，可以集成到任何云环境中。微服务的灵活性提高了云原生应用程序的敏捷性，解决了单体大型应用程序的复杂性和灵活性问题。

3. 服务网格技术

服务网格作为服务间通信的基础设施层，是应用程序间通信的中间层，实现了轻量级网络代理，对应用程序透明，从而解耦了应用程序的重试/超时、监控、追踪和服务发现。微服务数量的增多，可能会形成上千个相互关联的服务，通过网络相互连接。对于构成云原生应用程序的服务而言，服务网格负责可靠地交付这些拓扑结构复杂的服务请求。

4. DevOps技术

DevOps是一组过程、方法与系统的统称，用于促进开发（应用程序/软件工程）、技术运营和质量保障（QA）部门之间的沟通、协作与整合。DevOps在软件构建、集成、测试、发布到部署以及基础设施管理中，大力提倡自动化和监控，目标是缩短系统开发周期，增加部署频率，更可靠地发布。DevOps是"软件即服务（SaaS）""平台即服务（PaaS）"应用的最佳选择。DevOps和云原生相结合，能够不断改进产品开发流程，更好地适应市场变化，提供更优质的服务。

2.1.4 大数据技术

大数据具有体量大、种类多、速度快、价值大等特点，经过挖掘分析可以得到隐藏的价值。当前大数据技术的主要发展趋势包括：大数据与人工智能融合；跨学科领域交叉数据分析应用；深度学习成为大数据智能分析的核心技术；利用大数据构建大规模、有序化、开放式的知识体系；数据日渐资源化、私有化、商品化。在住房和城乡建设领域，建筑施工、建筑运维等会产生海量数据，且涉及大量的决策分析应用，通过大数据技术可以有效挖掘系统特征，作出有预见性的决策，提高数据综合利用效率。

2.1.4.1 技术要点

大数据技术是从各种类型的数据中快速获得有价值信息的技术。大数据领域涌现出的大量新技术成为大数据采集、存储、处理和呈现的有力武器。大数据处理关键技术一般包括大数据采集、大数据预处理、大数据存储与管理、大数据分析与挖掘、大数据展现与应用等。

1. 大数据采集技术

大数据采集是指通过RFID射频数据、传感器数据、社交网络交互数据及移动互联网数据等方式获得各种类型的结构化、半结构化（或称之为弱结构化）及非结构化的海量数据，主要包括物联网大数据和互联网大数据。大数据采集工作是大数据知识服务模型的根本。重点要突破分布式高速高可靠数据抓取采集、高速数据全映像等大数据收集技术；突破高速数据解析、转换与装载等大数据整合技术；设计质量评估模型，开发数据质量技术。

（1）大数据智能感知层：主要包括数据传感体系、网络通信体系、传感适配体系、智能识别体系及软硬件资源接入系统，实现对结构化、半结构化、非结构化的海量数据的智能化识别、定位、跟踪、接入、传输、信号转换、监控、初步处理和管理等。必须着重攻克针对大数据源的智能识别、感知、适配、传输、接入等技术。

（2）基础支撑层：提供大数据服务平台所需的虚拟服务器，结构化、半结构化及非结构化数据的数据库及物联网络资源等基础支撑环境。重点攻克分布式虚拟存储技术，大数据获取、存储、组织、分析和决策操作的可视化接口技术，大数据的网络传输与压缩技术，大数据隐私保护技术等。

2. 大数据预处理技术

大数据预处理主要完成对已接收数据的辨析、抽取、清洗等操作。其中：

（1）抽取：因获取的数据可能具有多种结构和类型，数据抽取过程可以将这些复杂的数据转化为单一的或者便于处理的构型，以达到快速分析处理的目的。

（2）清洗：大数据并不全是有价值的，有些数据并不是我们所关心的内容，而另一些数据则是完全错误的干扰项，因此要对数据过滤"去噪"，从而提取出有效数据。

3. 大数据存储与管理技术

大数据存储与管理即用存储设备把采集到的数据存储起来，建立相应的数据库，并进行管理和调用。主要解决复杂结构化、半结构化和非结构化大数据的可存储、可表示、可处理、可靠性及有效传输等关键问题。涉及开发可靠的分布式文件系统（DFS）、能效优化的存储、计算融入存储、大数据的去冗余及高效低成本的大数据存储技术；突破分布式非关系型大数据管理与处理技术、异构数据的数据融合技术、数据组织技术；研究大数据建模技术；突破大数据索引技术；突破大数据移动、备份、复制等技术；开发大数据可视化技术。

4. 大数据分析与挖掘技术

大数据分析与挖掘技术涉及改进已有数据挖掘和机器学习技术；开发数据网络挖掘、特异群组挖掘、图挖掘等新型数据挖掘技术；突破基于对象的数据连接、相似性连接等大数据融合技术；突破用户兴趣分析、网络行为分析、情感语义分析等面向领域的大数据挖掘技术。根据挖掘任务可分为分类或预测模型发现、数据总结、聚类、关联规则发现、序列模式发现、依赖关系或依赖模型发现、异常和趋势发现等。根据挖掘对象可分为关系数据库、面向对象数据库、空间数据库、时态数据库、文本数据源、多媒体数据库、异质数据库以及互联网 Web。根据挖掘方法可粗分为机器学习方法、统计方法、神经网络方法和数据库方法。

5. 大数据展现与应用技术

大数据展现与应用技术能够将隐藏于海量数据中的信息和知识挖掘出来，为人类的社会经济活动提供依据，从而提高各领域的运行效率。数据可视化是指将大数据分析与预测结果以计算机图形或图像的直观方式显示给用户的过程，并可与用户进行交互式处理。其重点研究的内容包括基于图计算的可视化展现技术、基于商业智能（BI）的拖曳式交互分析技术，以及基于建筑信息模型（BIM）和数字地球的三维视景展现技术。在大数据应用领域，重点是将数据资产和数据治理等理念融入数据资源门户中，以 DAAS 的方式构建大数据资产管理平台，使数据资产可视化、条理化和服务化，有效提高大数据应用的效率和效益。

2.1.4.2 发展现状和趋势

随着大数据相关基础设施、服务器、软件系统和理论体系的持续发展，有关大数据分析的解决方案已逐渐成熟，且越来越普及。因此，自助和自动化的信息服务也将越来越受到重视。未来，与机器学习、人工智能、VR/AR、物联网相关的大数据解决方案也将越来越完备。

纵观国内外，大数据已形成产业规模，并上升到国家战略，大数据技术和应用呈现纵深发展趋势。面向大数据的云计算技术、大数据计算框架等不断推出，新型大数据挖掘方法和算法大量出现，大数据新模式、新业态层出不穷，传统产业开始利用大数据实现转型升级。

1. 数据分析成为大数据技术的核心

数据分析在数据处理过程中占据十分重要的位置，随着时代的发展，数据分析也会逐渐成为大数据技术的核心。大数据的价值体现在对大规模数据集合的智能处理，并从大规模的数据中获取有用的信息。要想逐步实现这个功能，就必须对数据进行分析和挖掘。而数据的采集、存储和管理是数据分析的基础，数据分析得到的结果将应用于大数据相关的各个领域。未来大数据技术的进一步发展与数据分析密切相关。

2. 广泛采用实时性的数据处理方式

生活中人们获取信息的速度越来越快，大数据处理系统的处理方式也在不断与时俱进。大数据突出强调数据的实时性，因而对数据处理也要体现实时性。如在线个性化推荐、实时路况信息等数据处理时间要求在分钟甚至秒级。未来的发展过程中，实时性的数据处理方式将会成为主流，不断推动大数据技术的发展和进步。

3. 基于云的数据分析平台将更加完善

近几年来，云计算发展得越来越快，其应用范围也越来越宽。云计算的发展为大数据技术的发展提供了一定的数据处理平台和技术支持。云计算为大数据提供了分布式的计算方法、可弹性扩展、相对便宜的存储空间和计算资源，这些都是大数据技术发展中十分重要的组成部分。此外，云计算具有丰富的IT资源，为大数据技术的发展提供了支持。随着云计算技术的不断发展和完善以及发展平台的日趋成熟，大数据技术自身会得到快速提升，数据处理水平也会得以显著提高。

4. 开源软件将会成为推动大数据发展的新动力

开源软件是在大数据技术发展过程中不断研发产生的。开源软件的发展可以适当地促进商业软件的发展，并以此作为推动力，更好地服务于应用程序开发工具、应用、服务等各个不同的领域。虽然当今商业化的软件发展也十分迅速，但二者之间并不会产生矛盾，可以优势互补，从而实现共同进步。开源软件在自身发展的同时，为大数据技术的发展贡献力量。

5. 数据安全与风险治理将成为大数据发展的新热点

随着大数据技术不断向各个行业渗透，其安全问题也对个人隐私、社会稳定和国家安全带来巨大的潜在威胁与挑战。近年来，各国对数据安全相关的政策日益重视，如欧盟的《通用数据保护条例》（General Data Protection Regulation，GDPR），我国已出台的《网络安全法》以及近期审议的《数据安全法》《个人信息保护法》，数据安全和风险质量将成为大数据技术研究的新热点。主要研究内容包括基于行为模型大数据安全审计技术、基于数据内容和语义理解的大数据脱敏技术、基于访问控制的数据跟踪溯源技术、基于动态安全加密算法的数据存取技术等，通过数据加密、身份认证、访问控制、安全审计、跟踪取证和恢复销毁等相关技术，确保大数据存取和应用的安全。

综上，大数据的发展离不开数据的互联互通，通过消除行业和部门之间的数据壁垒，打通各个数据孤岛，可实现海量、多源、异构的大数据融合和存储管理；结合互联网和物联网的数据采集手段，可构建行业或专题的大数据体系；同时，在数据安全保障条件下，可进行行业数据分析和业务应用工作，并通过数据资产方式对外发布共享，有效提高数据资产的应用效益。

2.1.4.3 应用场景和效益分析

当下，全球已进入大数据时代，作为传统行业的建筑业也加速进入大数据时代。研究表明，建筑业是数据量最大、业务规模最大的大数据行业，具备典型的大数据行业特征，也是最需要大数据支撑的行业之一。一方面，伴随着BIM技术和物联网技术的兴起，建筑物从设计之初到交付运营，会产生大量多维度、多类型的过程数据，这些数据为建筑业的大数据多样化应用提供了良好的基础；另一方面，针对结构复杂、专业交叉施工多、施工难度大的工程建设项目，建筑业急需依托建筑信息模型（BIM）技术，以相关信息数据为基础建立工程模型，融入大数据技术手段，支撑行业各类要素，如人员、设备、材料等综合分析，进而优化设计方案，提高行业效率。目前大数据技术已渗透到建筑行业的多个领域，并呈现出良好的发展态势，主要应用场景包括：

1. 城市规划设计大数据应用

城市规划设计是一项复杂的系统工程，其设计要素复杂，覆盖范围广泛，急需大数据技术提供辅助决策支撑，依托大数据分析技术，构建规划设计专家系统，可实现城市自然环境数据（如测绘、地质、气象等）、经济社会数据（如交通、供水、供电等）、人类活动数据（如教育、卫生、医疗等）等多学科领域数据的整合处理与分析应用，支持大规模数据下规划效果模拟和预测，实现城市规划方案的科学化、精准化、全面化等评估和分析，有效支撑城市规划设计方案的合理性和科学性。

2. 建筑施工大数据管理应用

建筑施工项目中涉及工地管理、人员管理、进度管理、资金管理、质量管理等诸多要素，采用传统的监管手段无法满足全面化、联动化监督管理的业务应用需求，可依托大数据分析技术，构建智慧工地大数据管理平台，打造"建筑施工大脑"，聚合各类管理要素数据，实现建筑工程全生命周期数据管理，并研究建设各要素之间的业务处理模型，通过数据挖掘分析手段，为建筑施工提供一体化、智能化的监测预警管理手段。

3. 绿色建筑运维管理大数据应用

绿色建筑的核心目标是降低建筑能源消耗量，构建节能低碳、绿色生态、集约高效的建筑用能体系，其发展离不开能耗监测数据的支持，同时又需要综合考虑气候、环境等各类社会环境要素。依托大数据分析与智能传感技术，可实现水电气热等能耗大数据管理与节能分析；实现设施设备维修维护大数据管理与辅助维修；并基于以上数据开展大数据建模分析，构建绿色建筑的核心监测指标体系，形成行业规范化、标准化方法，有效推进绿色建筑建设工作。

4. 建筑行业大数据辅助决策

伴随着建筑行业进入大数据时代，依托大数据分析技术，可按城市规划设计、建筑施工管理、建筑运维管理等主题，构建建筑行业大数据辅助决策平台，利用大数据建设高质量建筑行业细分领域的大数据算法库，将行业分支领域的规范、知识经验等不断沉淀，构建形成建筑行业大规模、开放式的知识体系，为各领域应用提供辅助决策支持。

5. 房地产行业大数据便民服务

房地产领域涉及诸多业务应用。在智慧购房应用场景，政府可通过共享住房、户籍、婚姻等各部门信息对满足资格的购房人群进行画像，同时，购房人也可快速查找匹配商品房预售项目信息并进行预约和网签。在智慧租房场景，可构建一站式住房租赁监管平台，实现在线找房、看房、租房全流程，公积金提取、居住证预约"一条龙"办理，房屋租赁交易行为动态监管。在房屋维修管理方面，通过共享公安、不动产、工商等各部门数据，进而实现公共维修资金的精细化查询和阳光政务公开，百姓可通过微信、支付宝查询相关情况。在房屋安全监管方面，通过大数据分析，可动态分析房屋健康档案，并对超过使用年限的房屋进行及时的安全监控和预警，做到防患于未然。在住房保障方面，通过共享社保、婚姻、公积金、户籍、房屋承租信息等数据，利用大数据分析融合手段，实现补贴对象的精准核查和定向补贴，有效提高工作效率。

6. 智慧城市大数据应用

面向智慧社区、智能家居、智慧养老和智慧城市大脑等各类智慧应用，通过运用大数据分析技术，可有效提升各领域的智慧化能力。以智慧城市大脑为例，通过城市大数据的挖掘分析，可有效提升政府公共服务水平。譬如在平安城市领域，通过行为轨迹、社会关系、社会舆情等集中监控和分析，为公安部门指挥决策、情报研判提供有力支持；在政务服务领域，依托统一的电子政务大数据服务平台，实现"数据多走路，群众少跑腿"；在医疗健康领域，通过健康档案、电子病历等数据互通，既能提升医疗服务质量，也能实现及时监测，降低市民医疗风险。

7. 城乡规划建设决策支持大数据应用

综合运用城市多源时空间大数据，结合城市定量研究技术、空间分析技术，助力城市体检、诊断城市问题、夯实决策分析、佐证建设方案，提升城乡规划建设决策工作的精准性与科学性。

2.1.4.4 支撑条件

在政策支撑方面，2017 年 12 月 8 日，中共中央政治局就实施国家大数据战略进行第二次集体学习。习近平总书记强调推动实施国家大数据战略，加快完善数字基础设施。工业和信息化部还编制印发了《大数据产业发展规划（2016～2020 年）》，以强化大数据产业创新发展能力为核心，明确了强化大数据技术产品研发、促进行业大数据应用发展等任务，提出了大数据关键技术及产品研发与产业化工程等重点工程，为大数据技术在住房和城乡建设领域的广泛应用提供了良好基础。

在技术支撑方面，基于大数据的智慧建筑应用，不仅需要"＋BIM"赋能，还需要"＋AI""＋工业互联网"，在加深供给侧改革的同时，以消费市场为原始驱动力，形成真正智慧化、自动化的运作体系，使之成为现代经济体系的重要组成部分。

2.2 城市融合基础设施技术

城市融合基础设施是为适应数字化、网络化、智能化发展要求，在城市信息基础设施上，使数据与数据之间产生关联，并通过技术手段进行辅助决策，打造具备感知、连接、存储、计算能力的行业共性基础设施。它是支撑经济社会数字化与智能化发展的基础设施。是网络空间与物理空间连通和融合的载体。通过推进城市融合基础设施建设，最终目的是构建以数字化、网络化、智能化基础设施为基底的产业发展新生态和城市管理新模式，从而实现加速推进新技术的应用、新模式的孵化以及新业务的涌现。

2.2.1 边缘计算技术

边缘计算是在靠近物或数据源头的网络边缘侧，融合网络、计算、存储、应用核心能力的分布式开放平台。其提供边缘智能服务，满足行业数字化在敏捷联接、实时业务、数据优化、应用智能、安全与隐私保护等方面的关键需求，可以作为联接物理世界和数字世界的桥梁，实现智能资产、智能网关、智能系统和智能服务。边缘计算与云计算是行业数字化转型的两大重要支撑，云计算适用于非实时、长周期数据、业务决策场景，而与云计算不同，边缘计算在实时性、短周期数据、本地决策等场景方面具有不可替代的作用。二者在网络、业务、应用、智能等方面的协同将有助于支撑行业数字化转型更广泛的场景与更大的价值创造。

2.2.1.1 技术要点

1. 基本概念

著名咨询公司 Gartner 最新报告《Exploring the Edge：12 Frontiers of Edge Computing》显示，到 2021 年底，将有超过 50% 的大型企业部署至少一个边缘计算应用；到

2023年底，50%以上的大型企业将至少部署6个用于物联网或沉浸式体验的边缘计算应用。Gartner根据人、事物和业务之间的交互定义了12类边缘计算应用，如图2-1所示。其中，一部分交互是双向的，例如沉浸式体验、系统自动化；另一部分交互是单向的，例如数据/事件报告、客户端内容交付。这些分类可以帮助I&O（基础设施/运营）领导者识别各种应用中的潜在机会，并构建有意义的策略。

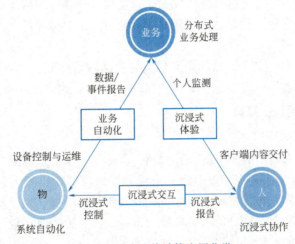

图2-1　12个边缘计算应用分类

资料来源：Gartner（2019年5月）。

2. 主要特点

边缘计算技术取得突破，意味着许多控制将通过本地设备实现而无须交由云端，处理过程将在本地边缘计算层完成。这无疑将大大提升处理效率，减轻云端的负荷。由于更加靠近用户，其还可为用户提供更快的响应，将需求在边缘端解决。边缘计算应用呈现出以下特点：

（1）分布式和低延时，实时或更快速的数据处理和分析。

（2）强大的连接能力。

（3）超越终端设备能耗和处理等资源限制。

（4）边缘式大数据处理，效率更高，具有自治性。

（5）边缘节点处理，缓解流量压力。

（6）数据加密处理后传输，安全性更高。

3. 关键技术

边缘计算涉及的主要关键技术包括：

（1）计算卸载：终端设备将部分或全部计算任务卸载到资源丰富的边缘服务器，以解决终端设备在资源存储、计算性能以及能效等方面存在的不足。计算卸载的主要技术是卸载决策。其主要解决移动终端如何卸载计算任务、卸载多少以及卸载什么等。根据卸载决策的优化目标，将计算卸载分为以降低时延为目标、以降低能耗为目标以及以权衡能耗和时延为目标三种类型。

（2）移动性管理：边缘计算依靠资源在地理上广泛分布的特点来支持应用的移动性，一个边缘计算节点主要服务于该节点的用户。云计算模式对应用移动性的支持则是服务器位置固定，数据通过网络传输到服务器，故边缘计算中应用的移动管理是一种新的模式。主要涉及两个问题：一是资源发现，即在用户移动的过程中需要快速发现周围可以利用的资源，并选择最合适的资源。边缘计算的资源发现需要适应异构的资源环境，还需要保证资源发现的速度，才能使应用不间断地为用户提供服务。二是资源切换，即当用户移动时，移动应用使用的计算资源可能会在多个设备间切换。资源切换要将服务程序的运行现场迁移，保证服务连续性是边缘计算研究的一个重点。一些应用程序期望在用户位置改变之后继续为用户提供服务。边缘计算资源的异构性与网络的多样性，需要迁移过程自适应设备计算能力与网络带宽的变化。

除了以上关键技术，边缘计算的研究热点还包括网络控制、内容缓存、内容自适应、数据聚合以及安全卸载等问题。

2.2.1.2 发展现状和趋势

1. 研究基础和现状

边缘计算最早于 2003 年在 IBM 的一份内部报告《开发边缘计算应用》中被提出，2018 年，全球首部边缘计算的专业书籍《边缘计算》出版。经历十余年的蛰伏之后，伴随着物联网的发展成熟，边缘数据呈现爆发式的几何倍率增长。为了解决数据传输、计算和存储过程中网络带宽负载和计算负载问题，研究人员开始考虑在数据源头增加数据处理的能力。具有代表性的有移动边缘计算、雾计算和海云计算。移动边缘计算主要通过较低延时、较高带宽来提高服务质量和用户体验。雾计算则为了缓解带宽负载和能耗，减少中心与用户间的交互次数，其主要关注点在于分布式资源共享。海云计算的核心是通过"云计算"系统与"海计算"系统的协同与集成，增强传统云计算能力。2015 年后，伴随着物联网的逐步成熟，边缘计算进入了快速增长期，各种基于物联网领域应用的边缘计算研究广泛开展。

2. 未来发展

（1）国际数据公司 IDC 预测，对物联网的投资将在未来 3 年内以 15.6% 的速度增长，2022 年达到 2 万亿美元；大约 35% 的生产物联网应用的公司希望拥有边缘功能。

（2）IDC 统计数据显示，到 2020 年将有超过 500 亿的终端与设备、2000 亿以上的传感器联入网络，2018 年有 50% 的物联网网络面临网络带宽的限制，40% 的数据需要利用边缘计算在网络边缘侧分析、处理与存储，这一比例到 2025 年预计增长到 50%。

（3）IDC 预测，超过 50% 的数据将在边缘储存分析；诺基亚实验室测试表明，超过 93% 的数据可以在边缘处理，与以往集中式的云平台相比，往返时间减少了 28%，延迟时间降低了 39%。

（4）麦肯锡预测，电信行业应用市场边缘计算将从 2017 年的 14.7 亿美元增长到 2022 年的 67.2 亿美元。

（5）Gartner 预测，未来 2～5 年，边缘计算将走向快速发展时期；未来 5～10 年，"边缘计算＋人工智能"将走向快速发展时期。

2.2.1.3 应用场景和效益分析

边缘计算技术在住房和城乡建设领域具有广泛的应用前景，且已在以下行业得到实际应用。

1. 智能建筑控制

智能建筑控制系统由部署在建筑物不同部分的无线传感器组成。传感器负责监测和控制建筑环境，例如温度、湿度等。在智能建筑环境中，部署边缘计算环境的建筑可以通过传感器共享信息，并对任何异常情况作出反应。这些传感器可以根据其他无线节点接收的集体信息来维持建筑环境状态。

2. 智能家居

随着物联网技术的发展，智能家居系统得到进一步发展。其利用大量的物联网设备实时监测控制家庭内部状态，接收外部控制命令，并最终完成对家居环境的调控，以提升家居的安全性、便利性、舒适性。由于家庭数据的隐私性，用户并不总是愿意将数据上传至云端进行处理，尤其是一些家庭内部视频数据，而边缘计算可以将家庭数据处理推送至家庭内部网关，减少家庭数据的外流，降低数据外泄的可能性，提升系统的隐私性。

3. 智慧城市

预测显示：一个百万人口的城市每天可能会产生200PB的数据。应用边缘计算模型，可以很好地将这些数据进行处理。例如，在城市路面检测中，在道路两侧路灯上安装传感器，收集城市路面信息，检测空气质量、光照强度、噪声水平等环境数据，当路灯发生故障时，能够即时反馈给维护人员，同时辅助健康急救和公共安全领域。

4. 其他方面

（1）桥隧健康状态监测：针对现有桥隧健康状态监测系统联网感知设备不够、感知实时性不足、组网监测成本高等问题，实现基于边缘计算的桥隧健康状态监测。

（2）市政基础设施监控：实时采集处理与智能分析城市道路灯杆多源数据，实现城市道路路灯智能控制、桥隧照明智能控制、城市交通枢纽设施智能控制等应用。

（3）综合管廊智能控制：采集处理综合管廊视频监控、环境与设备监控等数据，实现环境监测、安全防范、设备管理、消防和通信管理等统一自动监控和智能运维。

（4）城市轨道交通实时监控：重点采集城市轨道交通线路实时视频监控、周界监控、环境监测等多源数据，并对数据进行实时综合处理。

（5）智慧工地现场感知控制：实时采集工地现场视频监控、环境监测等多源数据，并基于业务规则的远程控制，进行现场分析，对违法违章行为等监控。

（6）城市污水处理生态监测：针对城市污水处理点多、线长、面广的特点，边缘计算支持在现场对数据进行实时采集、处理和控制，也支持通过云边结合的方式进行远程实时监控，极大地提高了现场实时处理能力。

2.2.1.4 支撑条件

在技术支撑方面，未来边缘计算技术的研发和应用将与"互联网＋"、物联网、云计算、大数据和新一代通信技术密切协同发展。边缘计算是与云计算相生相伴的一种技术，并且与大数据、5G通信和智能信息处理技术等高度衔接。因此，我国相关行业在制定信息产业研发计划时，也要将边缘计算技术及其应用发展纳入一并考虑，同时加快5G、人工智能（AI）、物联网等相关核心技术的研发，促进边缘计算技术成熟度的提升。

在经济支撑方面，据估算，2017～2026年美国在边缘计算方面的支出将达到870亿美元，欧洲为1850亿美元。边缘计算的崛起将伴随着数据量的急速增长以及物联网的兴起。凭借5G带来的传输速度和带宽的提升以及人工智能带来的智能化应用，"边缘计算＋5G＋

人工智能"的物联网应用正呈现爆炸式增长，预测未来10年内，仅物联网领域将带来超过2万亿美元的收益。

2.2.2 城市物联网技术

物联网是新一代信息技术的重要组成部分。物联网通过智能感知、识别技术与普适计算等通信感知技术，广泛应用于网络的融合中，因此又被称为继计算机、互联网之后世界信息产业发展的第三次浪潮。物联网将无处不在的末端设备和设施通过各种无线或有线通信网络实现互联互通，从而提供实时在线监测、定位追溯、远程控制、安全防范、远程维保等管理和服务功能，实现高效、节能、安全、环保的"管、控、营"一体化。凭借独特的优势，物联网技术在智慧建筑、智慧工地、市政设施管理等领域有着广泛的应用。

2.2.2.1 技术要点

物联网技术具有三个典型应用特点：一是全面感知，利用无线射频识别（RFID）、传感器、定位器和二维码等手段随时随地对物体进行信息采集和获取。二是可靠传递，对接收到的感知信息进行实时远程传送，实现信息的交互共享和处理。三是智能处理，利用云计算、模糊识别等各种智能计算技术进行分析处理，实现智能化的决策和控制。物联网全面感知、可靠传递及智能处理的实现，需依托一些重要领域关键技术的动态创新与融合发展，具体包括：

1. 感知技术

感知技术是指能够用于物联网底层感知信息的技术，包括RFID、传感器、定位、多媒体信息采集及二维码等技术。一般来说，物联网上需要安装海量的各类型传感器，单个传感器均是一个信息源，各种类型的传感器所接收到的信息在格式及内容上是不同的，因此物联网必须具备极强的识别功能。感知和标识是物联网实现"物物相联、人物互动"的基础，各种类型的传感器在弥合物理世界和虚拟世界的差距方面发挥了关键作用，其获取的数据是物联网智能信息化的重要基础和关键支撑。

2. 传输技术

数据传递的稳定性和可靠性是保证万物互联的关键。传输技术是指能够汇聚感知数据，并实现物联网数据传输的技术。其包括移动通信网、互联网、无线网络、卫星通信、短距离无线通信等。物联网本质上是泛在网络，需要融合现有的各种通信网络，并引入新的通信网络。要实现泛在的物联网，异构网络的融合是一个重要的技术问题。

3. 应用技术

物联网应用技术是指直接支持物联网应用系统运行的技术。利用云计算、模糊识别等各种智能计算技术进行分析处理，可大范围实现对事物的智能化管控。同时，借助互联网技术手段，开发各类行业应用解决方案，将物联网的优势与行业的生产经营、信息化管理、组织调度等相结合，形成各类物联网解决方案，构建智能化的行业应用。

4. 安全技术

物联网中的传感节点通常需要部署在无人值守、不可控制的环境中，除了受到一般无线网络所面临的信息泄露、信息篡改、重放攻击、拒绝服务等多种威胁外，还面临传感节点容易被攻击者获取,进而通过物理手段获取存储在节点中的所有信息,从而形成侵入网络、控制网络的威胁。安全技术主要运用在程序内容、运行使用、信息传输等方面。

2.2.2.2 发展现状和趋势

物联网的飞速发展,对新一代产业变革和经济社会的绿色、可持续、智能发展具有十分重要的意义,世界各国都高度重视物联网的发展,积极进行物联网战略布局。

谷歌、微软、IBM等科技巨头公司均在加速物联网技术研究,陆续推出了系列新技术产品。谷歌公司研发的物联网芯片——Edge TPU,具有低功耗、低成本、体积小等特点,能够适配 Cloud IoT Edge,进行人工智能挖掘应用,并可以在 Edge TPU 芯片设备上执行智能决策。微软公司推出的 Azure IoT Edge 边缘计算平台,可以把人工智能和自定义的逻辑部署在所有的物联网设备上,使得整个物联网系统更加高效稳定地运行。德国政府提出了"工业4.0",计划充分利用物联网这一新兴技术,把德国"工业4.0"打造得更加智能化和人性化。德国 SAP 公司利用物联网技术打造了智能工厂,能够实现工厂、消费者、产品以及信息数据之间的相互联接,将对社会生产和生活方式带来深远影响,提升整个社会的工业生产水平和生产效率。日本提出了第四次产业革命战略,核心技术方向包括物联网、大数据和人工智能等。借用政府的力量来推动社会智能化工厂的发展,通过人与机械、数据三者之间的相互联接,促进具有创新价值的生产性活动,是日本未来智能产业的主要发展方向。

我国一大批优秀的 IT 公司积极开发物联网技术应用。工业和信息化部的统计数据显示,截至2021年2月,三大运营商蜂窝物联网终端用户达到了11.54亿户,成为全球物联网发展最为活跃的地区之一。

我国物联网技术呈现出以下发展趋势与特点:

1. 生态体系逐渐完善

在企业、高校、科研院所的共同努力下,我国形成了芯片、元器件、设备、软件、电器运营、物联网服务等较为完善的物联网产业链。同时,涌现出了一批较强实力的物联网领军企业,初步建成了一批共性技术研发、检验检测、投融资、标识解析、成果转化、人才培训、信息服务等公共服务平台。

2. 创新成果不断涌现

我国在物联网领域已经建成一批重点实验室,汇聚整合多行业、多领域的创新资源,基本覆盖了物联网技术创新各环节。

3. 产业集群优势不断突显

环渤海、长三角、珠三角等区域发展格局形成,无锡、杭州、重庆等地运用配套政策,也已成为推动物联网发展重要基地,培育重点企业带动作用显著。

2.2.2.3 应用场景和效益分析

推进物联网在住房和城乡建设领域的应用和发展,有利于促进城市基础设施建设向精细化、信息化、智能化方向转变,对于提升建设行业管理和公共服务水平、推动产业结构调整和发展方式转变具有十分重要意义。目前,随着5G、大数据、云计算、区块链和人工智能的发展,物联网已进入一个新的发展阶段,住房和城乡建设领域的物联网应用迎来了重要的发展机遇。

1. 智能建筑物联网

智能建筑是指结合用户需求将建筑结构、系统、服务、管理等展开全方位的优化组合,为用户提供一个便捷、舒适、高效的人性化建筑空间。传统楼宇智能系统通过多个独立的子系统来满足智能化要求。每个子系统各自为政,有独立的传感器、独立的控制器,甚至后台的管理系统都是独立的,缺乏总体集成的概念和系统发展的考虑,存在系统维护困难、使用成本高、技术整合困难、难以实现真正的智能化等问题。物联网的应用逐渐使智能建筑走向智能化、数字化,执行设备等利用各种物联网技术连接智能建筑的信息脉络。物联网技术在建筑行业中运用较为广泛,成为智能建筑发展的主要动力,促进传统技术进步和发展。

(1) 建筑材料监管管理:物联网主要基于大量的传感器技术以达到对物体的真实感知,能够有效地运用在监控管理业务上。现代化智能建筑中物联网技术在监控管理方面的运用,主要是基于光纤光栅传感网络技术和无线传感器网络技术,这两种技术也是当前物联网技术在智能化建筑中应用的核心内容。光纤光栅传感器感知灵敏性极强,能够有效识别建筑中的各种材料,并且还能够对材料的特性进行鉴定,因此能够有效防止某些施工团队在建筑物中使用不达标的建筑材料。

(2) 建筑周围环境安全管理:智能建筑周围可以通过物联网技术建立起高科技监控设备,依托监控设备的传感作用,监控画面将会通过无线网络传回监控中心,从而能够及时观测到建筑物周边环境;建筑保安人员便能够及时通过画面监控到建筑周围是否存在危险因素,进而及时采取安保措施,确保建筑物内部人员及相关设备的安全;建筑物管理人员也能够通过此类监控对安保人员的工作状态进行监督,确保他们能够切实维护建筑物安全。

(3) 人员物资防盗管理:物联网技术监管模式下的智能建筑具备更全面的防盗管理系统。在该监管模式下,每位业主办理身份识别卡,依据识别卡信息,当业主进入建筑物时,监控设备能够准确识别业主身份,确认正式身份后业主才能够进入建筑物内。对于非业主人员进入建筑物内时,如果监控到其身份不符合登记信息,便会识别其容貌并上传至存储设备中进行存储,以便随时对其进行监控,进而有效防止陌生人员进入建筑物内,达到有效防盗的目的。

(4) 设施设备安全防控:将光纤光栅传感器设置在建筑物电气系统中,不仅能够有效地监控电力设备的工作状态,还能够预防电气设备异常产生的火灾现象。同时,物联网技术也能够使用在煤气泄漏、水管爆裂等方面监控上,最大限度地降低灾害的产生,保障建筑物内的人员安全。通过设施设备安全防控,监管人员及时采取措施,及时撤离建筑物内人群,有效防止灾难性事件的发生。

(5) 绿色低碳建筑:作为现代化城市的标志,建筑物也日渐朝着绿色、低碳、智能方向发展。在智能建筑物中,通过具有现场感知、远程传输、智能控制等能力的联网化、智能化物联网设备,对建筑设施设备中传统仪器仪表进行升级改造,并通过计算机信息处理与控制系统对多源数据进行处理和智能分析,根据规则和知识进行状态监测、节能管控等,支持建筑设施设备资产管理、综合安防管理、能源节能管控、应急报警管理、设备维修维护等多种应用场景。

2. 智慧工地物联网

在工程施工现场条件下,利用物联网技术推进施工现场管理、物资管理、地下空间施工等方面的信息化应用。在各类人员、车辆、设备、环境、材料等管理，以及高大模板变形监测、塔式起重机运行监控、大体积混凝土无线测温等安全和质量管理等应用场景中，通过各种物联网传感器，实时自动获取工地现场的扬尘、噪声、烟雾、温度、湿度、风速以及用水量、用电量等数据，实现节约资源、提升效率、规范管理、保障农民工权益。通过移动设备环境、设备实时异地监管和移动办公，采集项目全周期数据并利用大数据技术达到辅助决策，实现信息化与工业化的有效融合，提高工程施工质量、安全监控能力，推进建筑施工企业科技水平提高。

（1）在人员管理方面，依托智能穿戴装备，如智能安全帽、智能安全鞋、智能安全手环、智能安全服和智能安全带等，实现现场人员的实际工作状态实时在线记录和实时提醒、工作联系便捷及时、员工身体状况实时在线记录、安全状态智能化管控和提醒。

（2）在设备管理方面，通过在设备上安装车载终端或无线设备控制器，实时记录设备的运转和能耗状态，实现设备的实时在线管理。

（3）在物资管理方面，实现材料管理的数量总控，最终实现工厂化作业和装配式建筑的推广，是现场材料管理的理想目标，也是实现智慧工地的重要基础之一。

（4）在现场管理方面，通过移动智能终端进行安全管理、质量管理、技术管理以及现场管理；通过视频型智能安全帽实时了解现场实际情况，实现远程指导帮助和远程监管；通过视频型智能安全帽实现对隐蔽工程的拍照或录像，留下真实可靠的影像资料档案，为今后查证留下真实可靠的依据。

（5）在环境监督方面，通过危险源标签、物联网报警装置、防塌监测、边坡监测、瓦斯监测、防倾覆监测以及远程视频监控，实现对现场各种状态的监控和预防。

（6）在施工过程管理方面，通过物联网技术对安全施工进行监测，主要包括对建筑工地环境监测、大体积混凝土浇筑监测、钢结构应力应变监测、地基监测、预应力梁监测、基坑支护监测等。利用物联网技术对现场施工人员安全帽、安全带、身份识别牌进行相应的无线射频识别，可以实现对施工现场人员的定位和跟踪。结合BIM系统中的精确定位，如操作作业未符合相关规定，身份识别牌与BIM系统中相关定位同时报警，管理人员可精准定位隐患位置，从而采取措施以避免安全事故的发生。

此外，利用物联网技术，能够实现工程进度监控，即针对工程的施工进度情况，通过视频监控的手段远程了解、远程指挥、远程调度；能够实现工程质量检查，即针对工程施工过程中需要巡检和预检的部位，通过视频监控手段对施工人员操作的规范性、设备安装过程等及时进行远程监控和监督；能够实现工程安全施工监控，即针对高层作业的特点，设置多项监控重点，如建筑物安全网设置、施工人员作业面临边防护、施工人员安全帽佩戴、外脚手架及落地竹脚手架架设、缆风绳固定及使用、吊篮安装及使用、吊盘进料口和楼层卸料平台防护、塔式起重机和卷扬机安装及操作等；能够实现工程文明施工监控，监控系统目前可针对性地设置工地文明施工的重点监控，主要对工地围挡、建筑材料堆放、工地临时用房、防火、防盗、施工标牌设置等内容进行监控，以更好地加强安全管理工作；能够实现工程现场安防监控，有效避免盗窃事件发生，使得工地上的安全生产、质量控制、文明施工管理，以至于职工考勤、现场劳动力分布等都一目了然。

3. 智慧市政物联网

市政基础设施是指城市建设和发展所必备的工程类、社会类等各类基础设施的总称，包括路桥及轨道等交通工程、给水排水工程、供电工程、管道工程、绿化及园林工程、防灾工程等在内的相关基础设施，也包括教育、医疗、金融、文化等产业在内的相关社会性基础设施。而对于现代化智慧城市建设而言，市政基础设施还应涵盖能支持实现设施间互联互通、资源汇聚、信息共享等物联网建设的计算机、网络、通信等信息基础设施。

传统市政基础设施建设重建设、轻管理，精细化管理不够；老旧城区市政基础设施信息技术手段运用不足，设施运行状态掌握不到位；设施设备监控点位少，更新频次不高，信息传输处理不及时。智慧市政是在市政设施领域广泛应用物联网、大数据、云计算以及3S（遥感、全球定位系统、地理信息系统）、BIM（建设信息模型）、VR（虚拟现实）、AR（增强现实）等信息技术，充分利用各类信息资源，实现市政设施全生命周期智能化管理，不断提升效益、满足人民美好生活需要的过程。

物联网在智慧市政中的应用包括：

（1）城市照明管理。①节能管理。可以采用照明节电器远程联网控制等技术对城市照明进行控制与管理，避免深夜道路照明标准过高而造成浪费，避免深夜道路供电电压过高而造成能源浪费。②监控照明设施。通过 RFID 技术与物联网的结合，可以有效监测各细小物件的位置变化，实现对以前无法触及的细小环节的有效管理。同时，结合地理信息系统，通过手持设备扫描现场设备的条形码或识别其电子标签，快速掌握设备实时运行状态。

（2）环境卫生。①实现对垃圾箱的清倒工作、丢失问题的监管。通过物联网等技术手段，在垃圾桶上安装电子标签识别码，实现对小区每日产生垃圾量的精确统计，和对密闭式垃圾清洁站每日处理垃圾量的汇总。②实现对环卫车辆等全过程监管。通过对环卫作业、运输车辆安装无线定位终端，实现环卫车辆实时定位监控、车辆跟踪、轨迹回放等功能，对车辆及其运行区域进行监控和调度。

（3）市政设施管理。通过物联网和信息化的方式对市政设施（如道路及相关设施、桥梁、井盖等）进行管理，实现对城市基础设施资源的查询、统计、编辑、分析、输入、输出等功能，为政府进行城市基础设施资源的综合管理提供有效手段，有利于实现全方位的监管。例如，采用电子井盖的方式，可以减少井盖丢失的频次。

（4）园林绿化管理。在植物缺水时，中央控制设备上出现缺水的报警显示，可提醒相关部门进行人工灌溉，或者通过控制自动灌溉系统，实现自动灌溉。

（5）地下管廊管理。与物联网、BIM 技术相结合，能够建立一个实时更新的给水排水、电力、燃气、供热等地下管廊管线综合数据库，实现地下管廊管线的可视化管理，支持实时远程抄表、运行状态监测、安全事件报警、应急救援辅助、智能运维巡检、日常维修保修等多种应用。

（6）城市交通管理。①获得实时的交通监测信息。可以通过采用路口前端摄像机、高空监控摄像机、智能卡口、动态 LED 诱导屏等物联网手段，监测到坐标位置、瞬间速度、行驶方向、道路实时视讯等交通信息，将这些信息综合分析，应用于交通信息服务、交通管理等方面。②车辆跟踪与调度。通过在公共交通工具以及运输、抢险等车辆上安装 RFID 电子芯片、卫星定位等设备，可以定位车辆的位置，以便对城市的一些车辆进行调度。在调度方式上，可以采用以自动化调度为主，人工干预为辅的模式。③停车智慧诱导与道路收费。智慧城市交通可以通过感知交通流量进行预测和建立模型，提供智能的"拥堵费"收取系统、停车诱导系统，结合"收费"杠杆引导车流，通过停车诱导，释放闲置的城市公共和私人停车位，有效缓解城市交通和停车难压力，缓解拥堵和污染问题。

2.2.2.2.4 支撑条件

协同创新始终是物联网创新发展的重要手段。感知系统、通信网络、应用平台等基础设施的共享、信息的互联互通、技术的合作开发以及数据的处理和综合运用都需要实现物联网的协同创新。

在城乡一体化、新农村建设、智慧城市建设等理念的推动下，我国住房和城乡建设工作取得了一定的成效。尤其是在物联网协同创新的导入下，城市信息系统得到了进一步完善，在城市建设的各个阶段和环节，围绕着物联网技术和信息技术，实现了城市建设、城市服务的协同构建，并一定程度上完成了医疗、交通以及社保等城市服务信息平台一体化建设，保障了城市智能服务的水平，提高了城市生活的质量。

为了进一步推动物联网技术在我国住房和城乡建设应用中朝着更深、更广的方向发展，全面实现智慧、绿色城市的发展理念，需要包括技术、经济、政策、金融等多行业的协同创新条件，需要将企业、政府、知识机构、中介机构和用户等创新主体有机结合起来，以实现知识互惠共享、资源优化配置、行动最优同步，最终形成一个多要素相结合、能够产生巨大经济和社会效益的科技创新体系。

1. 经济环境

宏观经济良好的运行状态对物联网产业的发展有正向的促进作用。当前，物联网产业正处于起步阶段，需要一定的资金、物资等经济资源对物联网共生体系的支持。由于物联网商业模式还未形成，产业整体未实现盈利，所以物联网协同创新共生体系中循环的资金流需来自体系外，即外部投资，而充裕的外部投资意味着稳定增长的宏观经济、合理的产业结构、高效的货币流通状态。同时，物联网作为战略新兴产业，其协同创新体系的有效运转也会极大促进产业整体的发展壮大，从而促进经济发展方式的加快转变，助力宏观经济的发展。

2. 法律环境

协同创新需要知识产权保护等法律保障。物联网协同创新共生体系涉及多个共生单元和多种共生模式，同时各共生单元参与共生的质参量形成多重关联的网络体系，配套法律法规的完善始终是协调各单元利益分配、合作研发、资源配置的有效保障。物联网协同创新共生体系的优化，伴随着发展壮大的共生单元以及向前演化的共生模式，也会推动物联网法律法规的完善。

3. 社会环境

新兴产业的成长培育关键在于社会的接受和认可，物联网协同创新共生体系的形成和运行，最终还是要落地到社会需求上。在全社会兴起创新之风，宣传普及物联网的概念和作用，促进社会群体认同感，在应用开发等关键领域充分考虑物联网产业的社会效益，满足社会需求，对人们的工作、生活产生便捷性的帮助，都对物联网协同创新共生体系有促进作用。

同时，高校、政府及服务机构在物联网技术协同创新发展中具有十分重要的作用。企业是技术创新的主体，高校科研机构是技术转移的源泉，政府是创新环境的推动者。政府在行业政策、知识产权保护、信贷融资条件等方面的支持对企业创新行为有着积极影响，而高校科研机构为创新输入人才、物资和技术。服务机构包括金融机构、人力资源服务机构、咨询机构、会计师和律师事务所等，这些机构为创新主体之间的知识流动和技术转移提供服务，致力于解决产业链条上共生单元的融资、人才、信息和管理问题，从而降低创新风险和成本，提高创新绩效。在物联网协同创新共生体系中，高校科研机构以知识、技术、人才作为质参量参与产业链的协同创新，政府及服务机构则以信息和资金作为质参量参与产业链的协同创新。

2.2.3 虚拟现实建筑仿真技术

虚拟现实（Virtual Reality，VR）是一种可以创建和体验虚拟世界的计算机仿真系统，为用户提供模拟现实的操作环境，利用计算机生成逼真的三维视觉、听觉、触觉的感观世界，使人们对所研究的对象和环境获得身临其境的感受，从而提高人类认知的广度和深度，拓宽人类认识客观世界的"认知空间"和"方法空间"，进而更真实逼真地反映客观世界。通过虚拟现实建筑仿真技术，可以对建筑工程进行描述，呈现建筑多种层次、细节丰富的虚拟模型，以此为基础开展建筑规划、设计、运营等工作，可以极大提高用户作业效率和技术水平。

2.2.3.1 技术要点

虚拟现实、增强现实和混合现实的基本实现方式是计算机模拟虚拟环境，其带给人以环境沉浸的体验感，正在逐渐改变人们感知数字世界的方式，造就未来的沉浸式用户体验。虚拟现实技术主要有以下特性：

一是沉浸性。沉浸性是虚拟现实技术最主要的特征，让用户成为并感受到自己是计算机系统所创造环境中的一部分。虚拟现实技术的沉浸性取决于用户的感知系统，当用户感受到虚拟世界的刺激时，包括触觉、味觉、嗅觉、运动感知等，便会产生思维共鸣，造成心理沉浸，感觉如同进入真实世界。

二是交互性。交互性是指用户对模拟环境内物体的可操作程度和从环境得到反馈的自然程度，用户进入虚拟空间，相应的技术使得用户与环境产生相互作用，当用户进行某种操作时，周围的环境也会作出某种反应。在计算机生成的这种虚拟环境中，可以利用传感设备进行交互。

三是想象性。虚拟环境可使用户沉浸其中，并且获取新的知识，提高感性和理性认识。用户在虚拟空间中，可以与周围物体进行互动，可以拓宽认知范围，创造客观世界不存在的场景或不可能发生的环境，根据自己的感觉与认知能力吸收知识，发散拓宽思维，创立新的概念和环境。

2.2.3.2 发展现状和趋势

围绕虚拟环境表示的准确性、虚拟环境感知信息合成的真实性、人与虚拟环境交互的自然性，以及实时显示、图形生成、智能交互等技术问题，虚拟现实技术包括动态环境建模、实时三维图形生成和显示等多项关键技术。同一些发达国家相比，我国在虚拟现实技术上的研究起步较晚，但随着计算机图形学、计算机系统工程等技术的高速发展，虚拟现实技术已经得到了相当的重视，引起了我国各界人士的兴趣和关注，虚拟现实技术的研究与应用、虚拟环境的建立、虚拟场景模型分布式虚拟现实系统的开发等正朝着更深和更广发展。

1. 动态环境建模技术

虚拟环境的建立是虚拟现实技术的核心内容。动态环境建模技术的目的是获取实际环境的三维数据,并根据需要建立相应的虚拟环境模型,主要包括实际环境三维数据获取方法、非接触式视觉技术等。

2. 实时三维图形生成和显示技术

三维图形的生成技术现已比较成熟,关键是如何"实时生成",在不降低图形的质量和复杂程度的前提下,如何提高刷新频率将是今后重要的研究内容。此外,虚拟现实技术还依赖于立体显示和传感器技术的发展,现有虚拟设备还不能满足系统的需要,亟待开发新的三维图形生成和显示技术。

虚拟现实技术是国家重点发展的科技产业之一,2018年12月工业和信息化部正式出台的《关于加快推进虚拟现实产业发展的指导意见》给了我国虚拟现实产业十分明确的升级指导,并明确提出了我国拟突破的系列核心技术,即加强动态环境建模、实时三维图形生成、多元数据处理、实时动作捕捉、实时定位跟踪、快速渲染处理等关键技术攻关,加快虚拟现实视觉图形处理器(GPU)、物理运算处理器(PPU)、高性能传感处理器、新型近眼显示器件等的研发和产业化。随着国家在政策层面不断加强支持,虚拟现实技术也将在住房和城乡建设领域加快落地。

2.2.3.3 应用场景和效益分析

未来虚拟现实技术可以广泛应用在住房和城乡建设领域的诸多方面,并带来切实可观的利益。如在规划方案展现中,利用虚拟现实系统的沉浸感和互动性,通过其数据接口,在实时的虚拟环境中随时获取项目的数据资料,方便大型复杂工程项目的规划、设计、投标、报批、管理,有利于设计与管理人员对各种规划设计方案进行辅助设计与方案评审,规避设计风险。虚拟现实所建立的虚拟环境是基于真实数据建立的数字模型组合而成,严格遵循工程项目设计的标准和要求,建立逼真的三维场景,对规划项目进行真实的"再现",减少了由于事先规划不周全而造成的无可挽回的损失与遗憾,提高了项目的评估质量,也大大加快了方案设计的速度和质量,提高了方案设计和修正的效率,节省了大量资金,提供了合作的平台。

通过AR、VR、MR等虚拟技术与BIM数据的结合,构建虚拟化、透明化的建筑环境,此技术可以应用于以下场景:

1. 施工方案设计

利用虚拟现实和增强现实等技术,构造周围环境、建筑结构构件及所需机械设备等虚拟施工环境,支持模型虚拟装配,根据装配结果优化施工方案设计,从而提前发现问题,减少不合理设计。

2. 建筑施工培训

BIM和AR结合,可以帮助布设空调风道、水管和电气管道等管线,使建筑工人能够更快理解施工注意事项,减少安装失误,提高建造任务的执行率。

3. 建筑维修维护

通过对设计图和建造效果进行可视化,辅助建筑维修和检查;通过实际情况与BIM数据的对比分析,精准定位问题所在。

4. 建筑翻修更新

通过 BIM 数据和 AR 智能穿戴设备相结合，更容易看到隐藏的基础设施布局，如管道位置、结构构件等，对重新设计内容进行可视化，尽早发现问题，帮助项目翻修。

2.2.3.4 支撑条件

在技术支撑方面，虚拟现实技术实用化已有一段时间，特别是在设计领域，一些设计机构已经将此技术投入建筑及社区设计、城市规划等方向，但目前该技术应用范围较少，除了应用成本较高外，支持的软件仍不丰富，可支持场景较少，因此需要政府、金融、厂家等多方共同推动技术发展。

2.2.4 建筑结构智能传感技术

2.2.4.1 技术要点

建筑结构智能传感技术将传感器与微型计算机集成在一块芯片上，其主要特征是将敏感技术和信息处理技术相结合，既有感知的本能，还具有认知的能力。功能集成化是实现智能传感器的主要技术途径，利用大规模集成电路技术将敏感元件、信号处理器和微处理器集成在一块硅片上，形成一个"单片智能传感器"。其对外界信息具有检测、数据、处理、判断、识别、自诊断和自适应能力，还能实现与主机远距离、高速度、高精度的传输。

我国正在推进以装配式建筑、综合管廊等为代表的若干城市建设项目，智能化对确保结构在建设、运营到维护全生命期内安全可靠具有重要现实意义，智能化也是智慧基础设施、智慧城市等的重要内涵。以感知各类物理、化学量为目标的传感器，是确保数据信息准确、有效和可靠的关键。结构与功能一体化智能传感器技术特点在于：开发智能化高强灌浆料连接套筒，实现结构典型套筒连接与构件、结构受力状态自感知功能化一体化；开发智能预应力锚索，实现典型全预制管廊构件锚索拼装与构件、结构受力状态自感知功能一体化。结构与功能一体化智能传感器关键技术内容包括：开发智能高强灌浆料、智能连接套筒、装配式建筑连接节点网络监测集成技术；研制智能预应力锚索、全预制智能管廊拼装、智能管廊全线状态监测技术。结构与功能一体化智能传感器开发利用成套技术的成功，将切实推动智能基础设施领域发展，为确保工程结构安全发挥支撑作用。

2.2.4.2 发展现状和趋势

2013 年，国务院转发国家发展改革委和住房和城乡建设部制订的《绿色建筑行动方案》，将"建筑工业化"列为十大任务之首，开启了建筑工业化的新篇章。装配式建筑充分体现了设计标准化、构件部品化、施工机械化、管理科学化、绿色环保等内涵，是现阶段建筑工业化的典型代表之一。此外，集电力、通信、供水、燃气等多种市政管线于一体的地下综合管廊，是保障城市运行的重要基础设施和生命线，全预制管廊也是建筑工业化的典型代表。随着地下综合管廊工程的逐步落地，实现管理便捷化、应急响应快速化、建设标准化，是当前综合管廊建设的重要内涵。简言之，发展具有诸多优点的建筑工业化已是大势所趋。

智能化工程结构集智能传感元件、数据采集和处理、损伤诊断和预警等于一体，为结构的安全评定、维修加固和基于性态的设计等提供关键科学依据，是工程科学理论综合与发展的象征，是高新技术集成化的重要标志，是现代结构试验技术的集中体现。近年来，以声、光、电、热、磁等为基本手段，以应力、应变、加速度等狭义荷载与环境广义荷载为感知对象的传感器系统，在土木工程领域得以开发和应用。此外，随着互联网、物联网、云计算、大数据和人工智能等进一步发展，智慧基础设施、智慧城市甚至智慧地球已逐步成为现实。

结构与功能一体化智能传感器系统的开发利用是国际前沿趋势。无论智能、智慧或是人工智能等层出不穷的概念，感知真实世界物理量的传感器系统本身关乎最基本、最基础数据的准确性和可靠性。纵观目前国内外所发展的系列多类型传感器系统，大部分通过外设或内置独立的传感元件实现物理量和化学量等的感知，如能采用结构本身的材料或构件实现感知功能，将可降低传感器系统布设的复杂性，延长传感器系统的服役寿命，提升传感器系统的可靠性。因此，针对现阶段装配式建筑和全预制地下综合管廊两类典型的建筑工业化代表，其中套筒节点连接和预应力钢绞线拼装两类关键部品，应开发多尺度、多维度碳纤维/水泥复合拉/压敏型高强灌浆料和智能套筒系统，研制光纤感知FRP/钢绞线复合智能预应力钢绞线系统。智能高强灌浆料套筒和智能钢绞线系统的成功开发，将实现对装配式结构最为关键的连接节点应力状态实时监测，将从管廊施工到服役全程掌握张拉预应力水平和管体受力状态，为结构安全服役提供科学依据。

2.2.4.3 应用场景和效益分析

结构与功能一体化传感器及其成套技术，除了应用于装配式建筑、地下综合管廊等工程外，还可应用于其他类型的注浆连接、悬索桥吊杆、基坑护坡监测等，具有十分广阔的应用前景。此外，装配式建筑和地下综合管廊是我国较长时期将持续推动的建筑工业化代表，随着装配式建筑预制装配率的逐步提高，以及全预制地下综合管廊的逐步推进，智能高强灌浆料套筒和智能钢绞线类结构与功能一体化传感器及其成套技术，将与建筑工业化进程同步发展，具有巨大的经济效益。此外，通过智能传感器所获取的装配式建筑和预制管廊关键节点受力状态信息，有助于确保结构安全服役，具有重要的社会效益。

2.2.4.4 支撑条件

结构与功能一体化智能传感器开发利用成套技术的快速发展有赖于技术、经济、政策等的协同创新。在技术方面，通过产、学、研、用相结合，产生、形成智能高强灌浆料套筒和智能钢绞线类结构与功能一体化传感器及其成套技术；在经济方面，建筑和管廊生产企业提供相应资金，研发系列高附加值的新型智能产品；在政策方面，从国家至地方，应在政策层面鼓励、引导装配式建筑和地下管廊领域采用适当比例的智能传感器及其成套技术。

2.2.5 智能建筑新型传感技术

2.2.5.1 技术要点

随着物联网技术飞速发展和人们对城市人居要求不断提升，现代建筑对智能化要求也不断提高。智能传感器是一种带微型计算机兼具检测、判断、信息处理等功能的传感器。它可以确定传感器的工作状态，对数据进行修正，完成数据计算与处理工作等。与传统传感器不同的是，智能传感器具有数据处理、故障诊断、非线性处理、自校正、自调整以及人机通信等多种功能。

新型传感器用于建筑工程仍处于研究与开发阶段，其材料和技术本身还有许多问题，如成本较高、生产规模还不够、信号处理时间较短等。在工程应用中，传感器的增敏、去敏还需进一步完善；准分布传感的分辨率和造价的问题尚不能被多数工程所接受；另外，一些用于长期监测的传感器的耐久性还缺乏可靠的保证。

2.2.5.2 发展现状和趋势

2005年11月22日，同济大学、中国科学院上海光学精密机械研究所和上海市政工程设计研究院联合承担的上海市科学技术委员会"传感器及其应用系统研究"重大科研项目"采用光纤光栅及无线智能传感技术的桥梁结构健康监测系统研究"通过验收。该项目组于2005年在东海大桥主通航孔斜拉桥塔梁结合部的桥箱中，安装了两路共16个自行研制的光纤光栅传感器，并组建了传感网络，安装的传感器、传感网络与东海大桥一起经受住了高温酷暑以及"麦莎""卡努"两次强热带风暴等恶劣气候环境的考验。

智能传感器的主要发展趋势之一是微型化。微传感器包含微型传感元件、CPU存储器和数字接口，并具有自动补偿、自动校准功能，其特征尺寸已从毫米进入到微米的数量级。微传感器有小体积、低成本、高可靠性等优点。

智能传感器第二个发展趋势是多传感器数据融合。与单传感器测量相比，多传感器融合技术具有无可比拟的优势。多传感器数据融合技术原理同人脑处理信息的过程相似，它先利用多个传感器同时进行信息检测，然后借助计算机对这些信息进行综合分析处理和判断，最终得到监控对象的客观数据。

智能传感器第三个发展趋势是无线传感网络技术。与传统的较大型传感器相比，智能微传感器的成本低，但其覆盖范围较小，所以在实际应用中，需要对智能传感器网络化，构建无线传感器网络。

2.2.5.3 应用场景和效益分析

1. 基于三维光纤光栅传感器建筑结构监测

主要用于城乡建筑桥梁结构内部应力应变监测、强度测量、裂缝监测及结构整体性评估、大体积混凝土固化及养护期监测、结构腐蚀监测。现有建筑结构监测中，主要采用一维平面轴向测量的光纤光栓传感器进行结构监测，按照传统方法需要安装多个传感器，不仅需要在建筑结构设置多处安装结构，现场安装难度较大，经济成本高，而且不能实现对建筑结构三维空间变形监测。研发具有新颖结构及优异性能的特殊类型的光纤光栅，实现建筑、桥梁结构三维空间变形监测，是结构监测的发展方向。

2. 建筑智能照明控制

采用各种不同的"预设置"控制方式和控制元件，以及红外热释电传感器、声音传感器、光线传感器等，对不同时间、不同环境的光照度进行精确设置和合理管理，实现建筑照明节能。

3. 建筑智能排水控制

建筑给水排水系统的监控和管理由现场监控站和管理中心来实现，其最终目的是实现管网的合理调度。随着用户水量的变化，管网中各个水泵都能及时改变其运行方式，保持适当的水压，实现泵房的最佳运行。

4. 建筑智能火灾报警

火险传感器主要有烟感传感器、温感传感器以及紫外线火焰传感器等，并采用智能化网络分布处理技术，实现火灾探测、消防联动等功能。

2.2.5.4 支撑条件

在技术支撑方面，开发新材料，采用新工艺发现物理现象、化学反应和生物效应等新现象，是发展新型传感器的基础。功能材料是发展新型传感器的另一个重要基础，传感器的敏感元件除了由其功能材料决定外，还与其加工工艺有关，许多现代先进技术引入到传感器的制造技术，例如集成、离子注入、薄膜技术等。另外，仿生传感器是模仿人的感觉器官的传感器，即视觉、听觉、嗅觉、味觉、触觉等传感器。目前，只有视觉传感器与触觉传感器解决得比较好，未来需要进行听觉、嗅觉和味觉的仿生传感器研究。

2.2.6 无线传感器网络技术

2.2.6.1 技术要点

无线传感器网络是通过无线通信技术，把数以万计的传感器节点进行组织与结合形成的网络形式。构成传感器节点的单元分别为：数据采集单元、数据传输单元、数据处理单元以及能量供应单元。其中，数据采集单元通常是采集监测区域内的信息并加以转换，比如光强度、大气压力与湿度等；数据传输单元则主要以无线通信和交流信息，以及发送接收采集进来的数据信息为主；数据处理单元通常处理的是全部节点的路由协议、管理任务以及定位装置等；能量供应单元为缩减传感器节点占据的面积，会选择微型电池的构成形式。无线传感器网络中的节点分为两种，一是汇聚节点，二是传感器节点。其中，汇聚节点是指网关能够在传感器节点中将错误的报告数据剔除，并与相关的报告相结合，将数据加以融合，对发生的事件进行判断。汇聚节点与用户节点连接可借助广域网络或者卫星直接通信，并对收集到的数据进行处理。

传感器网络实现了数据的采集、处理和传输三种功能。它与通信技术、计算机技术共同构成信息技术的三大支柱。无线传感器网络（Wireless Sensor Network，WSN）是由大量静止或移动的传感器以自组织和多跳的方式构成的无线网络，以协作地感知、采集、处理和传输网络覆盖地理区域内被感知对象的信息，并最终把这些信息发送给网络的所有者。

无线传感器网络传输功能中比较值得一提的是卫星传输技术，通过卫星网络的覆盖实现数据信息的传输，具有覆盖区域广、通信距离远（成本与距离无关）、可靠性高（一般为恒参信道、信道特性稳定）等优势，但也存在保密性差（一些保密工程可能考虑谨慎使用）、通信卫星一次投资费用较高、高纬度地区信号欠佳、受特殊星象干扰以及信号延迟等劣势。整体来看，拥有广阔的发展前景。

2.2.6.2 发展现状和趋势

无线传感器网络应用在不同的领域所面临的需求也各不相同。针对不同的应用，可以将无线传感器网络按动态性、数据传输模式、实时性、节点散布方式等进行分类，对于每一类网络采用不同的设计方法。目前，以 RFID、ZigBee 等技术为核心的无线传感网络和传感器技术，已经在主动识别及预警施工安全事故中取得成效，信号预警方式也已经在土木、安装等建筑项目安全事故预警中成功应用。

无线传感器网络和现有网络的融合，将带来新的应用。如传感器网络与互联网、移动通信网的融合，一方面使传感器网络得以借助这两种传统网络传递信息，另一方面这两种网络可以利用传感信息实现应用的创新。

除前述之外，无线传感器网络的关键技术还包括节点定位技术、网络安全等。关键技术进步和突破将对无线传感器网络的发展和应用起到决定性的促进作用。例如，各层协议设计技术的进步直接影响到无线传感器网络的网络特性；优化的跨层设计方案将会极大地提高无线传感器网络的实用性和可行性；节点作为无线传感器网络的基本组成单位，其成本的下降和寿命的延长能大幅降低无线传感器网络的应用成本。

2.2.6.3 应用场景和效益分析

无线传感器网络技术典型应用场景如下：

1. 建筑能耗监测

基于无线传感器网络技术，设计建筑环境检测传感器，实现对温湿度、CO_2浓度、照度等室内环境信息，以及各用能设备能耗状况的监测，进而实现能耗分类分项计量、运行安全分析的目的。系统通过无线监测节点，实现数据采集、上传，并接收转发监测后台下达的监测命令。

2. 桥梁结构检测

针对有线网络的桥梁结构检测存在的安装维护成本高、布线困难、传输距离受布线长度的限制等问题，综合利用无线传感器网络节点的低功耗、体积小、智能化程度高等特点，实现桥梁结构的小型化、低成本和智能化监测。主要监测内容包括：

（1）索力监测：通过压力传感器、磁通量传感器、阻尼器等多种传感器相结合的无线传感网络，可以实现桥梁拉索索力的高精度监测、分析与评估，进而掌握桥梁运营状态，保障桥梁结构运营安全。

（2）振动响应：通过桥塔和桥面结构的振动响应分析动力特性。

（3）位移监测：包括桥面结构的竖向挠度曲线、下部结构桥墩台的水平变位、主桥塔墩台的垂直沉降、副跨第一辅助墩台的垂直沉降，以及主塔的倾斜变形等。

（4）结构应急监测：主要实现主桥桥塔和主梁典型截面的应变、典型拉索下端与主梁锚固区的应变、高架引桥典型墩柱顶部预应力筋的应变。

（5）关键环境参数监测：实现温度等影响桥梁结构特性的关键环境参数的在线监测。

（6）车辆荷载监测：实现桥梁承载的车流量、车速、车长、车型及超载情况等综合监测。

3. 建筑钢结构疲劳监测

结构和构件的加载历史、应力集中、材料的本构关系，都会对建筑钢结构疲劳损失的计算产生影响。利用无线智能应变传感器，采用分布式数据采集方式，压缩原始数据，减少数据传输量，降低能源消耗，可实现对建筑钢结构疲劳的长期无线监测。

2.2.6.4 支撑条件

无线传感器网络技术在智慧楼宇、智能家居等领域已经得到了较好的应用，未来将与边缘计算、物联网等技术相结合，使得传感器节点的处理、通信、存储等能力更加强大，以适应人们对"更宜居、更健康、更智能"的需求。在技术上,还需要进一步研究多种不同体制的无线传感器网络自组网与融合适配技术、动态自适应网络通信与传输技术、大规模网络下的稳定性与安全性、小型化低功耗无线传感器网络节点等相关技术;在应用上,还需要根据建筑特色和应用场景需求,有针对性地研究无线传感器网络技术在室内定位导航、物品标识等的智能化、精准化应用,从而带动无线传感器网络技术在住房和城乡建设领域的普适化应用。

2.3 城市信息物理系统技术

信息物理系统(Cyber-Physical Systems,CPS)是一个综合计算、网络和物理环境的多维复杂系统,通过3C(Computing、Communication、Control)技术的有机融合与深度协作,实现大型复杂工程系统的实时感知、动态控制和信息服务。信息物理系统实现计算、通信与物理系统的一体化设计,可使系统更加可靠、高效、实时协同。信息物理系统包含了环境感知、嵌入式计算、网络通信和网络控制等系统工程,使物理系统具有计算、通信、精确控制、远程协作和自治功能,注重计算资源与物理资源的紧密结合与协调,通过人机交互接口实现和物理进程的交互,使用网络化空间以远程、可靠、实时、安全、协作的方式操控一个物理实体,具有重要而广泛的应用前景。在住房和城乡建设领域,借鉴信息物理系统模型,发展了建筑信息模型(BIM)、城市信息模型(CIM)、数字孪生城市等,为构建信息物理连接、实时交互、组织集成和深度协作等系统应用奠定了良好基础。

2.3.1 建筑信息模型(BIM)技术

建筑信息模型(Building Information Modeling,BIM)技术目的在于实现建筑从设计、施工直至项目结束的信息集成。BIM技术的发展与应用,已被公认为继CAD技术之后建筑业的第二次科技革命。BIM技术是一种应用于工程设计建造管理的数据化工具,通过参数模型整合各种项目的相关信息,在项目策划、运行和维护的全生命周期过程中进行共享和传递,使工程技术人员对各种建筑信息作出正确理解和高效应对,为设计团队以及包括建筑运营单位在内的各方建设主体提供协同工作的基础,在提高生产效率、节约成本和缩短工期方面发挥重要作用,目前已经在全球范围内得到业界的广泛认可。

BIM技术具有可视化、协调性、模拟性、优化性和可出图性五大特点:

一是可视化,BIM技术将以往的线条式构件以三维立体实物图的形式展示在人们面前,在构件之间形成互动性和反馈性的可视。在建筑信息模型中,所有的过程都是可视的,它的可视化不仅仅是用来进行效果展示及生产报表,更重要的是在可视化的基础之上,在项目设计、建造、运营过程中进行沟通、讨论、决策。

二是协调性,在建筑设计过程中,各专业设计师因沟通不到位常常导致专业间碰撞问题频发,在传统2D平面图纸中难以进行识别,而利用BIM技术可在建筑物建造前期对各专业的碰撞问题进行协调,并生成报告,帮助设计师进行修改,从而在施工前就解决完成。同时利用BIM技术还能做到防火分区、电梯井布置等的协调。

三是模拟性,BIM技术可以模拟不能在真实场景中进行操作的事物。运用BIM技术可在建筑设计阶段开展节能模拟、紧急疏散模拟、日照模拟、热能传导模拟等；招标和施工阶段可以进行 4D 模拟、5D 模拟等；运营阶段可以进行日常紧急情况和处理方式的模拟，如地震逃生及消防疏散等。

四是优化性，在 BIM 技术的基础上开展建筑物设计、施工、运营等全过程优化，使之更高效、更便捷。优化过程中，BIM 技术能很好地提高信息量，将复杂问题简单化，同时能节省时间。

五是可出图性，BIM 技术除了可以提供设计院常见的建筑设计图纸及构件加工图纸，同时还可以在可视化、协调、模拟、优化过程中，提供综合管线图、综合结构留洞图、碰撞检查报告和改进等。

2.3.1.1 技术要点

BIM 技术的核心是通过建立虚拟的建筑工程三维模型，利用数字化技术，为建筑信息模型提供完整的、与实际情况一致的建筑工程信息库。该信息库不仅包含描述建筑物构件的几何信息、专业属性及状态信息，还包含了非构件对象（如空间、运动行为等）的状态信息。借助这个包含建筑工程信息的三维模型，建筑工程的信息集成化程度大大提高，从而为建筑工程项目的相关利益方提供了一个工程信息交换和共享的平台。BIM 技术具体包括三维可视化、模型轻量化、虚拟现实等技术。

1. 三维可视化技术

三维可视化技术通过计算机图形学和图像处理技术，将数据转换成图形或图像在屏幕上显示出来，包括科学计算可视化、数据可视化和信息可视化。建筑信息模型是基于三维数字设计和工程软件所构建的"可视化"的数字模型。三维可视化技术对 BIM 技术组成来说，是最基础、最核心的，使得建筑模型的呈现不再受限于传统 2D 图面。三维可视化技术实现了工程中各工作团队皆可以直接浏览每个空间，并且使用此模型进行沟通讨论与分析，是获取建筑信息数据的重要基础和关键技术支撑。

2. 模型轻量化技术

模型轻量化技术的目的是尽可能缩小 BIM 模型的体量，使其可以更加适宜 Web 端、移动端。轻量化技术是在不改变模型文件结构属性的基础上，将模型文件压缩。通过 BIM 模型轻量化引擎技术，将模型文件结构进行压缩的同时，还能够流畅地对模型文件进行三维展示，并进行各项功能操作。几何转换、渲染处理是 BIM 模型轻量化的核心技术，模型轻量化技术实现方案背后需要强大的计算机图形学理论支撑，它是 BIM 技术进行深入、广泛、拓展性应用的关键支撑技术之一。

3. 虚拟现实技术

虚拟现实技术（Virtual Reality，VR），又称灵境技术，是将虚拟和现实相互结合，集计算机、电子信息、仿真技术于一体，使用户在虚拟现实世界体验到最真实感受的一项全新的实用技术，给人以环境沉浸感。将 BIM 与 VR 技术相结合，可以使用户不仅看到这个模型，还可以深入其中，身临其境，通过 1∶1 的虚拟现实环境，使其仿佛身处模型之中。同时，可以在施工前看到施工后的工程状态，详细地了解施工过程中可能会发生的某个事件。无论是对于设计方还是施工方，都能够得到充足的指导，避免可能发生的事故、问题。无论是在成本、进度还是管理上，都使工程变得更加合理。对于 BIM 技术而言，VR 等新的技术手段是一个必然的趋势。

4. 国产自主可控

建筑信息模型涉及大量敏感的建筑详细信息，实现基础理论、基础算法、数据库、基础支撑平台的国产自主可控，保障建筑信息模型应用的安全性和可靠性，是建筑信息模型共享服务和广泛应用的基础。

2.3.1.2 发展现状和趋势

BIM 的概念最早在 20 世纪 70 年代就已经提出，但直到 2002 年美国的 Autodesk 公司发表了一本 BIM 白皮书之后，其他一些相关的软件公司陆续加入，才使得 BIM 逐渐被大家所了解。自 2007 年 11 月建设部发布《建筑对象数字化定义》JG/T 198—2007 以来，BIM 技术在我国得到了快速发展。2011 年，住房和城乡建设部在《2011～2015 年建筑业信息化发展纲要》中，明确提出了在"十二五"期间，加快建筑信息模型（BIM）、基于网络的协同工作等新技术在工程中的应用，标志着 BIM 技术在我国进入快速发展阶段。2015 年 7 月，住房和城乡建设部在《关于推进建筑信息模型应用的指导意见》中明确了 BIM 在建筑领域应用的发展目标：到 2020 年末，建筑行业甲级勘察、设计单位以及特级、一级房屋建筑工程施工企业应掌握并实现 BIM 与企业管理系统和其他信息技术的一体化集成应用。2016 年，住房和城乡建设部在《2016～2020 年建筑业信息化发展纲要》中，明确提出了在"十三五"期间，"着力增强 BIM、大数据、智能化、移动通信、云计算、物联网等信息技术集成应用能力"，标志着 BIM 技术在我国进入深度应用发展阶段。2018 年 1 月 1 日起，BIM 领域首份细则性国家标准《建筑信息模型施工应用标准》GB/T 51235—2017 正式实施，极大地促进了建筑业管理由粗放型转向精细化。

未来 BIM 与大数据、智能化、移动通信、云计算、物联网等信息技术的集成应用，将呈现以下发展趋势：

一是移动终端的应用。随着互联网和移动智能终端的普及，人们可以在任意地点和任意时间来获取信息。而在建筑设计领域，将会看到许多承包商为自己的工作人员配备这些移动设备，实现在工作现场就可以进行设计。

二是无线传感器网络的普及。可以把监控器和传感器放置在建筑物的任意一个地方，针对建筑内的温度、湿度、空气质量等进行监测。再加上供热信息、通风信息、供水信息和其他控制信息等，通过无线传感器网络汇总后，工程师即可全面掌握建筑现状，从而可以为设计方案和施工方案的提出和优化提供技术支撑。

三是云计算技术的应用。不论是能耗还是结构分析，针对一些信息的处理和分析，都需要利用云计算强大的计算能力。甚至渲染和分析过程可以达到实时的计算，帮助设计师尽快地在不同的设计和解决方案之间进行比较。

四是数字化现实捕捉。这种技术通过一种激光扫描，对桥梁、道路、铁路等进行分析，以获得早期的数据。未来设计师可以在一个 3D 空间中使用这种沉浸式、交互式的方式来进行工作，直观地展示产品开发。

五是协作式项目交付。BIM 是一个工作流程，而且是基于改变设计方式的一种技术，它改变了整个项目执行施工的方法，是一种设计师、承包商和业主之间合作的过程。

六是 BIM 国产自主可控平台软件研制。适应国产自主可控要求，未来将研究开发具有完整知识产权的 BIM 三维图形平台，基于具有完整知识产权的 BIM 三维图形平台，开发建筑、结构、机电、道路、桥梁、隧道等专业 BIM 设计应用软件，开发施工进度管理、质量安全管理、成本管理、物料管理等 BIM 施工应用软件，以支撑全行业的 BIM 普及应用。

2.3.1.3 应用场景和效益分析

BIM 技术覆盖建筑全生命周期的特性，将彻底改变整个行业固有的信息孤岛问题，用更高程度的数字化及信息整合，对包括设计、招标投标、施工和运维在内的建筑全产业链进行优化。BIM 技术的主要应用场景包括：

1. 方案设计与优化协同

基于 BIM 进行建筑施工项目规划及协调，根据设计单位及相关专业顾问提供的建筑、结构、机电、幕墙、室内、景观等各专业施工图，建立整个项目的 BIM 初始模型，提供侦错服务、碰撞报告、经济技术指标报告、绿色建筑分析报告等，指导协调总包单位后续进行模型深化、更新和维护等。

2. 建筑施工安装过程管理

通过 BIM 可以提前在虚拟环境下，对施工过程中建筑结构、施工工序以及场地设施布置等随进度的变化状况进行动态模拟，实现施工进度模拟应用。系统将进度计划以及人、料、机消耗量等分别附加给 BIM 中的各个构件和相应的施工任务，能够实现工程进度计划和施工过程的可视化跟踪管理，有助于降低风险和减少施工浪费。

3. 建筑施工安装质量管理

在施工图会审方面，通过 BIM 施工过程三维模拟和模型协同比对，更容易发现图纸的问题。在技术交底方面，使用 BIM 技术可以实现三维技术交底，有助于排除安全隐患，减少安全事故发生。在材料质量管理方面，利用 BIM 快速提取构件基本属性，并与进场材料、材料使用部位等进行比对，保证进场材料与设计相吻合。在设计变更管理方面，通过 BIM 模型进行变更模拟检查，分析变更措施的可行性和预期效果，避免措施不力达不到预期结果或措施过当造成不必要的浪费。

4. 建筑可视化运维管理应用

综合利用 BIM 以及传感技术、数据库技术等，能够构建建筑 BIM 运维管理平台，实现各类智能化系统传感器数据等运维资源的有效集成，直观可视化展示建筑资产在空间中的分布情况、实时态势，为结构安全检测、设备维护、后续设计、管理决策、空间管理等提供技术支持和保障，从而提升建筑运维管理作业的效率及质量。

2.3.1.4 支撑条件

BIM 软件是智能建造的重要基础软件。当前，国际主流 BIM 软件如 Autodesk Revit、Bentley MicroStation 等均来自美国。其他国家的 BIM 软件，如 Graphisoft ArchiCAD、Dassault CATIA 系列等，也占有一定的市场。同时，Rhino、Maya 等参数化设计工具，已可进行跨专业的综合协同设计。而我国国产 BIM 图形引擎距离国际产品尚有一定差距，在参数化设计、自动化制图、专业化协同、智能化分析等方面存在不足，迫切需要通过国家、行业相关科技项目支持，突破 BIM 软件图形引擎的技术瓶颈问题，研制具有自主知识产权的 BIM 三维图形平台，研究基于 BIM 的工程建设项目智能辅助审批系统，搭建支持规划与设计 BIM 报批、施工图 BIM 审查、竣工 BIM 验收备案的综合审核系统。

2.3.2 城市信息模型（CIM）技术

城市信息模型（City Information Modeling，CIM），是以城市的信息数据为基础，建立起三维城市空间模型和城市信息的有机综合体。从数据类型上讲，其由大场景的 GIS 数据＋BIM 数据构成，属于智慧城市建设的基础数据。智慧城市是城市数字化向更高层次的发展，核心是体现以人为本、智能运行的理念，利用物联网、云计算等新一代信息技术，全面感知城市的运行状态，提高人与物、物与物之间交互的明确性、灵活性、执行效率和响应速度；对物理现实空间中的各种实体对象更加精确、智能和直观地控制和展现，提高对各种实体系统的整体优化掌控，实现信息虚拟空间和物理现实空间的同步互动；通过海量的信息收集和存储分析能力，深入挖掘各种系统间的直接或间接联系，发现规律并提出方法，为更智慧的决策和行动提供支持；达到提高政府公共服务水平、企业竞争力和市民生活质量的目标。

CIM 集合了 BIM、GIS 和 IoT 等多种先进技术，实现对城市海量多源异构数据的统一汇聚管理，以及地上地下、室外室内的全方位城市空间表达，便于城市管理者全面掌控城市运行状态。通过构建城市 CIM 数字底盘，开展面向各行业的应用，可实现对城市的一体化、精细化管理，为城市规划、设计、建设、运营的全流程管控提供可靠依据和指导。随着大数据时代的到来，智慧城市建设也迎来了新一轮的发展，呈现出深度和广度双向推进的良好态势。

2.3.2.1 技术要点

CIM 平台可通过物联网技术的信息传感设备，将城市和 CIM 模型连接起来，形成一个权责范围内可更新且能够用于信息共享与传递的数据库，同时，利用云计算、数据融合和空间信息网络等技术，进行信息一体化组织与处理，以支持城市运行管理过程中的各种需求和应用。充分融合城市本身与其各类数据，集约统筹建设共性资源，优化城市管理与服务，确保城市运行高效、便捷，其精细精准的管理模式保障城市运行安全、可靠。从技术支撑的角度来看，智慧城市建设主要依托物联网、云计算、增强现实、数据融合、空间信息网络、地理信息集成等新一代信息技术。

1. CIM 与 BIM 集成技术

从某种程度上来说，CIM 是 BIM 的衍生技术，在发展过程中不能脱离开 BIM 的原始基础。CIM 与 BIM 集成技术应攻关二者在数据模型兼容性、可视化表达性能优化等关键问题，以提升 CIM 的可靠性、完整性、可伸缩性、用户友好性。

2. CIM 服务编排与服务接口技术

服务架构是一种将单应用程序作为一套小型服务开发的方法，每种应用程序都在其自己的进程中运行，并与轻量机制（通常是 HTTP 资源的 API）进行通信。CIM 服务接口设计采用微服务架构，采用内侧和外侧编排方式，增加对外服务接口的稳定性、可靠性和扩展性。

3. 三维引擎技术

三维引擎是虚拟现实技术的基础，作为虚拟现实技术的一部分，三维引擎技术目前在很多领域中得到了广泛的应用。在二维 GIS 引擎技术的基础上扩展定义，统一组织管理二三维数据、二三维一体化图形分层分级渲染,研究三维计算分析模型及其实现的高性能算法。面向多场景实现 BIM、GIS 和 CIM 的一体化引擎(CIM-HDRender),支持地理坐标系统、基础设计建设、CIM 平台的特定需求、轻客户端,实现所见所得的摄像交互体验。

4. 多源数据融合技术

多源数据融合需要用动态的方式统一不同的数据源,将数据信息转化为知识资源,是利用计算机对按时序获得的若干观测信息,在一定准则下加以自动分析、综合,以完成所需的决策和评估任务而进行的信息处理技术。包括对各种信息源给出的有用信息的采集、传输、综合、过滤及合成,以便辅助人们进行态势/环境判定、规划、探测、验证、诊断。基于 CIM 技术的智慧城市建设,在数据层面融合了倾斜摄影、BIM、激光点云、三维场景等多源异构数据。多源数据融合技术是处理上述数据内容的关键基础技术,为城市 CIM 数据库提供可持续访问、可体验扩展以及安全的数据访问机制,并提供一系列规则,改变数据访问无序交互方式。

5. 物联网技术

物联网技术能够将任何物体与网络相联,以实现智能化识别、定位、跟踪、监管等功能,包括传感器技术、RFID 标签、嵌入式系统技术、智能技术、纳米技术等关键应用技术。在智慧城市建设中,依托物联网技术,可建立城市的"神经网络"。通过传感器、图像识别、语音识别、卫星定位、电子标签等感知技术,构建智能化物体的互联感知网络,感知遍布城市各个角落的信息,并通过网络传递给城市数据中心,借助各应用系统的协同合作,实现"安全、便捷、健康、高效"的城市管理目标。

6. 增强现实技术

增强现实(Augmented Reality,AR)技术是促使真实世界信息和虚拟世界信息综合在一起的技术。真实环境与虚拟物体重叠后,能够在同一个画面以及空间中同时存在。VR 和 AR 技术结合三维仿真技术,借助规划数据和设计图纸即可把智慧城市的景象鲜活地呈现出来,进而实现智慧城市整体统筹规划。

7. 地理信息系统技术

地理信息系统技术(Geographic Information System,GIS)是以地理空间为基础,采用地理模型分析方法,实时提供多种空间和动态的地理信息,为地理研究和地理决策服务的计算机技术系统。GIS 已经具备了全面模拟城市的能力,包含数百万个变量,并有能力对这些变量进行地理编码,从而促进城市的规划、管理和发展。在智慧城市建设中,GIS 技术是重要的基础技术,也是十分关键的建设支撑技术。

2.3.2.2 发展现状和趋势

智慧城市建设兴起于欧美,世界各国也把智慧城市的发展作为未来几年的目标,包括我国在内。现阶段,很多国家已经开始智慧化建设,主要集中分布在美国、瑞典、爱尔兰、德国、法国、中国、新加坡、日本、韩国等,大部分国家的智慧城市建设都处于有限规模、小范围探索阶段。韩国作为全球第四大电子产品制造国,通过智慧城市建设培育新产业。美国将智慧城市建设上升到国家战略的高度,并在基础设施、智能电网等方面进行重点投资与建设。

我国智慧城市虽然起步较晚,但在政府的支持和企业的参与下,智慧城市的建设也取得了阶段性进展。自 2012 年底住房和城乡建设部启动首批智能城市试点项目以来,我国智慧城市试点项目数量持续增加。截至2016年底，智慧城市首批试点数量已达290个。2017年是我国提出建设"新智慧城市"的第二年，73.68%的地级以上城市已经提交新的智慧城市指标。我国智慧城市试点项目已基本覆盖全国各省、市、自治区。目前，我国已有500多个城市开展了相关建设。

智慧城市建设初级阶段，我国城市信息化建设正处于重要的结构转型期，即从信息技术推广应用阶段转向了信息资源的开发利用阶段。我国正在通过"两化融合""五化并举""三网融合"等战略部署，积极利用物联网、云计算等最新技术，推进智慧城市建设。目前，我国智慧城市建设主要有三种建设模式，分别是：以物联网产业发展为驱动的建设模式，如无锡；以信息基础设施建设为先导的建设模式，如武汉；以社会服务与管理应用为突破口的建设模式，如北京、重庆。

展望未来，注重以人为本的"智慧社会"将成为我国智慧城市建设与发展的未来愿景。同时，随着企业提供的技术越来越成熟，政府促进和建立统一的数据中心，制定相关数据的开放法律体系，实现数据的跨部门共享，区域的数据隔离将被打破并逐渐集成。接下来的若干年中，大数据、综合管廊、海绵城市或者是其他的城市信息相关的技术，都会围绕城市信息的采集和使用展开。

2.3.2.3 应用场景和效益分析

当前三维城市模型在城市规划、土地利用管理、交通治理等领域承担着越来越重要的角色，然而在实际应用中，各项智慧化决策对精细化、可视化、动态化、一体化描述城市的需求十分迫切。CIM技术在住房和城乡建设领域的具体应用如下：

1. 城市规划仿真

基于多源数据和多规合一实现规划管控，在数字孪生空间解决规划冲突，统一空间边界，形成规划管控的"一张蓝图"，以此为基础进行规划评估、多方协同、动态优化与实施监督。通过对各种规划方案及结果进行模拟仿真及可视化展示，实现方案的优化和遴选。

2. 城市建设项目设计

利用数字孪生构建还原设计方案周边环境，进行可视化交互设计，考虑设计方案和对已有环境的影响和制约，进行缺陷优化。利用数字孪生将施工方案和计划进行模拟，分析施工进度和计划的合理性，对施工过程进行全面管控。

3. 城市运维管理

利用物联网传感器和智能终端实时获取数据，基于CIM模型对城市基础设施、地下空间、道路交通、生态环境、能源系统等运行状况进行实时监测和可视化综合呈现，实现对设备预测性维护、基于模拟仿真的决策推演以及综合防灾快速响应和应急处理，使城市运行更稳定、安全和高效。

2.3.2.4 支撑条件

"十四五"期间，需要聚焦融合基础设施建设领域，建设数字化、智慧化的新型城市基础设施，支撑传统基础设施转型升级。而CIM对支撑城市空间规划编制、多规合一共享、城市设计建模、城市更新改造、建设项目全生命周期管理和建筑设施精细运维等多应用场景的信息共享、业务协同意义重大。因此，在技术方面，需要研究城市数据CIM框架分层体系和分级体系，研究建筑、公路、桥梁、道路、生态工程、水务、电力设施、轨道交通、地下管网、管廊、地下空间等数字化基础设施分类与物联网标识体系；研究基于CIM＋人工智能＋物联网的数字孪生城市技术体系；研发与建设承载海量大数据的CIM平台，实现城市统一的精细治理与服务。

2.3.3 数字孪生城市技术

数字孪生（Digital Twin）的概念由密歇根大学的 Michael Grieves 首次提出，具体指物理产品或资产的虚拟复制。此复制实时更新（或尽可能地定期更新），以尽可能地匹配其真实世界。数字孪生的最大好处是无须花费太高成本构造一个物理资产，就可以通过数字化技术进行相关操作，并且无须承担物理资产损害的后果。

数字孪生因感知控制技术而起，因综合技术集成创新而兴。数字孪生城市是在城市累积数据从量变到质变，在感知建模、人工智能等信息技术取得重大突破的背景下，建设新型智慧城市的一条新兴技术路径，是城市智能化、运营可持续化的前沿先进模式，也是一个吸引高端智力资源共同参与，从局部应用到全局优化，持续迭代更新的城市级创新平台。数字孪生城市理念自提出以来不断升温，已成为新型智慧城市建设的热点，受到政府和产业界的高度关注和认同。当前，各地对数字孪生城市规划和建设的需求十分强烈。

数字孪生城市的核心要义是，在网络数字空间，再造一个与现实物理城市匹配对应的数字城市，通过构建物理城市与数字城市一一对应、协同交互、智能操控的复杂系统，使其与物理城市平行运转，通过虚拟服务现实、数据驱动治理、智能定义一切等运行机制，实现城市全要素数字化和虚拟化、全状态实时化和可视化、城市运行管理协同化和智能化，形成物理维度上的实体世界和信息维度上的虚拟世界同生共存、虚实交融的城市发展新模式，是具有深度学习、自我优化能力的城市。

2.3.3.1 技术要点

数字孪生，也被称为数字映射、数字镜像，是充分利用物理模型、传感器更新、运行历史等数据，集成多学科、多物理量、多尺度、多概率的仿真过程，在虚拟空间中完成映射，从而反映相对应的实体对象的全生命周期过程。从建设数字孪生城市的关键技术来看，与传统智慧城市相比，其技术要素更复杂，不仅覆盖新型测绘、地理信息、语义建模、模拟仿真、智能控制、深度学习、协同计算、虚拟现实等多技术门类，而且对物联网、人工智能、边缘计算等技术提出新的要求，多技术集成创新需求更加旺盛。

1. 新型测绘技术

数字孪生城市对时空大数据管理、地理监测、高精度实体化测绘等方面提出更高要求，更加需要新型测绘的强力支撑，基于新型测绘构建的城市三维模型是数字孪生城市运行的主要载体。数字孪生时代下的新型基础测绘包含以下几项关键技术：

（1）三维建模技术

实景三维重建技术是依托倾斜摄影测量遥感数据成果，结合摄影测量学、计算机图形学算法，通过自动化处理流程手段，获得三维点云、三维模型、真正射影像（TDOM）、数字表面模型（DSM）等测绘成果的模型构建技术。激光点云三维构建技术体现了数字孪生时代下三维模型自动化构建优势。

(2) 多源数据融合技术

在数字孪生时代，多源数据融合技术以地理信息服务精细化、精确化、真实化、智能化为目标，利用机器学习或深度学习算法以及实时定位与制图（SLAM）算法，对测绘地理大数据进行自动识别、数据挖掘和三维重建，快速提取地物特征，发现隐藏在大数据中的知识，还原地物模型，结合各地理实体的社会经济属性，形成涵盖地上地下、室内室外、二维三维一体化的全息、高清、高精的结构化实体和城市数字空间，从较为单一的 GIS 数据升级为融合多源、异构、多时态空间数据，以满足应用和分析的需求。

2. 标识感知技术

数字孪生城市建设以全域感知为前提。面向城市建立全域全时段的物联感知体系，实现城市运行态势的多维度、多层次精准监测，是建设数字孪生城市的关键基础。标识感知核心技术包括：

(1) 物体全域标识技术

物体全域标识是数字城市中各物理城市及新建的城市物联感知体系在城市信息模型平台中的唯一身份标识。通过物体全域标识，实现数字孪生城市资产数据库的物体快速索引、定位及关联信息加载。目前，主流的物体标识采用 Handle、Ecode、OID 等。

(2) 物联感知技术

物联感知技术分为采集控制和感知数据处理。采集控制技术通过直接与对象绑定或与对象连接的数据采集器、控制器技术，完成对对象的属性数据识别、采集和控制操作。主要包括：传感器、条码、RFID、智能化设备接口、多媒体信息采集、位置信息采集和执行器技术。感知数据处理技术是对感知数据和控制数据的加工处理技术，其制定了覆盖物理链路层、传输网络层及应用层的协议，从而实现感知信息的高效传递。

(3) 设备安全防护技术

设备安全防护包括设备安全加固、设备唯一可信认证、设备通信加密、设备安全态势感知及设备安全修复等全方位的物联网设备安全。设备安全防护技术应适应多种操作系统，如 Android、Linux、RTOS 等，还需不受各种网络通信协议（如 LoRa、NB-IoT、4G、Wi-Fi）的限制。

3. 云边协同计算技术

云边协同计算主要通过在网络节点中根据需求统筹部署调度云计算和边缘计算资源，建立虚拟一体化计算资源池，实现从终端到中心的"云—边—端"无缝协同计算。感知终端在采集数据之后，由边缘计算节点进行局部初步处理和快速决策，并将高价值处理数据汇聚到云中心，由云计算做大数据分析挖掘、数据共享开放等处理和分析，优化升级业务规则或算法模型，并下发到边缘侧，由边缘计算基于更新的算法或规则运行计算，更新和升级端侧设备，从而实现完整的自我学习优化的闭环。

4. 全要素表达技术

三维空间的有效感知与实景可视化日益成为城市建设管理的重要抓手，也是数字孪生城市的关键内容。全要素表达的实现需要以下关键技术支撑：

(1) 多模态多尺度空间数据智能提取技术

利用性能互补的多模态多尺度遥感数据获取装置，重点突破空地多模态多尺度光学影像自动空三和联合精确定位、密集点云自动匹配、精细三维模型自动纹理采集和映射、激光 LiDAR/全景相机和 IMU 等传感器融合的同步定位和精细地图构建技术、激光点云的语义自动分析及提取、地物与人工建筑及其组件的语义特征识别与语义信息提取等核心关键技术，实现基于无人机/航空倾斜摄影、航空 LiDAR 的大场景真三维精细城市模型自动化构建。

（2）语义化技术

语义化即对数据进行智能化加工处理，使其所包含的信息可以被计算机理解。大数据环境下，只有将数据进行语义化处理之后，才能更快速、准确地提取到所需要的信息，保证数据的无歧义理解和良好结构化表达，实现可量化索引。利用语义化技术，可以形成量化并可索引的城市描述信息，同时利用 CIM 的可扩展性，可以接入人口、房屋、公司法人、安防设施、公安警务、住户水电燃气、交通、公共医疗等诸多城市公共系统的信息资源，实现跨系统应用集成、跨部门信息共享，避免重复建设和信息化孤岛。

（3）三维渲染技术

硬件方面主要是 GPU 实时渲染技术，软件方面主要有 RTC 流计算、多视频 3D 融合、基于深度学习的超分辨，以及实时光线追踪技术。主流技术 GPU 采用 Nivida 体系，上层驱动 DirectX 或 OpenGL，各家公司自研引擎，应用于智慧城市以及游戏、医疗等各领域。利用 WebGL、VR、AR、MR、全息投影技术等，可提高城市地理环境的真实化表达能力，为人们提供沉浸式体验。

5. 模拟仿真技术

在数字孪生城市中，运用模拟仿真技术，可进行自然现象的仿真、物理力学规律的仿真、人群活动的仿真、自然灾害的仿真等，为城市规划、城市管理、应急救援等提供决策依据，促进城市资源公平和快速调配，支撑建立更加高效智能的城市现代化治理体系。目前利用计算机进行模拟仿真的主要技术包括有限元分析、计算流体力学和多物理场耦合仿真等。

6. 深度学习技术

在数字孪生城市中，对深度学习技术的应用主要集中在海量数据处理、系统运行优化等方面。深度学习核心应用技术包括计算机视觉、自然语言处理、生物特征识别、知识图谱等，其中前三者主要用来从已有城市数据中挖掘出新的数据并结构化当前数据，知识图谱则将数据与数据联系起来以形成决策的基础模型。近年来，深度学习算法层出不穷，进一步满足了数字孪生城市的实际应用需求，自动机器学习则推动系统不断自优化，实现了数字孪生城市内生迭代发展。

2.3.3.2 发展现状和趋势

"数字孪生"概念最早由美国空军研究实验室提出。2011 年 3 月，美国空军研究实验室结构力学部门的 Pamela A. Kobryn 和 Eric J. Tuegel，在一次题为"基于状态的维护＋结构完整性 & 战斗机机体数字孪生"的演讲中，首次明确提到了数字孪生。同时，美国通用电气公司也发现数字孪生技术具有很强实用意义。2015 年以来，我国也对此技术发展应用开始跟进研究。包括工业 4.0 研究院在内的多家国内研究机构和企业启动了数字孪生相关的研究课题，致力于研究工业数字化与数字孪生技术的结合，用于设计如何构建工业 4.0 互联网体系。

2.3.3.3 应用场景和效益分析

在数字孪生城市建设的推进上,首先从物理世界向数字世界基于模型的"数化"开始,到虚实结合的"交互",再到基于仿真和大数据的"先知先觉",直到数字孪生城市各数字孪生体之间以及不同城市数字孪生体之间的协同"共智",最终达到理想状态。其中双向"交互""先知先觉"和"共智"是数字孪生城市区别于传统智慧城市的重要标志,其典型应用场景如下:

1. 智能市政管理

基于城市数字孪生体和物联网技术等,通过智能感知设备、无线网络、污水处理设施、给水排水管理、智能井盖、水质水压表等在线监测设备,实时感知城市供排水系统的运行状态,并采用可视化方式整合城市水务管理部门与供排水设施,形成"城市智慧水务孪生体",将海量水务信息进行及时分析与处理,并采取相应的处理结果辅助决策建议,以更加精细和动态的方式管理城市水务系统的整个生产、管理和服务流程,保障居民用水安全,从而达到数字化智能应用的状态。例如可融合环境监测数字孪生体,结合城市工业排废、城市固废处理、环境卫生污染监测等大数据模拟仿真分析,预测未来时刻水质污染发生时间和状况,促使城市生态环境主管部门和水务主管部门及时调整控制,避免城市居民用水安全事故发生。

2. 智能运行管理

基于数字孪生体与GPS卫星定位、智能传感、智能摄像等技术,可突破传统模式,实现城市地上地下空间的运行异常状态智能监控,指导数字孪生城市的建设、评估和运行管理。如通过城市信息模型建立三维城市空间模型,实现城市规划、建设、运行管理的全面立体可视化管理,支持城市模拟仿真、分析验证等,实现城市运行智能化监管。未来还可基于城市运行数字孪生体、市政数字孪生体、环保数字孪生体、产业数字孪生体等多源数据融合,制定合理引导城市固废处理的政策措施。

3. 智慧交通管理

基于城市交通数字孪生体可对车流量数据和道路设施实时传递数据进行分析预判,同时可对交通信号灯进行实时优化控制。基于城市交通历史数据,可预判某个区域未来10min～1h的交通态势,帮助交通管理部门在交通堵点出现前制定应急预案、提前实施交通疏导措施。如根据赛事演出活动、天气数据等预判特定时间段的交通状况。

4. 智能环保管理

基于数字孪生城市信息模型,可实现城市资源环境的智能协同监管。如:实现城市规划编制、实施、评估和监督方面的智能化监管;实现土地资源立体化、智能化管理;实现环保与能源、水资源、交通及城管的智能协同监管与服务。

5. 智能安防管理

基于城市智能化基础设施视频监控探头,结合视频图像的智能识别分析功能,可实现对各类警情、灾情、生态破坏、道路违章、环境卫生等的可视化展示,从而实现城市安全防范预警、提示、资源优化管理等。如某地发生打架斗殴、盗窃、疑犯追踪、被拐或走失人员等事件,视频监控可以自动识别,在安防管理系统上显示并进行精准分析、整体研判和协同指挥,同时调动附近警力进行处置,实现警力的优化配置。

6. 智慧医疗保健

基于患者的健康档案、就医史、用药史、智能可穿戴设备监测数据等信息,可在云端为患者建立"医疗数字孪生体",并在生物芯片、增强分析、边缘计算、人工智能等技术的支撑下模拟人体运作,实现对医疗个体健康状况预测分析和精准医疗诊断。如基于医疗数字孪生体应用,可远程、实时地监测心血管病人的健康状态;当智能穿戴设备传感器节点测量到任何异常信息时,救援机构可立即开展急救。同样通过医疗数字孪生体,还可在患者体内植入生物医学传感器来全天监控其血糖水平,以提供有关食物和运动的建议等。

数字孪生城市覆盖全区域范围内的建筑、空间及设施等,根据不同重要等级对应精度标准所建立的基础数据、状态与服务的集合,基于系统工程、精益管理思想等理论与方法,为政府、市民、企业和研究机构提供城市基础数据服务,用于政府决策支持、城市设计、交通规划、景观模拟、能源管理、环境监测、应急服务、城市安全、虚拟实验、可视化运营、建筑性能分析、公用设施管理、空间查询与定位、智慧工地、未来社区、智慧楼宇、智慧小镇等。据中国信息通信研究院与阿里云预测,数字孪生城市是未来智慧城市建设的最主要方向,未来市场规模在 10000 亿以上,具有广阔的市场前景。

2.3.3.4 支撑条件

在技术支撑方面,数字孪生的前提是对具体对象的有效全面感知能力。因此,万物感知技术必然是数字孪生技术的支撑。而万物感知技术的相关支撑条件,也同样是数字孪生技术的支撑,如 5G/6G/NB-IoT/IPv6 通信技术、多种领域的低功耗传感技术、轻量级物联网操作系统、大规模物联数据承载交互平台技术、人工智能技术、大数据技术等。而在这些技术中,人工智能技术和大数据技术,是数字孪生技术是否能够成功落地应用的关键。同时,数字孪生面临海量复杂数据的实时处理和分析,这是常规计算分析所不能承载的,必须利用人工智能技术和大数据分析处理技术,才有可能对海量复杂且具有各种内在关联的信息进行有效处理。

3 通信和航空航天技术

3.1 现代通信技术

3.1.1 5G通信技术

我国通信依次经历了"2G跟踪、3G突破、4G同步"的各个阶段。当前,5G是全球第五代移动通信技术建成和研发的结果,是推动智能终端大面积普及和促进互联网技术快速发展的结果,是在传统的通信技术之下,改变传统单一的通信技术,并且在新的复式新技术发展前提之后的综合应用技术。第五代移动通信网络的信息传播速度具有非常明显的优势,在利用移动资源方面展现出前所未有的移动效果,可以有效弥补各种移动通信技术的安全性较低或者通信速率较慢的问题,其传输速度非常快,且能带来清晰图像技术。通信效果更优于传统的通信技术,在住房和城乡建设领域诸多应用方面有着极大的优势。

3.1.1.1 技术要点

5G通信技术是最新一代蜂窝移动通信技术,蜂窝中的所有5G无线设备通过无线电波与蜂窝中的本地天线阵和低功率自动收发器进行通信。5G通信技术具有以下四个特性:

一是超高速。5G网络的数据传输速率远远高于以前的蜂窝网络,平均传输速度可以达到1GB/s,峰值速率甚至可以达到10GB/s,相当于1部超高清电影能够在1s内下载完成,比先前的4G LTE蜂窝网络快100倍。

二是低延迟、高可靠。高可靠即数据丢包率极小。在延迟方面,5G环境可以低到基站与基站之间仅1ms延迟,甚至低于1ms,而当下的4G环境,手机与基站、基站与基站之间的延迟可以达到50ms甚至更多。

三是大容量和大规模设备连接。5G通信技术支持广域大容量的高速移动终端,据悉5G通信网络能够支持每平方公里600万个设备的接入,是现有连接设备数量的10~100倍。

四是高成本、低功耗。5G网络建设的投入要比4G网络建设的投入高很多,5G基站建设的投入要高于4G基站投入的1.2~1.5倍。另外,由于5G技术采用的频段高,所以基站需求是4G基站需求的2~3倍。5G技术要支持大规模物联网应用,就必须有功耗的要求。低功耗主要采用两种技术手段来实现,分别是美国高通等主导的eMTC和华为主导的NB-IoT。其中,NB-IoT不需要像5G的核心技术一样重新建设网络。虽然NB-IoT的传输速度只有20K/s左右,但却可以大幅降低功耗,使得设备很长时间不用换电池。这一特点对于各种设备的大规模部署都是有好处的,也能满足5G技术对于物联网应用场景低功耗的要求。

5G 通信技术的关键技术有：

1. 毫米波通信技术

目前全球采用两种不同频段部署 5G 网络，一种是 30～300GHz 之间的频段，被称为毫米波；另一种集中在 3～4GHz 频段，被称为 Sub-6。美国和日本运营商主要专注于 5G 毫米波部署。其他大部分国家主要以 Sub-6 为主。由于毫米波频段的带宽更为丰富，5G 网络将使用更宽的频道与无线设备进行通信，带宽最高可达 800MHz，每秒可以传输更多的比特数据。

2. 大规模 MIMO 技术

多输入多输出（MIMO）系统是使用两个或多个发射机和接收机一次发送和接收更多的无线系统。大规模 MIMO 通过在单个阵列上配备数十个天线，将这一概念提升到一个新的水平。5G 基站可以支持大约 100 个用于处理蜂窝通信的天线端口，与 4G 基站的 12 个端口相比，这意味着可以有更多的天线安装在单个阵列上，也意味着基站可以一次发送和接收更多用户的信号，从而使移动网络的容量增加 22 倍甚至更大。

3. eMBB（峰值 20GB/s）

由于 5G 有更多的可用频谱（3.5GHz、4.9GHz、毫米波）、更大的单载波连续带宽（5G 100MHz、4G 20MHz）、超大规模天线阵列（Massive MIMO 5G 64T64R、4G 4T4R）、3D 智能天线 Beamforming 等新技术的加持，给用户提供了前所未有的速率体验，将促进移动宽带持续发展，典型应用如 3D、超高清视频（4K/8K）、云办公和云游戏等。涉及基础网络架构和基础技术创新的面向 eMBB 的 3GPP R15 协议版本已于 2018 年 6 月完成。

4. uRLLC（空口 1ms）

由于 5G 数据调度时间更短、终端回复确认消息更快、编码译码更简单、采用 MEC 新架构等，大大减少了网络时延。5G 将开启未来产业新蓝海，典型应用如自动驾驶、工业自动化、云化 VR/AR、网联无人机等。面向 uRLLC 增强的 3GPP R16 协议版本已于 2020 年 3 月完成。

5. mMTC（百万/km²）

5G 将拓展万物互联新边界，典型应用如智慧城市、智能家居等。面向 mMTC 增强的 3GPP R17 版本也在计划中。

3.1.1.2 发展现状和趋势

我国 5G 无线空口技术（RIT）方案基于 3GPP 新空口（NR）和窄带物联网（NB-IoT）技术。其中 NR 重点满足增强型移动宽带（eMBB）、低时延高可靠（URLLC）两个场景的技术需求，NB-IoT 满足大规模机器连接（mMTC）场景的技术需求，主要方向如下：

一是超高速，以提升速率为主，峰值速率提升 10 倍以上，将满足用户在偏远地区、高速移动等恶劣环境下仍可高速上网的需求。

二是低时延、高可靠，主要面向车联网、无人驾驶、工业控制等垂直行业的特殊应用需求。

三是大容量、低成本、低功耗，主要面向智慧城市、环境监测、智能农业、森林防火等以传感和数据采集为目标的应用场景，具有小数据包、低功耗、低成本、海量连接等特点。

2019年6月6日，工业和信息化部正式向中国联通、中国电信、中国移动、中国广电发放5G商用牌照，其中中国广电获得2个5G频段，一个是4.9GHz频段，一个是700MHz，这是国内运营商中唯一的低频段。2019年10月31日，工业和信息化部与中国电信、中国联通、中国移动、中国铁塔在中国国际信息通信展览会开幕式上共同宣布启动5G商用，2019年11月1日，5G商用套餐正式上线。至此，我国正式进入5G商用元年，移动通信及关联产业进入了一个完全崭新的时代。随着5G基站加快建设，未来基于5G的应用将越来越普及，主要应用趋势包括：

1. 万物互联

在4G移动通信技术的时代，各类智能产品层出不穷，但在人工智能方面的水平还较低，还处于初级阶段。因此，4G时代无法达到万物互联的设想。随着5G移动通信时代的来临，其在信息交互上传输量大、速度快，为万物互联的实现提供了技术保障。5G时代的来临极大地推动了社会智能化的发展，例如在汽车方面，物联网技术的引入，使得车库和车辆、车主和车辆之间能实现信息交互。这种v2x车联网技术可以使车辆自动去感知所处环境，如遇到障碍物、信号灯变化等时，能及时通知驾驶员作出应对措施，保障人们车辆驾驶的安全性。

2. 虚拟现实

用户可以在移动端体验虚拟现实和增强现实。当下尽管4G技术的普及能够让人们享受到高清视频，但是要想达到虚拟现实、增强现实的效果，4G技术还无法实现，在数据传输方面的发展还远远不足。5G技术能满足这些条件，实现同时同频全双工，并能使多设备互联，极大提升信息传输速率，使人们在平板、手机等智能设备上体验到虚拟现实和增强现实。

3. 生活云端化

5G技术的引入将给人们的生活带来变革，使得人们的生活变得云端化。"云"在人们的生活中变得越来越重要，传统化的硬盘数据存储方式已经无法满足人们的需求，大量的文件开始以云文件的方式进行存储。5G移动技术将以前的中心云向边缘云方向转变，再向移动设备云过渡。智能手机、平板的普及，使得移动数据量急剧增大，数据也变得多样化。对此，5G技术能通过高效分析用户数据，针对性地为用户提供服务，如推送用户喜欢的数据内容，提高用户的体验。此外，随着移动通信技术的快速发展，移动设备很有可能为剩余能力提供资源，并且变为云内容，以至成为移动设备云。

4. 智能交互

智能家居和无人驾驶技术的实现，都需要有较大的数据传输量和优质的数据传输效率。5G移动通信技术的优势是可很好地处理大量数据，并且传输速率大。它使得联网的设备不再单一，不论是家中的设备、人们出行的交通工具还是宠物的配件等，都可以实现互联。

3.1.1.3 应用场景和效益分析

5G在住房和城乡建设领域主要可以应用在以下几个场景：

1. 智慧+（城市、小镇、社区、园区、家居等）。运用信息和通信技术，感测、分析、整合城市运行核心系统的各项关键信息，对民生、环保、公共安全、城市服务、工商业活动在内的各种需求作出智能响应。利用5G高速率、低时延、大连接的特性，将其应用于智能工厂、智慧出行、智慧医疗、智慧家居、智慧金融等。

2. 智慧工地。通过5G网络对工程机械设备的远程操控，切实解决工程机械领域人员安全难以保障、企业成本居高不下的难题；通过5G视频监控实现施工现场的安全管控。

3. 智慧建筑。通过NB-IoT等水电气热等无线智能计量表具，实现建筑能耗精准计量分析；通过现场无线智能控制设备，实现建筑暖通空调、给水排水等远程监控和集成管控等。

4. 装配式建筑。依托5G的速度、可靠性和容量优势，有效提升现有监控视频的传输速度和反馈处理速度，实现装配过程现场的远程视频监控和辅助支持。

3.1.1.4 支撑条件

在政策支撑方面，中共中央办公厅、国务院办公厅印发的《国家信息化发展战略纲要》要求，到2025年，新一代信息通信技术得到及时应用，固定宽带家庭普及率接近国际先进水平，建成国际领先的移动通信网络，实现宽带网络无缝覆盖，为住房和城乡建设领域5G技术的普及应用奠定了基础。

在技术支撑方面，5G通信技术已经逐步开始商用，目前已经在多个领域开始摸索应用模式，政府在政策上积极引导，机构及企业不断推动技术水平提高、应用场景丰富，金融机构也在5G技术的发展过程中发挥了重要作用。

3.1.2 天地一体化信息网络技术

3.1.2.1 技术要点

天地一体化信息网络通过天基网络与地面网络的融合建设，构造一个由我国自主管控的全球覆盖的天地一体化综合信息网络，实现地球近地空间中陆、海、空、天各类用户与应用系统之间信息的高效传输与共享应用。具有高、远和广域覆盖的突出特点，在实现海上、空中以及地面系统难以覆盖的边远地区通信方面有其明显优势。

天地一体化信息网络是天基信息网络中卫星通信系统、卫星遥感系统、卫星导航系统三个应用系统形成的网络。采用GEO和NGEO组成的通信卫星星座、遥感卫星星座和导航卫星星座，实施全球全时覆盖空间层各种航天器、临近空间层各种飞行器、地面层各种用户终端和相关地面设施，通过星间链路、星地链路和地面线路组成天基信息网络，并通过信息或业务融合、设备综合和网络互联互通等多种方式与以互联网为代表的各种地面信息网组成的地基信息网络组成一个全球覆盖天地一体化综合信息网络。

天地一体化信息网络具有以下四个技术特点：

一是全球化。服务区实现全球全时全气候覆盖地面层（含海、陆、空）各种用户地球站（用户终端）、临近空间层各种用户飞行器、空间层各种用户航天器三层用户。

二是网络化。各种飞行器和各种地球站主要依靠星间链路、星地链路和国内地面线路组成天基综合信息网络。

三是智能化。为应对庞大和复杂的天基网络，全网运行和管理必须具备高度的自主运行和管理能力。

四是标准化。统一的标准和规范是天地一体化综合信息网络各系统实现互联互通和资源共享的前提和条件。

3.1.2.2 发展现状和趋势

天地一体化综合信息网络的核心是天基网，其技术关键也主要集中在天基网。早在20世纪末，我国就有科研院校提出了研究和建设我国天基网（也称天基综合信息网）的设想，并在此后进行了一系列专项研究，取得了显著成果，为建立我国天基网提供了一定的理论基础。目前，我国已初步建立和形成了卫星通信、卫星遥感、卫星导航三大卫星应用系列，为建立我国天基网提供了一定的技术基础。我国构建天基网核心网络的跟踪与数据中继卫星系统，已实现中、低轨道用户航天器全球覆盖。载人航天工程已完成多艘载人飞船和一座空间实验室的发射和相关试验，多次成功地通过数据中继卫星传递信息，为天基网的建设提供了宝贵经验。临近空间飞行器的研究和应用已取得了初步成绩。因此，我国的理论研究和技术基础已经初步具备了研究和建立天地一体化综合信息网络的试验网络条件。

目前，中国电子科技集团有限公司率先启动了天地一体化信息网络先导工程，构建"天地双骨干"架构的概念演示系统，自主研发天地一体化网络协议，对激光微波混合传输、天基路由交换、异构网络互联等技术体制进行了试验验证，技术成果直接支持了重大工程立项论证、实施方案编制等任务，已成为天地一体化信息网络技术研究的实验室、测试床和试验田。在实施过程中，天地一体化信息网络将聚焦天地大尺度组网与协议体系设计、资源受限型天地信息协同传输与优化、广域连续大规模数据分发与应用服务、网络体系安全可信与一体化运维管控等重大科技问题，立足突破传输、组网、服务、安全、管控、互联、节点等方向的关键技术，采取体系工程引领、技术创新驱动、开放标准主导、创新平台支撑的实施思路，实现体系全面创新。

国外空天商业通信产业采用不同的技术策略方案推进全球宽带卫星星座系统。英国通信公司OneWeb（一网公司）计划部署近3000颗低轨卫星，初期采用Ku频段，后续向Ka、V频段扩展，星座初期计划发射720颗卫星，轨道高度1200km，采用设计简单的透明转发方式，通过地面关口站直接面向用户提供互联网接入服务。2019年2月，OneWeb首批6颗卫星发射；2020年3月第三批34颗卫星发射，使得OneWeb在轨卫星数达74颗。星链（Starlink）计划是SpaceX公司于2015年推出的为全球用户提供高速互联网接入服务的计划。2021年3月，SpaceX公司将新一批60颗Starlink互联网卫星送入轨道，这次发射使已发射Starlink卫星总数达到1205颗。

3.1.2.3 应用场景和效益分析

天地一体化信息网络将支撑构建国家物联经络体系，打造新一代信息基础设施，按照"天基组网、天地互联、全球服务"的思路，建设全球覆盖、随遇接入、按需服务、安全可信的公用信息基础设施，为全球海陆空天各类用户提供网络信息服务。天地一体化信息网络面向政府和公众可提供以下6项应用场景：

1. 应急救灾保障

天地一体化信息网络工程将构建覆盖全球的安全、高效、实时、宽带数据传输网络，使用户之间可以更好通信，并能够实现紧急情况下追踪用户的位置，为应急救援提供了更稳定可靠的途径。

2. 移动通信服务

运营商可借助天地一体化信息网络开通业务国家和区域布设线上、线下营业厅，在全球范围内为大众消费类用户提供基础电信业务。

3. 信息普惠服务

天地一体化信息网络可通过建设统一的运营支撑平台，为政企在全球范围内提供信息普惠服务。对于涉密或者高安全要求的数据，可借助空间网络直达国内落地。

4. 航空网络服务

基于天地一体化信息网络的新一代机载通信、导航、监视系统，是未来我国民用航空电子系统发展的重要趋势之一。它可以显著提升机载航电系统能力，为航空运输的安全性、经济性、环保性、舒适性带来巨大变革。

5. 海洋信息服务

天地一体化信息网络可用于海洋信息服务，如海上观监测数据回传服务：对海洋生物资源、大气质量、海洋水资源、污染物排放范围等进行实时监测，浮标产生的监测数据回传及浮标定位。极地大洋高速数据通信：针对南北极科考站、大洋上科考船的双向高速数据通信。海上日常数据通信服务：渔船渔情预报、维权执法指挥通信服务。

6. 天基中继服务

我国在全球布站困难较大，陆地测控站和海上远望测量船一直支撑着我国的航天测控任务，其通信覆盖相对较低。随着天链中继卫星的应用，这个情况得到了一定改善。以天舟1号发射为例，测控通信的覆盖率由原来地基为主的20%提高到目前的80%，这充分体现了天基测控对我国航天事业的重要意义。在现有中继星基础上，天地一体化信息网络通过构建覆盖全球的天基骨干网，可进一步提升我国通信测控服务覆盖率指标。

当天地一体化信息网络"编织"完成后，将形成"全球覆盖、随遇接入、按需服务、安全可信"的天地一体化信息网络，为陆、海、空、天各类用户提供信息服务，从而全面保障核心安全，维护和拓展国家利益，普惠社会民生等。

3.1.2.4 支撑条件

在机制体制方面，2020年4月13日，中央组织部正式任命中国卫星网络通信集团公司筹备组成员，标志着中国卫星网络通信集团公司筹备进入崭新的阶段。在技术保障方面，天地一体化信息网络将遵循统一的网络体系结构和协议体系，按照"天基组网、开放互联、天地一体、技术跨越"的思路构建，按照"科技创新、网络建设、应用服务"三条主线统筹推进，按照"技术突破、典型示范""规模建设、有效应用""扩展提高、全面服务"三个阶段统筹有序实施。可以预见，未来五年，天地一体化信息网络技术将得到广泛应用。

3.2 导航定位技术

3.2.1 北斗卫星导航系统

3.2.1.1 技术要点

北斗卫星导航系统由空间段、地面段和用户段三部分组成，定位精度10m，测速精度0.2m/s，授时精度10ns。北斗三号系统是由3GEO＋3IGSO＋24MEO构成的混合导航星座，系统继承有源服务和无源服务两种技术体制，可在全球范围内全天候、全天时为各类用户提供高精度、高可靠定位、导航、授时服务，并具备短报文通信能力。

北斗卫星导航系统的关键技术有：精密单点定位技术、短报文通信、卫星无线电导航、星基增强系统。

1. 精密单点定位 PPP

利用载波相位观测值以及 IGS 等组织提供的高精度的卫星星历及卫星钟差来进行高精度单点定位，可以提供静态厘米级、动态分米级的高精度服务。目前只有我国北斗和欧洲伽利略系统可以提供内嵌的精密单点定位服务。

2. 短报文通信 SMS

北斗短报文通信具有用户机与用户机、用户机与地面控制中心间双向数字报文通信功能。短报文不仅可点对点双向通信，而且其提供的指挥端机可进行一点对多点的广播传输，为各种平台应用提供了极大的便利。指挥端机收到用户机发来的短报文，通过串口与服务器连接并且以 Java 或其他语言编写的通信服务解析数据，通过短信网关可转发至普通手机，通过通信服务可实现普通手机往用户机发送短报文功能。这也是北斗系统的核心优势。它通过空间卫星将信号传输到接收机上，既可以避免传输距离近的弊端，又可以提高通信质量。

3. 卫星无线电导航 RNSS

可提供基本导航服务，包括基本的定位、测速和授时服务。用户接收无线电导航信号，自主完成距离测量，并进行位置、速度等参数解算，以实现定位、测速和授时功能。目前，北斗可向全球用户提供优于 10m 的定位服务。在亚太地区，由于可观测到更多的北斗卫星，还可提供优于 5m 的更高精度服务。

4. 星基增强系统 SBAS

北斗星基增强系统按照国际民航标准要求，可提供更高精度、更高完好性的导航服务。一旦系统发生问题导致能力降级，在定位精度下降超过阈值时，系统在一定时间内向用户报警，确保用户使用安全。美欧俄等系统的卫星导航系统和星基增强系统都是独立建设的，目前只有我国是基于北斗高轨卫星的资源优势，一体提供星基增强系统服务的，很好地实现了功能融合和集约高效。

北斗卫星导航系统具有以下特点：

一是混合星座设计。北斗系统空间段采用 GEO 卫星、IGSO 卫星和 MEO 卫星三种轨道卫星组成的混合星座，与其他卫星导航系统相比，高轨卫星更多，抗遮挡能力强，尤其低纬度地区性能特点更为明显。

二是三频服务信号机制。北斗系统提供多个频点的导航信号，能够通过多频信号组合使用等方式提高服务精度。北斗系统是全球第一个提供三频信号服务的卫星导航系统，GPS 使用的双频信号可以减弱电离层延迟的影响，而使用三频信号可以构建更复杂模型，消除电离层延迟的高阶误差。同时，使用三频信号可以提高载波相位模糊度的解算效率，理论上还可以提高载波收敛速度。

三是融合性。北斗系统创新融合了导航与通信能力，具有实时导航、快速定位、精确授时、位置报告和短报文通信服务五大功能。

3.2.1.2 发展现状和趋势

北斗卫星导航试验系统又称北斗一号，是我国第一代卫星导航系统，是有源区域卫星定位系统，基于两颗静止轨道通信卫星配合地面高度坐标实现区域性的导航。2000 年底，建成北斗一号系统，向我国提供服务；2012 年底，建成北斗二号系统，向亚太地区提供服务；2020 年，建成北斗三号系统，向全球提供服务。服务范围将有区域扩展至全球，全球定位精度将优于 10m，测速精度优于 0.2m/s，授时精度优于 20ns；亚太地区定位精度将优于 5m，测速精度优于 0.1m/s，授时精度优于 10ns。

2004 年，我国启动了具有全球导航能力的北斗卫星导航系统（北斗二号），整个系统由 16 颗卫星组成，其中 6 颗是静止轨道卫星，以与使用静止轨道卫星的北斗卫星导航试验系统兼容。2012 年 12 月 27 日起，正式提供卫星导航服务，服务范围涵盖亚太大部分地区，南纬 55°到北纬 55°、东经 55°到东经 180°为一般服务范围。该导航系统提供两种服务方式，即开放服务和授权服务。开放服务是在服务区免费提供定位、测速、授时服务，定位精度 25m，测速精度 0.2m/s，授时精度 50ns，在服务区的较边缘地区精度稍差。授权服务则是向授权用户提供更安全与更高精度的定位、测速、授时、通信服务以及系统完好性信息，这类用户主要为我国军队和政府等。由于该正式系统继承了试验系统的一些功能，能在亚太地区提供无源定位技术所不能完成的服务，如短报文通信。

北斗卫星导航系统北斗三号于 2020 年完成对全球的覆盖，为全球用户提供定位、导航、授时服务。北斗三号由 30 颗卫星组成，包括 3 颗静止轨道卫星、24 颗中地球轨道卫星、3 颗倾斜同步轨道卫星。若空中有足够的卫星，用户终端可以接收多于 4 颗卫星的信息时，可以将卫星每组 4 颗分为多个组，列出多组方程，后通过一定的算法挑选误差最小的那组结果，能够提高精度。2015 年，我国发射第一颗新一代试验星，验证了全球系统建设中的关键技术。2020 年 6 月，北斗全球组网完成。2020 年 7 月 31 日，习近平总书记宣布北斗三号全球卫星导航系统正式开通。

3.2.1.3 应用场景和效益分析

随着北斗卫星导航系统覆盖亚太地区、开启全球组网，北斗系统已经在道路交通、铁路、测绘、授时、航运、航空等多个行业中得到应用，呈现出更为广泛的趋势，并不只局限于传统意义上的导航定位服务。在应用中，北斗卫星导航系统具备的全球导航、定位和授时能力提高了各行业的信息化水平、智能化水平。其在住房和城乡建设领域主要有以下几个应用场景：

1. 城市交通管控

通过在车辆上安装卫星导航接收机和数据发射机，车辆的位置信息能在几秒钟内自动转发到中心站。这些位置信息可用于实现市政管理工程车辆、建筑废弃物运输车辆、混凝土搅拌运输车等车辆监控和调度。

2. 生态环境状态感知

利用北斗卫星导航系统高可靠、高精度的定位、测速、短报文通信能力，支持城市黑臭水体、城市河流移动监测等数据短报文通信。

3. 建筑物形变检测

依托北斗卫星导航系统高精度、高可靠定位等特点，实现超高层建筑形变监测、城市轨道交通线路地面沉降监测等应用。

4. 城市轨道交通监测

通过北斗等新一代信息技术与高速铁路技术的集成融合，实现高铁智能建造、智能装备、智能运营技术水平全面提升，使交通运营更加安全高效、更加绿色环保、更加便捷舒适。

5. 城市市政设施监控

通过北斗等新一代信息技术与城市市政设施的集成融合，实现燃气管道运行管理、城市防汛精准抢险、渣土车运输管理等领域的智能运营技术水平全面提升，使燃气管道巡检、排水口精准巡检、渣土车倾倒监管等市政运维工作更加安全高效、更加绿色环保、更加便捷舒适。

6. 新农村建设

我国已经建设了精准农业北斗农机自动导航驾驶系统和作物生产管理专家决策系统。其核心内容是提供作物生长过程模拟、投入产出分析与模拟的模型库；支持作物生产管理的数据资源的数据库；作物生产管理知识、经验的集合知识库；基于数据、模型、知识库的推理程序；人机交互界面程序等，自动控制精密播种、施肥等。此外，田间肥力、墒情、苗情、杂草及病虫害监测及信息采集处理技术设备也可以利用北斗特有的短报文功能实现实时监控。

3.2.1.4 支撑条件

北斗卫星导航系统是我国着眼于国家安全和经济社会发展需要，自主建设、独立运行的卫星导航系统，是为全球用户提供全天候、全天时、高精度的定位、导航和授时服务的国家重要空间基础设施。

随着北斗系统建设和服务能力的发展，相关产品已广泛应用于交通运输、海洋渔业、水文监测、气象预报、测绘地理信息、森林防火、通信、电力调度、救灾减灾、应急搜救等领域，逐步渗透到人类社会生产和人们生活的方方面面，为全球经济和社会发展注入新的活力。我国始终秉持和践行"中国的北斗、世界的北斗、一流的北斗"的发展理念，服务"一带一路"建设发展，积极推进北斗系统国际合作，与其他卫星导航系统携手，与各个国家、地区和国际组织一起，共同推动全球卫星导航事业发展，使北斗系统更好地服务全球、造福人类。

3.2.2 室内场所导航技术

3.2.2.1 技术要点

随着城市单体建筑规模的日益增大和地下空间的无限拓展，人们在大型室内场所依靠传统的文字、图像标识方式导航很容易迷路，迫切需要发展新型导航技术。导航以定位为基础，然而由于GPS信号的屏蔽，室内环境的精准定位成为超级城市的盲区。室内场所导航技术开发基于Wi-Fi、视觉识别、惯导等多源信息融合，通过分析Wi-Fi指纹，构建无线地图进行快速无歧义定位；并充分利用移动终端视觉和惯导等传感器，提升定位精度；定位导航系统数据信息通过5G、Wi-Fi实现云存储及云调度，形成由单体建筑到区域，最后至城市的全覆盖精准定位与导航。

3.2.2.2 发展现状和趋势

自主定位是指通过配置的传感器来获取自身状态和所处环境信息，经过一定的数据处理得到自身位置的过程。定位可分为全局定位和相对定位两部分，其中全局定位是指确定人在所处环境中的绝对坐标；相对定位一般是通过获取里程计（IMU）、视觉传感器或者其他传感器中的信息计算里程，通过航迹推算计算所在位置。由于 GPS 定位方法在室内运用的局限性，各种室内定位方法和系统应运而生，目前应用较广泛的有基于红外线、超声波、视觉图像、RFID、Wi-Fi、蓝牙、里程计等传感器的定位方法，其优缺点如表 3-1 所示。

典型室内定位技术对比　　　　　　　　　　　　表 3-1

定位技术	基本原理	定位精度	优点	缺点
红外线	红外感应与传感器，几何约束计算目标位置	非常高，能达到毫米级的定位精度	系统构架简单，设备携带方便，定位精度高	只能视距传播，易受干扰，硬件成本高，应用范围小
超声波	超声波测距原理与传感器，几何约束计算目标的位置	高，可以达到3cm的定位精度	系统构架简单，定位精度高	硬件成本大、经济成本高，信号传播路径易受干扰
UWB	超宽带无线电波，几何约束计算目标的位置	高，可以达到厘米级的定位精度	信号抗干扰能力较强，定位速度快	硬件成本高
ZigBee	依赖基站的传输，几何约束计算目标的位置	一般，平均定位精度3m左右	硬件设备成本低，功耗低，布置简单	定位精度不高，易受多径效应影响，延时大
视觉	基于图像处理方法估计位置	较高，平均定位精度2m以内	定位精度较高，无须携带设备	对场景有很高的要求，只能视距传播，计算复杂度高
RFID	射频到达时间差测距，几何约束定位	一般，平均定位精度2~3m	射频设备硬件成本低，非视距传播	系统复杂，部署成本高，传播距离短
IMU	物理位置结合内部惯性传感器实现定位	不确定，分米级别到米级别定位精度	硬件种类丰富，非视距定位	需要提高初始位置，有累积误差，对传感器精度要求高
蓝牙	基于蓝牙网测距，几何约束计算位置	低，平均定位精度3~5m	非视距传播，部署成本较低	信号稳定性差，定位精度不高，传播距离有限
Wi-Fi	基于无线局域网，通过信号特征匹配或几何约束计算	一般，平均定位精度1~5m	无须配置额外设备，成本低	易受到复杂环境的干扰，数据容易跳变

红外线、超声波及 UWB 室内定位技术都需要在现场额外部署信号收发设备，定位原理都是将系统的传输媒介作为测距信号，来获取待定位点与多个已知位置的参考点之间的距离，再根据几何约束的测量方法，即信号到达时间和信号到达角度来计算目标的位置。这种定位方法较为简单，定位精度高（可达厘米级），但是受红外线与超声波这两种信号传播特性的限制，会因障碍物遮挡导致无法实现视距范围的传播，再加上需额外部署硬件设备，经济成本也较高。UWB 定位技术是利用超宽带无线电波信号传输，可以滤除因多径效应产生的反射、折射信号，一定程度上避免了室内环境对信号传播的干扰，但其所需

的定位硬件成本较高,应用普及有一定的难度。

基于视觉的定位系统主要是利用计算机视觉技术来实现较高的定位精度,但一般只能视距范围内传播,硬件成本和计算复杂度都较高。基于 RFID 的定位系统能够有效解决非视距传播的限制,其主要原理是利用无线射频空间耦合的特性来进行非接触式通信传输,被动式 RFID 设备价格便宜但传输范围小,主动式信号覆盖范围广但硬件开销大。除此之外,RFID 硬件系统复杂且定位精度也不太理想。基于 IMU 的定位系统是利用终端设备本身的加速计、陀螺仪和磁力计等传感器进行航位推算,但定位精度受限于硬件器件,且不可避免地会产生累积误差,需要借助外界信息进行不断校准,这对于需要长时间运行的定位系统而言,定位误差会被无限放大。

Wi-Fi、ZigBee 及蓝牙都是基于 IEEE 802 标准的无线网络技术,具有低功耗、低成本的特点,测距原理主要是通过几何约束以及信号强度特征匹配。基于 ZigBee 的定位技术需要事先测量盲点和参考点之间的距离,且信号本身的传输速率较低,传播距离较短。蓝牙与 Wi-Fi 都不需要现场布置额外的硬件设备,大多数的终端设备都内嵌了蓝牙模块和 Wi-Fi 模块,但蓝牙信号易受到外部信源的干扰,通信范围也有限,同时定位精度较低,定位时延较大。

从上述的分析可以看出,目前的室内定位技术还不能很好地满足室内位置信息服务的需求。总的来说,基于 Wi-Fi 的室内定位技术虽然容易受到室内建筑、人员走动、信道干扰的影响,但 Wi-Fi 信号传输速率较快,定位范围较广,且其设备部署相对完善,定位系统的适用性和拓展性强。因此,基于 Wi-Fi 的室内定位技术具有更高的研究价值,基于 Wi-Fi 的室内场景定位系统具有广阔的应用前景。

Wi-Fi 定位技术主要有几何法和指纹法两种方式,Wi-Fi 几何法定位方式与红外信标定位的原理相似,通过多个已知位置的传感器(这里指 AP)测量离目标物的距离,从而实现对位置的估计。红外定位主要依靠目标物接收红外光信息实现定位,Wi-Fi 定位则是接收 AP 所发射的信号强度(Received Signal Strength,RSS)以达到定位的目的。Wi-Fi 指纹法定位是非测距式定位方式,通过不同物理位置上所呈现的不同的 AP 特性实现定位。不同物理位置上呈现的不同特征定义为"指纹",将室内环境中不同指纹信息进行收集,并搭建指纹数据库,目标物通过收集当前位置的指纹信息,与指纹数据库进行匹配,从而实现对目标物位置的估计。

2000 年,由美国微软研究院提出的 RADAR 算法是首个 Wi-Fi 指纹定位算法,它提出采用 Wi-Fi 的数据作为指纹信息实现定位。但该算法在室内环境中定位效果不佳。为提高 Wi-Fi 在室内环境中的定位精度,专家学者们在 RADAR 算法的各方面进行优化及性能提升。目前使用较多的 Horus 系统定位精度在 3m 左右,但精度上还是满足不了室内导航的要求。目前国际国内都还没有相应的成熟的室内导航产品及技术。

为进一步提高 Wi-Fi 定位精度,Wi-Fi 定位技术与视觉、IMU 等定位技术融合能够将不同定位技术中各自的优点进行利用,并对各自的缺点进行限制,从而显著提升定位精度、实时性等各种性能,具有很好的发展前景。

3.2.2.3 应用场景和效益分析

购物广场、车站、机场、展馆、地下车库等大型室内场所均需要定位与导航系统。该技术通过云存储及云调度,逐步形成由单体建筑到区域,最后至城市的全覆盖精准定位与导航系统,具有广泛的应用场景。

3.2.2.4 支撑条件

在技术方面,目前购物广场、车站、机场、展馆、地下车库等大型室内场所均已布设了大量的 Wi-Fi 通信终端,可为大型室内场所定位与导航技术应用奠定基础。

3.2.3 室内高精度定位技术

3.2.3.1 技术要点

导航与位置服务产业发展迅猛,目前室内定位已成为工业界竞相角力的焦点。表 3-2 为目前较为流行的室内定位技术。其中,室内高精度(厘米级)定位相关的技术与方法主要包括:基于红外激光发射装置的室内定位技术、基于类 GPS 信号发射装置的室内伪卫星定位技术、基于超宽带脉冲信号的室内定位技术以及基于超声波的室内定位技术。目前,多传感器融合的室内外广域高精度无缝定位已逐渐成为发展趋势,将广泛应用于飞机制造、汽车工业、矿井与隧道工程、室内自动生产、室内工程变形监测等工程工业领域。

室内高精度定位类型　　表 3-2

类别	定位源	定位精度	代表系统
消费级	Wi-Fi	2～5m	RADAR、Ekahau、Horus
	蓝牙	2～5m	Quuppa、iBeacon
	地磁	2～5m	IndoorAtlas
	蜂窝技术	10m 以上	利用 4G/5G 信号
	LED 光源	1～5m	Bytelight
	PDR	误差累积	需融合其他方式
工业级	计算机视觉	厘米级至米级	谷歌、微软等
	超声波	厘米级至分米级	Active Bat、Cricket
	超宽带(UWB)	厘米级	Ubisense
	伪卫星(PL)	毫米级至厘米级	LOCATA
	红外激光	0.1～5mm	I-GPS、WMS

1. 超宽带(UWB)高精度室内定位技术

UWB 技术不使用载波进行信号调制,而是使用纳秒级的窄脉冲直接传递信号,适用于室内定位领域。基于 UWB 的室内高精度定位系统的系统工作原理为:计算出空间中某一点的位置一般至少需要四个点,基站与标签通过 UWB 信号通信,通过计算标签与各基站之间的 UWB 信号到达时间,从而得到标签与到达每两个基站之间的时间差值,根据 TDOA 模型可以直接得到标签所在位置,但由于测量误差的存在,直接计算误差较大,因此,硬件测量出的距离信息由主基站通过无线网络发送给上位机,利用定位算法对原始数据进一步解算,实现高精度定位标签,并在上位机实时显示标签位置坐标和运动轨迹。其优点是:通信速率高,且低功耗,多径分辨能力强,定位精度高等。缺点是:容易受到电磁干扰,存在非视距问题(NLOS)。

2. 伪卫星（PL）高精度室内定位技术

伪卫星（Pseudolite，PL）是指布设于地面并发射类似于 GNSS 信号的发射器，作用与导航卫星相似。一般可以分为两类，一类是用于辅助 GNSS 定位，增加 GNSS 卫星遮挡严重条件下的可见卫星数目，改善卫星的几何分布情况，从而提供较好的定位效果。另一类则是直接将其用于独立定位，伪卫星布设完成后，建立独立坐标系并测得其精确坐标，用户端接收伪卫星所播发的类 GNSS 信号，从而进行定位，室内伪卫星就属于这一类。其定位原理和关键技术与 GNSS 定位类似，都是基于信号到达时间测距的后方交会。区别在于室内伪卫星无须考虑对流层、电离层、轨道误差等，这种前提下若基于双差载波相位观测值进行定位，可消除钟差、天线相位中心偏差等误差，一旦载波相位模糊度能正确固定，则定位精度将与室外 GNSS 双差定位相近，动态导航精度可达到厘米级。该技术的优点是：定位精度高，易与室外 GNSS 或惯导（INS）融合实现无缝定位。缺点是：布设成本高，存在非视距问题（NLOS）。

3. 基于红外的室内 GPS（iGPS）定位技术

基于红外的高精度室内定位系统最具代表性的是 iGPS 和 WMS。以 iGPS 为例，该系统主要利用三边测量原理建立三维坐标体系来进行测量。其中的测量探测器，根据激光发射器投射光线的时间特征参数，计算探测器相对于发射器的方位和俯仰角，将模拟信号转换成数字信号并发送给接收处理器系统，采用光束法平差原理实现各发射器之间的系统标定，然后采用类似于角度空间前方交会的原理，解算空间点位坐标及其他位置信息。iGPS 主要由发射器、接收器、信号处理、中央处理计算机组成。基于红外的室内定位技术的优点是：具有良好的方向性，定位精度较高，红外信号发射器能发射具有唯一身份标识的信号，使得其准确性好。缺点是：不能穿过障碍物，传播距离短，易受其他光源干扰，成本高。

4. 超声波高精度室内定位技术

超声波定位系统目前大多采用反射式测距法。超声波模块发送超声波，在遇到移动目标后反射，通过记录超声波传播的时间（TOA）乘以声速，就可得到移动目标与超声波模块的距离，通过三边算法即可得到移动目标的位置信息。系统由移动目标、定位基点、上位机三部分组成，移动目标发送超声波，定位基点接收超声波后计算基点与移动目标的距离。各定位基点将距离发送到上位机，上位机经过定位算法给出移动目标的坐标。由于射频信号的传播速度比超声波传播速度快，所以可以通过射频信号提前开启设备来接收超声波信号，最后利用测距算法来实现定位。其优点是：定位精度高，超声波传感器体积小，搭建难度低且成本低，定位系统易于集成化和小型化。缺点是：容易受到环境声波影响，覆盖范围小。

3.2.3.2 发展现状和趋势

1. 室内高精度定位技术的研究基础和应用现状

在住房和城乡建设领域，室内高精度定位技术已经在诸多方向得到应用。比如，针对混凝土浇筑振捣，河海大学与中国水利水电第七工程局合作研发了数字精细化施工监测系统，并在成都锦城广场地铁站的建设工程中进行了实际测试验证。在煤矿井下作业中，利用 UWB 矿井人员定位系统，可获知每个人员及设备在各个时刻的状态，并提供预警和求救功能，达到现代化智能矿井的安全高效生产。在火电厂安全管理方面，国内某家火电厂设计了一套 UWB 室内定位系统，主要功能包括人员定位、车辆定位、智能巡检、火灾报警联动、智能门禁、虚拟隔离围栏、日常安全管理等。此外，也有公司提出将 UWB 技术应用于高精度室内外电缆通道巡检中。同济大学则将 UWB 定位系统用于建筑数字孪生中，结合 UWB 定位系统，实现了实时定位、热点分析、行人轨迹追踪等功能。国内某公司研发的 Local Sense 精确定位系统，定位精度达到 10cm 级，已成功应用于工厂、电力、仓库、隧道、监狱、煤炭、化工等，解决了工业现场供应链组件、设备、车辆与人员等精确定位的问题。此外，首钢将 UWB 定位技术应用于某钢铁公司焦化厂的硫铵输送、转储、外销中，通过构建一套实时定位系统，实现可靠的 AGV（自动引导车）无线定位与导航导引功能，进一步确保硫铵仓储的安全生产，契合智能化生产建设的需求。国内某公司研发的 UWB 解决方案，已经成功应用于华为智慧工厂，通过对人员、物料、周转车等定位，提升了工作效率，缩短了生产周期，降低了人为失误率。在国外，美国 Zebra 公司所研发的 UWB 系统实现了亚米级的定位精度，也在仓储物流之中得到了应用。英国 Ubisense 公司在 2016 年推出了基于超宽带的发射、接收模块，发射模块发射 UWB 射频信号，接收模块接收 UWB 信号，系统通过测量信号的到达时间差和到达角度，根据定位算法得到目标的三维坐标，根据系统的配置和环境的不同，Ubisense 系统可以将三维坐标的误差控制于 15cm 以内。

室内伪卫星高精度定位目前研究成果较多，美国斯坦福大学是第一个用伪卫星做室内导航定位实验的单位，于 20 世纪 90 年代开发了一款尺寸小、价格低的伪卫星发射器，并证明了其室内导航的可行性。随后国外许多知名大学，如卡尔加里大学、新南威尔士大学、首尔大学等均进行了伪卫星算法以及硬件研制方面的研究。日本研究出了名为 IMES（Indoor Messaging System）的伪卫星系统，该系统可与 GPS 以及日本的 QZSS（Quasi-Zenith Satellite System）兼容，创新之处在于该系统不采用伪距和载波相位观测值，而是使用载噪比和伪卫星 ID，实现了室内 10m 左右的定位精度。国内的研究机构及相关大学对伪卫星的研究起步较晚，主要有以下单位：上海交通大学设计实现了室内伪卫星验证系统，并讨论了相位平滑伪距差分技术在伪卫星定位中的应用。北京邮电大学邓中亮教授的团队提出名为"羲和"的室内定位系统方案，该系统也包含了伪卫星系统。通过地基增强系统并结合卫星导航系统与地面通信网络，实现室内外无缝定位，目前已实现水平 3m、垂直 1m 的精度。武汉大学伪卫星定位团队开发了一整套软硬件定位系统 PLRTK，可实现高精度（厘米级）双差定位的效果。此外，清华大学、中国人民解放军战略支援部队信息工程大学、华东师范大学、哈尔滨工业大学、北京航空航天大学、中国电子科技集团公司第五十四研究所等单位也对伪卫星系统中各个细节进行了详细研究。限于成本等因素，实际应用案例较少，应用最成功的则是澳大利亚 LOCATA 公司推出的 Locata-Net 系统，这也是迄今为止全世界范围内最成熟的商用伪卫星系统。目前，该系统已经在西澳大利亚州波丁顿金矿等矿区得到应用，Newmont 公司正在使这种公文包大小的设备为钻机提供精确的定位服务。德国的 Trimble 公司也将其伪卫星系统应用于矿井之中。

室内红外高精度定位技术目前主要应用在大型机械制造工厂中。例如，新西兰的 AL-CONProCam 公司基于红外开发了其室内高精度定位系统，公布的精度达到 0.1mm，主要应用于工业车辆特别是室内车辆装配工厂中。而最具代表性的 iGPS，最开始是应用于航空航天、船舶等行业，后来应用于火车、汽车及零部件等机械制造和装配行业。在大尺寸装配和校准、大尺寸测量方面，iGPS 具有得天独厚的优势。另外，iGPS 还可用于部件检测和逆向工程、跟踪和机器人控制等。中国矿业大学相关团队为解决目前掘进机定位方法中存在的非坐标化测量、自动化程度低、易被障碍物遮挡等问题，提出一种基于室内定位系统的掘进机定位方法。该方法将激光接收器安装在掘进机机身固定位置处，通过测量激光接收器在发射站坐标系下的三维坐标，实现对掘进机的绝对定位。此外，iGPS 也被成功应用到地铁轨道检测，也有与机器人技术相结合进行大尺寸接触式测量的应用案例。

关于室内超声波定位，比较有代表性的系统有以下几种。美国麻省理工学院的 Cricket，该系统可达到 1~2cm 的定位精度，在物品追踪中得到应用。AT&T 实验室的 Active Bat 系统是一种采用 TOA 法进行定位的超声波室内定位系统，能够在 95% 的情况下将定位误差控制在 9cm 以下。南京邮电大学采用 ZigBee 组网技术设计的超声波室内定位系统定位精度可达 7cm。此外，有应用案例的公司还包括 shopkick 公司等。

2. 高精度室内定位技术的发展趋势和未来突破点

（1）多传感器融合室内导航定位：由于每一种传感器都或多或少存在局限，而且每一种定位方式都有各自的优缺点，如何综合利用各类传感器，实现多传感器的优势互补，将是未来高精度室内定位的重要发展方向。特别是对于住房和城乡建设领域，应用场景繁杂，如何因地制宜合理选择某种或某几种传感器，也是未来主要的应用和研究方向。

（2）普适且稳定的高精度导航定位算法：目前，高精度室内定位并没有一种普适的算法，不能通过某种通用的方法来应对各类应用场景。此外，已有的高精度定位算法由于受到环境因素、硬件条件、数据中断等影响，定位结果（特别是实时动态）有时不稳定，未来通过对各类误差源的充分研究或建模，这类问题也将得到解决，稳定且普适的高精度室内定位方法也将出现。

（3）室内外地图衔接与无缝定位：室外地图甚至室外高精地图已逐渐得到完善，并应用在自动驾驶、数字孪生、智慧城市等多个方面。未来，室内高精地图也必将进入人们的视野，提供更多的信息。

（4）住房和城乡建设自动化智能化：自动化智能化建设也是未来的发展方向，在自动化智能化进程中，机器广泛代替手工作业将是必然趋势。而机械制造、工业安装、仓储物流、矿井施工、轨道交通、室内建筑施工等方面都需要实时高精度的动态位置。此外，诸如人机交互、情景感知、场景识别等与人工智能相关领域，高精度的室内位置也会得到重点关注。由此看出，推进高精度室内定位技术也将有助于室内建设的自动化和智能化。

（5）通用协议标准化：前文提及的多种室内高精度定位技术无缝整合的发展趋势无疑对通用协议标准化提出了要求，室内高精度定位技术标准和协议的统一也是未来发展必须解决的问题之一。

3.2.3.3 应用场景和效益分析

室内物体追踪或机器人导航定位方面，在诸如大型仓储、养老院、医院和一些实验室环境下，可通过高精度室内定位技术对物品、病人和相关设备进行精确的定位跟踪，使得仓储货物、人员医护和试验等效率大幅提高。此外，室内机器人也是目前的研究热门，利用室内高精度定位技术，可以大幅提高机器人执行任务的有效性。例如新冠肺炎疫情期间，室内无接触配送或是根据室内感染人群的定位轨迹追踪密切接触人员或地区的信息，分析感染可能性，以及应急救援和支援的路径优化等，都需要高精度的室内位置信息或导航轨迹。目前，建筑业正在转型升级，推动绿色建造发展尤为重要，这使得建筑或工业机器人的应用将越来越多，而无论是哪类机器人，室内高精度的位置和实时导航都将会被广泛需求。

对于室内环境的土木工程领域，如山体或建筑物内，在定位精度相对要求较高的精细化施工定位时，需要用到高精度室内定位技术，以超宽带技术为例，在混凝土振捣等具有较大噪声干扰的施工现场，抗噪声性能是选择行为技术的重要标准。超宽带定位具有较好的抗干扰能力，而现有定位方式的抗噪性能比较一般或精度不佳。综合考虑，超宽带高精度室内定位技术有巨大的发展前景，适用于混凝土的室内施工定位。

智能家居和人工智能结合方面，高精度室内技术势必会朝着低成本、低复杂度、更高精度的方向发展。该技术将与深度学习、数字孪生技术更高程度地融合，可根据主人的行为习惯、个人喜好等对家电产品进行智能调控，实现更加智慧的家居场景，变革现有的生活模式。

城市轨道交通建设或矿井定位方面，目前，已有基于红外的高精度室内定位技术与激光跟踪仪相结合，进行轨道施工、检测等方面的应用案例。借助高精度室内定位技术可辅助实现"机械化换人、自动化减人"的目标，减少人员对设备的操控和干预，使相关设备自动作业。因此，设备的自主导航尤为关键，相应地对矿井定位系统的定位精度、适用场合、服务方式提出了更高的要求：①高性能。更高的精度，更快的反应速度，多维度，大容量，广覆盖。②新方式。信息利用由集中式到分布式和集中式共存。信息方式由一维到二维、三维，多环境无缝衔接，服务平台开放、共享。③安全性。保障人员和施工安全，提升安全治理能力，防范减少事故发生。室内安全施工离不开高精度室内定位技术。

大型智能制造方面，实现一个生产系统的智能制造，必须在信息实时自动化识别处理、无线传感器网络、信息物理融合系统、网络安全等方面取得突破，这其中涉及的智能制造的关键技术就包括射频识别技术（RFID）、实时定位系统（通常用超声、红外、超宽带、窄频带等技术来实现）、无线传感器网络（WSN）、信息物理融合系统以及网络安全技术。因此，高精度室内定位以及传感器的融合是其重要组成部分。而实现制造智能化又可以大大减小人力，这是智能化工厂理念实体化的体现，具有较高的应用前景和推广价值。

未来，室内高精度定位技术的应用，将促使住房和城乡建设领域的诸多方面得以提升，如工作效率、自动化生产水平、安全生产、建筑物的实时状况、应急救援、绿色建造等。

3.2.3.4 支撑条件

在国家政策支持、市场刚需增长和资本投入三者的叠加放大和协同效应下，定位行业的发展正处于蓬勃向上的黄金时期。过去由于定位科技整个行业的技术不够成熟、成本过高，市场上对室内高精度定位的需求并未凸显出来，但《中国制造2025》的发布强调了位置服务的重要性，把位置服务提上了重要的议事日程，未来20年将是工业互联网的黄金20年，工业互联网时代对位置的需求不言而喻；随着社会的发展，无论是B端还是C端，都对定位行业有较大需求，也使其赢得了资本的强烈关注。

鉴于许多室内工业工程需要高精度的导航和定位需求，室内高精度定位的研究人员和企事业单位也越来越多，而导航或定位只是提供高精度的室内位置信息，该技术的广泛应用一般还需要与其他技术结合,例如,与 5G 技术、物联网技术、人工智能技术、通信协议、建筑或工业机器人等。这些就带来了一定程度的协同难度,而获取相应应用场景所需的各类数据也需要与有关部门进行沟通。国内高精度室内定位的研究主要集中在超宽带定位方面,但对于各类住房和城乡建设应用场景需求,该技术就必须与其他定位技术结合,一旦低成本高可用的成果面世,高精度室内定位将被广泛使用。关于相关专业的人才培养,基本也集中在部分企业、985、211 高校和科研机构中,目前本科相关课程较少,多是研究生开展相关研究,未来更重要的是产学研结合,将技术真正落地。

3.2.4 北斗监控与预警技术

3.2.4.1 技术要点

随着北斗导航卫星相关产业迅猛发展,北斗导航产品民用进入了许多行业,逐步进入国民经济的各个领域以及普通百姓的日常生活和工作中。北斗卫星导航系统在抗干扰能力以及安全稳定性方面表现突出,在城市建设变形监测中有着十分重要的应用价值。当前变形监测项目规模大、周期长、监测频率高等特点,对监测数据的管理提出了更高的要求。从监测数据管理的现状来看,有必要利用现代计算机和互联网云存储技术,建立更加完备的变形监测系统。利用建筑物安全监控与预警北斗云监控软硬技术,可以对结构的变形信息进行监测,获取准确的动态变形信息,对建筑的安全进行实时预警。该技术要点包括以下几个方面:

1. 北斗卫星导航定位技术

北斗卫星导航系统(以下简称北斗系统)具有以下特点:一是北斗系统空间段采用三种轨道卫星组成的混合星座,与其他卫星导航系统相比,高轨卫星更多,抗遮挡能力强,尤其低纬度地区性能特点更为明显;二是北斗系统提供多个频点的导航信号,能够通过多频信号组合使用等方式提高服务精度;三是北斗系统创新融合了导航与通信能力,具有实时导航、快速定位、精确授时、位置报告和短报文通信服务五大功能。

2. 多传感器融合技术

由于各类环境因素,如城市中心区的密集高楼、城市公路中的立交桥、高速公路铁路交通中的隧道,以及机场站坪、港口、矿山、工地中的各类遮挡等,任何单一定位技术都无法满足实际需求,多传感器融合定位技术正成为大势所趋。其中,卫星导航与惯性导航的融合解算、卫星导航或惯导与 UWB 的融合应用,以及深度视频(Depth Camera)与视频分析的融合应用等已经逐渐实现产品化。近年来,低成本 MEMS IMU 器件稳定性及精度的不断提升进一步促进了多传感器融合技术的实际落地应用。目前,北斗 RTK + MEMS IMU 的融合解算在很多场景(城市中心区及高速公路交通等)中已经实现车道级(20cm)的定位精度;在民航场站实现了 10cm 级别的定位精度;在室内外兼顾的定位场景下实现了 10～20cm 的融合定位精度。值得一提的是,在城市中心高遮挡地区,依托改进的软件算法,已在智能手机上实现了基于消费级导航 GNSS 芯片及 MEMS IMU 器件的分米级动态定位精度。

3. 5G、物联网等先进技术

5G 是智能化时代的基础设施,具有"极高速率、极大容量、极低时延"的特征,5G

和北斗具有融网络、融科技、融技术、融终端、融应用的天然优势。北斗系统能实现全球时间的精确同步，可以在广域甚至全球范围内，通过5G将导航、定位、授时这些自然界的生物智能赋给机器和网络环境。北斗与5G相互赋能、彼此增强，可以产生感知、学习、认知、决策、调控五大能力，使广域或全球性分布的物理设备，在感知的基础上具有计算、通信、远程协同、精准控制和自治等功能。

伴随着物联网技术的快速发展，变形监测技术在方法上也开辟了新的路径，使得变形监测技术更加智能化、信息化。利用物联网技术，构建集数据采集、数据传输、数据处理及数据预测、预警于一体的智能化变形监测系统，如图3-1、图3-2所示。由现有变形监测设备集成而来的系统，在恶劣的环境下依然可以全天候工作，极大地节省了人力、物力，提高了监测效率。对变形监测数据的管理更加系统化，运用多种有效的数学模型，数据处理精度有了很大的提升。系统自动进行成果报表生成、变形趋势预测、变形预警、信息发布等工作，使得相关部门及时获得变形体变形趋势，极大地保障了人们的生命安全及财产损失。

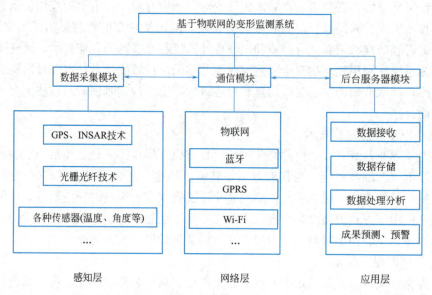

图3-1 变形监测系统总体设计框架

北斗变形监测系统依托5G物联网技术，可以将大量的监测传感器接入监测网，实现对城市建筑物变形的智能分析、预警。同时将5G与北斗技术融合，实现优于1mm的高精度定位，一旦发生异常位移，可精确定位隐患位置，便于迅速排查和第一时间处置。

3.2.4.2 发展现状和趋势

在城市建筑变形测量中，以水准仪、经纬仪、全站仪等为代表的传统测量方法精度较高，但由于通视条件差以及在监测时其通视条件经常发生变化，观测费时费力需要时间长，工作量大，人工成本大，监测周期长，且无法实时地监测城市建筑物的动态变形。GNSS用于变形监测，具有精度高、不受气候条件及通视条件限制、能直接获得三维坐标信息、较好地监测结构长期变形等优点。但受多路径效应、周跳、信号中断等因素的影响，加之存在数据采集频率较低、受监测环境影响等不足，其测量精度与可靠性难以满足

3 通信和航空航天技术

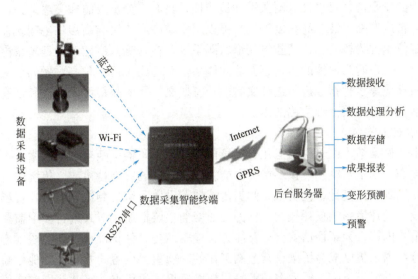

图 3-2 变形监测系统结构图

监测的要求。传感器测量能够实时地监测城市建筑物,但需要与建筑物直接接触且只能监测建筑物的局部变形。三维激光扫描技术虽然能够监测建筑物的整体变形,但扫描周期较长,无法监测建筑物的动态变形。综上所述,目前采用的监测手段存在自动化程度低、成本较高等局限性,难以实时获取准确的变形信息,难以实现对建筑物结构的安全进行预警。有必要对大型结构变形监测进行研究,建立一套高效率、高集成度的大型监测系统。

"智慧地球"通过互联网将物联网整合起来,使人们能以精细和动态的方式智慧化管理生产和生活。智慧城市可理解为:基于统一的时空基准,将传感器装备到城市生活的各种物体上,通过超级计算机和云平台实现物联网整合,智慧城市是数字城市与物联网相结合的产物。北斗导航卫星相关产业迅猛发展,逐步进入国民经济的各个领域以及普通百姓的日常生活和工作中。与此同时,北斗产品在芯片研发、产品融合的能力也有了很大的提升。随着北斗建筑安全终端在城市建筑的广泛部署,每一栋建筑都将具备一个集运算、存储、网络、统一授时能力为一体的智慧化节点。这对于智慧城市产业、物联网产业甚至未来的智能楼宇产业发展有着重要意义。

3.2.4.3 应用场景和效益分析

北斗高精度实时动态监测技术的应用,覆盖所有的公共建筑,以及城市周边的大坝、尾矿、边坡等,对危房等重点监测,对于避免事故发生、保障人民生命财产安全以及城市管理具有重要参考价值。

1. 超高层建筑、高层住宅建筑监测

超高层建筑结构的使用期限通常长达几十年乃至上百年。在其使用过程中,由于超常荷载、材料老化、构件缺陷等因素的作用,结构会逐渐产生损伤累积,从而使结构的承载能力降低,抵抗自然灾害的能力下降。同一般类型的建筑相比,超高层结构在风荷载、日照作用、地震等因素的影响下会产生更为明显的动态变形。如遇地震、台风等灾难性荷载作用时,就可能遭受极为严重的破坏,给国家和人民的生命、财产带来巨大损失。因此,监测和诊断超高层结构的健康状况,及时发现结构损伤,对可能出现的灾害进行预测,评估服役结构的安全性、可靠性、耐久性和适用性，具有十分重要的现实意义。

北斗高精度产品（北斗高精度终端）可以用于超高层建筑和高层住宅建筑监测，以北斗高精度定位组件为核心，构建建筑变形监测系统，在每栋监测建筑上部署集网络、运算存储能力、统一授时为一体的多传感器监测体系，对建筑沉降、位移、倾斜、应变、材料耐久性、微环境等多种指标进行连续实时的动态监测，其监测精度已经达到现有的建筑安全检测标准，满足建筑变形监测的需要。

2. 桥梁安全监测

运营中的桥梁结构由于材料老化、环境侵蚀和超重车辆不断增加等因素，不可避免地出现各种损伤，如不予维护，极端情况可能发生突发性的灾害性事故。传统的桥梁结构监测方法主要用到加速度计、应变仪、倾斜传感器等设备，所需测试设备多，现场测试工作量大，且设备受环境影响损耗较大。作为交通网的重要枢纽，对其进行变形监测是保证桥梁安全的重要内容，为了评估安全运营能力、检验结构设计正确性、评估桥梁寿命，对振动情况进行数据采集已成为桥梁运营监测工作的一项重要内容。相较于其他导航系统，北斗导航系统具有混合星座、播发多频信号与播发短报文的优点，将北斗导航定位技术应用于桥梁变形监测更具有优势。

3. 老旧危房监测

快速发展的科学技术极大程度地改进了人们的日常生活和工作方式，城市化的发展和人口的增长使得传统老旧住宅的淘汰速度逐渐加快，为了保证过程的安全性，应进行妥善处理和安全性监测，建立可视化的在线安全监控系统。北斗高精度产品可用于老旧危房监测，利用云平台、多传感器，采集数据并对有隐患的住宅进行24h可视化全程监测，及时报告其变化量和趋势分析，准确发出预警信号。

4. 地下施工监测

北斗高精度产品可用于地铁施工下穿及沿线包括地下管廊施工中的各类建筑物监测，尽快发现地下施工给建筑物带来的影响和伤害，准确判断危险源，替代大量的人工检测。

5. 城市地表、边坡、尾矿监测

北斗高精度产品可用于城市地表、边坡、周边尾矿监测，通过长时间的监测能够反映出细微的变量，提早通知有关部门采取应对措施，同时依托长时间的数据积累，日后城市管理和管控将更有针对性和可行性。

6. 城市管网监测

借助北斗高精度定位技术，构建城市管网区域变形监测模型，对沉降、位移、倾斜、应变等进行高精度监测，包括对城市管网结构体强度的监测。

3.2.4.4 支撑条件

政府部门应加强规划目标任务协调落实，在体制机制、资金投入、营造环境等方面加强保障。

1. 构建更加完整的机制

对于监测技术的实现，需要政府组织开展结构体安全防范和排查工作。以多传感器采集的数据为核心，使用移动技术、计算机科学技术等，实现对建筑体的实地排查、空间化展示、查询统计分析、历史鉴定管理、网格化巡查管理、传感器实时监测等功能，相关管理部门可以通过平台进一步指导、明确、规范工作的开展，最终提高管理的科学性和高效性。

2. 拓宽多元化资金投入渠道

加大建设重点领域基础性、战略性和公益性研究投入，引导地方政府加大科技投入力度。加强财政资金和金融市场的协调配合，引导、鼓励金融市场和民间资本投入行业科技研发，发挥金融创新对行业科技创新的助推作用，鼓励企业加大研发投入。

3. 营造行业科技创新氛围

积极营造公平、公开、透明的科技创新生态环境，探索科技成果股权激励等收益分配机制，激发行业科研机构和科研人员的创新活力，着力营造尊重创新、尊重科技人员的社会氛围。

3.3 测量和遥感技术

3.3.1 航空航天遥感技术

3.3.1.1 技术要点

遥感是指利用搭载在各类移动或静止平台上的不同传感器，对目标地物的电磁波辐射、反射特性进行探测，并根据其特性对目标地物的性质、状态进行分析和应用的科学技术。遥感平台通常搭建在车辆、飞机、卫星、航天飞机等运载工具以及各种流动或固定的遥感设备上。一般而言，遥感技术系统分为数据获取、数据处理、遥感应用三个部分。数据获取是指利用各类传感器对目标地物的电磁波特性进行记录的过程；数据处理是指运用光学仪器和计算机设备对所获取的遥感数据进行校正和分析，掌握和清除遥感原始数据中的误差，尽量恢复被探测目标地物的原有特征，从而满足进一步应用的需要；遥感应用是指不同行业或者专业人员按不同的应用目标，将遥感数据应用于各业务领域的过程。

遥感大数据具备多传感器、多分辨率、多时相、多要素的特点，能够实现大范围区域中桥梁设施等目标要素全自动提取，广泛应用于城市规划、设计和管理等环节。

（1）多传感器：根据不同的任务，遥感技术可选用不同波段和遥感仪器来获取信息，不仅能获得地物可见光波段的信息，而且可以获得紫外、红外、微波等波段的信息。利用不同波段对物体不同的穿透性，可获取地物内部信息。例如，地面深层、水下、植被、地表温度、沙漠下方的地物特性等，微波波段还可以全天候工作。

（2）多分辨率：遥感数据类型丰富，包含空间分辨率、时间分辨率、光谱分辨率以及辐射分辨率。

（3）多时相：遥感通常为瞬时成像，从而能及时获取所测目标物的最新资料，不仅有助于更新原有资料，实现动态监测，且有助于对不同时刻地物动态变化的资料及影像进行对比、分析和研究，为研究城乡发展动态变化、环境监测以及分析地物发展演化规律等提供数据基础。

（4）多要素：遥感数据中蕴含大量的信息，通过遥感数据的统计分析和物理反演，能够对城市区域面积、绿地覆盖情况、城市基础设施等进行判读解译，从而可以获得比传统手段更为丰富的信息，为人们研究各种自然、社会现象及其分布规律提供了便利条件。

新型遥感技术主要包括夜光遥感、激光雷达、红外遥感和倾斜摄影等。

（1）夜光遥感

夜光遥感是在夜间无云情况下遥感传感器获取陆地或水体可见光源的过程。夜光遥感卫星不仅可以观测到城市灯光、舰船灯光和油井燃烧等与人类活动有关的可见光源，还可以观测到野火、海洋生物、火山等自然光源。"吉林一号"是国内首颗能够获取夜光影像的商业卫星，其分辨率可达到亚米级；"珞珈一号"是国内首颗专业夜光遥感卫星，理论上15天即可获取一期全球较高分辨率的夜光影像。夜光遥感与人类活动高度关联，同时具有高时空分辨率的特点，被广泛应用于社会经济参量估算、城市化过程监测、油气开采时空信息挖掘、生态环境评估等领域。

（2）激光雷达

以激光作为信号源发射信号，使得工作频率大大提高。激光雷达可以获得极高的角度、距离和速度分辨率。通常角分辨率不低于 0.1mard，也就是说，可以分辨 3km 距离上相距 0.3m 的两个目标，并可同时跟踪多个目标；距离分辨率可达 0.1m；速度分辨率能达到 10m/s 以内。距离和速度分辨率高，意味着可以利用距离多普勒成像技术来获得目标的清晰图像。此外，激光雷达的发射系统即发射望远镜口径很小，可接收区域窄，有意发射的激光干扰信号进入接收机的概率极低，只有被照射的目标才会产生反射，不存在地物回波的影响。因此，激光雷达具有分辨率高、隐蔽性强、低空探测性能优越、体积小、质量轻的优点。

（3）红外遥感

红外遥感在电磁波谱红外谱段进行，主要感受地面物体反射或自身辐射的红外线。又由于红外线波长较长，大气中穿透力强，红外摄影时不受烟雾影响，透过很厚的大气层仍能拍摄到地面清晰的影像。目前红外遥感应用于军事侦察、自然资源考察、环境信息研究、水文地质测绘、地质工程勘测等许多方面。

（4）倾斜摄影

倾斜摄影技术通过从一个垂直、四个倾斜、五个不同的视角同步采集影像，获取到丰富的建筑物顶面及侧视的高分辨率纹理。它不仅能够真实地反映地物情况，高精度地获取地面目标对象纹理信息，还可通过先进的定位、融合、建模等技术，生成真实的目标对象三维模型，能够提供给用户更丰富的影像信息、更高级的用户体验，已经广泛应用于城市规划、城市管理、应急指挥、国土安全等行业。

3.3.1.2 发展现状和趋势

近年来，我国航空航天遥感技术发展取得了斐然成就，尤其是列入《国家中长期科学和技术发展规划纲要（2006~2020年）》的高分辨率对地观测系统重大专项（简称高分专项）的实施，使得我国高分遥感卫星的性能大幅度提高，在平台的姿态精度、稳定度、机动能力方面达到国际先进水平，载荷的分辨率、幅宽、谱段数、星上处理等能力实现质的提高，全面提升了我国自主获取高分辨率观测数据的能力，极大地加快了我国空间信息应用体系建设和空间信息产业发展。高分系列卫星覆盖了从全色、多光谱到高光谱，从光学到雷达，从太阳同步轨道到地球同步轨道等多种类型，构成了一个具有高空间分辨率、高时间分辨率和高光谱分辨率的对地观测系统。目前，军、民、商高分卫星已发射超过20颗，数据获取手段和速度增长超越了以往任何一个时期。

在高分专项支持下，住房和城乡建设部开展了"城市精细化管理遥感应用示范系统"建设，通过先期攻关、能力建设和应用推广三个阶段的实施，以行业遥感应用公共支撑平台、行业基础信息产品生产线为支撑，围绕住房和城乡建设行业城乡规划监测评价、小城镇发展监测评价、世界自然遗产及风景名胜区资源环境监测评价、可再生能源建筑应用监测评价、城市园林绿化监测评价、城镇减排监测评估、保障房建设过程监管和违章房屋建筑判别、市政桥梁和雨水监测评估等8个行业重点业务方向，构建了遥感应用示范系统，研发了相关专题产品和支撑软件模块，在宁波市、大别山重点区域、黄山风景名胜区、长春市、阳江市、太湖流域重点城市、扬州市、天津生态城等示范区开展了专题产品验证和示范应用，极大地推动了住房和城乡建设领域对地观测技术的发展。

随着对地观测技术的进步，我国已进入遥感大数据时代，数据具有多传感器、多分辨率、多时相、多要素等特性。如何面向多元化应用，挖掘利用遥感大数据的价值，成为当前遥感技术发展的趋势。目前，传统遥感解译方法还面临着精准快速处理效果不理想、对精准化状态分析缺乏有效手段、大批量数据的持续观测仍依靠人工、遥感数据共享效率低、提供产品不完整等不足。以 AI 技术赋能海量多源异构遥感数据的高精度处理、高效率判读，以机器学习等智能方法为基础，融合专家知识、目标特性、成像机理，构建面向海量复杂卫星数据的专业模型，解决遥感数据定量分析的若干难题，打通遥感数据从定量分析到完整共享的链路，实现从传统模式下推送二级产品，到基于内容定制推送的服务模式重大变革，是下一阶段遥感技术发展趋势。

3.3.1.3 应用场景和效益分析

遥感技术在住房和城乡建设领域的应用和研究已有近30年的历史，已在城市建设、建筑用地、道路、居住密度、建筑密度、城市地质、水质、热污染、生态环境、古建筑等现状调查和研究中得到应用。根据不同遥感技术，遥感影像在住房和城乡建设领域主要有以下场景应用：

（1）高分辨率光学影像应用于城市市政基础设施提取、城市绿地提取、变化监测等。

（2）卫星干涉雷达影像实现城市地形和建筑沉降、城市轨道交通基础设施状态的高精度观测。其中用于城市地形和建筑沉降的沉降观测已达到毫米级精度。

（3）卫星立体遥感影像和激光雷达可用于城市建筑高度测量和城市建模，目前城市建筑高度测量已达到米级精度。

（4）航空倾斜摄影和激光雷达可用于城市建筑高度测量和城市建模，其中城市建模已达到厘米级精度。

（5）航空航天红外遥感可用于实现城市植物种类、建筑材质分类，目前航空热红外遥感用于建筑顶部和外墙热耗散测量已达到摄氏度级精度。

（6）卫星夜光遥感可用于实现城市扩展边界的识别。随着夜光遥感、激光雷达、倾斜摄影、红外遥感等新型遥感技术快速发展，未来可应用于住房和城乡建设领域城市体检评估、城市信息模型（CIM）平台、城市更新和老旧小区改造、海绵城市建设和黑臭水体治理成效评价、完整社区评估、村镇建设监测评价、历史文化建筑保护、建筑节能改造等诸多应用场景的快识别和预判断，辅助实现业务目标。

（7）应急管理快速绘图。利用分布式、云计算、大数据等技术，并结合项目卫星及地面站、低空遥感监测数据，融合基础地理信息，实现航天多源遥感、航空和地面观测于一体的"星—空—地"立体式、一体化实时数据处理，面向不同层级以及不同灾害类型，实现受灾区域的灾前预警、灾中监测、灾后评估快速绘图。

（8）城乡历史文化保护与传承。针对历史城区、历史文化街区等重要保护片区，实现基于多时相高清卫星影像的变化监测，建立面向国家历史文化名城名镇名村、历史文化街区等遗产的"一张图"保护监管系统。支持利用高精度摄影技术，开展名城名镇名村中历史文化建筑和非物质文化遗产等重要历史遗存的数字化采集，建立数字化博物馆。

（9）面向新基建的天眼探微监测。采用天眼探微技术—卫星时序干涉SAR技术，能够实现城市轨道交通形变监测网，支持对城市轨道交通基础设施进行状态监测和安全预测，其变形监测精度优于3mm。与传统轨道交通健康监测与评估方法相比，该技术有三方面特点：大面积、全区域覆盖；不受天气、地域限制；不影响轨道交通正常运营。我国城市轨道交通里程达4200km，采用天眼探微技术，结合行业相关监测数据，可高效解决全国城市轨道交通安全监测与评估问题；同时该技术可应用于城市建筑物倒塌、桥梁垮塌及城市地陷等场景的监测与评估。涉及的主要技术包括：基于遥感影像的轨道交通网络高效提取；轨道交通及周边建筑区域的精细化高精度变形信息反演；卫星雷达数据多个轨道、多个影像的成果集成，实现轨道交通的完整覆盖监测。

3.3.1.4 支撑条件

在技术支撑方面，我国国家遥感中心通过对高精度小型化POS、稳定平台、高精度轻型组合宽角数字相机、轻小型机载LIDAR等关键技术的攻关，研发出具有体积小、重量轻、功能全、成本低、操作方便等优点的高精度轻小型航空遥感系统；经过多年攻关，研制出多波段、高精度的合成孔径雷达，构建出高效能航空SAR遥感应用系统，使我国成为世界上第三个拥有先进航空SAR遥感系统的国家；我国第一个高性能无人机遥感载荷综合验证系统，在国际上首次实现了128谱段高空间分辨率高光谱相机、大视场宽覆盖多光谱成像仪、干涉和极化合成孔径雷达同平台装载数据获取，成为立体、高效的航空遥感网的重要平台之一；高分重大专项系统将统筹建设基于卫星、平流层飞艇和飞机的高分辨率对地观测系统，完善地面资源，并与其他观测手段结合，形成全天候、全天时、全球覆盖的对地观测能力，由天基观测系统、临近空间观测系统、航空观测系统、地面系统、应用系统等组成，是《国家中长期科学和技术发展规划纲要（2006～2020年）》的16个重大科技专项之一。这些航空遥感系统不仅有力支撑了大比例尺测绘、快速灾害监测，而且在其基础上发展壮大起来的数字城市建设正处于腾飞发展的新阶段。

3.3.2 雷达遥感技术

3.3.2.1 技术要点

雷达影像反映了雷达所发射的电磁波和目标物相互作用的结果。合成孔径雷达（Synthetic Aperture Radar，SAR）本身是一种主动式微波传感器，其不受天气变化影响，并能穿透云雾、烟尘和大面积获取地表信息的特点，使之成为对地观测领域不可或缺的传感器，尤其适用于传统光学传感器成像困难的地区。

合成孔径雷达干涉测量技术（Interferometric SAR，InSAR）以合成孔径雷达复数据提取的相位信息为信息源，获取地表三维信息和变化信息。该技术通过两副天线同时观测

（单轨模式），或两次近平行的观测（重复轨道模式），获取地表同一景观的复图像对。由于目标与两天线位置的几何关系，在复图像上产生了相位差，形成干涉条纹图，其中包含斜距向上的点与两天线位置之差的精确信息。因此，根据相位差以及传感器高度、雷达波长、波束视向及天线基线距之间的几何关系，可以精确地测量出图像上每一点的三维位置和微小变化信息。

InSAR 技术是基于雷达遥感的新型空间对地观测技术，主要特点包括：①全天候、全天时对地观测能力，不受天气影响；②监测精度高，最高可测得毫米级形变信息；③监测范围广，一次可监测上百、上千平方公里范围；④监测密度大，城区每平方公里可获得上千、上万以上观测点数据；⑤重复频率高，连续监测能力强，不仅能提供宏观静态信息，且能给出定量动态信息；⑥成本低，不需要建立监测网，即可识别一些潜在或未知的目标形变信息，而且可以提供数年的形变情况等。

3.3.2.2 发展现状和趋势

InSAR 技术研究最早开展于 20 世纪 90 年代初，前期主要利用干涉相位数据获取场景形变信息。目前，InSAR 技术已经广泛应用于城市地面沉降、矿区沉降、地震及板块运动、火山喷发、基础设施变形、冰川漂移、冻土形变、滑坡地质灾害、地下水开采、石油开采等领域监测，并取得了较好的应用效果。譬如利用多幅 ERS 卫星影像，即使在植被覆盖区域，只要有足够的建筑物密度以及裸露的岩石，依然可以采用 PS-InSAR 技术进行地表形变监测，以及对山区的滑坡监测进行研究；利用多幅高分辨率的 TerraSAR-X，采用 PS-InSAR 方法对煤矿区进行处理，还可以实现煤矿区沉降分析。随着传感器技术的发展和更多数量 SAR 卫星的发射，SAR 卫星正向着高精度轨道控制、高空间分辨、卫星编队计划的高重访周期、多极化、多扫描成像模式、动态目标的运动监测等方向发展。作为地表形变监测领域极有发展潜力的新手段之一，InSAR 技术也正朝着多平台、多尺度以及多模式等方向发展。

3.3.2.3 应用场景和效益分析

1. 应用场景

雷达遥感技术在城市广域灾害普查与动态监测、城市各行业精细化监测等典型场景中有着良好的应用潜力：

（1）城市广域灾害普查与动态监测

宏观尺度上，InSAR 技术可提供城市大范围、长时间、高精度、动态连续的地表形变信息，实现对城市空间广域"形变历史反演、地质灾害普查、风险区域识别、发育状况评估、形变动态监测、形变趋势分析、灾害预警"等全过程的定性、定量体检，可以提高城市规划、建设、运维及防灾减灾工作的科学性和有效性。

（2）城市各行业精细化监测

一是城市房屋建筑形变监测与风险排查。中华人民共和国成立以来，共完成各类工业建筑项目超 30 万个，各类公用建筑建设项目超 60 万个，其中 20 世纪 60 年代建成的近 50%，相当多的建筑已进入老龄化阶段，必须进行维修和加固。同时，由于地下水开采、高层建筑增多、排污等工程建设而出现的地面沉降，可能造成楼房倒塌等次生灾害，导致人员伤亡和财产损失。使用 InSAR 技术可对城市内所有建构筑物、城市建筑群、老旧房屋、古建筑群的倾斜等形变风险情况及其周边区域的沉降情况，进行监测分析、评估与分级预警。

二是线性工程及沿线设施形变监测与风险评估。随着我国城市化进程不断加快，交通设施存量迅速增加，高速公路、高铁、地铁等交通基础设施面临的风险明显增多，由此引发的事故也频繁发生。利用 InSAR 技术可快速获取交通线路整体及其周边地物的沉降量、沉降速度等形变信息，进而指导线路设计、施工、运维的全生命周期，为交通线路安全运营提供保障。

三是桥梁设施形变监测与风险评估。桥梁稳定性监测一直是社会重点关注的问题，借助 InSAR 技术手段可以对桥梁的形变量进行动态监测，通过提取桥面区域 PS 点的三维空间位置和形变历史，分析桥梁及周边的地表形变，可以对桥梁不均匀沉降风险进行识别、提取、评估、排序以及趋势预测等，为桥梁设施建设、管理与运维提供参考。

四是水利设施形变监测与风险评估。由于水库、大坝、水电站等水利设施数量不断增加、环境风险因素相对复杂、风险监测方式滞后等原因，各类突发事故明显增多，但传统监测手段却无法满足监测预警需求。利用 InSAR 技术能够对这些目标物及其周边地质灾害进行快速监测和风险识别。

五是能源设施形变监测与风险评估。油港、油库、油气管道等能源设施对地表稳定要求极高，细微的地表形变都可能引发极其严重的安全事故。同时，矿区采空塌陷也是引发地表沉陷的重要因素。利用 InSAR 技术可大范围、长时间识别微小形变的特点，为能源行业的安全运营提供科学依据。

2. 效益分析

雷达遥感技术在住房和城乡建设领域的应用，具有良好的经济效益和社会效益：

（1）经济效益

与传统手段相比，InSAR 城市地面沉降及基础设施形变监测具有宏观、连续、高效、快速、不受天气限制等优势，不需要观测网的布设和维护费用，能够节约信息采集、获取的时间、人力、物力、财力成本。InSAR 技术的应用，将使得灾害普查、预警与防治能力得到提升，较大程度地避免和减少工程设施安全事故带来的财产损失，带来巨大的现实经济效益。此外，对城乡建筑物/构筑物、基础设施等海量大数据分析挖掘的成果，将科学指导各级市政设施工程的规划、建设和运营，对于统筹财政、降低成本、节约开支等各方面具有现实意义，可节省许多无效重复支出。

（2）社会效益

InSAR 技术的应用，将极大提升防灾减灾的防治、预警能力。遥感 InSAR 监测，从城乡全局出发，形成城乡灾害风险普查和安全监测体系，使监测由被动响应变为主动监测；自动化提取城乡地表形变信息，及时发现和预测风险隐患，大幅提高灾害防治能力，提升城市系统运行安全性。同时，可以提高政府服务、科学决策效率。遥感 InSAR 通过持续、动态、周期性地监测、处理、分析，及大数据挖掘形变规律和趋势，可以服务于城乡规划、建设、运营及发展全过程；可以为城乡宏观广域及行业微观提供辅助决策参考数据，有助于城乡治理信息化、决策科学化，优化城市系统运行效率。

3.3.2.4 支撑条件

2015 年 12 月，中央城市工作会议提出"把安全放在第一位，把住安全关、质量关，并把安全工作落实到城市工作和城市发展各个环节各个领域"。十九大报告中指出"树立安全发展理念，弘扬生命至上、安全第一的思想，健全公共安全体系，完善安全生产责任制，坚决遏制重特大安全事故，提升防灾减灾救灾能力"。

2018年1月，中共中央办公厅、国务院办公厅印发了《关于推进城市安全发展的意见》，意见指出，"切实把安全发展作为城市现代文明的重要标志；要健全公共安全体系，加强城市规划、设计、建设、运行等各个环节的安全管理，充分运用科技和信息化手段，加快推进安全风险管控、隐患排查治理体系和机制建设；强化系统性安全防范制度措施落实，严密防范各类事故发生"。并提出了要"加强城市安全信息化建设""积极研发和推广应用先进的风险防控、灾害防治、预测预警、监测监控等安全技术和产品"来强化城市安全保证能力。

2018年10月，习近平总书记在中央财经委员会第三次会议中，多次提到"预防为主，努力把自然灾害风险和损失降至最低；坚持改革创新，推进自然灾害防治体系和防治能力现代化；要实施灾害风险调查和重点隐患排查工程；实施地震易发区房屋设施加固工程，提高抗震防灾能力；实施自然灾害监测预警信息化工程，提高多灾种和灾害链综合监测、风险早期识别和预报预警能力"。

此外，InSAR技术作为风险管理新技术，在建设工程质量潜在缺陷保险（Inherent Defect Insurance，IDI）领域具有重要的应用价值和广阔的应用前景。IDI主要针对建筑工程质量通病高发问题，通过保险手段对房屋风险进行识别及评估，保障和提高建筑工程质量，为被保险人提高风险保障服务。InSAR技术可以为IDI保险业务提供风险监测评估和灾损评估技术支持，辅助风险控制，降低建筑目标出现风险的概率。

总之，从政策和市场两个方向推进IDI在我国的广泛应用，通过技术创新推动完善行业体系架构，对于住房和城乡建设中房屋建筑的风险管理具有正面积极的意义。

3.3.3 航空测绘技术

3.3.3.1 技术要点

航空摄影测量技术是集无人机、实时动态定位技术和图像融合技术为一体的现代化测绘技术，具有显著的应用优势，尤其是在大比例尺地形图、三维实景建模、国土资源调查和地质灾害应急测量中更具应用优势，具有成图快、精度高、成本低的特点。同时，航空摄影测量技术能够获得测绘区域的三维地理信息。其主要任务是测制各种比例尺的地形图、建立地形数据库，为地理信息系统、各种工程应用提供基础测绘数据。

摄影测量的主要特点是在影像上进行量测和解译，无须接触物体本身，因而很少受自然和地理等条件的限制。影像是客观物体或目标的真实反映，信息丰富、逼真。人们可从中获取所研究物体的大量几何信息和物理信息。因此，摄影测量可广泛应用于各个方面。只要物体能被摄成影像，都可使用摄影测量的方法和技术解决某一方面的问题。

1. 倾斜摄影测量

倾斜摄影是指通过在飞行平台几何中心携带多个传感器和具有固定倾角的多个（多为3个或5个）镜头摄影相机，通过惯导系统进行定位获取地物精确的空间位置信息，记录飞行的高度、姿态和影像的坐标等重要参数，同时从垂直、倾斜多个角度采集地物影像数据，得到更为丰富的侧面纹理，真实地反映摄影场景内地物情况。结合一些影像处理软件，经影像匹配、区域网平差、表面重建及纹理映射等流程，实现可视化三维模型成果，在此成果基础上，可以进行距离量测、填挖方计算、坡度分析等功能扩展，还可以制作其他的数字可视化产品，满足生产实际的需求。

与传统航空摄影相比，倾斜摄影测量技术在影像数据获取和数据处理方面有较大的优势，其周期短、效率高、多方位采集地物信息、生产全要素以及高真实性的 4D 数字产品，为建立满足需求的高质量三维模型奠定了基础。

2. 航空摄影测量

航空摄影测量是指根据在航空飞行器上拍摄的地面影像，获取地面信息，测绘地形图。主要用于测绘 1∶100000～1∶1000 各类比例尺的地形图。

3. 近景摄影测量

近景摄影测量是指利用已标定的非量测数码相机在设定的参数下对被量测目标物体摄影，基于摄影基础理论和相应软硬件，将获取的二维影像恢复到原有的三维物体模型。根据测区的实际情况，近景摄影测量可以自由选择合理的空间坐标系，标定并布设控制点，采用不同的摄影方式，实时得到被测物体高精度的三维信息。

3.3.3.2 发展现状和趋势

1. 发展现状

国内的摄影测量从 20 世纪 70 年代初起发生了从模拟摄影测量到解析摄影测量的一个逐步转换过程。一方面，我国已经进行了多种数据库的建设，这给摄影测量更好地进行以及应用奠定了良好的基础。另一方面，国家通过摄影测量和遥感技术也进行了很多全国级别的基础地理信息数据库的建设。为了做好土地利用调查工作，运用陆地卫星 TM 数据，于 20 世纪 80 年代中期便已具备耕地数据动态更新的能力，充分运用高分辨率遥感数据对国内现有土地情况展开详细调查。

在数据实力方面，我国现已成功建立了以遥感数据处理平台为核心的国产卫星遥感影像地面处理系统，为今后实现独立完成对地观测数据获取服务体系打好基础。国家对此还制定了扶持计划，据统计，仅针对地面观测，就已发射了近 50 颗卫星，其中包括气象卫星、导航定位卫星和科学实验卫星等；还组建了风云、资源环境减灾等民用系列对地观测卫星体系。为了获得更为准确的地球表面不同分辨率的光学与雷达图像，对地球实施多平台同时观测，所得观测数据可用于监测地球空间与环境的变化，分析大气成分，防止自然灾害。目前，对地球表面的数据储备覆盖面积高达 1500 万 km^2。

（1）倾斜摄影测量

国内引进倾斜摄影测量技术始于 2010 年，填补了国内倾斜摄影测量领域的空白。之后我国自主研发了基于倾斜测量的地理空间信息和应用平台系统，具有"影像三维测量"功能，在公共安全及应急指挥、城市规划、通信等领域作出了较大贡献。我国科学家研制的倾斜摄影测量系统可以通过 POS 系统获得影像的位置、姿态等信息。在后期处理软件方面，也实现了二三维一体化，同时可以对三维模型进行信息查询。这些研究推动了我国倾斜摄影测量技术的快速发展。

（2）航空摄影测量

中国测绘科学研究院率先在国内进行了"无人机遥感系统关键技术研究与验证"项

目，并研制出以遥控方式为主的"UAVRS-Ⅰ型无人机遥感监测系统"，随后又研制了"UAVRS-Ⅱ型无人机遥感监测系统"。之后对两套系统进行了多次试飞实验，证明了该系统能够很好地应用于数字化城市的研究。后来几年时间里，该研究院又在 UAVRS-Ⅰ的基础上创新改进，成功研制并调试出 UAVRS-H 号无人机摄影测量监测系统，同时匹配高分辨率的面阵 CCD 传感器，可以满足半自主和自主三等控制方式，完成了重大项目的大比例尺地形图的生成，并通过了自然资源部的验收。与此同时，还研发了具有自主知识产权的"UAVRS-F 型无人飞艇低空遥感系统"，该系统专为城市地区研制，能够在低空飞行获取超高分辨率遥感影像。

（3）近景摄影测量

国内外对近景摄影测量的研究大致经历了三个阶段：第一阶段是基于光学投影的模拟测图仪处理像片的模拟摄影测量阶段；第二阶段是基于数字投影的解析测图仪生产像片的解析摄影测量阶段；第三阶段是基于数字摄影的计算机自动化模拟数字化产品的数字摄影测量阶段。

2. 发展趋势

航空测绘遥感新技术主要分为低空遥感系统和定位定姿系统两部分。其中，低空遥感系统可以获取分辨率较高的影像，且这项技术基本不受天气影响，也因此成为卫星遥感的一种有效补充方法。其航摄系统又分为两种：一是无人飞行器航摄系统，主要借助无人驾驶的飞行平台进行航空摄影。二是超轻型飞行器航摄系统，此系统采用由人操控的轻型飞行平台进行航空摄影。二者比较，前者无人驾驶低空遥感系统主要由遥感空基交互控制系统、测控及信息传播分系统和综合保障系统三部分组成，所得结果的质量没有保障，因此无人飞行器航摄系统只能用于部分对精度要求不高的影像采集。而像在制作地形图更新的 4D 产品中，则超轻型飞行器低空遥感系统更符合用图需求。定位定姿系统是 IMU/DGPS 组合的高精度位置系统，利用飞机与地面基站的 GPS 接收机同步连接观测 GPS 卫星信号，姿态测量主要利用惯性测量装置感测飞机的加速度，进而获取载体的速度与姿态等信息。

3.3.3.3 应用场景和效益分析

1. 地形图、专题地图制作

地形图测量是各类工程、资源勘查、城市规划、国土调查的基础，其在社会各领域的应用极为广泛。与传统的测绘技术相比，航空摄影测量技术显著地减少了大量外业测量任务，降低了测绘人员的外业安全事故发生率；通过航空影像数据能够在较短的时间内获得大面积的测绘工作，极大地提高了测量效率，因此，无人机航空摄影测量技术在地形图测量中的应用较为广泛。

航空摄影测量技术在地形图测绘中的研究主要集中于以下几个方面：①航拍影像数据的处理研究，如影像数据校正、去噪方法研究等；②多角度图像融合处理研究，倾斜航空摄影测量技术虽然有效地避免了垂直航空摄影测量技术仅能获取垂直方向影像数据的弊端，但也为图像融合处理增加了难度，因此，不同方位影像数据的有效融合是现阶段主要的研究方向；③空中三角加密处理技术，是提高测量精度的主要方法之一，以无人机航拍过程中自动存储的 POS 文件为基础，通过预测模拟计算，消除测量"空白区"对测量精度的降低；④大比例尺地形图生产，大比例尺地形图是各类工程、城市规划、矿山建设的基础，在该方面的研究成果较多；⑤ DOM、DSM、DEM 产品的生产，三维模型的研究应用也较广泛。

2. 城市三维实景建模

三维实景建模是现代化、数字化测绘技术发展的趋势，逼真的三维模型为城市规划、矿山建设、工程施工等提供了基础。传统的三维建模技术是通过二维的地形图，结合高程信息以及纹理贴图技术等实现，工作量大，效率低。航空摄影测量技术能够快速地获取测绘区域大比例尺三维地形数据，在三维实景建模中具有明显的应用优势，尤其是"三维城市""三维矿山"和"仿真模拟"等理念的提出，促进了三维实景建模的发展，也促进了航空摄影测量技术的发展。

3. 国土调查

我国第三次全国国土调查任务开展过程中，航空摄影测量技术是主要的测量技术方法，为更细致的国土调查提供了便利。

4. 滑坡地质灾害调查

将无人机摄影测量影像应用于地质灾害调查具有较高的可行性，特别是在区域性地质灾害的调查与监测中应用更为广泛。利用无人机摄影测量技术，不仅可以建立地质灾害体的三维空间模型，突破传统的二维平面遥感影像解译方法的限制，还可以借助 ESP 工具实现自动提取滑坡信息。

3.3.3.4 支撑条件

在政策支撑方面，国内数字摄影测量的政策体系、绩效考核体系以及执法监管体系仍有待完善，在体制、政策、法规方面有待进一步健全。对于数字摄影测量行业，虽然任务目标已定，但是很多城市并没有出台相关措施。数字摄影测量行业标准、行业规范、行业制度等措施均未出台，产品和技术的操作准则也没有明确的指导。数字摄影测量尚没有统一的国家标准，行业规范性尚未统一。另外，有利于数字摄影测量的价格、财税、金融等经济政策尚不完善，基于市场的激励和约束制度不健全，创新驱动不足，企业缺乏数字摄影测量发展的内生动力。

在经济环境方面，经济环境是支撑技术发展的重要原因。应积极引导资本进入数字摄影测量领域，提升数字摄影测量行业需求热度。"十四五"期间，国家经济将保持中高速增长，主要经济指标平衡协调，发展质量和效益提高，创新驱动发展进一步加强，人民生活水平和经济发展质量进一步提高，这些都是数字摄影测量技术市场需求的经济基础。进一步引导经济向数字摄影测量上下游产业倾斜，为数字摄影测量技术发展提供新的动力。

在人才支撑方面，随着信息化建设的深入发展，现有的专业技术人才无论在数量还是质量上，都还不能完全满足需求。目前，我国数字摄影测量系统信息化过程中，缺乏既懂数字摄影测量，又懂IT以及管理的复合型人才。需要结合各行业对摄影测量技术需求和发展趋势，进一步加大人才培养的力度。

在技术支撑方面，随着大数据、云计算、人工智能、BIM、GIS、三维激光扫描、遥感、北斗等新兴技术的发展，与摄影测量技术的结合为住房和城乡建设带来了新的可能，可在制图、城市规划与建设、交通、水利、古建筑等领域进行广泛的应用。结合新的技术解决住房和城乡建设新的问题，实现技术创新与协同，为摄影测量技术应用发展提供内生动力。

3.3.4 高精度视觉测量技术

3.3.4.1 技术要点

高精度视觉测量技术是利用非接触式的光学传感器装置获取真实物体的图像并从中提取拍摄目标的相关信息的一门技术。摄影测量技术便是一种典型的视觉测量技术，是根据所拍摄的光学影像研究被摄物体的形状、位置、大小、特性及相互位置关系的技术；计算机视觉也可算作视觉测量技术，其简单概括为"用计算机代替人眼，从图片中重建和解译世界"。就定义而言，摄影测量和计算机视觉有着很高的重叠度。就几何而言，二者具有同样的理论基础，即小孔成像和双目视觉原理。就应用角度而言，摄影测量最初的目的是制作地形图和各类专题图，为测绘行业服务，因此其精度要求更高，更强调坐标的概念。计算机视觉以普通相机、大众数据为主，相对而言行业面更加广泛。随着计算机的发展，二者的融合速度进一步提升，摄影测量的发展与计算机视觉之间的壁垒将逐渐消融。

视觉测量系统主要由光源系统、图像采集系统、机械运动控制系统、图像处理系统以及机架等结构组成，如图 3-3 所示。光源、光学镜头、摄像机组成视觉测量系统的硬件部分，由于视觉高精度测量在应用过程中对光源的要求较高，因此应选择合适的光源，通过图像采集系统将光信号转变为电信号，并传输至图像处理系统。图像处理系统主要负责视觉测量的软件部分，对硬件采集到的图像进行相应的处理，从而得到测量目标的相关参数。机械运动控制系统把各个部分组合在一起形成一个整体结构，从而提高系统的性能及稳定性。

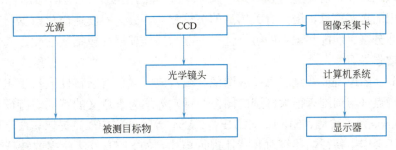

图 3-3 视觉测量系统组成

视觉测量技术具有如下特点：

（1）**高效率**：可瞬间获取被测物体的大量几何结构信息和三维信息，所摄影像是客观物体或目标的真实反映，信息丰富、形象直观，不仅可以测量外形规则物体，同时还可以测量外形不规则物体。

（2）**非接触**：是非接触式测量，不触及测量目标，环境适应能力强，可以完成常规方法难以实现的测量工作。

（3）**动静态**：可以通过连续拍摄运动物体的瞬间影像来测量物体的运动状态以及物体的动态变化。

（4）**高精度**：能从二维影像中获取目标三维信息，测量精度高，一般可以达到毫米级甚至微米级。

（5）**产品形式多样**：可以生产纸质地形图、数字线划图、数字高程模型、数字正摄影像、三维可视化模型等。所拍摄的影像能够长时间保存,方便日后进行对比分析。

影响视觉测量精度的主要误差源有:光学系统成像误差,如摄像机镜头畸变、光源的影响等;图像处理过程中产生的误差,如图像滤波、特征点及边缘提取和匹配过程中产生的误差;环境影响造成的误差,指测量系统操作时周围的环境,主要包括温度、光照、灰尘、湿度及电磁干扰等因素对测量结果造成的影响。

因此,为了保证视觉测量的精度,除提供良好的光源和保证测量环境,摄像机镜头标定、图像处理及测量数据平差等也是至关重要的。

(1) 摄像机镜头标定

相机标定包括基于标定物的标定方法和自标定方法。基于标定物的传统标定方法为摄影测量方法,其利用特定形状、尺寸已知的参照物来提供物方坐标,经过图像处理提取出像方坐标,从而根据摄像机成像的数学模型求取摄像机的内参数和畸变参数,具有代表性的算法为张正友平面格网法和 Tsai 两步法;自标定方法为计算机视觉方法,其不需要标定物,而是利用图像上的一些几何约束条件求取绝对二次曲线或曲面,进而完成摄像机的内参数和畸变参数的求解,具有代表性的算法为利用 Kruppa 方程的自标定、分层法自标定等。

(2) 图像处理

视觉测量所涉及的图像处理流程包括图像预处理、特征提取、特征匹配、目标识别等。

图像预处理:图像质量的好坏直接影响识别算法的精度,因此在图像分析(特征提取、匹配和识别)前,需要进行预处理。图像预处理的主要目的是消除图像中无关的信息,恢复有用的真实信息,增强有关信息的可检测性,最大限度地简化数据,从而改进特征提取、图像分割、匹配和识别的可靠性。一般的预处理流程包括灰度化、二值化、几何变换、图像增强等。

特征提取:图像特征就是有意义的图像区域,该区域具有独特性或易于识别性,如角点、边缘、斑点(与周围有很大区别的图像区域)等均为有意义的特征。特征点的提取算法主要有 Harris 角点检测、SIFT、SURF、FAST 等。这些特征点提取算法不仅将特征点提取出来,还会产生特征描述符对其特征进行描述,如 SIFT 方法所提取特征包括特征点的位置、方向和尺度信息,为特征匹配提供初始数据。边缘检测的目的是找出区分图像目标体与背景间的灰度变化边界线。梯度是函数变化的一种度量,可以很好地用来检测图像局部灰度的显著变化,经典的边缘检测算子包括 Roberts、Sobel、Prewitt、Canny 等,其中 Canny 算子具有更好的信噪比和检测精度。

特征匹配:根据上述步骤提取出的特征点及其描述符来比较两个特征的相似程度,从而判断其是否为同一个特征。匹配方法包括暴力匹配、KNN 匹配和 FLANN 匹配等。暴力匹配即第一个描述符的所有特征都拿来和第二个进行比较,并产生匹配结果列表;KNN 匹配是在匹配的时候选择 K 个和特征点最相似的点,如果这 K 个点之间的区别足够大,则选择最相似的那个点作为匹配点;FLANN 匹配训练了一个匹配器,将每一个特征点和匹配器进行匹配,达到提高匹配速度的目的,FLANN 比 KNN 匹配快 10 倍。

目标识别:通过将存储的信息与当前的信息进行比较,实现对图像的识别。在视觉测量中,识别出目标后,还需要给出识别目标所处的位置、大小和姿态等相关信息。目标识别可以采用模板匹配等模型。

(3) 测量数据平差

利用视觉测量方法初步解算出的测量目标信息存在误差，而图像中包含着大量的多余观测信息，可利用这些信息对测量结果进行优化，如光束法平差方法，以图像点、摄影中心和物方点在同一直线上且同名点所对应的物方点为同一点作为约束，对测量结果进行处理。通常在数据处理过程中还会增加一些附加约束条件，如距离约束。

3.3.4.2 发展现状和趋势

作为一种典型的视觉测量技术，摄影测量的发展能够追溯到19世纪，该技术一出现，便在测量中应用。随着摄影技术的相关硬件和软件的迅速发展，摄影测量经历了模拟摄影测量、解析摄影测量、数字摄影测量三个发展阶段。模拟摄影测量时代用光学和机械的模拟仪器（立体坐标量测仪和立体测图仪）来重现光线的直线传播和交会。1960~1990年，一般称为解析摄影测量时代，推动者是迅猛发展的计算机以及专业的解析测图仪。光线的重现和交会不再依赖于模拟仪器，而是在计算机中以虚拟的形式实现并结算，但像点的坐标量测和最终的测图，依然要靠机械和人工作业完成。从20世纪80年代末期开始，数码相机逐渐取代光学相机，计算机更加强大，摄影测量与计算机视觉领域逐步融合，基于机器学习、模式识别等先进技术，像点自动量测和自动测图成为可能，开启了数字摄影测量时代。

高精度视觉测量技术的诸多优点，特别是高效率，使其成为近几年测量领域的研究热点，发展极为迅速。随着车载移动平台和无人机的发展，载体逐渐增加，使其在各个领域得到了广泛的应用。

1. 工业测量应用

高精度视觉测量技术在航空航天、机械制造、零件装配、产品外形检测等方面有着广泛的应用。如对汽车工件的几何尺寸进行测量和高精度定位、大型工业设备（如天线）安装与检测等。

2. 水利工程应用

目前，高精度视觉测量技术在我国较大工程的水利测量中都有所应用，尤其是在南水北调工程中，有效地提高了工程测量的精确性。在水利工程中应用高精度视觉测量技术，还可以准确地获取水域上的水文情况以及流域周围的环境情况，为后期的工程施工做准备。进行水利工程的施工测量时，对工程进行近景拍摄，获取清晰的建筑图像，通过观察图像，分析水力学的原形，推算出水域发生截流时的流速和状态等，并对水流和波浪等信息进行数据采集，最终绘制出水流的特征曲线，完成水利工程的测量过程。

3. 土木工程应用

高精度视觉测量技术在土木工程建设中的应用也较为广泛，对保证工程质量、促进工程施工等方面意义重大。工程实际建设过程中，受主观因素的影响，国家市政建设规划、经济发展水平和投资资金以及客观因素的影响，工程测量的难度也较大。通过应用高精度视觉测量技术，可以打破我国传统测量技术的局限性，实现建筑工程的动态测量，很大程度上可以节约人力、物力和财力，提高测量效率，保证工程施工进度。

4. 变形监测应用

随着高精度视觉测量技术的发展，测量精度不断提高，广泛应用于变形监测中，如边坡变形失稳监测、地表沉降变形监测、桥梁隧道变形监测等。

5. 地籍测量应用

地籍测量是土地管理工作中的一项重要步骤。地籍测量过程中，运用高精度视觉测量技术，使得地籍测量的精度、准确度和效率得到提升，采用高分辨率、高灵敏度的摄像设备，能够获得更清晰和更准确的地籍数据，精确快速地反映出土地的质量和具体分布情况。此外，视觉测量可以针对某一特定区域进行持续性动态监测，并且可以从数据的变化中对地籍资料的变化规律进行总结，这对分析地区地籍的变化规律有着十分重要的意义。

6. 农业工程应用

高精度视觉测量技术对推动农业工程的发展起到重要作用。如在农业自动化生产应用中，运用视觉测量技术对动植物的生长情况进行精确的检测，针对检测结果来有效地控制动植物的生长环境。此外，其还可用于播种机性能测试、农产品分级等领域。

7. 医疗领域应用

摄影测量在医疗领域应用的主要优势来源于影像学方面，其可以快速对检测结果进行处理和分析，如对于病毒感染的检测，可缩短诊断周期，从而避免进一步传播的危险。视觉测量系统还可辅助医疗机器人进行手术定位，高精度完成手术规划，满足临床应用要求。在药品生产和包装过程中，由于受到加工过程和周围环境的影响，药品表面容易出现缺陷，光靠人工很难发现这些缺点，借助视觉测量系统可以检测到药片在包装过程中产生的药片缺损、蚊虫污染、胶囊漏粉等不良情况，保证药品的质量。

新时期，随着科学技术的发展，高精度视觉测量技术也迈上了新的台阶。在发展过程中，传感器平台逐渐朝着更加多样化的方向发展，软件平台也在朝着并行化的方向发展。近年来，随着大数据时代的全面到来，人们对信息和数据的需求也在持续上升。在空间技术、数字图像处理技术和传感器技术不断发展的背景下，高精度视觉测量技术也进入了一个新的发展阶段。相信未来随着人工智能时代的到来，传统测量手段面临的转型升级为视觉测量提供了需求空间，作为自动化界高智能化产品，随着其自身的成熟与科技发展的推动，该技术必将向着高精度、高速度、高智能化的方向发展。

3.3.4.3 应用场景和效益分析

视觉测量技术测量精度高、速度快、测量方式灵活、包含测量目标的丰富信息、影像数据真实可靠、产品形式多样。未来，高精度视觉测量技术在住房和城乡建设领域将有着更广泛的应用。

（1）基于无人机平台的视觉测量技术所测量的大比例尺地形图和城市数字三维模型等产品，可用于城乡规划及自然资源和生态环境的管理中。

（2）基于车载移动平台的视觉测量技术，可用于城市街景采集及道路网络提取等，便于城市管理。

（3）在城市建设方面，视觉测量系统在土木工程测量中真正应用的案例还较少，未来随着技术的突破，将应用于土木工程的施工测量及运营变形监测中，在保证测量精度的同时，缩短建设周期，节省成本。

（4）在灾害预警方面，视觉测量系统将实现对地质灾害等的全天候自动化监测，自动报警，快速响应，保证人民生命财产安全。

3.3.4.4 支撑条件

1. 多传感器集成技术支撑

传感器融合是指通过整合各传感器在同一场景下获取信息间的关联，提升系统的适应能力和测量精度。在工程实践中，由于单一传感器物理或测量原理的限制，仅依靠单一传感器的目标测量存在局限。依靠多传感器信息深度融合实现高精度、高鲁棒性目标测量技术已成为弥补单一传感器短板的主要方法。视觉测量系统与其他传感器集成，如 GNSS、激光跟踪仪、倾斜传感器、激光扫描技术等，可用来弥补单一视觉测量对控制点要求高、径向精度低等不足。

2. 人工智能技术支撑

人工智能的发展已经为视觉测量技术带来新的变化，如深度学习算法在图像识别、目标分类中都有着更好的表现。相信人工智能的发展还会带来视觉测量精度和效率的提高，将视觉测量和人工智能的发展紧密结合，并将两者结合产生的新理论和新手段更好地应用到视觉测量中，使其更好、更快地进入到智能化、自动化、实时化，是视觉测量前进的必然之路。

3.3.5 机载激光雷达技术

3.3.5.1 技术要点

机载激光雷达测量技术的出现和发展，为地理空间三维信息的获取提供了全新的技术手段，这项技术的出现是继全球定位系统（GPS）以来遥感测绘领域的又一场技术革命。

机载激光雷达系统是一个多传感器集成的自动化数据采集系统，集成了新近发展的多种传感器，可以实时完成城市三维空间信息的激光点云数据及影像数据采集，其系统主要由激光扫描系统、单相机系统、定位定姿系统、搭载平台组成。其中，激光扫描系统获取目标的三维几何信息；单相机系统获取目标的纹理特征；定位定姿系统以一定的采样频率获取机载雷达系统的位置和姿态；搭载平台为激光雷达系统的搭载载体，可以是有人机、无人机、动力三角翼等。

机载激光雷达测量技术特点：

同其他测绘系统相比，机载激光雷达系统能够拥有更高的精度、更高的密度和更高的效率、更高的分辨率，能够真实地反映地形地貌的特征，代替技术人员进行相关的测绘，并将数据以更快的效率传输到计算机系统中，将传输误差控制在较小的范围内，再经过计算机系统的数据分析和演算，建立高精度的地表模型和数字模型以及高分辨率的数码影像。

与倾斜摄影相比，机载激光雷达具有以下特点：

一是机载激光雷达的多次回波能直接获取地表高程，对植被具有较好的穿透性，而植被覆盖问题一直是倾斜摄影不能解决的问题。

二是机载激光雷达对天气要求较宽松，不受太阳高度角影响，薄雾等低能见度天气也不影响激光雷达数据获取，但会影响倾斜摄影的影像质量。

三是机载激光雷达通过主动测量，直接获取地物表面高精度三维坐标，不受山体、建筑物阴影的影响，而倾斜摄影在阴影区域难以判读，测量精度低。

四是机载激光雷达只需少数地面控制点即可获取高精度的测量成果，而倾斜摄影需要布设大量像控点。

机载激光雷达测量的关键技术内容如下：

1. 多传感器的标定技术

多传感器集成系统总体检校是多传感器集成系统的重要组成部分，是系统多传感器能否做到时空同步的关键所在。机载激光雷达系统需要在综合分析系统组成、工作原理、作业流程和性能指标的基础上，确定各项仪器设备在自定义坐标系、绝对坐标系中的位置以及相互间的关系，从而实现系统的高精度绝对标定。

2. 激光点云重建技术

激光扫描仪的原始扫描数据是基于扫描仪坐标系统的，随着载体的移动及姿态变化，激光扫描仪坐标系的原点及坐标轴的指向随时间不断变化，即原始扫描数据中的各扫描点处于不同的坐标系中，因此从机载激光扫描仪中获得的原始激光扫描数据无法直接使用，必须将其统一到同一个坐标系统中。

点云重建技术利用机载雷达系统中的激光扫描结果和位置姿态数据进行融合，从而获得多站激光点云的大地坐标。具体而言，将原始激光扫描数据转换到大地坐标系可分为以下两个步骤：第一步，将激光扫描数据转换到惯导坐标系中，其转换参数可通过激光扫描仪的外标定获得；第二步，将激光数据由惯导坐标系转换到大地坐标系，其转换关系由POS系统提供。

3. 激光点云和影像数据融合技术

激光点云具有高密度、高精度的特点，但缺乏纹理信息，肉眼不易在点云中分辨电力井盖等城市部件，而影像恰恰具有丰富的纹理，将激光点云与影像融合，增加了点云数据的信息量，有利于点云数据的直接使用以及后续处理。目前，点云数据的后处理技术相对滞后，点云数据的利用率不高，将激光点云数据与影像数据融合，更利于激光点云的使用，如使用影像的丰富的纹理信息，用户可以方便地从激光点云中提取道路线、电力井盖等。

4. 海量点云与影像管理关键技术

如何建立大范围、高密度、海量无组织点云的高效数据模型以及管理机制，对于点云数据的实时交互编辑以及后处理操作十分重要。

3.3.5.2 发展现状和趋势

作为测绘领域最前端的科学技术，机载激光雷达系统的发展仅20余年，美国是最早研究机载激光雷达系统的国家之一。世界上第一个系统性的机载激光雷达系统在德国诞生，并应用到商用行业中。近年来，随着科学技术的不断发展，机载激光雷达系统更是得到了更为全面的应用和发展，目前全球已经有许多系统应用了机载激光雷达系统。而在我国机载激光雷达的发展史中，虽然有了相关的机载激光雷达技术的研究成果并应用在了部分商业领域，但仍需要进行深入的分析与研究，提升机载激光雷达系统在测绘领域的应用。

3.3.5.3 应用场景和效益分析

机载激光雷达技术既满足传统城市及道路测绘业务（如大比例尺道路成图、建筑成图、三维数据城市建模、数字地形等),又满足新型信息化测绘业务(如数字城市、智慧城市等)。机载激光雷达技术在工程应用中可快速获取高密度三维激光点云及高清影像,快速处理获得 DEM、DOM 及 DLG 等高精度地理信息数据,无须布设大量外业控制点,无须大量外业调绘,自动化程度高,数据生产周期短。

机载激光雷达系统虽然发展时间较短,但其却拥有更高的精准度和更快的数据传输速度,能够进行有效的数据传输和数据模型构建,是未来测绘行业的发展方向。机载激光雷达系统在具体应用过程中,能够提升工作人员的工作效率,减少不必要的生产环节,缩短测绘领域的生产周期,提高测绘领域的数据分析能力,帮助工作人员更好地进行数据分析和整合,为测绘行业带来更加丰富、更加精准的数据信息。而在今后的发展中,机载激光雷达系统搭载新一代的 5G 信息技术等高新技术,将发挥更大的竞争优势,得到更为广泛的应用,不断拓宽其发展领域。

激光雷达是快速批量获取三维高精度坐标的重要工具,已成为世界各国进行大面积数值地表数据测制的主流与趋势。其获取的高精度高分辨率三维坐标,可作为土地利用、工程建设规划、都市计划管理、河海地形、潮间带、集水区、山坡检测、地理信息系统、防灾、矿业、农业、林业、公共管理线等方面数值化、自动化的应用基础。法国市场研究顾问机构 Yole Developpement 透露,激光雷达市场的年收入将从 2017 年的 7.26 亿美元增至 2023 年的 50 亿美元,年复合增长率为 43%。

机载激光雷达系统可实时完成载体的 GPS 定位、位姿解算、三维空间信息的激光点云数据及影像数据的采集,实现了集二三维和影像于一体的测绘新服务模式,为城乡测绘作业提供了一整套便捷高效的一体化解决方案,该技术对于我国北斗系统在测绘领域的应用具有重大意义。

3.3.5.4 支撑条件

作为一种新型的传感器设备,机载激光雷达系统能够获取到更高精度、更快速的数字信息,并且帮助测绘人员进行相关的数据分析和数据处理。在测绘领域,机载激光雷达系统同 LIDAR 系统结合、同现代激光系统和 POS 定位技术结合,是我国未来机载激光雷达系统的发展方向。但在具体的数据处理和数据操作过程中,对于工作人员的分析能力以及计算机系统的处理能力也提出了更高的要求,需要科学人员加大其自身的研发力度。

3.3.6 无人机技术

3.3.6.1 技术要点

无人机技术,是利用无线电遥控设备和自备的程序控制装置操纵不载人飞行器的一种新颖技术。无人机实际上是无人驾驶飞行器的统称,从技术角度定义可以分为:无人固定翼飞机、无人垂直起降飞机、无人飞艇、无人直升机、无人多旋翼飞行器、无人伞翼机等。无人机的关键技术包括动力、导航、交互、通信、芯片、平台、空管等相关技术。

1. 动力技术

动力技术是影响无人机续航能力的最基本技术。现在消费级多旋翼续航时间基本约 20min,对使用作业造成了极大的不便。动力技术的新突破方向有新型电池、混合动力、地面供电、无线充电等几个方面,未来无人机必须在动力方面实现突破才能走上新的高度。

2. 导航技术

导航技术是无人机知道自己"在哪儿""去哪儿"的基石。导航技术分为定位技术、测速技术、避障技术、跟踪技术四个方面。定位技术有 GPS 载波相位定位、多信息源定位、UWB 无线定位等。测速技术融合了视觉、超声波、惯导等技术，极大地提升了飞行器的可操作性。避障技术是指飞行中的无人机必须能够识别飞行路径上的障碍物，并准确绕飞或悬停，这是实现无人机智能化的重要一步。避障技术分为深度相机避障技术、声呐系统避障技术、"视觉＋忆阻器"避障技术、双目视觉避障技术、小型电子扫描雷达、激光扫描测距雷达、四维雷达等。跟踪技术使无人机可以识别目标并进行跟踪飞行，从而减轻使用者的操作负担。依托跟踪技术，还能使无人机执行特殊环境条件下的特殊任务。智能跟踪技术主要分为 GPS 追踪、视觉追踪等。

3. 交互技术

无人机目前主要通过遥控器进行飞行控制，需要专业训练，存在局限性。随着新技术的发展，无人机可以通过结合手势控制技术和脑机接口技术来简化对操作人员的要求，提升用户体验。

4. 通信技术

无人机需要与操作人员进行实时数据传输，特别是在无人机航拍图像传输情况下，可以结合最新的 5G 技术，使数据传输速度满足实时需求。

5. 芯片技术

高度专业化的无人机需要结合特制的专用芯片，集成了无线通信、多种传感器、空间定位、自主反应以及自动识别的神经元芯片，使无人机更加智能化。

6. 平台技术

高度发展的无人机技术也需要地面的操作支持，因而开源的无人机操作系统平台也急需发展。现有 Dronecode 无人机开源系统、Ubuntu 操作系统、Airware 的企业级无人机系统等。

7. 空管技术

随着无人机技术的高速发展，相应的无人机监管技术也需要跟进，对无人机进行实时监测与管控的系统也亟待发展。

3.3.6.2 发展现状和趋势

无人机最早于 20 世纪 20 年代出现。2012 年 12 月，由同济大学航空航天与力学学院、上海奥科赛共同研制的我国第一架纯燃料电池无人机"飞跃一号"，在上海奉贤海边首次试飞成功。该无人机可升至 2km 以内高空，时速 30km，可连续飞行 2h，适合用于环境监测、战场侦察等领域。我国新型遥感无人机"极鹰 2 号"于 2016 年 1 月 18 日在南极长城站成功首飞。至此，我国极地遥感无人机已实现包括北极斯瓦尔巴群岛和东南极中山站在内的三种不同极区环境中的成功飞行。2016 年 1 月 6 日，我国发布了全球第一款能搭载一名乘客且全天候飞行的大型无人机，其外观与直升机类似，但完全自动驾驶，无需飞行员。

3.3.6.3 应用场景和效益分析

1. 在智慧城市中的应用

使用无人机遥感技术进行工程测绘，事先了解其飞行路线，在选择良好的试飞条件和场地之后进行相控,促使无人机能够顺利投入正式作业。在作业过程中,利用 GPS 定位系统对测区进行精准遥感,利用三维模型对拍摄画面进行处理,并构成准确的坐标系统。系统具有极高的像素,可以清晰呈现出被测影像。

无人机遥感技术在低空作业中不仅可以对城市环境进行航拍,还可以帮助进行防火救灾工作,实现高效的航片拍摄。获取高质量的营销和数据信息是无人机遥感技术的优势,在拍摄条件不理想的状态下,无人机航拍可以避免一些不可控因素的影响,为测绘提供准确的数据。同时在保证工程建设进度上使用无人机遥感技术,可以在一些特殊情况下实现实际的测绘工作。

2. 在电力巡检中的应用

装配有高清数码摄像机和照相机以及 GPS 定位系统的无人机,可沿电网进行定位自主巡航,实时传送拍摄影像,监控人员可在电脑上同步收看与操控。无人机实现了电子化、信息化、智能化巡检,提高了电力线路巡检的工作效率、应急抢险水平和供电可靠率。而在山洪暴发、地震灾害等紧急情况下,无人机可对线路的潜在危险,诸如塔基陷落等问题进行勘测与紧急排查,对于迅速恢复供电很有帮助。

3. 在农业保险中的应用

利用集成了高清数码相机、光谱分析仪、热红外传感器等装置的无人机在农田上飞行,准确测算投保地块的种植面积,所采集数据可用来评估农作物风险情况、保险费率,并能为受灾农田定损。此外,无人机的巡查还实现了对农作物的监测。总之,无人机在农业保险领域的应用,既可确保定损的准确性以及理赔的高效率,又能监测农作物的正常生长,帮助农户开展针对性的措施,以减少风险和损失。

4. 在环境保护中的应用

无人机在环保领域的应用,大致可分为三种类型。一是环境监测:观测空气、土壤、植被和水质状况,也可以实时快速跟踪和监测突发环境污染事件的发展。二是环境执法:环监部门利用搭载了采集与分析设备的无人机在特定区域巡航,监测企业工厂的废气与废水排放,寻找污染源。三是环境治理:利用携带了催化剂和气象探测设备的柔翼无人机在空中进行喷洒,与无人机播洒农药的工作原理相同,在一定区域内消除雾霾。

3.3.6.4 支撑条件

在技术支撑方面,国内无人机市场已发展了 30 余年,从最初的军用领域逐渐扩展到消费领域。目前国内无人机消费市场火热,普通民众对无人机的认可程度和需求度逐渐攀升,过去两年来,无人机企业、融资次数、飞手数量和产品用途都有了明显的增多,甚至出现了指数型增长,监管制度方面也有了进一步的完善。

在经济支撑方面,未来五年民用无人机行业将持续保持较快的发展态势。

3.3.7 AI 视频测量技术

3.3.7.1 技术要点

AI 视频测量技术是指通过 BIM 技术、GIS 数据技术、视频测量技术、多传感器技术、新一代通信技术等高度融合,建立数字化视频模型,实现 BIM 可视化图纸复核,进行工程管控的技术。主要由中远程高精度测量装备、云端测量数据处理及管控平台组成。借助各种有线或无线高速网络，构建云、边、端协同，具备目标对象（点、面、体）测量数据与实物图形图像等核心信息的各种应用处理，通过部署各类测量算法、大数据分析与处理、应用功能开发，实现数据与图像的实时监测、工程智能放样核样、点云与动态场景的三维重建、现场实况与CAD图纸以及BIM比对复核、海量历史记录信息的存储及追溯管理等功能。主要技术包含以下几个方面：

（1）前端高精度智能化AI测量装备。通过融合激光测距传感器、光栅盘和图像信息，应用机器视觉技术设计系统结构参数自校准算法，实现对测量任务的智能化与实时处理。

（2）云端激光点云与视频图像融合测量技术。将3D点云数据与实时视频图像融合处理，生成实时三维实体模型。

（3）基于机器视觉的自动放样核样技术。通过深度学习模型实时分析摄像头采集的视频画面，结合图像和三维空间算法，并驱动硬件设备完成放样核样功能。

（4）海量工程历史图像的目标查找、匹配技术。测量数据与图纸的管理是AI测量技术必不可少的重要环节，也是进行建筑质量实时跟踪与回溯管理的关键。通过设计基于语义的海量图像检索算法，实现对海量图像信息的查找与匹配。

3.3.7.2 发展现状与趋势

随着工程建设高速发展，迫切需要以先进信息技术替代传统靠人巡查管理的方式，实现非现场精准化、智能化管理。国内智能测量的研究成果和解决方案还相对滞后，多数建筑施工现场仍使用传统的全站仪来放样核样、测量建筑物或构件的位移变化等，工作效率低，劳动强度大，质量保证率相对较低。

国外以徕卡公司为代表，在国内高端领域得到一定的应用，产品形态上看，有较好的研发基础，体现为测量精度高、结构紧凑、控制算法先进。特别是在高端应用领域，国产设备在软硬件水平上仍和国外设备有着较大差距，仍依赖于国外进口设备。

3.3.7.3 应用场景和效益分析

AI测量技术目前已在国土、建设、交通领域的高边坡、深基坑、危房、高支模、脚手架、装配式建筑、隧道收敛定位、工程放样核样等中应用，同时也应用于施工现场涉及尺寸（空间任意两点）的质量安全检查，如对脚手架、模板支撑搭设步距和间距测量、钢筋安装间距测量，以及全天候对施工现场进行全景摄影，留档备查。AI测量技术作为一种非接触式测量手段，具有广阔的应用前景。

3.3.7.4 支撑条件

AI视频测量技术与大数据、物联网技术相结合，将是未来的发展方向。作为一种全新形态的测量技术，AI视频测量技术具有可视化、高精度、精准化、智能化的特点，可自动追踪检测目标，并快速获得目标物立体几何尺寸和精确定位信息。相比于传统的全站仪、机载激光雷达等测量手段，AI视频测量技术能通过远程视频实现非接触高精度测量，同时设备操作简单、成本低廉、可靠性高，极大地降低了对工作人员的专业性要求和工作强度。

4 材料技术

4.1 结构材料技术

4.1.1 高性能金属材料技术

在建筑结构领域，越来越多的金属材料应用于结构设计中，其中应用最多的是结构钢材。钢材具有强度高、供应量大等优势，但也存在耐火性能差、容易腐蚀等缺点。近年来，高性能金属结构得到快速发展。高性能金属材料包括耐火耐候钢、不锈钢、铝合金、钛合金以及其他高性能金属结构材料。高性能金属结构材料除了具有更好抗灾、耐久性能、全部可回收、再利用等优势外，更有助于提高工程建设的装配化施工和智慧建造水平，提升建筑物的品质和舒适宜居性。目前，高性能金属材料供应量逐年增加且成本降低，通过在建筑、桥梁、市政等住房和城乡建设领域基础设施中大规模应用，在显著提高工程结构的安全性、抗灾减灾能力的同时，有利于减少环境污染，发展绿色建筑，提高住房和城乡建设领域绿色发展和高质量发展水平。此外，基础设施建设中大量采用高性能金属材料也是战略资源的重要存储方式，回收的金属材料可以直接应用于建筑业、制造业等领域。

4.1.1.1 技术要点

（1）高强钢和高性能建筑结构用钢：我国的结构用钢主要分为碳素结构钢和高强度低合金钢。通常把460MPa以上的钢材称为高强钢，目前工程建设用钢最高强度等级达到了960MPa。然而，当采用厚钢板时（板厚>50mm），高强度低合金钢的屈服强度会出现显著下降。按照现行《建筑抗震设计规范》GB 50011—2010，地震区的建筑结构用钢的屈强比不应大于0.85，且应有明显的屈服平台，同时伸长率不低于20%，普通高强钢的力学性能指标很难满足GB 50011的要求。

（2）耐火钢：与普通钢材相比，高性能耐火钢材在高温下具有良好的承载性能，最直观的指标是600℃时其屈服强度不低于常温屈服强度的2/3，可有效地提高钢结构的抗火能力，增强建筑物在火灾情形下的安全性。

在钢材中添加合金元素制成的耐火钢在高温下仍具有较高的强度，Mo、Cr等合金元素可以有效提高钢的高温强度，但这类合金元素价格较高，工程造价不允许大量使用，且这些合金元素会增加钢的脆性，降低了钢材的焊接性能。因此耐火钢经常使用另一种强化方式，即碳化物的析出强化作用，析出物具有良好的高温稳定性，可以有效提高钢材在高温下的强度。

（3）耐候钢：钢结构的耐腐蚀性很差，与建筑结构相比，桥梁结构的使用环境更加恶劣。另外，普通钢结构隔一定时间就重新进行涂装，维护费用较高。通过在钢材中添加少量合金元素，如 Cu、P、Cr、Ni 等，使其在金属基体表面形成氧化保护层，以提高钢材的耐腐蚀性能，称为耐候钢。20 世纪 30 年代，由美国最先研发出耐腐蚀、高强度含铜低合金钢——Corten 钢。我国对耐候钢的研究起步较晚，于 20 世纪 60 年代初试制成功并应用于铁路。通过之后长时间的研究及应用实践，逐渐形成了比较完善的体系，并制定了相关的材料技术标准。我国耐候钢主要分为高耐候钢和焊接耐候钢。

（4）不锈钢：不锈钢在我国住房和城乡建设领域的应用开始于 20 世纪 30 年代，凭借其清洁、美观、耐腐等优越性能，主要用于装饰。住房和城乡建设用不锈钢主要有奥氏体不锈钢、奥氏体—铁素体（双相体）不锈钢，并已制定了材料技术标准。随着钢结构的普及，不锈钢在工程建设中的用量逐步增多，从装饰材料到受力构件，使用范围逐渐扩大。美国及欧洲的研究表明，在 pH 值较高的环境和氯化物污染的环境中，不锈钢包覆的钢筋和实心不锈钢钢筋，不论是在混凝土内部还是在工地存放期间暴露在外部的氯化物中，都具有很好的抗腐蚀性能。奥氏体和双相体不锈钢具有较高的强度和良好的延性，在混凝土中也表现出优异的抗腐蚀综合性能，均可作为钢筋使用。

（5）钛合金：钛及钛合金是 21 世纪瞩目的新型建筑结构材料，其具有无可比拟的性能优越性，比强度高，质轻，韧性、焊接性较好，还具有卓越的耐腐蚀性能，无须特别维护，综合应用寿命可达百年以上。此外，钛合金的装饰性能也很优越。钛合金经氧化处理能形成二氧化钛膜层，由于光的干涉作用，不同厚度的膜层呈现出各种颜色，形成彩色钛合金板，并且其颜色因入射光的波长分布、入射角、氧化物膜层的厚度与折射率、钛合金表面的粗糙程度而呈微妙变化，可以获得涂料涂层所不能比拟的金属光泽。随着建筑业的发展，对城市建筑物美观性要求的提高，钛合金近年来逐渐被应用于一般民用建筑上，除最早的屋顶应用外，逐渐扩展于外墙、顶棚、内墙壁饰、桥梁、纪念碑、雕塑、管道、栏杆、标志牌等。

（6）铝合金：铝合金耐腐蚀性强，无须特别维护；重量相对较轻；比强度高；铝合金节能环保、回收再利用成本低，性价比高；吸声性好，且耐低温。我国已制定了材料技术标准。

铝合金外表美观，很适合用于装饰。铝合金抛光表面能极强程度地反射白光、红外线、紫外线，相当细腻，特别的光泽和质感很大程度地提高了建筑装饰效果。与钢材相比，铝合金最大的优势在于其更易挤压成形，从而能够良好地优化构件截面的形式。铝合金没有磁性，对有特殊条件要求的建筑场合，如雷达站、零磁实验室等十分实用。

（7）金属蜂窝夹层板：蜂窝夹层板是由两层面板夹着一层蜂窝芯板组成，又名蜂窝板、蜂窝夹芯板。由于蜂窝芯实体部分的面积很小，所以蜂窝板的整体重量很轻，另外，它还具有高比强度和比刚度以及隔热、隔声等优点，因而在航空航天、列车及船舶等领域获得了极其广泛的应用。

（8）铝塑复合板：铝塑复合板不仅具有金属幕墙的效果，且重量轻，易于现场折弯加工，可以做成各种造型。

（9）高性能预应力钢绞线：预应力钢绞线属于新一代先进结构材料，与传统的钢材相比，具有强度高、抗松弛性能好、节省钢材、提高结构刚度及稳定性等优点，在建筑、现代装备、轨道车辆、汽车、制造、水利水电工程、核电和风电设备等领域应用十分广阔。

4.1.1.2 发展现状和趋势

（1）高强钢：我国住房和城乡建设领域更多采用高强度低合金钢。现行标准《低合金高强度结构钢》GB/T 1591—2018 规定了 Q355、Q390、Q420、Q460、Q500、Q550、Q620、Q690 八个强度级别的高强度低合金钢，屈服强度范围为 355～690MPa，根据轧制工艺不同，碳当量控制在 0.45～0.55 以内。当采用厚钢板（$t>50$mm）时，高强度低合金钢的屈服强度会显著下降，地震区的建筑结构对钢材的延性和塑性变形能力提出了更严格的要求，当采用高强度低合金钢时，因钢材标准提供的指标难以满足抗震要求，需另提出附加的保证项目。

桥梁用高强钢材在美国应用较多，如公路桥梁用 HPS50W、HPS70W 和 HPS100W 等级的钢材，不控制屈服强度范围和屈强比，只规定了最低屈服强度，但要求具有更突出的冲击韧性和可焊性指标，特别是低温断裂韧性，避免发生低温脆断，焊接预热和层间温度要求也远低于普通钢材。

优质高强钢材的突出特征是控制最大屈强比和屈服强度波动范围，如美国 1998 年研发的 A992 热轧型钢（A992/A992M）要求屈服强度在 345～450MPa 范围内变化，最大屈强比不超过 0.85，控制碳当量不大于 0.47，保证了钢框架结构在强震作用下的塑性发展，A992 已成为美国高地震烈度区建筑钢结构的主要用材，正在逐步取代 A572 钢。

日本的 SN490B 和 SN490C 钢材（屈服强度控制在 325～445MPa）也是能保证塑性变形和焊接性能的建筑用钢材，具有非常好的抗层状撕裂性能和 Z 向性能，对屈服点的上下限值作出了规定，屈服强度波动范围不超过 120MPa，最大屈强比不超过 0.8，碳当量不大于 0.46，日本国内新钢结构建筑中采用的厚钢板有 70% 为 SN 钢材。

我国建筑结构用钢板，也称为 GJ 钢，是具有高强度、良好延性与焊接性能，且厚度效应低的综合优越性能钢材，可附加保证 Z 向性能，与日本 SN 系列高性能钢的性能相似。强度等级分为 Q235GJ（B、C、D、E 级）、Q345GJ（B、C、D、E 级）、Q390GJ（C、D、E 级）、Q420GJ（C、D、E 级）、Q460GJ（C、D、E 级）5 个等级。保证屈服强度的最小值与最大值，屈服强度波动区间不大于 110MPa。钢材随厚度增加而屈服强度折减的幅度，以厚度 50～100mm 的 Q345GJ 钢板为例，降幅为 6%（普通 Q355 钢为 20%），相当于 Q345GJ 的强度设计值较普通 Q355 钢提高 18%。伸长率按比例系数为 5.65 的比例试件较普通低合金钢也有所提高。钢材屈强比最大限值不大于 0.85。通过合理控制碳当量（CE）和焊接裂纹敏感指数（Pcm），保证了较好的焊接性能，并具有较高的冲击韧性。E级钢的低温（—40℃）冲击功不小于 34J，比普通低合金钢（27J）提高了 26%。可采用正火、正火加回火、淬火加回火、热机械控制轧制（TMCP）等轧制工艺。

高强钢材的发展始终与钢材的生产工艺发展紧密相连，新的钢材生产工艺和技术标准大幅度提高了结构钢材的性能，现行《建筑结构用钢板》GB/T 19879 对高性能钢板的技术指标作出了详细规定，为批量生产和应用 Q345GJ、Q460GJ 等高性能钢材提供了技术保证。《低合金高强度结构钢》GB/T 1591—2018 规定了 Q460 至 Q690 等更高强度钢材的技术要求，需要研发与高强度钢材相匹配的焊缝金属材料、焊接技术、螺栓连接技术，以满足结构加工制作和安装的要求。

（2）耐火钢：耐火钢在高温下拥有良好的力学性能，使用耐火钢可以有效减少建筑物的防火措施，减小耐火涂料的厚度。采用耐火钢设计的钢梁达到 1 级耐火极限时，所需的涂层厚度为 23mm；而采用普通钢达到国标 1 级耐火极限时，所需的涂层厚度为 50mm，在此状态下使用耐火钢可以比普通钢节省 1/2 的耐火涂料，甚至在某些场合或通过合理的设计，可以直接使用耐火钢而不涂装耐火涂料。采用耐火钢可显著减少耐火涂层的用量，有效地降低工程造价，缩短工程时间，从而创造良好的经济效益；减小耐火涂装对施工人员身体的影响和对环境的污染，可谓名副其实的"绿色材料"；减轻建筑物的自重，提高建筑物的美感。总而言之，耐火钢的使用大大提高了建筑物发生火灾时的安全性，同时降低了工程成本，具有显著的经济效益。

20 世纪 70 年代以来，世界各国陆续开始研发与生产耐火钢，通过合金元素的添加可有效提高钢材的耐火性能，减少甚至消除抗火设计时钢结构表面防火涂层的使用，我国已制定了耐火钢材的技术标准。

目前我国建筑结构的抗火设计主要依据《建筑钢结构防火技术规范》GB 51249—2017，该标准主要参考欧洲规范 EC3 Part 1.2 中相关的抗火设计方法，并结合国内的研究结果，给出了符合国内钢材的抗火设计要求。但随着新材料的不断出现和钢材耐火性能的提高，需要根据实际情况对规范规定的设计方法进行修正，得到更安全、更经济实用的设计方法。2016 年，武汉钢铁（集团）公司自主研发并生产了 WGJ 高性能耐火钢，该耐火钢不仅具有耐火的性能，还具有较高强度、屈强比低、耐候性等高性能优点。

（3）钛合金：可以应用于建筑装饰产业，充分发挥耐腐蚀的优势。我国有漫长的海岸线，滨海建筑受海洋气候的影响较大，腐蚀严重；公路、铁路、工厂附近的建筑因大气污染，腐蚀也较严重。无论是从美观、艺术的角度出发，还是考虑建筑的耐蚀性，这些地区均可用钛合金来取代常规建筑用金属材料，以保证建筑和人员的安全。

钛锌合金板可以应用于屋面和幕墙系统。铝钛合金网壳屋面不仅强度高，而且重量轻。钛合金在建筑上既可用作覆层材料，具有美观、防腐等诸多优异性能，也可作为承重结构，与传统的钢结构相比，其更具有竞争力。

海洋工程用材有望成为钛合金应用的大市场，因其除要求耐海洋腐蚀环境外，还要求高性能、高功能、安全可靠性、实用性及低成本等。在舰船应用领域，船体、热交换器、泵、阀、管线等长期浸泡在海水中，极易受到海水腐蚀，钛合金可以有效解决因腐蚀/冲蚀引起的海底管道泄露和海洋生物引起的舰船故障等问题，其不但具有优异的耐海水腐蚀性能，而且可以减轻舰船重量，减少维修费用，延长使用寿命。

（4）铝合金：结构工程领域的应用基本可以分为以下三种类型：

围护铝合金结构。包括屋面、天花板、各类墙体等，铝合金在建筑物屋面、门窗和幕墙中大量采用，可替代传统的彩涂板，提升建筑品质，如机场、体育场馆、会展中心等经常采用铝合金屋面。

半承重铝合金结构。半承重铝合金结构是指围护结构尺寸扩大和承载能力增加后，起到围护和承重双重作用的铝合金结构。屋顶盖板、整体墙板、无中间结构的屋顶，以及盛装各种液体的罐、池等多采用此种结构建筑。

承重铝合金结构。用于单层房屋或大跨度屋盖的承重部件，都属于铝合金的承重结构。考虑到技术、安全、经济等多重因素，承重铝合金结构可采用钢柱和铝横梁做混合结构。

除此之外，为了降低结构重量、减少往来工程运输和安装费用，偏远地区的输电塔也可采用此结构。铝合金的自重轻且耐腐蚀性能好，在桥梁结构中使用铝合金可以有效地降低桥梁的自重。凭借其重量轻的优点，也可广泛地应用到大跨度建筑物中。另外，一些过街天桥、采用框架结构的办公建筑、路灯杆等也是该结构的应用方式之一。

同时，铝合金多应用于建筑铝合金门窗、建筑玻璃幕墙、建筑玻璃铝合金隔墙、办公室屏风、隔断，以及建筑外墙装饰条、建筑外墙装饰线、建筑外墙铝单板（医院、银行外墙装饰）等。

（5）金属蜂窝夹层板：目前高性能的金属蜂窝夹层结构主要有铝镁合金、普碳钢以及镍基合金蜂窝板。耐热高温合金蜂窝板具有更广阔的发展前景。蜂窝结构作为一种轻质高效结构，已经在航空航天、交通运输、建筑等领域得到了广泛应用，蜂窝板所用材料的力学性能和蜂窝夹层板的结构参数会直接影响所制造的蜂窝板的整体力学性能。

（6）铝塑复合板：金属复合板材料以其自重轻、比强度高、装饰效果丰富等优点，用量越来越大，应用领域也越来越多。铝塑复合板装饰效果丰富多彩、耐久性好，是可回收利用的绿色环保产品，广泛应用于建筑幕墙、室内外装饰装修、广告板等。

（7）高性能预应力钢绞线：目前，国内预应力钢丝的强度级别大多在1570MPa以下，少数能达1860MPa，而国外普遍在1670MPa以上，最高甚至能超过2000MPa。我国预应力钢丝的差距主要体现在三个方面：强度级别较低、抗应力松弛性能较差以及产品的品种规格较为单一。1000h应力松弛率在2.5%左右，明显高于国外的1.5%；产品直径范围在3.0～7.0mm。

4.1.1.3 应用场景和效益分析

（1）高强度高性能钢材：高强度高性能钢材已经在国内外大量建筑和桥梁工程中得到成功应用，获得了很好的效果，国家体育场"鸟巢"采用了700多吨板厚达到110mm的Q460E/Z35高强度高性能钢材，中央电视台新址采用了2300多吨Q460E/Z35高强度高性能钢材，另外，Q460高强度钢已经应用于输电塔架。目前Q460高强度已纳入结构设计标准，在建筑工程中大量应用，并探讨采用Q690级钢材，桥梁建设已开始采用Q550钢材。

欧洲已将S460～S690级结构高强度钢材列入规范，澳大利亚在高层和大跨度建筑中成功应用屈服强度690MPa级，并开始研究采用690MPa级高强度钢材的组合结构，显著降低了结构的用钢量和自重，取得了明显的经济效益。日本目前正在开始研究将抗拉强度600～1000MPa的钢材应用于建筑结构，以提高结构抵抗地震破坏作用的能力。

（2）不锈钢：不锈钢在钢结构中的应用分为两种，一是用作钢材表面的覆盖层，起防腐作用。在建筑物屋面和外墙大量采用，如青岛新机场、广州国际会展中心等采用不锈钢金属屋面，替代了传统的彩涂板，显著提升建筑品质，港珠澳大桥采用太钢的双相体不锈钢钢筋；二是直接用作钢结构构件，用于不锈钢网格结构、不锈钢拉杆结构、不锈钢桥，如墨尔本的斯宾塞街大桥使用的是奥氏体不锈钢，伦敦的千禧桥使用的是双相体不锈钢。在这两个结构中，不锈钢不仅仅被用作装饰材料，同时也被用作主体结构构件。

（3）钛合金：我国钛材的应用推广已有40多年的历史，影响钛合金进入建筑领域的关键因素仍是技术标准。由于国内建筑结构设计标准中尚无钛合金这一材料，因此设计师难以使用钛合金直接进行建筑结构设计，主要将其用作装饰材料。未来，钛合金在建筑领域有着广阔的应用前景，围绕高品质钛材的制作、表面处理工艺和设计使用尚有许多课题待研究，尤其是研究开发低成本制作和表面处理工艺。

目前钛合金在住房和城乡建设领域主要用于标志性和高品质建筑，如博物馆外墙、航站楼屋面、影剧院屋面等。

（4）铝合金：铝合金耐腐蚀性强，无须特别维护。铝合金在空气常态下表面会生成一层氧化膜，该氧化膜的存在能极大程度防止铝合金被腐蚀，故其特别适用于环境腐蚀性较强的建筑工程建设中，如化工、煤炭、水处理等行业结构建筑中。另外，由于气候条件，国内北方地区冬季除冰盐的使用使得钢材等易锈蚀，而铝合金则没有这方面的困扰。

铝合金重量相对较轻，应用铝合金在生产加工制作、建筑结构安装方面会相对简单，能很大程度上节约建筑成本。用铝合金作为房屋上部结构材料，不仅可以减轻建筑自身结构自重，而且还能降低工人劳动强度，有效缩减建筑施工时间，一定程度上还能减轻地震对建筑结构可能造成的影响。

铝合金桥梁、大跨度铝合金屋盖、铝合金网壳及网架和玻璃幕墙铝合金支撑体系等是承重铝合金结构中最为普遍的应用形式，特别是在游泳馆、体育馆、会展中心、网壳结构中大量采用，提升了建筑品质，实现了装配式铝结构。

（5）高性能预应力钢绞线：预应力钢材的应用领域正在迅速扩大，目前已应用于预应力钢结构铁路和公路桥梁、城市立交桥、电视塔、核电站、混凝土筒仓、水利工程以及预应力混凝土预制构件，如轨枕、电杆、吊车梁、大型屋面板、V形板、马鞍形双曲层面板等。特别是量大面广的多层住宅对预应力钢材的需求在不断扩大。目前还需要尽快解决预应力钢材应用中存在的技术难题，如预应力钢材耐久性问题，提高预应力钢材的防腐性；住宅建筑中如何合理使用预应力钢材，降低工程造价；预应力混凝土建筑的抗震问题等。同时，按照不同领域的使用需求，开发新品，满足国内市场对预应力钢材不断增长的需求。

4.1.1.4 支撑条件

从技术上，有关高性能金属材料的研究日渐深入，也已有了成体系的系列技术标准。随着对其研究以及金属制造技术水平的提升，以及社会经济对高性能相关产品的迫切需求，高性能金属材料应用技术将加快走向多功能集成的战略目标。

从市场上看，高性能金属结构材料的应用要想得到更广泛的普及，应通过优化设计、施工技术等途径降低初始材料和建造费用，形成低成本高效益的产业化发展。从政策上看，国家也要制定相应的推广政策和产业扶持政策，同时制定相应的材料使用标准，使高性能金属材料在住房和城乡建设领域发挥应有的作用。

4.1.2 高性能水泥基复合材料技术

高性能水泥基复合材料是水泥作为胶凝材料的新型混凝土，该技术的发展使得具有高力学性能、高延性、高耐磨性、高抗裂性、高抗爆性和高耐久性的高性能混凝土得以实现。高性能水泥基材料是智能化时代的产物，在对重大工程结构应力、应变和温度等参数进行实时监测，对结构损伤进行无损检测评估并及时修复，减轻台风、地震作用的影响等方面具有广泛应用前景，并可对建筑室内环境进行调控，产生节能、调温、调湿的效果。高性能水泥基复合材料满足了人们对工程结构精细化和智能化的要求，也使得居住和通行环境更可靠、更安全。高性能水泥基复合材料作为工程结构材料领域的高新技术,为传统材料的未来发展注入了新的内容和发展活力,也提供了全新的机遇。对其基础理论及应用技术的深入研究,将使得传统工程建设材料获得新的突破,也将使得水泥基复合材料的应用具有更加广阔的前景,产生更大的社会效益和经济效益。

4.1.2.1 技术要点

(1) 高性能水泥基复合材料的制备技术与性能调控。这一方向主要涵盖两个方面:一是高性能水泥基材料的特性,包括超高性能水泥基复合材料的流变性、可泵性,以期能够将其应用到高、长、深的复杂工程结构中;二是材料宏观性能及微结构与宏观性能的联系,包括水泥基复合材料的宏观力学性能、耐久性能以及材料微观结构与宏观性能之间的关系。

(2) 高性能水泥基复合材料的工程应用。高性能水泥基复合材料应用到工程结构中,除了保证其自身性能要求外,还需充分研究由高性能水泥基复合材料制成的各类结构构件的力学性能,在此基础上,才能建立其成熟的可靠度设计计算方法。

(3) 高性能水泥基复合材料的智能监测特性。水泥基材料走向智能化的一个重要方向是使传统的水泥基复合材料具有自监测、自诊断的功能。人们较为关注其在工程结构应力、变形和温度等方面的自监测能力,以及结合碳纤维、碳纳米管、石墨烯等材料的发展。

(4) 高性能水泥基复合材料的智能调节特性。水泥基材料的另一智能化方向是具备自调节、自修复的自控能力。这类材料适应于服役环境的变化以及自身结构的变化,如对温度、湿度的调节,对形状、阻尼的自控,对微裂缝的自修复等。

(5) 超高韧性水泥基复合材料。对于纤维增强水泥基材料,直接拉伸和弯曲荷载作用下均表现出应变硬化材料的受力和变形特点。用于复杂结构智能抗震耗能应用研究,工程结构物耐久性研究,桥面板、公路铺装面层的应用研究,既有受损混凝土结构的加固补强修复研究及混凝土重力坝抗震加固研究等。

4.1.2.2 发展现状和趋势

高性能水泥基复合材料属于国家新材料产业三个重点方向中的先进基础材料,也是国民经济先导性产业和高端制造及国防工业发展等的关键保障之一。近年来国家出台了诸多新材料方面的政策,2015年5月,国务院在《中国制造2025》中提出以特种金属功能材料、高性能结构材料、功能性高分子材料、特种无机非金属材料和先进复合材料为发展重点。2016年11月,发布了《"十三五"国家战略性新兴产业发展规划》,其中提出要促进包括先进无机非金属材料在内的多种新材料产业突破发展,推动新材料产业提质增效。同年12月,国务院成立国家新材料产业发展领导小组,同时工业和信息化部、国家发展改革委、科技部、财政部联合印发了《新材料产业发展指南》,将先进建筑材料列入国家新材料产业三个重点方向中的先进基础材料。2018年,为贯彻《新材料产业发展指南》,加快新材料产业重点平台建设,促进先进材料的发展,工业和信息化部、财政部联合印发了《国家新材料产业资源共享平台建设方案》。之后,山东、重庆、天津等地也出台相关先进材料发展规划与方案,同时北京、江苏、四川、湖北、湖南等地也将其列为本地区重点发展材料。作为新型、先进无机非金属材料重要分支,高性能水泥基复合材料也是重点发展对象之一。

高性能水泥基复合材料最早于 1997 年应用在加拿大的一个人形天桥上，当时使用了抗压强度达 100MPa 以上的活性粉末混凝土。国内高性能水泥基复合材料于 2006 年应用在铁路专用电缆沟盖板。近年来高性能水泥基复合材料正应用于越来越多的工程中，例如，2015 年京港澳高速石安段箱梁，2016 年长沙北辰桥，2017 年上海公路桥 II 梁，2018 年湖北嘉鱼长江大桥，2019 年南京长江五桥桥面、广东公路桥 I 型梁。资料显示，2019 年我国高性能水泥基复合材料用量超过 3 万 m^3。光纤传感智能混凝土是目前智能水泥基复合材料得以应用的一个实例，它是一种自诊断智能混凝土，通过在混凝土结构的关键部位埋入光纤维传感器或其阵列，实现探测混凝土在碳化以及受载过程中内部应力、应变变化的目的，并对由于外力、疲劳等产生的变形、裂纹及扩展等损伤进行实时监测。目前加拿大的一座双跨公路桥和美国 Winooski 的一座水电大坝均运用上述材料。国内的江苏润扬长江公路大桥长期监测与安全评估系统、重庆渝长高速公路上的红槽房大桥监测系统也应用该种光纤传感智能混凝土。

随着社会经济、现代工业设计制造技术、工程结构设计理论方法以及施工技术的发展，工程结构朝着更高、更长、更深的方向发展，这对混凝土的性能提出了更高的要求。以水泥作为主要胶凝材料，在传统的水泥基复合材料中掺入一种或多种特种矿物掺合料、外加剂、纤维、敏感材料或微器件甚至微生物，是高性能水泥基复合材料的研究基础，例如高性能减水剂的掺入使得混凝土的工作性能和力学性能得到跨越式的发展，混凝土的抗压强度也从最初的十几兆帕到现在的上百兆帕，在普通混凝土中掺入粉煤灰提高其耐久性、降低其干缩率，是水泥基复合材料发展的一个重要里程碑，粉煤灰混凝土早期在三峡大坝、南京长江二桥中得到了应用，现在粉煤灰已是各大混凝土搅拌站的标配。高性能水泥基复合材料近几年一直是工程研究领域的前沿话题，其中裂缝自愈混凝土、3D 打印建筑用环境敏感性水泥基复合材料、纳米材料改性与纤维复合水泥基复合材料是目前的研究热点。从其应用情况和研究情况来看，高性能水泥基复合材料在未来几年必将有大发展和应用。

4.1.2.3 应用场景和效益分析

高性能水泥基复合材料目前主要有以下几个应用场景：①桥面铺装；②装配式桥梁预制构件的结构连接；③工业建筑应用；④结构维修加固；⑤水泥基结构材料的自愈合；⑥高层和超高层建筑。

上述应用场景中，其在桥梁中的应用量最为突出。随着城市老旧建筑物的增多、国家及社会发展对建筑物特种需求的增多，可以预见，高性能水泥基复合材料在老旧建筑的修复以及特种、高端、永久建筑等领域，将会有较大的应用趋势。

将超高韧性水泥基复合材料用于普通钢筋混凝土框架结构梁、柱节点核心区域，利用超高韧性水泥基复合材料出众的应变硬化、多缝开裂性能，改善梁、柱节点的抗震耗能能力。与普通钢筋混凝土节点相比，超高韧性水泥基复合材料节点的承载能力大大改善，在节点塑性变形集中区域形成大量细小的斜裂缝，且无贯穿裂缝。超高韧性水泥基复合材料同样具有优异的抗剪能力，在不影响承载能力和抗震能力的前提下，可以适当地减少箍筋的用量，获得较高的经济性。抗震地区的桥梁结构中，用超高韧性水泥基复合材料取代普通混凝土用于塑性变形较大的区域，在地震往复荷载作用下，许多分散、细密的裂缝的形成将耗散更多的地震动能量，即使没有横向抗剪箍筋，构件良好的完整性仍能得到保证。利用超高韧性水泥基复合材料良好的抗冲击韧性和阻尼耗能能力，在钢筋混凝土剪力墙结构中，替代塑性区的混凝土形成高阻尼抗震剪力墙，构件的承载力大大提高，受力过程中刚度退化不明显。

（1）经济效益。与传统水泥基复合材料相比，高性能水泥基复合材料在原材料、制造工艺上的成本更高，然而从另外一个方面来说，该种材料使得水泥制品及工程结构的性能改善和寿命提升，减少建筑物的维护成本，大大延长建筑物生命周期，从而使建筑物的综合建设成本大大降低。例如，具有保温、隔声多功能的高性能水泥基结构材料在使用期间不仅可减少相应的施工工序，还可节约相关保温、隔声材料。具有裂缝自愈功能的混凝土同时兼备了建筑物裂缝检测和修复的功能，在防水领域将会减少相应的检测和维护费用。

（2）社会效益。按照《新材料产业发展指南》要求，新材料产业最终将形成东、中、西及东北地区错位发展、竞争有序的产业整体格局，并提升京津冀地区、长江经济带等重点区域的新材料集聚水平。高性能水泥基复合材料作为新材料产业中先进基础材料的重要组成部分，将会促进相关创新团队、人才、研究人员的培养与成长，并形成一批专、优、特、新的新材料中小企业。同时也会推动上下游企业、大中小企业建立以资本为纽带、产学研用紧密结合的产业联盟，加快新材料研发、产业化与应用。最终形成产—学—研良性循环的社会效益。

（3）环境效益。高性能水泥基复合材料为创造开发新产品和新结构以及工程结构连接与维修加固等提供了性能更好的材料，在更高层次上满足了人们对产品、结构、工程的需求，如轻质高强、高耐久或长寿命、免维护、美观、防火、绿色低碳、低资源消耗等。同时，该材料正在向高质量、环境生态友好方向发展，对改善人居环境、保护生态环境具有重要意义。

4.1.2.4 支撑条件

高性能水泥基复合材料在我国经历了20年的研究应用，在钢桥面铺装、钢—UHPC组合桥梁的应用规模已经走在了世界前列，在装配式桥梁和建筑的应用已经开始，且在桥梁结构连接应用体量的占比较大，预期待技术体系建立完善后，会进入可持续规模化应用。智能水泥基复合材料虽由高性能水泥基复合材料演变而来，但由于其多样性以及市场目前需求量的关系，一直应用相对较少。

（1）产业链支撑

高性能水泥基复合材料的发展除了技术和需求外，更离不开相关产业链以及经济政策的支持。从原材料来说，高性能水泥基复合材料比普通水泥基复合材料更加多元化、精细化，同时来自环保和资源的压力，也使得砂石等原材料参差不齐、品控差异大，如何获得稳定、高质量的砂石原材料是整个行业以及政府相关行政管理部门需要尽快解决的问题。

（2）财税金融支撑

先进材料的发展离不开制造业创新中心、生产应用示范平台、性能测试评价中心、应用示范项目等多元素的支持，相关部门应加强政、金、企信息对接，充分发挥财政资金的激励和引导作用，积极吸引社会资本投入，进一步加大对新材料产业发展的支持力度。例如，可以通过中央财政科技计划（专项、基金等），统筹支持符合条件的高性能水泥基复合材料相关科技创新工作。落实支持该类材料产业发展的高新技术企业税收优惠政策。利用多层次的资本市场,加大对该类材料产业发展的融资支持,支持优势企业开展创新成果产业化及推广。适时启动重点高性能水泥基复合材料研发和应用重大工程。

(3) 政策支撑

推进相关技术标准的编制或更新对高性能水泥基复合材料技术的发展有重要的推动作用,从目前来看,诸多与高性能水泥基复合材料相关的国家、行业、团体标准已经颁布,但也有一部分距离上一次更新已经超过 10 年,有些已经不再适合当前的行业现状,尽快推进相关标准的更新或编制,不仅有助于推进相关技术的发展,也能淘汰一些落后、高耗能、高污染产业,使得行业向绿色、可持续方向发展。另外,目前国家已经出台了一系列高性能水泥基复合材料上游原材料相关的政策措施。为加快推动建材行业结构调整和优化升级,国家发展改革委员会发布的《产业结构调整指导目录(2019 年本)》中指出,鼓励新型干法水泥窑生产硫(铁)铝酸盐水泥、铝酸盐水泥、白色硅酸盐水泥等特种水泥工艺技术及产品的研发与应用。这一系列的政策将会为高性能水泥基复合材料技术的发展提供有力的保障。

4.1.3 膜材料技术

膜材料的应用、研究和发展与膜结构的发展紧密结合在一起。膜结构建筑是 20 世纪中后期出现的一种新型建筑结构形式,是由膜材料及其支承构件组成的建筑物或者构筑物的总称。膜材料和膜结构作为一种全新的结构形式,具有自重轻、强度高、透光性好、运输方便、施工快速和成本低等优点,为建筑设计提供了前所未有的可能性,被广泛用于国内外体育场馆、展览场馆等各种建筑结构中。

4.1.3.1 技术要点

膜材料种类繁多,国内外应用广泛的主要为涂层织物类膜材和热塑化合物类膜材,其特殊性质决定了建筑织物膜材的相应性能与过去的建筑材料有所不同。

(1) 涂层织物类膜材:涂层织物类膜材作为一种复合材料,其构成部分主要为纤维基布、涂层、表面涂层和胶粘剂等,其中,基层为主体受力层,起承受和传递荷载的作用;树脂涂层是一种非受力层,可作为致密的保护基层,具有防火、防潮、隔热、自洁性能。

(2) 热塑化合物类膜材:非织物类建筑膜材的典型代表乙烯—四氟乙烯共聚物(ETFE),是由 ETFE 生料直接制成的,属于高分子材料。ETFE 薄膜材料质地柔软、透光率高,且可根据需要在膜材表面印制需要的图案,其耐磨性、耐高温、耐腐蚀性较好。

4.1.3.2 发展现状和趋势

(1) 涂层织物类膜材:对于建筑用膜材料,涂层织物类膜材编织方法主要为平织法和巴拿马编织法。平织法作为织物膜材的最基本编织方法,其类似编竹条,即用两个不同方向的纱线上下交叉编织,两组纱线编织交叉角度常为直角。巴拿马编织法则采用多根纤维线一次编织的方法。

膜材力学性能由纤维基布决定。膜材基层由玻璃纤维或聚酯纤维构成的纱线编织而成。玻璃纤维具有一定的抗弯曲能力,弹性模量和强度均较高,徐变小,不易老化,使用寿命长。但由于纤维的脆性,需要精确加工,且湿、热环境对其力学性能有一定的影响。涂层可保护基布,且具有自洁、抗污染和耐久性等特点。目前,工程实践中应用最为广泛的主要为涂有聚四氟乙烯（PTFE）的玻璃纤维薄膜和涂有聚氯乙烯（PVC）的聚酯纤维薄膜。

PVC膜材应用较早，具有柔韧性好、耐腐蚀、色彩丰富、价格相对低廉等优点，临时性建筑或半永久性建筑广泛采用该类膜材。但PVC膜材抗老化性能以及防污自洁性能较差，为了改善上述缺点，采取加入一些抗老化稳定剂或用纳米颗粒处理表面膜的方法，或是将诸如聚二氟乙烯（PVDF）的树脂施加到膜表面。PTFE膜材以玻璃纤维织物为基布，表面涂有聚氯乙烯树脂，透光性好、设计自由度大、不受紫外线影响，且该类膜材性能较优越，抗老化性能及自洁性能明显好于PVC膜材；稳定期限长、透光性较好，透光率可达25%，PTFE膜材可使光线均匀分散，因此可以保证膜结构建筑的内部温度不会由于太阳光的照射而过热。

（2）热塑化合物类膜材：ETFE膜材作为制作屋面和墙体的原材料，具有很多优势。其基础原料为氟塑料，这种先进材料同织物膜材一样，均可以进行预拉力的施加，抗拉、抗撕裂和抗冲击性能优越。ETFE材料能够应对温度的变化，能够在－200℃和150℃中直接暴露。且其具有较高的透光率，紫外线可以从材料中透射，有利于保证建筑空间内部始终充满光线，为满足多样化的需求，可以利用印刷图案的方式降低材料的透光率。ETFE材料具有表面抗粘能力，致使其抗污性能显著，只需对其进行简单清洗即可。ETFE材料的防火能力突出，即使燃烧也不会滴漏，加之材料质量较轻，能够保证使用者的安全。ETFE材料属于可回收材料，可以用于新材料的制作。其耐腐蚀性能良好，且具有金属粘着特性，这是普通PTFE材料所不具备的优势，促使其成为与金属相融合的理想材料。ETFE材料使用寿命长，正常状态下，其使用寿命高达35年。ETFE材料可以加工成任何形状，尤其适用于传统建筑空间改造。其使用方法为，将多层膜材通过焊接的方式连接到一起，而后统一运输至施工现场，现场对其进行充气，促使其变为气枕。

4.1.3.3 应用场景和效益分析

1997年，上海八万人体育场即采用了膜结构（骨架式膜结构）。膜结构在我国已有二十余年的发展历程，膜结构设计计算、工程应用方面都已有了长足的进步。设计计算方面，众多科研单位对膜结构的找形分析、受力分析、裁剪分析等方面进行了深入的理论研究，研发了相关软件大量应用于工程实践，并根据国内外应用经验，编制了膜结构技术规程，指导膜结构设计施工。

工程应用方面，从早期的小型膜结构小品到体育场、展览馆等大型膜结构，结构形式也已包括张拉膜结构、骨架膜结构和充气膜结构。膜材料应用方面，PVC膜材、PTFE膜材以及最新的ETFE膜材均已应用。其中，PVC膜材在早期和小型膜结构中广泛应用，PTFE膜材目前一般应用于永久性建筑，如体育场馆和展览馆。在这两类建筑膜材以外，还有一种新的织物类膜材料，其名为膨体聚四氟乙烯纤维薄膜材料（ePTFE），通过将氟树脂薄膜黏附到PTFE纤维编织的基体织物两侧而获得。虽然国外已有一些建筑的屋面采用该类膜材，但由于其成本过高，综合成本和性能两方面的考虑，建筑商较少选用该膜材。ETFE膜材自北京奥运会场馆国家游泳中心"水立方"建设工程中成功运用以来，在国内建筑工程中逐渐推广应用。

膜材具有一定的透光率，白天可减少照明强度和时间，能很好地节约能源。同时夜间彩灯透射形成的绚烂景观也能起到很好的广告宣传效果。膜建筑屋面重量仅为常规钢屋面的1/30，可降低墙体和基础的造价。同时充气膜建筑奇特的造型和夜景效果，有明显的"建筑可识性"和商业效应，其价格效益比更高。膜建筑工程中所有加工和制作均在工厂内完成，可减少现场施工时间，避免出现施工交叉，相比传统建筑工程，工期较短。膜结构具有自洁性，自始至终保持洁白美丽。膜材料具有极高的非黏着性，其表面不仅不易附着脏物及灰尘，且其表面的灰尘会被雨水自然地冲洗干净，所以经过长年使用，仍可保持外观的洁净及室内的美观。膜结构建筑中所使用的膜材料很轻，每平方米的重量只有1kg左右，可以从根本上克服传统结构在无柱大跨度建筑上所遇到的困难，创造出巨大的无柱大空间。膜结构属于轻量结构，抗灾、救灾能力强。与其他建筑材料相比，要轻得多，屋顶采用膜材料的建筑物具有极强的抗震性及良好的安全性。且在发生灾害时，采用膜结构的多功能设施及体育馆可以用来作为临时的避难场所、急救中心、抗灾指挥部等。因此，在危急之时，膜结构建筑可以保护人们的安全。在多雪地区，膜结构建筑的膜面屋顶和其他屋顶材料相比，不易积雪，只要有比较小的倾斜角度，积雪就会自动滑落。而且由于膜材料的热传导率较小，如果采用融雪设备可以进行细致的融雪操作，充分发挥加热装置的效果，屋顶坡度可以更小。

膜结构建筑是21世纪最具代表性与充满前途的建筑形式，其打破了以往建筑形态的模式，以其独特新颖、丰富多彩的造型与优美的曲线，成为城市的象征性建筑。膜结构建筑提供了多种多样的用途，不仅可用于体育设施、交通设施、商业设施、公共设施等，而且也可以用于充满魅力及个性的景观小品与标志性作品，给建筑设计师与规划师提供了更大的想象和创造空间。

4.1.3.4 支撑条件

膜材料是一种复合材料，同传统的建筑材料相比，其性能更易受外部环境影响。膜材变色、涂层剥落、发霉等都是膜材建筑物理性能受日光、冷热、风雨、灰尘等外部环境影响出现的损坏，同时膜材强度、刚度等力学性能也会在外部环境影响下随时间增长而衰减，进而降低结构的安全度。膜结构对风环境也极其敏感。除了材料特性、结构体系以及气候条件等客观原因，材料性能、设计和裁剪计算、张拉施工乃至验收管理工作研究的不足，使得膜结构设计、建造等诸多环节存在许多不确定因素，也给结构安全性带来一定的隐患。

膜材料的各类强度指标确定缺乏统一、明确的试验方法及科学的统计数据。国内膜结构设计通常仅依靠膜材厂家提供的技术资料，不能确定合理、科学的膜结构抗力指标。膜结构构造措施的不尽合理，尤其是膜结构连接、节点处，往往是膜结构的薄弱环节，造成一些已建膜结构从其节点处开始出现破坏。膜面张力对膜结构起决定性作用，设计过程中通常对其有明确的要求，而实际工程中，如果仅靠施工人员的经验判断膜面预张力水平，缺乏科学、准确的膜面张力测量方法，难以确定实际结构与设计要求是否一致。国内膜结构行业尚无材料测试及结构检测的统一标准，使得监理、质检等行业管理机构的工作开展缺乏科学依据。

开展膜结构力学性能研究与应用，包括膜材料力学性能研究、膜结构单元连接力学性能研究、膜面裁剪算法、膜面张力和检测技术研究与应用、膜结构力学性能检测标准编制等，既是理论计算和设计的基础，也是保证工程实践与理论计算一致的重要因素。开展该领域的研究，对减少膜结构工程破坏、保证膜结构安全性能、促进膜结构行业的健康快速发展至关重要。

4.1.4 高性能纤维材料技术

高性能纤维增强复合材料（Fiber Reinforced Polymer，FRP）凭借其轻质、高强度、耐腐蚀、可设计等优点在许多领域已得到大量应用。FRP 是由增强纤维材料，如玻璃纤维、碳纤维、芳纶纤维等，与基体材料经过缠绕、模压或拉挤等成形工艺而形成的复合材料。根据增强材料的不同，常见的纤维增强复合材料分为玻璃纤维增强复合材料（GFRP）、碳纤维增强复合材料（CFRP）、芳纶纤维增强复合材料（AFRP）、玄武岩纤维增强复合材料（BFRP）。目前，土木建筑领域对 FRP 的应用已经发展到以结构加固修复为主，兼顾各种新型结构体系建设技术的阶段。随着 FRP 材料及其应用技术领域的不断扩展，未来在抗爆、防腐、超大跨、超高层、海洋采油工程、水利水运工程、桥梁工程等领域应用中具有广阔的前景。

4.1.4.1 技术要点

纤维增强材料具有很好的弹性材料性质，强度较高，但极限断裂延伸率相差较多，是一种脆性很大的材料，而土木工程结构对材料的性质要求除了较高的强度以外，必须具有足够大的延伸率，以保证结构安全性，尤其在需要抗震设防的结构中更是如此。为了使在结构中应用的 FRP 材料满足这种要求，必须对已有的 FRP 材料进行改性，并开发相应的产品，使之形成生产力创造效益。

（1）碳纤维复合材料 CFRP：CFRP 是一种力学性能优异的新材料，其比重轻，抗拉强度大，抗拉强度是钢的 7~9 倍，具有耐高温、导电、导热、耐腐蚀等优势，是土木工程高效建材之一。CFRP 有显著的各向异性，可根据工程需要加工成各种布材、筋材、板材、型材等。CFRP 作为绿色高性能结构材料，开始逐步部分替代传统的水泥、钢材等结构材料，提高建筑、桥梁、基础设施的结构性能和使用效果。

（2）玻璃纤维复合材料 GFRP：一般指用玻璃纤维或其制品作增强材料的增强塑料，称为玻璃纤维增强塑料，或称为玻璃钢。玻璃纤维增强复合材料具有轻质、耐腐蚀、耐热、抗疲劳等特性，广泛应用于机械、化工、建筑、交通运输等领域。其按照构造分为单层复合材料、叠层复合材料、短纤维复合材料。

（3）玄武岩纤维复合材料 BFRP：玄武岩纤维是由玄武岩矿石经过高温熔融后，再通过拉丝漏板在高速条件下拉制而成。BFRP 的优越性能表现为隔热阻燃，既耐高温又耐低温，使用温度可高达 700℃，可用于消防、航空航天等领域；耐酸和耐腐蚀性能好，可用于石油化工领域；具有优异的拉伸强度和高弹性模量，与水泥基体良好的界面粘结性能使玄武岩纤维在住房和城乡建设领域发展为新型的增强材料，主要应用于路面、机场跑道、高层建筑以及桥梁加固等，近几年有关玄武岩纤维增强复合材料的研究增多。

4.1.4.2 发展现状和趋势

从最早期的 FRP 材料应用开始，国外 FRP 材料在土木工程中的研究和应用的历史已有近 50 年。20 世纪 60 年代，美国即生产出早期的玻璃纤维增强复合材料筋用于混凝土结构。20 世纪 80 年代，日本、美国和欧洲一些发达国家的有关高等学校、科研机构和材料生产厂家在 FRP 材料用于工程结构加固方面投入了许多研究力量，在土木工程领域进行大量的研究和广泛应用，取得了一批富有成效的成果。1995 年日本阪神地震后，采用碳纤维布对混凝土结构进行抗震加固，由于碳纤维布现场加固技术具有高强高效、施工便捷、耐久性好等优点，为抗震救灾和震后恢复重建工作赢得了时间。

4.1.4.3 应用场景和效益分析

FRP材料能满足现代结构向大跨、高耸、重载、轻质高强以及在恶劣条件下工作发展的需要，同时也能满足现代建筑工业化发展的要求，因此被越来越广泛地应用于各种民用建筑、桥梁、公路、海洋、水工结构以及地下结构等领域中。

（1）FRP快速加固修复技术

混凝土结构FRP加固技术是目前应用最广、效果最好、最成熟的技术，已经建立了应用技术标准体系，包括国家标准《混凝土结构加固设计规范》GB 50367—2013、中国工程建设标准化协会标准《碳纤维片材加固混凝土结构技术规程》CECS 146等。这些标准体系涵盖了土木工程用纤维增强复合材料的检测标准与方法、工程设计、施工、质量检验与管理标准等各个方面。

钢结构FRP加固技术适用于金属压力容器、钢屋架、吊车梁、生命线管道等工程加固维护，是一种新型的钢结构维护加固技术。

预应力FRP加固结构技术，是为了充分发挥FRP材料的高强度，对FRP材料施加预应力，使材料应用效率大幅提高，适用于大跨度结构（桥梁）、震损结构、对刚度要求高的结构的加固改造。我国的预应力加固技术已达到国际先进水平。

砌体结构FRP加固技术适用于砌体（砖石）结构建筑抗震、抗爆改造、加固等，其工程应用市场潜力巨大。

这些关键应用技术首先建立了设计理论和方法，形成了成熟的技术工法，正在基础设施建设中发挥作用，创造了巨大的经济效益和社会效益。

（2）新建FRP结构

为了充分利用FRP材料的性能，可以设计制造出悬挂结构、悬索桥、全FRP桥、FRP工业平台等新型结构，也可以通过FRP装配构式结构构件快速建造建筑物。通过纤维增强复合材料与混凝土或木材的组合，形成多种结构类型性能优异的组合结构。如对纤维增强复合材料管内填充混凝土形成组合结构，既可以实现对混凝土的约束，还可提高整体施工效率，并具有耐用性强、持久性好等优点，可用于作桩、柱，也能够作梁；将纤维增强复合材料缠绕在金属管材的外表面，可弥补纤维增强复合材料脆性且不易连接的缺点，实现轻质、耐腐蚀的优良特性，可广泛应用于大跨度空间结构、风力发电机叶片中。

（3）结构健康监测技术

利用纤维材料高耐久性、导电性等特点，将FRP材料及其制品预先埋入或后期植入到结构基体中，通过观测结构的微小变形或应力变化进行结构无损检测，从而减少经济投入并提高结构使用安全性。

（4）特殊环境下的FRP应用

FRP材料的高耐久性促使了其在特殊环境中具有稳定的力学性能，如海洋环境下的FRP材料应用技术。采用FRP混凝土或FRP—混凝土组合结构可以从根本上解决海洋工程中的钢筋（钢材）腐蚀问题。又如永久冻土与高寒环境下建设工程中的FRP应用技术。从FRP材料角度出发，用FRP筋代替钢筋，做成复合材料与混凝土组合结构，可以达到提高结构耐久性的目的。

（5）软土地质地铁盾构隧道管环加固

地铁盾构隧道施工中仍存在一些尚未得到很好解决的问题，主要是管片引起的质量问题，如管片的渗漏、裂纹、错台、崩角、扭转等。如不加以治理，将直接影响到地铁隧道运营的结构安全和使用寿命，甚至会出现安全事故。盾构管片是盾构施工的重要装配构件，是隧道的最外层屏障，承担着抵抗土层压力、地下水压力以及一些特殊荷载的作用。盾构隧道的质量控制重点在于设计与施工阶段，施工后期的防水堵漏与综合治理已属补救措施。然而在隧道验收中，仍会发现许多成型隧道存在管片错位、破碎和裂纹等质量问题，这种情况下仅靠防水堵漏和简单修补是不够的，必须采用内衬加固工艺，方能满足地铁隧道的设计要求。采用碳纤维布对软土地质地铁盾构隧道管环进行加固，具有高强高效、施工便捷、耐久性好等优点。

4.1.4.4 支撑条件

（1）FRP 材料性能提升与产品开发

土木工程应用 FRP 材料从最早的单一品种玻璃纤维发展到碳纤维、芳纶、PBO 纤维和玄武岩纤维，以及混杂纤维。随着纤维种类的增多，性能也逐渐改良，这为土木工程应用 FRP 材料提供了物质基础。由于我国基础设施工程量大面广，环境条件也千变万化，因此，对适合于土木工程应用的 FRP 材料及其制品的开发成为长远的主题。

（2）应用技术创新

目前，国内主要应用 FRP 材料的领域是工程结构加固，随着研究的不断深入，各种应用技术水平得以提升，关键设备、关键技术开发不断取得进展，FRP 材料用于大跨结构、高层结构、悬索结构、索膜结构、海洋工程结构、交通工程结构以及新形势下的防恐抗爆结构（或加固）等方面已取得新的进展。

4.1.5 新型木质复合材料技术

4.1.5.1 技术要点

作为四大传统建材之一，木材用在建筑工程的诸多方面，如桁架、梁、柱、门窗、地板、顶棚、模板、脚手架等。建筑用材按照用途不同可分为结构材、非结构材。结构材又包括原木、锯材和胶合材。其中，原木和锯材属于实木，胶合材属于人造材。

原木：原木是树干经去皮后直接用作结构构件的木材，通常应用在传统的木梁桥、井干式木结构建筑中。

锯材：锯材是将原木按一定规格和尺寸切割加工后得到截面为矩形的方木、板材或规格材。

胶合材：胶合材是将原木通过胶合压制而成的材料，在胶合过程中加入多种添加剂，能够有效地提高木材利用率和木材性能。其尺寸和形状不受树木自然特性的限制，可以根据设计需要制造出大断面和各种形状的结构用材。在建筑应用中，其适用部位灵活，可用于结构、围护、外表皮等多处。

非结构用材：木材作为非结构用材在建筑中的应用则更为普遍。如在家具和家居装饰中的应用，几乎随处可见，包括各式家具、木质门窗、实木地板、镶板、椽子、挂瓦条、灰板条等；景观建筑中，有木栈道、花坛、围栏、候车亭、景观桥等。

重组木/竹：重组木是利用低质速生小径材和间伐材经碾压疏解分离成木束后，重新组合加工出的新型人造实体木材。重组竹是以野生杂竹为原料，通过竹材软化工艺、疏解方式（辊压和锤击），压制出的新型人造实体竹材。木竹重组材是在重组木和重组竹的研究基础上，运用混杂复合材料理论构思而成。

4.1.5.2 发展现状和趋势

原木：原木用作结构构件时，对材料的规格、外观等要求较高，不利于广泛使用。在现代木建筑中，原木通常作为亲近大自然的代表符号，被应用在建筑中的特定位置。

锯材：锯材结构强度大、材质均匀、尺寸稳定，通常被用作框架结构建筑的结构材或楼地面的覆面板。锯材经粗加工而成，一般作为结构的构成元素与结构一起隐藏在建筑内部。

胶合材：多用于建造学校、医院、图书馆或游泳馆等公共建筑。胶合材主要分为木基结构板材、结构复合材和胶合木。目前我国存在两类结构用木基结构板材，即针叶材胶合板和定向木片板，均通过高温高压和结构用胶，将很小的材料颗粒或碎片黏合而成，适用于施工项目的模板、轻型木结构楼盖覆面板、屋面板和墙面板等。结构复合材包括两种产品，即单板层积材（LVL）和旋切片胶合木（PSL），广泛应用于轻型木结构中梁、柱、过梁以及重型木结构。胶合木即集成材（GLT），是较小规格的实木锯材利用冷固化型胶粘剂，顺纹方向粘结形成的一种工程木，可以制作成大跨度弯曲梁，广泛应用于桥梁、建筑等工程领域。随着胶合技术的发展，胶合材将更多地取代原木作为结构材料。

非结构用材：随着现代木材加工处理技术的不断发展，用于非结构材的木基复合材料应运而生，如景观建筑中防腐木、炭化木、塑木的应用等。木基复合材料是指以木材为增强体，以树脂、塑料、金属或水泥石膏为基体复合而成的材料，是现代技术为木质材料带来的一种创新，作为木材工业的发展方向，正成为研究热点。

重组木/竹：木竹重组材的研究包括木束、竹束制备，施胶方式（浸胶、喷胶），混杂类型（层内混杂、夹芯混杂、层间混杂），混杂比，热压工艺等加工机理的研究。木竹重组材性能的测定，包括拉伸特性、弯曲性能、冲击性能、剪切性能和疲劳性能等的测定。目前，国内以速生杨木和毛竹为研究对象，进行了木竹重组材的研究。研究发现，木竹重组材的冲击韧性呈现明显的混杂效应，不同混杂类型、混杂比的木竹重组材，其性能也不同，掌握木竹重组材在不同混杂类型、不同混杂比条件下的力学性能差异，可科学合理地设计出满足不同力学性能要求的木竹重组材。

4.1.5.3 应用场景和效益分析

作为唯一可再生的建筑材料，木材具有其独特优势：质强比佳，强度高，韧性好，重量较轻，这对减轻建筑物的自重、节省建筑物的基础处理都是十分有利的。木材抗震性好，作为生物质材料，其延展性良好，受到外界冲击或振动破坏时，自身的破坏不是瞬间发生，而是较为缓慢的过程。因此很多木结构建筑在受到冲击乃至地震时，最可能保持整体结构的完整和稳定。木材取自天然，易于加工，运输施工便捷，生产成本低。且环保可持续，属于自然产物，具有吸收 CO_2 的绿色属性。生活在木材的建筑空间，对人体生理指标、体温、心率和血压等有积极的影响，远远优于金属、石材等材料的环境。木材表面的质地能给人以天然舒适的感觉，更容易给人们带来放松的感觉。小型桥梁、建筑等工程领域大量采用，东京奥运会多个场馆也采用了木结构和钢木混合结构。

对于重组木/竹来说，我国的杨木加工主要以制造单一的胶合板和细木工板为主，由于杨木的基本密度均低于 $0.4cm^3/g$，材质松而软，故产品的力学性能较低，仅用于装修、包装以及低档的混凝土模板。木竹重组材研究提出了杨木与竹材复合的思路，是科学合理利用资源、拓宽应用渠道、提高利用率的有效途径，对木材和竹材加工技术水平向更高层次发展，提高全民种树、种竹的积极性起到积极的促进作用，同时也可推动地方农业结构调整及加快经济建设的步伐。木竹重组材的研究一方面以充分利用竹材强度高、杨木密度低的特点，通过混杂复合的方法开发出轻质、高强，能够满足建筑用竹木结构、建筑和造船用脚手板、汽车车厢底板等不同力学性能要求的结构用材；另一方面，随着我国国民经济的快速发展，铁路及城市轨道交通里程迅速增长，城市园林景观中的竹木结构建筑也比比皆是，为功能型的竹木材料研究开发提供了良好的机遇。木竹重组材由于构成单元的特殊性，在制造过程中，可使防腐剂、阻燃剂、防虫剂等更均匀地加入至产品的各个部位，从而使产品的内涵得以延伸，使用功能进一步扩大。特别适用于铁路和城市轨道交通的轨枕、城市园林景观的木结构建筑、各种古建筑的修缮、仿古建筑的建造以及其他对木材防腐、防火性能要求较高的场合。

4.1.5.4 支撑条件

随着高新技术、轻结构在建筑中的应用，生态建材将代表着一种方向和趋势。木材作为首选的生态建材，在现代工业化进程中发挥着不可替代的作用，作为传统建筑文化的载体，将成为展现科技与传统文化交融的材料语言，其应用呈现多元化的发展。在坚持木材合理利用、节约利用的前提下，如何利用现代工业技术手段将木材属性创新改良，为木材注入新的科技含量，运用至现代建筑，既给传统材料赋予时代性，又体现地域文化特性，是值得思考的问题。从宏观上看，继续发展木材在建筑中的应用，需要根据我国的国情、政策和林产资源，在加强生态建设、积极发展、科学经营、持续利用森林资源的前提下，立足于人工林的培育和合理利用，积极开发利用国外森林资源，通过应用数字化技术，充分利用并加工各类木材及剩余物，开发并生产高效率、高性能的木质复合材料，以满足市场的需要。

对于重组木/竹来说，原材料方面，木竹重组材作为一种新型的结构用材，需要利用价值低廉的速生木材和竹材作为原料。重组技术方面，需要通过科学合理的产品结构设计，进一步加强木竹重组技术。

4.1.6 新型地下管线材料技术

4.1.6.1 技术要点

（1）纳米材料管道：即将纳米材料或者纳米复合材料应用于地下管道，使其管道具有更加优越的性能。在航空航天、国防、交通、体育等领域，纳米材料的可设计性，是其最具吸引力的部分。纳米复合材料近年来发展很快，在地下管道中的应用也需要进行研究和普及。

（2）复合管道结构：复合材料的原意是以一种材料为基体，另一种材料为增强基体组合而形成的材料，并且各种材料之间在性能上还可以互相取长补短，产生协同效应，使复合材料的综合性能优于原组成材料而满足各种不同的要求。常见的复合管道结构有腐蚀性材料与防腐蚀性材料复合、体积型材料与强度型钢筋复合、导电材料与绝缘材料复合。

4.1.6.2 发展现状和趋势

据调查统计,每年因管道材料腐蚀造成的经济损失约占国民生产总值的2‰～4‰。我国城市供水管网平均漏损率为16.23%。

在地下管线材料方面,现代的地下管道种类繁多,有圆形、椭圆形、半椭圆形、多圆心形、卵形、矩形(单孔、双孔和多孔)、马蹄形等各种断面形式,采用钢、铸铁、混凝土、钢筋混凝土、预应力混凝土、砖、石、石棉水泥、陶土、塑料、玻璃钢(增强塑料)等材料建造。对于金属管道,其突出问题是腐蚀问题。对于混凝土、钢筋混凝土、预应力混凝土、砖、石,由于管道输送介质不同,比较突出的是管道介质泄漏问题。因此,有必要发展新型地下管线材料,并对其可以承受的荷载、工作压力、输送介质等进行系统研究,使其能够快速应用于实际工程。

4.1.6.3 应用场景和效益分析

(1)纳米材料管道:纳米材料管道具有高强度性能、导电性能等,利用纳米材料的小尺寸效应与表面积效应,可以与原材料混合作为分子间填料,扩大物体分子间的受力面积,从而提高管道强度,增加管道输送量;利用纳米材料的电磁性能变化可以形成导电橡胶、导电塑料之类的复合管,使非金属管道也能像金属管道一样方便地探测与检漏。利用纳米材料的薄膜效应与质量轻的特性,可以像汽车内轮胎一样与外胎共同作用承受内压,以克隆方式修复老龄管道,从而节约成本。

(2)复合管道结构:腐蚀性材料与防腐蚀性材料复合。金属管具有腐蚀性,用防腐材料预制成的管道内外壁防腐层对外部环境与管道内部介质具有防腐蚀隔离作用。水泥管道中的钢筋网主要起强度加固作用;类似的实例如在PE管道内、玻璃钢管道内增加金属加强筋。导电材料与绝缘材料复合。带有防腐层的地下金属管道水压试验泄漏点检测,采用电磁测漏方法可很快找到泄漏点,该技术成果已经推广至钢质供热管道、钢质消防管道、钢质供水管道测漏,测漏效率提高显著。非金属管道是绝缘的,如果在生产制造或者在施工安装时,将多接头非金属管道用裸铜导线采用适当的方式实现电性连接,非金属管道探测检漏的难题即可迎刃而解。

4.1.6.4 支撑条件

材料层面,纳米材料和复合材料的制备已经十分成熟,纳米材料和复合材料的性能研究也越来越成熟。规程方面,城市地下管线相应的规程体系已经建立并在逐步完善中。实际应用中,地下管线新材料的应用还需要再进一步地推广。

4.1.7 建筑玻璃技术

4.1.7.1 技术要点

(1)夹层玻璃

玻璃作为结构构件使用,是为了提高承载力、刚度、冗余度等,一般采用两片或多片玻璃与高分子聚合材料中间层通过高压釜蒸粘结制成夹层玻璃。夹层玻璃具有一定的结构冗余度，当其中部分玻璃开裂后，构件仍能提供一定的残余承载力，从而改善构件的受力性能。

(2) 加筋增强玻璃

借鉴钢筋混凝土构件受力原理，通过在玻璃构件边缘"加筋"构成一种组合截面构件，利用两种材料组合作用来提升玻璃构件的受力性能。加筋增强玻璃梁具有良好的开裂后的承载能力，破坏呈现一定的延性特征。国内外学者对加筋增强玻璃梁进行了大量试验研究，验证了加筋增强玻璃梁概念上的可行性，研究的加筋材料包括不锈钢、玻璃纤维、钢绞线等，加筋截面以矩形、圆形及方管形为主。

(3) 多板件组合玻璃

单一玻璃板件受尺寸及加工工艺限制，其承载力较为有限，往往无法满足工程设计要求。截面为多板件的组合玻璃构件，具有更高的材料使用效率与结构冗余度，适用于承受较大荷载作用的结构构件。近年来开始对多板件组合玻璃构件展开研究，主要从多板件组合玻璃梁、多板件组合玻璃柱两个方向着手，探讨组合板材及黏合剂的选取、组合构件的传力机理及破坏机制等。

4.1.7.2 发展现状和趋势

玻璃结构中会不可避免地用到有机高分子材料，如夹层玻璃的中间层、结构密封胶等，其力学性能受环境因素影响较大，导致玻璃结构的受力性能会随时间和环境条件发生退化，因此玻璃结构的耐久性问题需要深入分析与研究。影响玻璃结构耐久性的因素较多，主要包括湿度、温度、辐照和风沙侵蚀等。对于中间层胶片及黏合剂，湿度、温度及辐照是影响其材料性能老化的主要因素。现有试验对耐久性的研究数据较为匮乏，尚未形成系统的成果，其力学性能评价指标有待深入研究。已有研究集中在夹层玻璃板在硬冲击、软冲击及爆炸冲击作用下的动力性能，并在试验及数值模拟研究中积累了一定成果，但关于抗冲击性能提升措施等问题有待进一步研究完善。目前，对玻璃结构抗震性能研究主要针对幕墙玻璃构件，通过合理的节点设计能使幕墙玻璃板有较高的层间变形能力，并增加整体结构的地震耗能效果，但关于玻璃梁、柱等承重构件及节点的抗震性能研究需要加强。虽已对幕墙玻璃构件的防火性能进行了研究，表明中空及夹层玻璃具有一定的耐火性，但关于承重玻璃构件及节点在火灾下的力学性能有待进一步研究。

4.1.7.3 应用场景和效益分析

目前，结构玻璃构件主要应用于房屋建筑的楼板、屋盖、墙体、楼梯、雨棚等部件以及过街天桥、观光栈道等设施，全玻璃结构建筑相对较少。目前，尽管玻璃结构相关的实际工程越来越多，但国内外仍缺少针对玻璃结构的工程技术规范指导，实际工程中常常需要进行足尺试验以验证其结构性能，导致其工程造价偏高和建设周期偏长。因此，玻璃结构相关的工程技术规范研究和编制工作有待加强。

单一玻璃板开裂前承载能力以及开裂后残余承载能力均较低，为实现结构安全性，一方面可通过增加构件承载力使结构始终在弹性阶段受力，另一方面可提升结构构件延性以实现安全的延性破坏机制。目前研究方向主要是加筋增强、多板件组合等。多层夹层玻璃构件的力学性能、加筋锚固构造、板件连接的结构胶性能评价、多板件受力不均等问题也有待进一步研究。目前玻璃结构的研究重点在构件层面，缺少对整体结构的安全冗余设计方法的研究，包括鲁棒性、易损性、抗倒塌能力等研究。对已建成的玻璃结构建筑须定期进行检测评估以排除安全隐患，但目前对运维阶段玻璃结构的可靠性评估方法、检测手段、加固技术等相关研究工作仍较为匮乏，因此针对既有玻璃结构可靠性的研究工作亟待开展。

4.1.7.4 支撑条件

玻璃结构相关研究已经涵盖了构件、连接、耐久性、抗冲击、抗震、防火等多个方面，特别是构件与连接层次的研究较多，结构形式日益丰富，已积累了一定的技术储备和工程实践经验，形成了初步的设计方法，初步具备了开展玻璃结构工程建设的条件。

4.1.8 超高性能混凝土技术

4.1.8.1 技术要点

20世纪80年代，丹麦开展了超高性能混凝土（UHPC）材料的应用研究。UHPC的名称在1994年由法国学者建议使用，因能更好表达这种超高性能水泥基纤维增强材料的优越性能，而逐步被广泛接受和采用。国际交流中，UHPC是通用的名称。

4.1.8.2 发展现状和趋势

我国UHPC的研究探索始于20世纪末，最早的规模化应用是客运专线的电缆沟盖板（RPC盖板）。UHPC如今是我国水泥基复合材料研究、应用、创新、发展最具活力的领域，伴随工程应用的增长，UHPC已成为可工业化生产和商业化供应的工程材料，产品类型和应用领域在不断扩展。UHPC的标准化工作正在我国全面展开，进入标准体系的建立阶段。经历20余年的研究应用，我国UHPC在钢桥面铺装、钢—UHPC组合桥梁的应用规模已经走在了世界前列；UHPC在装配式桥梁和建筑构件的结构连接应用已经开始，且桥梁结构连接在UHPC应用体量的占比较大，预期待技术体系建立完善后，会进入可持续规模化应用。

4.1.8.3 应用场景和效益分析

（1）钢—UHPC复合桥面

2011年钢—UHPC复合桥面首次在广东肇庆马房大桥应用，截至2018年11月已在我国60余座钢桥中应用，桥面面积超过百万平方米。钢—UHPC复合桥面已进入规模化、可持续应用阶段，是目前UHPC使用量最大的工程应用。在美国和加拿大，装配式桥梁预制构件的结构连接中，UHPC最主要的应用为快速桥梁施工（ABC），即用于装配式桥梁预制构件的湿接缝连接。采用UHPC湿接缝进行构件之间"结构连接"，大幅度减小接缝宽度，简化接缝配筋，且不需要钢筋焊接，显著减少了现场施工量和难度，提高了装配化率、施工效率和经济性，更重要的是，大幅提升了装配结构的性能，包括抗疲劳、抗震、抗裂性能以及耐久性，克服了传统方式连接构件"连接节点弱"的难题。

（2）钢—UHPC组合梁的UHPC桥面板

近几年，钢—UHPC组合梁在我国桥梁结构创新与应用方面取得了重大进展。2018

年建造的南通中央森林公园钢管拱桥（宽6m、跨径32m），采用了预制和现浇80mm厚UHPC桥面板。2019年施工建设的两座大型桥梁工程——南京长江五桥和湖南益阳青龙洲大桥，均采用了预制UHPC桥面板，然后与钢箱梁组成钢—UHPC组合梁。2019年完工的苏州东环快速路跨运河桥，主桥为70m+120m+70m预应力混凝土箱梁桥，为了提高桥梁负弯矩区抗裂能力和耐久性，在桥墩墩顶两侧约16m范围，原设计70mm厚C40普通混凝土铺装用UHPC铺装替代。

（3）工业建筑

UHPC应用在工业建筑领域，采用预制工字形UHPC预应力梁替代钢梁，很好地解决了主梁在腐蚀性环境的防腐、耐久问题，同时具有承载能力大、自重轻、耐火、免维护、使用寿命长、施工便捷、经济适用等优点。

UHPC为水泥制品及工程结构的性能改善和寿命提升、新产品和新结构的创新开发、工程结构连接以及维修加固等提供了性能更好的材料，在更高层次上满足对产品、结构、工程的需求，如轻质高强、高耐久或长寿命、免维护、美观、防火、绿色低碳、低资源消耗等，对推动行业向高质量、环境生态友好方向发展，以及水泥制品和工程结构升级换代具有重要意义。

4.1.8.4 支撑条件

我国UHPC的标准化工作始于2006年，即铁道部技术文件《客运专线活性粉末混凝土（RPC）材料人行道挡板、盖板暂行技术条件》。2015年，我国颁布了国家标准《活性粉末混凝土》GB/T 31387—2015，广东省也发布了交通运输行业地方标准《超高性能轻型组合桥面结构技术规程》GDJTG/T A01—2015。未来需要建立科学先进的UHPC技术体系，包括材料制备、材料性能与试验、结构设计与优化、成型施工、质量控制与验收以及标准规范体系；需要研究发展适合不同类型工程应用、施工特点和需求的UHPC材料；需要让建筑师、结构设计师、水泥基复合材料产品企业、工程业主了解UHPC并参与开发UHPC应用；需要在模型制造、现场生产、浇筑装备、成型养护、施工工艺等各方面提升技术和技艺水平等。

4.2 功能材料技术

4.2.1 表面涂层材料技术

4.2.1.1 技术要点

表面涂层材料在住房和城乡建设领域的应用十分广泛，因为表面涂层可以在各个建筑产品上进行使用。经过大量的研究和实践，表面涂层材料主要应用于结构材料，包括广泛使用的混凝土材料、金属结构材料，所起到的作用包括防火、防腐蚀、防水、防磨损、抗氧化、自清洁等。表面涂层材料也应用于门窗、玻璃、建筑墙体等，所起到的作用与上面所述基本类似，同时还有美观等作用。下面按照表面涂层材料所应用的具体基层材料进行介绍。

（1）混凝土表面涂层材料：采用有机涂料对混凝土表面进行处理，是一种低成本且有效的防护措施，其可以在混凝土表面形成致密的薄膜层，从而对外界水分起阻隔作用，弥补混凝土多孔结构的缺陷。

针对成膜涂层处理的防护问题，学者们进行了相关研究。涂层防护技术是指在混凝土表面涂覆防腐涂层来有效地减少外部环境中的腐蚀离子向混凝土中渗透扩散，以此来提高混凝土结构的使用寿命。世界各国的防腐蚀实践证明了混凝土涂层防护是对混凝土进行保护的最有效、最经济、最普遍的方法之一。

（2）金属结构表面涂层材料：关于钢结构表面涂层，进行的研究主要包括以下几个方面。研究了各种有机涂层受化学作用影响下的腐蚀侵蚀作用，即涂层在紫外老化行为下的加速老化行为和紫外降解作用，分析了加速老化行为的原理和紫外降解作用的化学机理。以及高温热循环对于有机高分子涂层材料失效行为的研究，分析了高温、高湿环境下的有机高分子涂层老化、开裂的失效行为机理。此外，研究了醇酸涂层、酚醛涂层、富锌涂层和环氧涂层等不同材料的涂层特点及其适应环境，还研究了对钢结构涂层材料的维护和使用。使用红丹酚醛防锈漆和高氯化聚氯乙烯面漆作钢结构的涂层材料，在模拟风沙试验中做冲蚀试验，研究了风沙冲蚀的特性和冲蚀机理。

（3）超疏水表面涂层材料：超疏水材料因其自清洁和方便环保而得到越来越多的应用。日常生活中的材料在与外界接触时，由于空气中含有水蒸气、灰尘、泥土等物质，空气中的水蒸气会与材料接触，从而附着在玻璃等透明材料的表面，使其可见度降低，影响产品的使用，甚至造成安全隐患。而制备的一些仿生超疏水表面，能够在一定程度上减少水蒸气在玻璃材料表面上的凝结，从而减少水滴在其表面的附着，因此含有超疏水材料的表面可以起到防雾和自清洁的作用。

（4）自修复超疏水涂层：超疏水涂层的自修复一般是通过在涂层内部包埋超疏水修复因子实现的。涂层的超疏水性质受损后，这些修复剂材料可以由涂层内部迁移到受损表面，完成超疏水性质的修复。通过这一修复策略，发展了多种方法和材料制备具有自修复性质的超疏水生物涂层。根据是否需要人为干预，自修复超疏水表面可以分为两类：自发修复的超疏水涂层、被动修复的超疏水涂层。自发修复的超疏水涂层可以在不需要任何外界刺激或人为辅助的情况下，自发地修复受损的表面性质。而被动修复是指在外界刺激或能量输入情况下，修复剂分子发生由内而外的迁移，完成修复的过程。

4.2.1.2 发展现状和趋势

（1）混凝土表面涂层材料：环氧树脂具有良好的物理、化学性能，环氧涂层因其硬度高、柔韧性较好、附着力强、良好的力学性能和耐腐蚀性等特点，而广泛应用于防腐中。有学者采用氯离子快速渗透和吸水率试验研究了环氧涂层对混凝土抗氯离子渗透性能的影响，试验结果表明，环氧涂层能显著提高混凝土的抗氯离子渗透性。有学者利用电化学阻抗谱和局部交流阻抗技术研究了海水压力对深海环境下环氧涂层的防护性能，结果证明了交变压力会使涂层的防护性能下降。通过高低温干热循环试验、湿热—浸泡循环试验以及冻融循环试验对水工混凝土环氧防护涂层的性能进行研究，在经过上述试验后，环氧防护涂层并未出现裂纹、分层、剥落等现象，且与基材的附着力也未明显下降，表明环氧防护涂层具有很好的防护效果。对水性环氧防腐涂料的制备进行研究，运用激光粒径分布仪等对其固化过程中结构的变化特征进行了考察，试验结果表明，水性环氧涂层具有较好的硬度、附着力、耐冲击性能及优良的耐腐蚀性能。

镀锌涂层钢筋是指将打磨好的光圆钢筋放入熔融的锌液中，即在钢筋的表面形成镀锌涂层，起到良好的防护效果，特别适用于海洋环境。通过对建筑工程用镀锌钢筋、环氧涂层钢筋、普通裸钢筋和新型复合涂层钢筋的腐蚀行为和机理进行研究，结果表明，普通裸钢筋具有较高的腐蚀速率，相比普通裸钢筋，镀锌钢筋、环氧涂层钢筋和新型复合涂层钢筋均能对钢筋起到保护作用。通过化学浸泡和电化学相关原理进行加速腐蚀试验，证明了氯离子能加快镀锌涂层的腐蚀。在一定的氯离子浓度范围内，镀锌涂层的耐腐蚀性能保持稳定，具有一定的抗氯离子能力。采用盐雾循环腐蚀和电化学试验对一种镀锌钢板的耐腐蚀性进行了研究，结果表明，该镀锌层钢板有较好的附着力和耐腐蚀性能。通过盐雾干燥循环加速腐蚀试验，并采用多种分析手段对镀锌钢在模拟海洋大气环境下的腐蚀行为进行了研究，试验结果表明，镀锌钢的耐腐蚀性能随着腐蚀时间的延长先降低后升高，最后再降低。通过对碳钢和镀锌钢在大气环境中多个监测点的腐蚀行为进行研究分析，结果表明，镀锌层能有效地减缓金属在大气环境中的腐蚀。总体而言，镀锌涂层在对钢筋的附着能力、抗腐蚀性能中表现出巨大的优势，但镀锌涂层对海洋带来的环境影响仍有待检验。

聚氨酯涂层因其具有良好的透气性、抗冲击性、耐高温及防生物污损等能力，广泛地应用在各个行业及领域。对聚氨酯涂层在水利工程中的防护性能进行研究，结果表明，聚氨酯涂层能提高混凝土的冻融耐久性。从光泽度、附着力等方面对聚氨酯涂层在东南沿海地区的老化行为进行研究，研究结果表明，聚氨酯涂层在海洋大气环境中曝晒4年后，涂层出现失光、粉化现象。通过不同加速老化试验对聚氨酯涂料的老化降解行为进行研究，结果表明，暴露在QUV环境中24周的聚氨酯涂层表面已发生明显的起泡现象，涂层内的有机颜料也暴露在涂层表面。研究聚氨酯涂层对复合材料层合板抗反复低速冲击性能的影响，通过超声波扫描对冲击后样片的分层面积进行分析，结果表明，随着层合板厚度的逐渐增加，聚氨酯涂层对复合材料层合板抗反复冲击性能的影响逐渐增大，样片冲击后的损伤面积逐渐减小。

聚脲是一种新型的混凝土防护材料，具有良好的耐磨抗冲击性能、耐腐蚀性能和耐海洋气候老化性能。目前已成功应用在港珠澳大桥和青岛跨海大桥等大型海上建筑实际工程中。国内外诸多学者对聚脲涂层的防护性能进行了深入的研究，进一步证明了聚脲涂层具有优越的防护性能。通过试验对混凝土涂层的抗渗透性能进行研究，结果证明，聚脲的防水性能最为优越，在改善混凝土的抗氯离子渗透性能方面效果最为显著。采用宏观与微观相结合的方法，研究了多因素作用下新型聚脲材料对青岛海湾大桥的防护性能，结果表明，聚脲具有优异的耐腐蚀性能。对聚氨酯、聚脲和多涂层体系的混凝土涂层进行了研究，表明聚氨酯和聚脲是理想的混凝土保护涂料，能够防止水分渗入、磨损、腐蚀和化学侵蚀等所造成的影响。对单一NaCl溶液浸泡、荷载和NaCl溶液浸泡共同作用下聚脲涂层混凝土的性能进行了研究，结果表明，在荷载和NaCl溶液浸泡共同作用下，涂层混凝土中氯离子的含量明显高于单一NaCl溶液浸泡中氯离子的含量。借助电化学阻抗谱和红外扫描等方法在自然曝晒、紫外线人工加速老化及酸碱盐介质腐蚀条件下，对比研究了镀锌涂层、环氧涂层、高密度聚乙烯涂层和聚脲涂层对钢绞线和支座的防护性能，结果表明，聚脲涂层的防护性能显著优于其他3种涂层。对聚脲涂层的污水处理设施进行了研究，结果表明，聚脲涂层的抗冲击性、耐磨损和耐化学性都很突出，有助于延长污水设施的寿命以及防止废水和地下水的渗入渗出。将聚脲涂层分别浸泡在10%NaCl溶液、10%NaOH溶液和10%HCl溶液中，测试浸泡90天后的力学性能，结果表明，在3种不同介质浸泡下，涂层的力学性能都有所降低，随着浸泡时间的增加，力学性能下降的幅度逐渐增大，但仍保持较高的性能。

目前混凝土防护中常用的涂层除了上述几种外，还有氯化橡胶、玻璃鳞片、自愈合涂层、聚氨酯及复合涂层等。研究表明，通过电化学阻抗技术发现，自愈合涂层比普通环氧涂层有更显著的防腐蚀性能，最关键的一点是涂层受损后能够进行自愈合。此外，研究了在荷载作用下橡胶混凝土抗氯离子渗透的规律，结果证明，橡胶混凝土在海洋环境下有较强的抗氯离子渗透能力。采用冻融循环试验研究了聚氨酯对混凝土水库坝体的抗冻融破坏能力，结果显示，在水库坝体涂覆聚氨酯涂层提高了其冻融耐久性。通过盐雾等一系列腐蚀试验对环氧玻璃鳞片和其他环氧类涂层的耐腐蚀性能进行了研究，结果表明，环氧玻璃鳞片涂层与环氧树脂涂层相比，其耐磨性较差，但明显优于其他环氧涂层。采用氯离子迁移快速试验对海洋钢筋混凝土结构3种氟碳涂层体系的防护性能进行了研究，结果表明，3种氟碳涂层体系均能有效减缓氯离子的侵蚀作用，具有较好的耐久性。

（2）金属结构表面涂层材料：有机涂层被广泛地应用于钢结构的防护过程中。有机涂料包含醇酸树脂涂层、环氧树脂涂层、聚氨酯涂层、聚脲涂层等。醇酸树脂涂层因原料易获得、成本简单、制备方法多而被广泛使用，但由于醇酸树脂涂层的耐气候性能和耐腐蚀性能差等，越来越多的改性醇酸树脂涂层和水性醇酸树脂涂层发展起来。可通过加入聚氨酯、苯乙烯、丙烯酸等改性树脂基料，改性后的水性醇酸树脂涂层的硬度、光泽、储存稳定性都大大提升。水性醇酸树脂与丙烯酸乳液混合，并在其中加入合适的防锈涂料、成膜剂和表面活性剂等助剂，具有成膜快、防锈蚀性能好、易施工等优点，适用于大型的钢结构。利用聚苯胺纳米纤维掺杂水性环氧树脂，聚苯胺纳米纤维较高的水溶性和高导电率使得钢结构表面形成隔离层，减缓外界环境对钢结构的腐蚀。

（3）超疏水表面涂层材料：目前在建筑领域中，许多公共建筑都采用玻璃外墙，空气中的灰尘颗粒与玻璃接触时，会被附着在表面，形成一层杂质，影响其光学性能，每年都会花费大量的人力物力进行清洁，而超疏水材料的存在很好地解决了这个问题。当在灰尘、泥土等杂质存在的环境中，由于超疏水材料本身具有很好的润湿性，玻璃表面不被液滴所浸润，水滴在玻璃表面滚落的同时带走其表面的灰尘颗粒，从而实现玻璃表面的自清洁。正因如此，表面含有超疏水材料的玻璃可以被广泛地应用在高层建筑中。而在一些特殊应用领域，需要自清洁和颜色相结合，人们通过研究蝴蝶翅膀的微观结构，也制备了具有仿生超疏水性质与颜色相结合的超疏水材料。

（4）自修复超疏水涂层：一些疏水的聚合物，如PDMS、聚苯乙烯（PS）、聚四氟乙烯等，都能够部分或完全地恢复氧化或刻蚀导致的表面性质损伤。2010年国内学者提出通过在多孔亲水膜中封装疏水修复因子来制备自修复超疏水涂层并取得进展。聚烯丙基胺盐酸盐（PAH）和磺化聚醚醚酮（SPEEK）形成的聚电解质复合物（正电荷）与聚丙烯酸（PAA，负电荷）进行层层组装，成膜后加热交联，再使用CVD方式修饰全氟辛基三乙氧基硅烷（POTS），即得到可以自修复的超疏水涂层。该超疏水涂层具有良好的超疏水性质，其表面的水接触角和滚动角分别为157°和1°，并且具有良好的机械稳定性，可承受10kPa压强的砂纸打磨。更为重要的是，POTS与多孔膜之间显著的表面能差异以及

POTS 的低分子量特点,使该超疏水表面能够自发修复受损的超疏水性质。在 25℃、相对湿度 40% 的室内条件下,只需放置 4h,就能恢复由 O_2 等离子体刻蚀破坏的超疏水性。

功能化自修复超疏水涂层的制备仍处于早期阶段,现阶段仍有很多问题需要完善。首先,修复因子一般仍局限于含氟物质,含氟物质对人类的健康有潜在的危害。第二,功能化自修复超疏水涂层的功能单一,仍需要对现有功能进行扩展。第三,自修复超疏水性质与其他功能之间的结合不应只做简单的加法,而应使二者实现相互适应、相互协同、相互促进的有机结合,使多功能材料具有更高的附加价值。

4.2.1.3 应用场景和效益分析

表面涂层材料具有广阔的应用前景,具有良好的经济效益、社会效益,符合绿色可持续发展的理念。表面涂层材料具有高效、薄层、隔热保温、装饰、防水、防火、防腐等优点,根据具体材料的不同,可以应用到不同的场景中。

混凝土表面涂层材料具有抗腐蚀的优点,可以应用到海洋结构,以及盐碱地区的地下结构中。金属结构表面涂层材料广泛应用于钢结构的防护过程中。目前关于金属的防腐主要集中在涂层防护(表面刷漆或桐油等)和电化学防护(电镀)两种方法中。超疏水材料表面对水有强烈的排斥作用,可以大幅度减少金属与空气中的水分、腐蚀介质、霉菌等直接接触,可以用作涂层材料保护金属产品,延长产品的使用寿命。这种方法的基本原理是金属制品与环境中的霉菌和液体之间形成一层空气层,液体不和金属表面直接接触,或者不易残留在金属表面。

与不可修复的超疏水多功能材料相比,自修复超疏水的多功能材料具有独特的优势,其中最具吸引力的是其稳定性好、服役时间长等优点。当将自修复超疏水性质与其他功能结合时,常常表现出令人意想不到的特殊性质。目前,各种具有特定功能的自修复超疏水材料已经研制出来,并展现出蓬勃的发展前景。

首先,光学透明的材料,如镜片、显示屏幕、挡风玻璃等,都具有非常广的应用范围。但是光学透明材料的清洁问题给人们带来很大的困扰。超疏水性质赋予材料以自清洁、防污的特点,近期对于具有超疏水性质的光学透明材料应用的呼声也越来越高。其次,超疏水性质可以有效地保护导电材料,防止它们因被水沾湿而发生短路或腐蚀,因此超疏水性质与导电性质的结合吸引了越来越多的关注。再者,随着工业和社会的发展,水资源短缺已成为一个全球性的问题,发展可以去除有害化学物质与微生物的水净化装置变得日益重要。已有研究发现,多孔的超疏水薄膜可以通过过滤的方式有效地分离被油污染的水。但是随着使用时间的延长、污染物的积累、化学物质的腐蚀或机械摩擦的消耗,超疏水性质会发生严重的损伤,导致超疏水薄膜分离效率的下降。将自修复功能引入超疏水油—水分离膜中,并使用自修复超疏水材料可以提高水质净化效果。此外,将疏水物质引入织物表面,制备了具有自修复超疏水性质的新型织物,得到的织物可以修复由于刻蚀或摩擦破坏的超疏水性质。自修复超疏水性质的引入,赋予织物自清洁、防水、免洗的性质,并且可以有效地防止织物其他功能的退化。

自修复超疏水涂层被赋予了多种功能,并且在与不同功能结合时都展现了较好的效果,提高了各种功能的安全性、稳定性,并延长其使用寿命。功能化的自修复超疏水涂层不但满足了人们日益增长的物质需求,具有巨大的经济价值,而且符合可持续发展的基本理念,具有长远的社会意义。

4.2.1.4 支撑条件

和传统的建筑材料相比，表面涂层材料的性能更易受外部环境影响。目前，表面涂层材料的各类力学性能、物理化学性能指标确定缺乏统一、明确、科学的统计数据。国内工程结构设计时经常不考虑表面涂层材料，对于表面涂层材料缺乏相应的重视。同时，国内建筑行业尚无表面涂层材料测试及质量检测的统一标准，使得监理、质检等行业管理机构的工作开展缺乏科学依据。由此可见，开展表面涂层材料技术应用领域的研究，即力学、物理化学性能的研究与应用，对其检测标准的编制，促进建筑行业的健康、快速发展等至关重要。

自修复超疏水涂层的研究工作涉及对透明性、导电性、气体传感性、电磁屏蔽性及自修复超疏水性等材料性质的研究，以及对喷涂、层层组装、无电沉积、浸沾法等制备工艺的综合运用，所得到的各种多功能协同的功能材料的设计理念在相关研究领域具有创新性和普适性，可以为设计和制备其他自修复超疏水多功能材料提供有益的参考和启发，对功能化的自修复超疏水涂层的发展起到一定的推动作用。

4.2.2 防火和阻燃材料技术

4.2.2.1 技术要点

随着科学技术的进步，消防阻燃材料取得了生产与应用的巨大进步，伴随各国对建材的大量需要及投入，阻燃剂这种分子化工产品的产量空前。按阻燃材料的授予与施加对象划分，阻燃剂可以分为外加型阻燃剂、合成型阻燃剂以及发泡隔离型阻燃剂。

4.2.2.2 发展现状和趋势

外加型阻燃剂：即在加工过程中加入到聚合物中，与聚合物及其他组分不起化学反应，只是物理地分散于阻燃物体系中而增加阻燃性的添加剂。如水合氧化铝、三氧化二锑、氢氧化镁、磷酸氢二钱、氯化石蜡、磷酸三（氯乙基）酯、十嗅二苯醚等。此添加剂在使用上较为简便，但必须考虑其分散性、相容性和界面性等。

合成型阻燃剂：合成型阻燃剂是指在高分子聚合反应过程中加入反应体系，以单体形式参加到反应中，通过化学键合成为聚合物的一部分。其优点是对制品的物理机械性能影响小且阻燃性能持久，但应用面窄，品种少，价格较高。

发泡隔离型阻燃剂：发泡隔离型阻燃剂是近年来开发的以磷、氮为主要组成的阻燃剂，这类阻燃剂受热时表面能形成一层致密泡沫炭层，起到隔热、隔氧、抑烟的作用，还能防止熔滴，具有良好的阻燃性能。发泡隔离型阻燃剂按作用机理不同，可分为化学发泡隔离型阻燃剂和物理发泡隔离型阻燃剂。其中化学型阻燃剂主要成分是氮和磷，物理型阻燃剂则以膨胀型石墨（EG）为主。

4.2.2.3 应用场景和效益分析

目前涂料阻燃研究集中在绿色、耐消耗及无毒方向，其中复合丙烯酸树脂阻燃特性较好，试验已经证明了复合有机磷氮阻燃涂料具有很好的阻燃及环保特性，而发泡隔离性阻燃剂防腐蚀的特性相对较弱，由于其酸性较强，一般不太适合作钢材阻燃涂料。阻燃体系涂料与硼、磷、氮结合可以防虫和增加木材韧度，较适合在南方湿热地区推广应用，单纯的防火 PVC 板和胶合板采用有机阻燃涂料进行浸润处理,这样做的优点是成本低,缺点是处理周期长,环保度低下。

在可持续发展的大背景下,具有绿色、环保等性能的阻燃剂才是社会所真正需要的。阻燃剂的研究和应用面临更高的要求和挑战,既要高效阻燃,又要无毒、无烟,同时还应具备制造成本低廉等优点。随着对阻燃技术研究的日益深入,单一组分阻燃剂的研究不再是重点方面,多组分阻燃剂的研究开始受到人们的普遍关注,主要包括:膨胀型阻燃体系,无卤阻燃聚合物体系,含纳米材料或者纳米技术的阻燃剂。与此同时,无机阻燃剂也表现出了一定的可供发掘的潜力,该类阻燃剂具有理想的阻燃效果,不仅具有抑制烟雾生成的特性,同时还具有抑制卤化氢生成的特性,实现了"阻燃""抑烟"两大特性的有机融合,因而在阻燃材料配方设计领域较受重视,并成为一个主要研究方向。

建筑用钢防护:由于钢材具有韧性强、强度高、承重能力优良的特点,因此在各种建筑中都有较为广泛的应用,钢材本身是接近不可燃的,然而其热传导性的优良使得其作为建筑的"筋骨"也十分脆弱,钢材的韧性和强度随温度正向变化,一般超过 500℃ 便会变形,而大小火场的温度一般都在 1000℃ 以上。通常在钢材的阻燃隔热方面,应用较多的是外层喷涂阻燃剂法,钢材喷涂阻燃剂的种类有水溶型和熔融型等。研究人员还发现,聚磷酸铵分解时形成的碳化层使得其较之三聚磷酸氰胺等物质具有明显优势,而且施用成本较低,可推广作阻燃涂层。

建筑木材防护:木材的易燃性使得其需要着重进行防火阻燃处理,否则一旦引发火灾将很难控制。阻燃剂对木材的保护主要是抑制木材的高燃性,降低热传导,并进行游离氧的隔离,一般的有机阻燃剂如聚磷酸铵、氨基树脂等阻燃效果都很不错,研究人员发现磷酸类无机盐对杨木、杉木等的阻燃效果很理想,并且热量散发速度慢、气相相对低,当施放阻燃剂超过临界点时,木材接近零引燃,这对保持木质构架遇热稳定,从而保证建筑结构安定具有重要意义。

建筑塑料防护:建筑塑料广泛应用于线缆外层包裹、家具特殊部位处理及建材保护层处理等,塑料和橡胶的高可燃性往往和其可塑性强的装饰优点相悖,防火性低下,又由于其往往作为包裹层而密集使用,在高层建筑及地下交通设施中很容易通过电线短路等外热因素导致火灾,因此有关塑胶的防火阻燃处理也应用较多。

建材用纸防护:建材用纸类广泛应用于建筑内饰结构,以壁纸和外包保护材料最为多见,纸张的易燃性及脆弱性使得纸张阻燃技术区别于以上三种材料的阻燃应用,较为多见的纸张阻燃剂有氮剂、硼剂等,目前相应阻燃剂开发研究也着重纸张的二次利用环保问题。市场上的磷氮阻燃剂具有低毒绿色特性,烟阻性好,且开发生产成本低,不仅适用于建材纸型,还可应用在木地板和家具纺织品领域。此外,氯化镁、氯化钡及磷酸氢二钱等为主要成分的建材纸用水溶阻燃剂也具有低毒广谱的利用功效,硼剂的加入更能起到减弱腐蚀的效果。纸张阻燃应用一般采取浸润法,使得纸张和阻燃剂结合,达到防火消防的阻燃目的;其次,阻燃剂的施加可以采取喷涂的方式,比较适合水溶型阻燃剂。

4.2.2.4 支撑条件

从市场上来看,现售的聚合物阻燃材料目前还尚未达到完全阻止燃烧的标准,而且发烟及阻燃剂毒性仍相对较高,因此,可以预见,阻燃剂承灼性的加强及毒性排除是今后消防阻燃剂的发展趋势之一。价格较高的聚酰亚胺类产品及聚硫醚类阻燃剂是较好的建材用热阻材料，研究人员已经试图将有机阻燃剂和高分子聚合物进行共聚，改变合成分子结构，同时赋予阻燃剂高抗灼性及低烟雾性，减少卤族、磷族元素的应用比例，也在一定程度上降低了阻燃剂挥发对人体及动物的毒害，目前此类产品投入生产还较少，控制合成成本将是高聚物阻燃剂急需解决的问题。

从技术上看，建材阻燃工艺目前还处在方兴未艾的研究验证阶段，20世纪的独立元素种类阻燃剂试验已接近停止，当今各国更多的是在研究多种元素的合成及纳米级高分子聚合阻燃体系，在无卤及纳米阻燃剂研究中，美国、欧洲等国家和地区处于领先地位，技术和市场都较为成熟，大量低发烟性的无机阻燃材料如氢氧化铝填料等都已被投入生产，改性阻燃材料和阻燃材料自身零燃烧率的深入探索、消防阻燃材料的纳米处理及聚合处理技术将是今后建材阻燃剂消费领域的主要研究走向。

从政策上看，单一地提高建筑阻燃材料的性能并不能完全解决建筑防火问题，建筑防火涉及建筑防火构造、施工设计及现场管理、消防知识普及、阻燃材料性能、工人施工水平等多方面的因素。做好建筑防火，需要科学构造建筑防火结构，在国家相关检测机构进行系统防火试验论证，以质量过硬的建筑阻燃材料为基石，以规范的现场作业和管理为保证。总体看来，目前建筑阻燃材料在我国的普及率不高，市场还有很大的提升空间，行业发展前景广阔，值得期待。

4.2.3 建筑节能材料技术

4.2.3.1 技术要点

（1）墙体材料：就其品种而言，墙体材料主要包括砖、块、板等，如黏土空心砖、掺废料的黏土砖、非黏土砖、建筑砌块、加气混凝土、轻质板材、复合板材等。

（2）保温隔热材料：保温材料和隔热材料统称绝热材料。常用保温隔热材料包括矿物棉、岩棉、玻璃棉（是以岩石、矿渣为主要原料，经高温熔融，用离心等方法制成的棉及以热固型树脂为粘结剂生产的绝热制品）、泡沫塑料及多孔聚合物、膨胀珍珠岩及其制品、硅酸钙绝热制品、各种复合保温隔热材料等。

（3）节能门窗和节能玻璃：建筑门窗和建筑幕墙是建筑围护结构的组成部分，是建筑物热交换、热传导最活跃、最敏感的部位，是墙体失热损失的5～6倍。门窗和幕墙的节能约占建筑节能的40%，具有极其重要的地位。

（4）薄型隔热涂料：隔热涂料是通过阻隔、反射、辐射等机理来降低建筑内部的热量积累，从而达到安全、节能和改善工作环境等目的的一种功能性涂料。

4.2.3.2 发展现状和趋势

（1）墙体材料：加气混凝土砌块，具有稳定性好、重量轻、隔声性能好、制作工艺简单、强度高、操作工序简单等优点，同时具有良好的隔热、保温以及耐火性能。其在高寒环境下表现出良好的隔气防潮、面层冻融的性能，因此被广泛应用于我国建筑房屋墙体建设中。EPS砌块构造灵活，牢固性强，施工操作较为方便。EPS砌块施工期间，人们往往同时进行混凝土浇筑，以便形成梁柱框架结构，提升主墙体的稳定性。混凝土空心砌块是以混凝土为基础创造的墙体节能材料，有效控制了材料使用量，减少了资源、能源消耗。

（2）保温隔热材料：矿物棉主要包括岩棉和玻璃棉两种，有着良好的保温、隔热性能。聚苯乙烯泡沫塑料是一种新型节能材料，密度小、吸水率低，制作精度要求高。硬质聚氨酯泡沫塑料可以应用到外墙墙体施工中，其内部主要为闭孔结构，具有良好的抗压性能，耐热和耐酸碱性能较出色，导热系数较低。水泥聚苯板作为一种新型绿色建材，可以应用到建筑外墙施工中。

（3）节能门窗和节能玻璃：门窗是建筑工程施工的重要内容，在以往的门窗施工中，其材料使用量较大且施工较为复杂，对整个建筑寿命周期的能耗影响也较大。而在环保型建筑节能材料中，玻璃和门窗框材料最具有代表性。从节能层面来看，玻璃的节能潜力较大。

（4）薄型隔热涂料：一般将隔热涂料分为阻隔型、反射型和辐射型隔热涂料三类。其中，辐射型隔热涂料将吸收到的太阳能中的紫外光、可见光及近红外光能转为热能，以红外辐射的方式穿过大气红外窗口，高效地发射到大气外层，从而达到降温的目的。辐射型隔热涂料区别于其他两类隔热涂料的一个显著特点是：其余两类隔热涂料只能减缓但不能阻挡热量的传递，而辐射型隔热涂料能够以热发射的形式将吸收的热量辐射，从而促使涂层内外以同样的速率降温。

4.2.3.3 应用场景和效益分析

（1）墙体材料：当前，我国使用的混凝土空心砌块主要为 $190mm \times 190mm \times 390mm$ 标准型。但是，在实际工程建设中，不同施工单位对混凝土空心砌块的模数和建设标准要求不同，需要进行专门的量化处理，具体规定混凝土空心砌块的使用标准，使得整个过程比较复杂，给实际施工带来一定不便。模网混凝土是一种新型节能环保材料，既能保证结构的灵活性，又具有较高的强度和耐久性。其自重较轻，可以有效减少承重材料和支撑材料的使用量，具有良好的节能、保温以及隔热性能。同时，将模网混凝土运输到施工现场，组装较为方便，施工效率高，可以明显降低建筑物自重。

（2）保温隔热材料：新型的矿物棉具有良好的化学稳定性，不会出现自燃现象。但是，其质量有着较大的差别，需要通过前期试验进行合理选择，确保其质量可靠。聚苯乙烯泡沫塑料可以应用到外墙施工中，结构较均匀，保温性能也好。硬质聚氨酯泡沫塑料材料价格较高，不利于成本控制。水泥聚苯板不但具有良好的保温性能，而且韧性较强，耐久性好，具有良好的抗冲击能力。但水泥聚苯板自重较大，施工单位需要从实际出发，合理选择。

（3）节能门窗和节能玻璃：目前，节能玻璃主要有中空玻璃、真空玻璃、镀膜低辐射玻璃三种。中空玻璃不仅具有较低的热导率，还拥有良好的保温和隔声性能。镀膜低辐射玻璃能够在保证室内明亮度的基础上，有效控制窗户内外部热能的交换，保温效果较为突出。真空玻璃一般利用空气、氩气进行填充，具有良好的保温隔热性能、隔声功能，而且透光折减系数较好。整体而言，当前，中空玻璃逐渐取代普通玻璃，实际节能、环保效果较为明显。门窗框材料主要有塑钢型材、塑铝型材、玻璃钢型材三种。其中，塑钢型材具有价格优势，耐久性好，具有较低的热导率，保温性能较好，应用广泛。塑铝型材具有较好的弯曲模量和刚性，常常被应用于高寒环境下的工程建设中，适用性较强。玻璃钢型材窗体质量轻、强度高，具有良好的气密性，使用期限较长，当前也广泛应用于各种环境条件的施工中。

（4）薄型隔热涂料：在我国，关于隔热保温涂料对建筑节能的影响，尚缺少系统科学的分析，且试验数据还不够充分；性能相对较好的隔热保温涂料价格偏高，仅对住宅建筑而言，通常较难以接受。但国内学者在不断地科技攻关中发现，采用中空玻璃微珠或粉煤灰珠等部分甚至全部替代中空陶瓷微球，亦能达到较为满意的结果。今后，在涂装新技术开发的过程中，涂装工艺应向着节省能源、降低劳动强度和生产成本、减少环境污染等方向发展。

4.2.3.4 支撑条件

新型建筑节能材料具有广泛的应用前景。政策上，政府应出台扶持优惠政策，保证新型节能材料大面积推广。除此之外，太阳能是人类可以利用的最丰富、最洁净、最理想的能源，随着太阳能光电转换技术的不断突破，在建筑中利用太阳能成为可能。当前，我国太阳能转换技术已经取得了突破性进步，材料成本不断降低，能源转化效率不断提高，太阳能集成复合产品也广泛应用于建筑装饰装修中，在未来建筑施工中有着广阔的应用前景。

在建筑工程施工中，其他常见的环保型建筑节能材料还有纳米微胶囊相变材料。其具有良好的热存储功能，有着较为广泛的应用前景。目前，这种材料还处于创新研发阶段，未来还有较大的改进空间。

4.3 装修材料技术

4.3.1 建筑陶瓷技术

4.3.1.1 技术要点

用于修饰墙面、铺设地面、安装上下水管、装备卫生间以及作为建筑和装饰零件用的各种陶瓷材料制品，统称为建筑陶瓷。建筑陶瓷质地均匀，构造致密，强度和硬度都较高，耐水耐磨耐化学腐蚀，耐久性好，品种繁多，是常用的建筑、装饰及卫生设备材料。

4.3.1.2 发展现状和趋势

外墙面砖：由半瓷质或瓷质材料制成，分为彩釉砖、无釉外墙砖、陶瓷艺术砖等，均饰以各种颜色或图案。釉面一般为单色、无光或弱光泽。其具有经久耐用、不褪色、抗冻、抗蚀和依靠雨水自洗清洁的特点。

彩釉砖：彩釉砖是彩色陶瓷墙地砖的简称，多用于外墙与室内地面的装饰。彩釉砖釉面色彩丰富，有各种拼花的印花砖、浮雕砖，其具有耐磨、抗压、防腐蚀、强度高、表面光、易清洗、防潮、抗冻、釉面抗急冷、急热性能良好等优点。

无釉外墙砖：无釉外墙砖与彩釉砖性能尺寸一样，但砖面不上釉料，且一般为单色。

陶瓷艺术砖：陶瓷艺术砖以砖的色彩、块体大小、砖面堆积陶瓷的高低构成的不同的浮雕图案为基本组合，并进而组合成各种具体图案。其强度高、耐风化、耐腐蚀、装饰效果好，且由于造型颇具艺术性，能给人强烈的艺术感染力。

内墙面砖：内墙面砖是用黏土焙烧而成，分上釉和不上釉，表面平整、光滑、不沾污，耐水性和耐蚀性都较好。其不能用于室外，否则经日晒、雨淋、风吹、冰冻，将导致破裂损坏。

釉面砖：釉面砖是上釉的内墙面砖，不仅品种多，而且有白色、彩色、图案、无光、石光等多种色彩，并可拼接成各种图案、字画，装饰性较强。其由精陶质材料制成，制品较薄，坯体气孔率较高，正表面上釉，以白釉砖和单色釉砖为主要品种，并在此基础上应用色料制成各种花色品种。

无釉面砖：无釉面砖和釉面砖有相同的尺寸和性能，但表面无釉，无光泽，也较轻，色泽自然，应用于室内墙面装饰及无眩光的场所。

三度烧装饰砖：三度烧装饰砖是近年的一种新型建材，是将釉烧后的瓷砖涂绘鲜艳的闪光釉和低温色料金膏等，再低温烤烧而成。多用在卫生间或餐厅墙面装饰。三度烧装饰砖包括三类，分别是：转印纸式装饰砖、腰带装饰砖、整面网印闪光釉装饰砖。

地砖：地砖是指铺设于地面的陶瓷锦砖、地砖、玻化砖等的总称，其强度高，耐磨性、耐腐蚀性、耐火性、耐水性均好，又容易清洗，不褪色，因此广泛用于地面装饰。

锦砖：也称马赛克，是用于地面或墙面的小块瓷质装修材料，可制成不同颜色、尺寸和形状，并可拼成一个图案单元，粘贴于纸或尼龙网上，以便于施工。其分有釉和无釉两种。

缸砖：缸砖又称作防潮砖，具有较强的吸水性，而且在吸水达到饱和状态后还能产生阻水作用，从而达到防潮、防渗透的效果。其形状各式各样，规格不一，颜色鲜亮多色，常见的有红、蓝、绿、米黄等。防潮砖耐磨，防滑，耐弱酸、弱碱，色彩古朴自然。

玻化砖：玻化砖是一种强化的抛光砖，其采用高温烧制而成。质地比抛光砖更硬更耐磨。毫无疑问，其价格也同样更高。玻化砖按照仿制分为仿花岗岩和仿大理岩，平面型和浮雕型，平面型又有无光和抛光之分。玻化砖耐磨性、光泽、触感皆可与天然花岗岩相比，色彩鲜亮，色泽柔和，古朴大方、效果逼真，在目前的装饰材料市场上十分受欢迎。

卫生陶瓷：卫生陶瓷是以磨细的石英粉、长石粉和黏土为主要原料，注浆成形后一次烧制，然后再在表面施乳浊釉的卫生洁具。其具有结构致密、气孔率小、强度大、吸水率小、抗无机酸腐蚀（氢氟酸除外）、热稳定性好等特点，主要用于各种洗面洁具、大小便器、水槽、安放卫生用品的托架、悬挂毛巾的钩具等。卫生陶瓷表面光洁、不沾污，便于清洗、不透水、耐腐蚀，颜色有白色和彩色两种，合理搭配能够使得卫生间熠熠生辉。

琉璃制品：建筑琉璃制品是一种低温彩釉建筑陶瓷制品，既可用于屋面、屋檐和墙面装饰，又可作为建筑构件使用。主要包括琉璃瓦（板瓦、筒瓦、沟头瓦等）、琉璃砖（用于照壁、牌楼、古塔等贴面装饰）、建筑琉璃构件等，其中人们广为熟知的琉璃瓦是建筑园林景观常用的工程材料。琉璃制品表面光滑、不易沾污、质地坚密、色彩绚丽，造型古朴，极富有传统民族特色，融装饰与结构件于一体，集釉质美、釉色美和造型美于一身。我国古建筑多采用琉璃制品，使得建筑光彩夺目、富丽堂皇。

4.3.1.3 应用场景和效益分析

外墙面砖中，彩釉砖可用于外墙，还可用于内墙和地面。无釉外墙砖也多用于外墙和地面装饰，是建筑装饰中常用陶瓷，其适用于车站、停车场、人行道、广场、厂房等各类建筑的墙面地面。陶瓷艺术砖多用于宾馆大堂、会议厅、车站候车室和建筑物外墙等。

内墙面砖中，釉面砖多用于厨房、住宅、宾馆等装修及大型公共场所的墙面装饰。无釉面砖多用作浴室、厨房、实验室、医院、精密仪器车间等室内墙面装饰，也可以用来砌筑水槽，经过专门绘画的无釉面砖更是可以在室内拼贴成美丽的图案，具有独特的艺术效果。三度烧装饰砖最适宜贴在卫生间或者餐厅，能够为室内环境增色不少。地砖常用于人流较密集的建筑物内部地面，如住宅、商店、宾馆、医院及学校等建筑的厨房、卫生间和走廊的地面。地砖还可用作内外墙的保护、装饰。锦砖常用于卫生间、门厅、走廊、餐厅、浴室、精密车间、实验室等的地面铺装，也可以作为建筑物外墙面装饰，其用途十分广泛。

地砖中，防潮砖用于铺装地面时可设计成各种图案，多用于室内走廊、酒店、厨房、学校、园林装饰、广场、旅游景区以及楼面隔热等。特别是在公共建筑、景观工程中应用广泛。玻化砖既有陶瓷的典雅，又有花岗岩的坚韧，硬度高，吸水率极小（几乎为零），抗冻性好，因此广泛应用于宾馆、商场、会议厅、大堂等场所的外墙装修和地面铺装。

卫生陶瓷可用于厨房、卫生间、实验室等。目前的发展趋向于使用方便、冲刷功能好、用水省、占地少、多款式、多色彩。琉璃制品色彩多样，晶莹剔透，有金黄、翠绿、宝蓝等色，耐久性好，但由于成本较高，因此多用于仿古建筑及纪念性建筑和古典园林中的亭台楼阁。

4.3.1.4 支撑条件

快速发展的陶瓷行业，以及人们不断增强的环保意识，使建筑陶瓷在发展方向上有了新的突破。未来建筑陶瓷的发展方向有以下几点。第一是抗菌性。长期以来，人们在装修过程中，往往关注的重点都是美观性，而忽略了装修材料的其他方面，然而部分劣质的装修材料严重危害了居住者的健康。抗菌陶瓷便是在这一背景下出现的，抗菌瓷砖主要是针对抑菌、杀菌而研发的，这也是今后建筑陶瓷一项重要的发展方向。第二是无放射性。近年来，人们纷纷开始关注由装修材料所引发的疾病。一些建筑陶瓷具有放射性和挥发性特征，一旦建筑装饰材料放射性超标，就会对消费者，尤其是老人、儿童以及孕妇的身体健康造成严重影响，危害人体免疫系统，诱发其他诸多疾病，如白血病等。而作为与人们生活最接近的材料，建筑陶瓷无放射将是发展的大势所趋。建筑陶瓷的放射性主要从其原料而来，所以在原材料的选取和生产工艺的发展上，需将这一问题的解决纳入重点内容中。第三是抗噪性。不断扩大的城市面积，以及不断增大的城市人口密度，使人们逐渐重视居住环境的噪声问题。吸声降噪材料的代表是陶粒，其属于人造轻骨料的一种，原料包括工业废渣、废料或废弃的矿物废料、劣质页岩等，将少量的附加剂、添加剂以及粘结剂等掺入其中，经传统工艺过程（混合、成球、高温烧结等）而制成。其优点显著，如高强度、高耐火、低导热性、轻容重，以及抗腐蚀、抗冲击、抗震、耐磨，同时保温防冻、无放射性等。现阶段，陶粒已在地铁等高噪声场所得到了大范围应用，且应用前景也十分广泛。

4.3.2 高分子材料技术

4.3.2.1 技术要点

高分子材料作为工程建筑领域使用的结构材料，其比强高、密度轻、具有较好的加工性、耐腐蚀、易于加工成形，且能够制作成形状复杂的零部件；具有较高的摩擦性能，容易满足各种摩擦条件的需要；具有可染色性、减振性、密封性与绝缘性等多种特征。

4.3.2.2 发展现状和趋势

直接节能型高分子材料：此种材料具有较强的保温效果，且具备良好的防火、防水性能，具有优良的化学稳定性、较低的膨胀率与较长的使用寿命等。经常被用作建筑外墙的保温高分子材料有酚醛树脂聚氨酯以及高分子包覆的有关相变复合材料。它们既能够有效地满足建筑工程的安全性能与保温效果，又便于施工等，保温效果在很大程度上超过了其他材料。聚氨酯材料的疏水性能十分出色，其具有较高的闭孔率，水分不容易进入到材料内部，防水性能十分优异，能够预防材料遇水膨胀的问题，可以确保其拥有稳定的尺寸。这种材料的黏附性能十分优越，它和纤维板、胶合板、木板、混凝土、金属板等材料的黏附强度，很大程度上超过了聚氨酯泡沫材料实际的撕裂强度。

间接节能型高分子材料：此类材料能够减少高分子材料所需要的生产成本，有效增加材料本身的使用寿命等，节约能源资源，提升以往高分子材料的化学稳定性、耐水性、加工性、抗菌性、耐老化性等，实现节能木板。以纳米氧化锌、纳米二氧化钛与纳米银复合而成的高分子杂化材料，具有较强的抗菌性能。在湿度较大的条件下，能够显著地改进材料易霉变的状况，切实增加其使用寿命。

功能性节能或储能高分子材料：此类高分子材料运用在建筑工程中，主要是热致变色型高分子材料与聚合物太阳能电池。近几年来，聚合物太阳能电池持续提升了光电的实际转换效率，贴在房间的玻璃窗，就能够储存一定数量的电能，为室内用电提供支持，很大程度上促进了这类电池在建筑工程方面的应用进展。作为热致变色高分子材料，聚 N—异丙基丙烯酰胺用作外墙涂料或者屋顶材料时，冬天温度较低的情况下显示为黑色，有利于建筑物吸收更多的热量，发挥良好的保温作用。夏天温度较高时，显示为白色，有利于建筑物强化自身的表面热量反射，实现降温的目的。冬天时此类节能型建筑的室内温度约可提高 2℃，夏天室内温度约可降低 1℃，很大程度上削减了冬天室内供暖与夏天制冷需要的能量损耗。

4.3.2.3 应用场景和效益分析

直接节能型高分子材料可用作建筑外墙的结构保温涂料或者材料，在建筑工程的施工过程中，其便于操作，不要求十分严格的施工环境。间接节能型高分子材料可用作外墙、管道、内墙所需涂料，而且具有优良的稳定性、光学、力学性能，这种高分子材料具有十分广泛的应用前景。热致变色型高分子材料对温度较为敏感，是极具代表性的功能性节能材料，重点用来制作建筑物的外墙与屋顶的涂料。聚合物太阳能电池是把光能转换为电能，而且将这些电能储存起来，能够为室内提供充足的电力支持，通常用在玻璃、外墙、屋顶等多个领域。

4.3.2.4 支撑条件

建设行业需要持续地改进和研发高分子技术，制造出更高性能的高分子材料。要设计出有利于优化设计、提升建筑施工效果的高分子材料。持续地完善高分子材料的具体运用方法，打造产学研与建筑应用一体化的高分子材料运用研究体系。努力培养高质量的高分子材料专业人才，设计出能够运用到建筑工程诸多领域的此类材料，而不仅局限于室内设计与粉刷涂漆方面。同时，结合国内外建筑行业的最新发展趋势，有针对性地创新高分子材料，结合建筑工程的具体情况，搭配个性化、针对性的高分子材料，充分地利用室内外空间。

4.4 新材料技术

4.4.1 纳米材料技术

4.4.1.1 技术要点

广义上说，材料粒径介于 1～100nm 的粒子为纳米材料。目前，国际上认为，处于 0.1～100nm 尺度范围内的超微颗粒以及致密的聚集体和由纳米微晶所构成的材料，包括金属粉末、非金属粉末、有机粉末和生物粉末等多种材料均为纳米材料。研究以上所述纳米材料具有的各种物理化学性质及其应用的技术即为纳米技术，也称毫微技术，纳米技术研究目标是通过物质的分子或原子制造出具有各种功能性的产品，因此纳米技术也可以理解为单原子和单分子的物质制造技术。

纳米材料具有很好的伸缩性、防水性、抗异物黏附性、除臭、杀菌、防尘以及保温隔热性能等。纳米材料在住房和城乡建设领域有着广泛的应用，关键技术包括针对住房和城乡建设领域相关纳米材料中的纳米精度制造、纳米尺度制造和跨尺度制造中的基础科学问题，通过机械学与制造科学、物理学、化学、生物学、材料科学、信息科学等相关学科的交叉与融合，探索纳米制造的新方法与新工艺，揭示纳米尺度与纳米精度下加工、成形、改性和跨尺度制造中的尺度效应、表面/界面效应等规律，阐明物质结构演变机理与器件功能的形成规律，探索制造过程由宏观进入微观时，能量、运动与物质结构和性能间的作用机理与转换规律，建立住房和城乡建设领域相关纳米材料制造的基础理论及工艺与装备的基本原理，以及相关纳米材料制造过程的精确表征与计量方法，为实现相关纳米材料制造的一致性与批量化奠定基础。

4.4.1.2 发展现状和趋势

目前纳米材料在住房和城乡建设领域中的应用有：用于混凝土材料的改性及智能化发展，门窗玻璃及外围护结构的节能，环境治理与太阳能转化等方面。

（1）纳米技术在混凝土材料中的改性应用

关于纳米材料在混凝土材料的改性方面已经有了广泛深入的研究。混凝土材料是当今世界上使用范围最广、使用量最大的建筑材料之一，也是建筑行业的核心材料。近年来，随着我国经济的高速发展，高速铁路、海底隧道、跨海大桥、超高层建筑等大型工程的建设，对混凝土材料的性能要求也越来越高。研究发现，当外力作用在纳米材料上时，其表面的原子容易发生转移，由于其比表面积较大，因此纳米材料具有较高的延展性，此特性可以应用于建筑领域中混凝土的改性，可以使改性混凝土材料的延性和强度也有所提高。同时，由于纳米材料粒子周围缺少相邻的粒子，表面粒子产生空位效应，导致表面粒子配位不足。同时，表面粒子具有较高的能量，导致其表面能大，不稳定，容易与外界其他原子相结合，获得稳定，有利于混凝土材料内部粒子之间的结合牢固，可以用来提高混凝土材料的致密性，防止外界有害物质进入混凝土材料内部，从而使混凝土的耐久性大大提高。

通过研究发现，在混凝土材料的制备过程中，加入纳米矿粉（纳米 $CaCO_3$、纳米 SiO_2 等）、纳米氧化物以及一些纳米金属等材料，可以改善混凝土材料强度、耐久性等来满足现代建筑行业对混凝土材料功能化的需求。根据掺加纳米材料的不同，可以将纳米改性混凝土分为纳米矿粉混凝土、纳米金属粉混凝土和纳米氧化物混凝土三类。目前使用最多的是纳米矿粉混凝土。

（2）纳米技术在门窗玻璃节能中的应用

纳米隔热涂膜玻璃是近几年出现的新型节能玻璃，以其良好的可见光透过率和红外线阻隔率，实现了高透光和遮阳两者的兼顾，已经成为既有建筑及新建建筑玻璃幕墙节能改造的重要手段。此外，随着国家对建筑节能要求的日益提高，部分北方地区以及夏热冬冷的地区已经率先实施建筑节能65%的标准，提高围护结构热工性能的节能效果是实现节能标准的重要途径，纳米隔热涂膜玻璃的应用为外围护结构中建筑玻璃门窗的节能性能提升提供了一种新方法。纳米隔热涂膜玻璃的节能机理主要是利用涂膜中均匀分布的纳米半导体合金粉体对太阳光谱的选择透过性，即反射、吸收太阳光谱中的红外线而不阻挡可见光透过。因此，在保证室内可见光充分透过的同时，减少太阳辐射热量进入室内。在波长 $0.76\sim2.5\mu m$ 的范围内，纳米隔热涂膜玻璃具有较强的红外阻隔作用；而在可见光波长范围内，透过率高达80%，与普通玻璃相差不大，从而保证了可见光的透过。

纳米微胶囊相变材料是一种近几年刚刚兴起的建筑材料，其主要成分是纳米二氧化钛和微胶囊化的相变材料。此种材料相比于普通建筑材料，主要有以下几点优势：第一，该材料在波长小于 $393\mu m$ 的紫外线照射下，其具有的杀菌功能比普通建筑建筑材料强数倍甚至数十倍；第二，此种材料对甲苯的分解率可达到83%左右，对甲苯清除效果极强；第三，此种材料具有良好的蓄热节能效果，可以保持室内温度变化波动稳定在较小范围内，一方面能够减少空调等温度调节设施的使用，起到节能效果，另一方面也能够提高人体舒适度。

（3）纳米材料在环境治理与太阳能转化中的应用

纳米陶瓷材料是新时期建筑陶瓷研究的主要发展方向之一，经过纳米技术加工过的纳米陶瓷具有良好的超塑性和晶体细化特点。纳米陶瓷具有韧性强、耐高温、强度高、耐磨性好、硬度高等优点，对于冷热温度变化也具有良好的抗疲劳性。这些经过纳米技术加工而成的陶瓷具备良好的物理性能，因此可运用到建筑工程中作为防腐、耐热、抗磨损的新材料，发展潜力巨大。

纳米材料可以应用在建筑塑料制品中。在某些透明的建筑材料里加入一定比例的纳米材料，可以使塑料制品的密度变大，且运用到塑料薄膜中可以使塑料薄膜的透明度提升，降低紫外线的破坏，在提高塑料薄膜防水性能的同时，透明度也得到相应的加强。

目前，许多黏合剂、密封胶的生产厂家把纳米材料运用到黏合剂以及密封胶的加工与生产中，并且取得了良好的成效。纳米材料具有良好的环保性和可回收性，由于纳米材料的表层有一层永久效果的有机材料，把纳米材料按照一定的比例掺入到黏合剂和密封胶的生产过程中，可以在胶体内迅速产生硅石结构，这对于提高粘结效果和胶体的环保效果具有重要的作用。除此之外，因为纳米材料颗粒小，所以密封胶的密封性能也得到提高。例如在进行建筑工程施工过程中，一些大型的建筑工程机械在作业过程中所产生的噪声会高达上百分贝，而利用纳米技术生产加工而成的润滑剂可以有效地缓解噪声的影响，对于提高建筑工程设备的使用稳定性和延长设备的使用寿命具有重要的作用。

纳米材料可以直接应用于建筑材料的涂层中。如果在建筑工程材料（如玻璃、陶瓷或者瓷砖等）的表面涂上一层厚度均匀的纳米材料薄层，涂过纳米材料的建筑材料就拥有光催化氧化活性。即只要在光线的照射下有纳米涂层的建筑材料上，任何粘连或者沾污物都能够轻松地被擦除，如果有细菌、病毒或者其他微生物附着于涂层上，只需要经过一段时间就会自行分解、气化，而且在保洁工作过程中也比未添加纳米涂层的建筑材料要轻松。

（4）纳米颗粒物存在的健康危害风险

尽管纳米材料以其独特的优势为绿色建筑的发展带来了广阔的空间，但其在建筑中大量的使用将释放大量的人工纳米颗粒到空气中，从而带来健康风险和环境污染。关于纳米颗粒物在机体内如何运输，是否会在体内累积，长期累积的效应如何以及更深层次的生物效应机制，尚未有详细的研究论述。

未来纳米材料研究的重点和需要解决的问题，有以下几个方面。第一是判断纳米技术可能产生的危害，从而引导纳米技术健康发展。第二是在生产应用纳米材料的各个工业环节防止材料的泄漏，从源头上控制纳米颗粒物的危害，这也是未来纳米材料生产过程中需要解决的难题之一。第三是研究设计纳米材料建筑废弃物的分离和纯化方法，制定标准降低风险。第四是提高纳米材料的性能，减少纳米颗粒物的用量，延长纳米材料的使用寿命。第五是发展纳米材料回收、再利用和再处理技术，对不能回收的纳米材料，通过研究纳米粒子在环境中的转换模式（空气、水、多孔介质），以及生态系统的变化，发展环境友好的绿色处理技术，避免二次污染。综上所述，了解纳米颗粒物对环境造成的影响仍需要大量的研究工作，不能因噎废食放弃纳米材料的使用，也不应该忽视纳米材料带来的环境风险。

4.4.1.3 应用场景和效益分析

目前，纳米材料可以应用在住房和城乡建设领域中的诸多方面，包括用于混凝土材料的改性及智能化发展、门窗玻璃及外围护结构的节能、环境治理与太阳能转化等方面。纳米材料应用于混凝土材料的改性，可以有效改善混凝土材料的强度、延性和耐久性。纳米材料应用于建筑门窗，具有良好的蓄热节能效果。纳米陶瓷材料具有韧性强、耐高温、强度高、耐磨性好、硬度高等优点，对于冷热温度变化也具有良好的抗疲劳性，可以作为防腐、耐热、抗磨损的新材料，发展潜力巨大。

目前，大规模生产纳米材料的主要问题是制备成本较高。因此，降低其制造成本，对加工工艺进行改善，也是现在急需进行的一项重要研究。

4.4.1.4 支撑条件

从技术上，随着技术水平的提升及社会经济对极小尺度相关产品的迫切需求，纳米制造技术将逐渐走向极限尺度/精度（原子尺度及以下）以及多功能集成的战略目标。材料上，趋近于材料本源，且涉及多材料体系；精度与尺度上，趋近于物理极限；功能上，体现为多功能集成一体化；手段上，体现为精准性和普适性。根据国际纳米制造发展趋势，结合我国当前纳米制造水平与基础，未来10~30年，纳米技术需要发展的有以下几个方面。第一是趋近物理极限的超精密制造，未来的纳米制造精度和尺度要全面拓展到原子水平。第二是满足住房和城乡建设领域发展新需求的纳米制造。

作为一种新型材料，纳米材料不仅在建筑材料领域有着广泛的应用价值，其在智能建筑、建筑结构设计、建筑加固改造等方面也意义重大，但其本身释放的纳米颗粒对动植物造成的危害是不容忽视的。目前要解决纳米材料在建筑中带来的问题,关键应从源头上控制纳米颗粒物的危害。生产应用纳米材料的各个工业环节应防止材料的泄漏,研究设计纳米材料建筑废弃物的分离和提纯方法,制定相关行业标准,降低健康风险;同时提升和改善纳米材料本身的性能,减少纳米颗粒的使用,延长其使用寿命,并保证在其全寿命周期内的安全;提高纳米材料再回收、再利用和再处理技术,研究开发可循环利用的新材料,避免由于材料更换带来的二次污染。

从市场上看,纳米材料的应用要想得到广泛的普及,需要让市场发挥作用。纳米材料从制造到应用的一系列过程,形成产业化发展,还有很长的一段路要走。从政策上看,也应制定相应的推广政策和产业扶持政策,同时制定相应的材料使用标准,使纳米材料在住房和城乡建设领域发挥应有的作用。

4.4.2 石墨烯材料技术

4.4.2.1 技术要点

自 2004 年诺贝尔物理学奖获得者 Andre Geim 和 Konstantin 首次利用胶带剥离方法从石墨中分离出石墨烯以来,全世界已有 80 多个国家和地区不断加大石墨烯的研发支持力度,我国在"中国制造 2025"计划中出台了石墨烯产业技术路线图。石墨烯是已知强度最高的材料之一,同时还具有很好的韧性,且可以弯曲,石墨烯的理论杨氏模量达 1.0TPa,固有的拉伸强度为 130GPa。而利用氢等离子改性的还原石墨烯也具有较好的强度,平均模量可大 0.25TPa。由石墨烯薄片组成的石墨纸拥有很多的孔,使石墨纸显得很脆,然而,经氧化得到功能化石墨烯,再由功能化石墨烯做成石墨纸则会异常坚固强韧。近年来,建筑行业的学者已对石墨烯在建筑业防水、混凝土、涂料等领域进行了深入研究,随着石墨烯应用研究的深入,其在建筑行业有着光明的前景。

4.4.2.2 发展现状和趋势

石墨烯(图 4-1)由单层 C 原子通过共价 σ 键、π 键形成具有规则六方对称的理想二维晶体,C 原子间以 SP^2 杂化方式紧密连接。C-C 键长约 0.142nm,是目前世界上发现最薄的层状材料,厚度是头发丝直径的二十万分之一,约为 0.335nm;具有导热率 5000W/(m·K) 的热学性能,室温下电荷迁移率 15000cm^2/(V·s)、载流子迁移率达到 $2×10^5cm^2$/(V·s) 的电学性能,透明度约为 97.7% 的光学性能,理论上比表面积 2630m^2/g 和透明度约为 97.7% 的光学性能,单层原子厚度具有 1.02TPa 的杨氏模量和 130GPa 抗拉强度的力学性能;具有狄拉克—费米子特性、奇异的量子霍尔效应、量子霍尔铁磁性和零载流子浓度极限下的最小量子电导率。

目前住房和城乡建设领域对石墨烯技术的应用主要分为以下六种:石墨烯改性环氧树脂、石墨烯改性沥青、石墨烯改性涂料、石墨烯陶瓷复合材料、石墨烯玻璃、石墨烯混凝土。

4.4.2.3 应用场景和效益分析

(1)石墨烯改性环氧树脂

钢结构高层建筑已成为大中城市的主流建筑,其较差的耐火性问题越来越受到重视,在钢结构上涂覆防火涂料是目前最为有效的防护方法,但涂层发泡炭化后易脱落,防火性

图 4-1　石墨烯分子结构图

能也随之下降。磷硅元素改性氧化石墨烯环氧树脂可有效提高涂覆防火涂料的动态机械性能，极限氧指数值提高 27.1%，燃烧过程无滴落，符合塑料阻燃等级 V-0 级要求。石墨烯改性环氧树脂工业化生产成本降低后，将在钢结构建筑（桥梁、铁塔、机场、高铁站、高层房屋）涂覆防火材料方面得到广泛应用，满足其安全需要。

房屋建筑屋面防水、高层建筑地下室防水以及有防水要求的地面防水、建筑外墙防渗漏等效果好坏，直接影响建筑功能和使用寿命。卷材防水和涂膜防水是屋面经常采用的方式，受防水材料和施工方法的影响，屋面渗漏是建筑行业的顽疾。高层建筑地下室主体工程为现浇混凝土箱型框剪结构，结构最外层设置防水层，构造性渗水、渗流、潜流、涌流是主要的渗水方式，造成渗水的主要原因是防水材料的选择和施工。带有酰胺键、醚胺键的改性氧化石墨烯与环氧树脂进行固化反应得到的防水胶粘剂，拉伸抗剪强度、抗冲击剥离能力、抗压强度、抗拉强度等力学性能均得到了明显的改善，粘结力强、收缩率低、抗化学腐蚀性好，且与混凝土、金属粘结性优良，石墨烯/环氧树脂在建筑物混凝土裂缝修补、复杂地基处理、防渗堵漏以及补强加固等工程前景广阔。

（2）石墨烯改性沥青

沥青混凝土加钢筋是建筑工程、公路工程最为常见的筑基技术，而建筑沥青和水泥本身固有的特性，难免会对建筑结构整体性与稳固性产生不可逆转的影响。例如：公路沥青路面容易产生车辙、开裂和老化等缺陷；建筑沥青防水层会出现起鼓、脱层、腐烂现象。将高低温性能均得到有效改善的石墨烯沥青应用于建筑防水，可显著提高其防水效果。

（3）石墨烯改性涂料

在《建材工业鼓励推广应用的技术和产品目录（2016～2017 年）》中，石墨烯防腐涂料作为鼓励产品推广应用。添加低于 1% 的石墨烯，可以取代 60% 以上的锌粉；与富锌底漆相比，节省 30% 以上用量，漆膜表面不产生锌盐，耐盐雾性能是富锌底漆行业标准 I 型产品的 4 倍以上。中国科学院等单位对制定《环氧石墨烯锌粉底漆》和《水性石墨烯电磁屏蔽建筑涂料》两项标准进行了研讨；未来石墨烯重防腐涂料将在建材行业发挥重要的作用。

(4) 石墨烯陶瓷复合材料

作为建筑物装饰构件的陶瓷，造型美观、种类繁多、外观新颖，装饰图案多样化，但质重易脆、使用功能单一。我国北方地区，在地暖地面铺设陶砖已成为时尚，但地暖管线一旦发生漏水，维修十分麻烦。石墨烯地暖瓷砖依靠石墨烯电热板发热传递给瓷砖面，既解决了北方室内采暖的问题，也解决了南方居民自装暖气带来的诸多不便。石墨烯陶瓷薄膜制备工艺工业化后，建筑陶瓷的耐磨性、抗脆性将大大提高。

(5) 石墨烯玻璃

安全、节能的建筑玻璃给人民的生活带来了很大的方便。近些年，高层建筑玻璃幕墙的隔热保温性能和传热系数的控制已成为人们关注的热点，双层中空玻璃、镀膜玻璃、Low-E 玻璃等在玻璃幕墙节能中大量应用。建筑玻璃贴膜所具有的隔热节能、防紫外线、防爆抗震、装饰性与私密性较高、透光性强等特点已得到公众的认可，越来越多地作为一种节能手段应用于建筑物门窗、幕墙、顶棚等。不久的将来，石墨烯玻璃应用于建筑行业，作为导电玻璃、透光玻璃、节能玻璃等将发挥其作用。

(6) 石墨烯混凝土

混凝土的工作性能、抗压强度、弹性模量、弯曲韧性、早期塑性开裂、干缩和徐变等特性影响建筑物的质量和耐久性。高层建筑对混凝土本身的质量和施工质量要求越来越高，高寒地区桥梁混凝土需具有抗氯离子渗透、抗裂性能，沿海桥梁混凝土结构需防腐蚀等，这些都对混凝土固有特性提出更高的要求。国内外诸多学者将少量氧化石墨烯掺入水泥砂浆后，混凝土的初凝时间、终凝时间、抗压强度、抗折强度等指标得到明显改善。石墨烯智能混凝土的压敏特性，可配合或替代桥梁裂缝光纤传感的监测、超声波无损检测、温度应力监测、机器视觉的桥梁自动监测等，更有利于保证铁路、公路桥梁的安全。

4.4.2.4 支撑条件

(1) 石墨烯的研究中，如何制备结构规整、成本低廉、性能稳定、量化生产的石墨烯材料及如何制备功能化的石墨烯，使其具有良好的分散性，并充分改善环氧树脂的各方面性能，是规模化生产并应用的基础。

(2) 进一步提高玻璃表面石墨烯的质量，降低生长温度，缩短生长时间，实现石墨烯玻璃的工业化生产，拓展新的有价值应用等。

(3) 进一步降低氧化石墨烯的成本、提高石墨烯混凝土的流动性和抗侵蚀性仍是亟待攻关的方向。

4.4.3 气凝胶材料技术

4.4.3.1 技术要点

气凝胶材料通常是指以纳米级颗粒相互聚集形成纳米多孔结构，并在纳米孔洞中充满气态分散介质的三维多孔轻质固体材料，如图 4-2 所示。气凝胶最早是在 1931 年由斯坦福大学 Kistler 以水玻璃为原料，采用乙醇超临界干燥技术制备而成。气凝胶材料热导率低、透光性好、可加工性能强，是一种新型高性能节能建筑保温材料。

气凝胶按组分可分为氧化物气凝胶、有机气凝胶、炭/石墨烯气凝胶、碳化物气凝胶、硫族气凝胶以及金属气凝胶等。气凝胶材料具备极低的密度（0.12mg/cm³），是世界上热

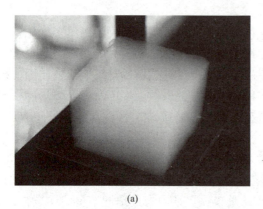 

图 4-2 气凝纳米材料

(a) Al_2O_3 气凝纳米材料；(b) 气凝纳米材料隔热试验

导率最低的固体材料，还具备高孔隙率、高比表、低折射率、低介电常数等特性，表现出优异的光学、热学、声学、电学特性，在工业保温、建筑节能、航空航天、化工冶金、环境治理等领域具有极大的应用价值和前景。2017年10月，有关研究报告指出，2016年全球气凝胶市场价值为5.13亿美元，2017～2026年复合年增长率预计为31.8%，2026年全球气凝胶市场价值将达到80.84亿美元。

4.4.3.2 发展现状和趋势

目前，气凝胶纳米材料在建筑工程中的应用包括气凝胶玻璃、气凝胶一体板、气凝胶涂料、气凝胶保温砂浆与混凝土等。

(1) 气凝胶玻璃

研究人员采用浸泡涂膜结合常压干燥过程制备了气凝胶涂膜玻璃，并预测当气凝胶涂膜厚度为100μm时，气凝胶涂膜本身热导率为0.016W/(m·K)，而气凝胶涂膜玻璃为0.20W/(m·K)，透光率超过90%。气凝胶颗粒填充玻璃主要是将研磨之后的气凝胶颗粒按照一定粒度及级配加入到用乙醇清洗干净的玻璃之间，然后经后续密封加工而成，工艺简单，成本较低，在当前的商业生产中占据主导地位。通过气凝胶颗粒粒径及填充厚度设计，制备了8种不同结构的气凝胶颗粒填充玻璃，传热系数最多可下降51.43%。整块气凝胶填充玻璃是将大块状的气凝胶材料作为玻璃层间的芯材，经后续的密封胶装形成，该方法由于需要大型块状的气凝胶材料，生产成本较高，难度大，难以实现大范围推广。研究人员将一整块12mm厚气凝胶材料夹在4mm浮法玻璃和Low-E玻璃之间制备成气凝胶玻璃。结果表明，当气凝胶玻璃替代量从40%增加至100%时，窗户的U值从1.2W/(m·K)减小至0.6W/(m·K)。同时当气凝胶玻璃覆盖量为100%时，平均日光指数从原来的36.2%降低为32.5%，节能效率可达80%以上。

(2) 气凝胶一体板

美国太空总署2003年发射的"火星探测漫步者"，火星地表昼夜温差达100℃，气凝胶一体板的使用维持了元器件的正常工作。Kalwall公司研发的纳米气凝胶为填充内核的新型气凝胶一体板Kalwall+Lumira，传热系数值仅为0.28W/(m²·K)，应用在天窗系统、手术室及演播室等特殊场合。Cabot公司气凝胶一体板具备防潮、防霉、防菌以及抗紫外线等功能，可循环利用。研究人员通过预发泡、熟化、成型等过程，制备了聚苯乙烯/SiO_2气凝胶一体板。当SiO_2气凝胶掺量为2％时，该一体板的热导率低至0.024W/（m·K），抗压强度可达0.2MPa。这些保温性能优异的气凝胶不仅可应用于高温阻燃领域，在严寒地带及液化天然气低温保冷领域也具备极大的应用价值。

（3）气凝胶涂料

2010年上海世博会零碳馆和万科试验楼上使用了气凝胶涂料，节能效果明显。研究人员制备了海藻酸盐/黏土气凝胶涂料，并将其涂覆于聚氨酯泡沫塑料，提高了建筑材料防火安全性能。制备的SiO_2气凝胶涂料在同等条件下，与空白玻璃相比，温度降低了14℃，保温效果显著。研究人员在玻璃表面涂覆Cs0.32WO_3涂层和SiO_2气凝胶涂料，有效提高可见光透过率，减少红外辐射，降低室内温度。气凝胶涂料也可用于室内空气检测及净化领域，制备Fe基金属有机框架气凝胶，用于氯苯类物质检测及分离，分离效率高，循环性能好。此外，气凝胶涂料还可涂覆在建筑物墙上，阻隔声音传递，是一种性能优异的隔声吸声材料。

（4）气凝胶保温砂浆与混凝土

研究人员将SiO_2气凝胶作为砂浆填充层，并通过预筑成形、机器喷涂或人工砌筑等方式将其用于建筑墙面保温，结果表明，砂浆密度为200kg/m^3时，比热容为1100kJ/（kg·K），导热系数低至0.027W/（m·K）。将50％体积分数的气凝胶加入到高性能混凝土中，制备的气凝胶混凝土抗压强度为20MPa，热导率为0.55W/（m·K）。

4.4.3.3 应用场景和效益分析

气凝胶被发现至今已有90年，最初该材料并未受到格外关注，直到20世纪末，越来越多的人开始了解并投入气凝胶的研究中。最近几年，越来越多的国内科研人员、相关机构和企业关注到气凝胶材料，并涌现了一批气凝胶材料企业。然而，气凝胶的应用开发主要集中在隔热保温领域。而水处理、气体吸附分离等功能气凝胶同样具有广泛的应用空间。随着工业生产、科研水平和人们认识的提高以及相关政策和标准的完善，气凝胶这种性能独特的纳米多孔材料，在工业生产、绿色建筑、航空航天、国防建设、节能减排、污染物消除等诸多行业或领域具有良好的应用前景。

4.4.3.4 支撑条件

气凝胶材料的研究发展需要解决三个关键科学问题：网络结构生长演变机制及调控、组成和表面化学结构调控和高温结构稳定性调控。同时，需要解决三个关键工程技术问题：低成本、多功能化和施工性。纳米气凝胶材料有望成为推动社会发展变革的超级材料。

4.4.4 相变储能材料技术

4.4.4.1 技术要点

相变储能材料（Phase Change Material，PCM）是一种新型的绿色能源材料，其自身不能产生任何形式的能量，但是可以利用其相变热效应，将外界环境中损失的热量以潜热的形式储存起来，在合适的条件下自主地将能量释放利用，达到提高能量利用率的目的，其工作原理如图4-3所示。

图 4-3 相变储能材料工作原理

相变储能材料种类繁多，相变过程仅取决于温度，可广泛应用于储能领域，提高能源利用效率。按照相变温度区分类，其可分为常低温、中温和高温相变材料。常低温相变材料一般指相变温度低于 100℃ 的材料，包括石蜡、水凝胶、水合盐等。

4.4.4.2 发展现状和趋势

相变储能材料在建筑方面的研究最早于 1982 年由美国能源部太阳能公司发起。1988 年起，由美国能量储存分配办公室推动相变储能材料的研究。20 世纪 90 年代，相变储能材料在处理石膏板、墙板与混凝土构件等建筑材料方面的研究和技术得以发展。研究表明，相变储能材料可以增强轻质结构的热容。

美国俄亥俄州戴顿大学研究所成功研制出了一种新型建筑材料——固液共晶相变储能材料，可在墙板或轻型混凝土预制板中浇筑这种相变储能材料。清华大学研制出了石蜡/高密度聚乙烯和石蜡/苯乙烯-丁二烯-苯乙烯定型相变储能材料，可用于墙体和地板材料中。

日本的神奈川大学和东京电机大学开展了相变储能材料在墙板方面的储热性能研究。研究表明，墙板使用相变储能材料使得热负荷更加平缓，用电量下降，可削减峰负荷。

中国科学院青海盐湖研究所通过密度泛函理论、成核剂"协同效应"、纳米导热粒子和维纳核壳结构等方法提升了水合盐相变储能材料性能，并拓宽了其应用范围，使其具有良好的经济和技术可行性，可用于太阳能利用、建筑节能、冷藏物流、电力系统调峰、余热回收、空调采暖等领域。

4.4.4.3 应用场景和效益分析

在住房和城乡建设领域，采用相变储能复合材料，在显著提高建筑物的蓄热能力的同时，有利于减轻和减薄建筑结构，提高建筑物的室内舒适度，具有较高的应用价值。研究表明，采用具有储能功能的地板或天花板装置，通过夜间蓄冷（热），在提高建筑物室内舒适度的前提下，可大幅降低建筑能耗和暖通空调的运行费用及其对社会电力的负荷，具有显著的社会意义。

4.4.4.4 支撑条件

相变储能材料的出现为绿色节能建筑的发展提供了新的方向。相变储能材料的应用在建筑中日益广泛，但其与木材及其相关材料结合的实例仍然较少。未来，尝试将相变储能材料与木塑复合材料相结合，制得的木塑定型相变储能材料，既满足建筑节能，又能适应利用木质材料制作家具及室内装饰装修材料的流行趋势，是一种极具发展潜力的新型材料。

相变储能材料在长期循环使用过程中会出现渗漏和挥发的现象，另外，其也会对附属设备产生一定程度的腐蚀作用。因此，研究具有合适的相变温度、相变焓和一定结构强度的相变材料已成为一个关键问题。

目前所用的相变材料的导热性能普遍较差，研究如何有效地提高相变储能材料的储能效率，也是在推广相变储能材料的应用中有待解决的问题。

4.4.5 智能材料技术

4.4.5.1 技术要点

智能材料具有感知功能，能够检测并识别外界（或者内部）的刺激强度，如电、光、热、应力、应变、化学、核辐射等；具有驱动功能，能够响应外界变化；能够按照设定的方式选择和控制响应；反应较灵敏、及时和恰当，当外部刺激消除后，能够迅速恢复到原始状态。

4.4.5.2 发展现状和趋势

（1）智能混凝土

近年来，开始在混凝土中复合电黏性流体来研制自调节混凝土材料。电流变体（ER）是一种可通过外界电场作用来控制其黏性、弹性等流变性能双向变化的悬胶液。在外界电场的作用下，电流变体可于0.1ms级时间内组合成链状或网状结构的固凝胶，当外界电场拆除时，仍可恢复其流变状态。在混凝土中复合电流变体，利用电流变体的这种流变作用，同样可在混凝土结构受到台风、地震袭击时调整其内部的流变特性，改变结构的自振频率、阻尼特性以达到减缓结构振动的目的。为对某些特殊建筑物（如各类展览馆、博物馆及美术馆等）实现稳定的湿度控制，日本学者研制了自动调节环境湿度的混凝土材料，自身即可完成对室内环境湿度的探测，并根据需要对其进行调控。这种混凝土材料同样也属于智能混凝土的一部分。

在混凝土传统组分中复合特性组分，在混凝土内部形成智能型仿生自愈合神经网络系统，采用粘结材料和基材相复合的方法，对材料损伤破坏具有自行愈合和再生功能，能恢复甚至提高材料性能。日本学者是将内含粘结剂的空心胶囊掺入混凝土材料中，一旦混凝土材料在外力作用下发生开裂，空心胶囊就会破裂而释放粘结剂，粘结剂流向开裂处，使之重新粘结起来，起到愈伤的效果。美国伊利诺伊斯大学在1994年采用类似的方法制得自修复混凝土，所不同的是以玻璃空心纤维替代空心胶囊，其内注入缩醛高分子溶液作为粘结剂，并进而根据动物骨骼的结构和形成机理，尝试制备仿生混凝土材料。

（2）智能表面涂层

智能墙体涂层除具备耐候、防水、防霉、防冻、耐刷洗等性能外，还能够根据室内外光线强弱来变幻墙体光泽亮度，起到温室内采光的作用，在不同环境下能自动激活分子结构，自动调节以适应不同环境状态，解决室内光线差的问题，使人体视觉上更自然、舒适。

（3）智能玻璃

具有采光、调光、光催化、聚光、蓄光、光电转换、热电转换等各种功能特性的生态建筑玻璃，将在太阳能的有效利用、改善能源结构、防止温室效应、节能以及为人类创造舒适的生活空间等方面起到举足轻重的作用,并成为建筑玻璃材料的主体。大多数光电功能玻璃在降低其制造成本的前提下,都有可能用于智能窗,如玻璃光导纤维、光致变色玻璃、电致变色玻璃、荧光聚光玻璃等。在两层无色透明的玻璃中间夹入一层可逆热致变材料,可得到一种根据光照强度自动改变颜色的智能玻璃。

4.4.5.3 应用场景和效益分析

(1) 智能涂料

智能涂料的新功能将在生态住宅中得到新的应用。轻质热敏型涂料在冬天温度下降时,将起居室颜色从夏季的浅色调变为适合冬天的深色调。其在白天吸收能量,而在夜晚通过电流或热的形式释放出来。智能涂料还具有健康卫生的特性,涂料中植入抗菌聚合体可杀死室内的细菌。带有吸收性能的涂料可用来消除烟味和其他令人不快的味道,其排斥灰尘的性能也有利于改善卫生状况。

(2) 智能玻璃幕墙

传统玻璃幕墙技术的大量使用带来了光污染、能源消耗、视线干扰、室内卫生质量下降等问题。为解决这些问题,智能玻璃幕墙技术已先后在德国、英国等西欧国家得到发展。智能玻璃幕墙广义上包括玻璃幕墙、通风系统、空调系统、环境监测系统、楼宇自动控制系统。通过智能玻璃幕墙可控制室外光线,提供通风,大大减少外界噪声对建筑内部的干扰。

具有调光功能的智能玻璃幕墙,可根据室外光强的变化来调节玻璃颜色的深浅。例如在两层玻璃之间加入薄薄的氧化钨和氧化钒电解液,通电后,玻璃之间的化学成分产生电脉冲,使玻璃随阳光强弱改变颜色。当阳光强时,玻璃呈蓝色,95%的阳光被反射出去;当阳光弱时,玻璃无色,变成透明状,光线可进入室内。

4.4.5.4 支撑条件

智能材料现正受到各方面的关注,从其结构的构思,到智能材料的新制法等方面都在积极开展研究。智能材料结构的重要性体现在,其与材料学、物理学、化学、人工智能、信息技术、计算机技术、生物技术等许多前沿科学及高技术密切相关,智能材料结构在住房和城乡建设领域的应用尚处于初级阶段,研究工作在许多方面有待于新的突破。未来,智能绿色建材将会是未来健康家居的重要组成部分,具有广阔的发展前景。

5 人居健康与安全技术

在 2020 年第 21 期《求是》杂志文章"国家中长期经济社会发展战略若干重大问题"中，习近平总书记指出，"我国城市化道路怎么走？……关键是要把人民生命安全和身体健康作为城市发展的基础目标……更好推进以人为核心的城镇化，使城市更健康、更安全、更宜居，成为人民群众高品质生活的空间"。由此可见，我国住房和城乡建设已经由物理空间的营造进入以人为本的人居健康优化建设时代。同时随着建筑年龄的增长和自然环境的影响作用，建筑安全和人身安全成为影响住房和城乡建设运营的重要因素。尤其在面对疫情威胁的新时期，习近平总书记强调，人民安全是国家安全的基石，只有构建起强大的公共卫生体系，健全预警响应机制，全面提升防控和救治能力，织密防护网、筑牢筑实隔离墙，才能切实为维护人民健康提供有力保障。因此，住房和城乡建设必须坚持以人民为中心的发展思想，坚持人民城市为人民，要将人民的身体健康、建筑健康和安全放在重要的决定性位置，既要从宏观层面推动产业发展基础设施、公共服务等资源更加均衡高效配置，更要从微观层面积极回应人民群众对医疗、住房、养老、绿色开放空间、社区生活圈、城市安全等的新期待，真正实现更健康、更安全、更宜居的发展目标。

5.1 社区卫生健康技术

5.1.1 健康大数据采集与监测技术

5.1.1.1 技术要点

以国家人口健康科学大数据中心为基础，扩大人口健康数据的采集和共享端口，将各个城市的居住社区的健康数据纳入采集范围。尤其目前城市人口聚集度高，传染性危险疾病（如新冠肺炎）容易造成灾害性后果，需强化对居住社区的人口健康数据采集和监控。

依托已有监测网络，围绕发热伴呼吸道、腹泻、发热伴出疹、发热伴出血、脑炎脑膜炎等五大症候群，采集发热门诊和肠道门诊的诊断、症状、实验室送检和检验结果、抗病毒药物和抗菌药物等患者诊疗过程中产生的临床数据，通过人工智能和机器学习等手段，自动归集入档。

5.1.1.2 发展现状和趋势

结合正开展的基于诊疗过程数据对人居区域内医疗机构进行传染病相关疾病预防和控制相关质控指标设计，定义诊疗过程数据集，定义数据交换规范和上报工作方案、数据分析方案和数据安全保障方案等。

5.1.1.3 应用场景和效益分析

建设社区级采集端口和终端，支撑社区基层防疫减灾的预警、处置、控制和恢复的整体流程。

采用智能传感技术、红外感知技术、融合视频影像识别技术，建立社区的监测采集基础设施。通过数据的评估清洗，形成社区人口数据资产，对于防疫救援、社区健康状态、人口健康评价、社区健康环境评估等都有显著的支撑作用。

5.1.1.4 支撑条件

国家人口健康科学数据中心与远程医疗平台结合，与住房和城乡建设从规划、建设、运营管理全面融合，建立社区人口健康采集和交换基础设施。同时，相关主管部门应适时颁布新的城乡健康基本标准化建设要求和规范。

5.1.2 公共卫生远程监控预警技术

5.1.2.1 技术要点

在城乡人居社区部署建设基于边缘计算的末端识别系统和网络智能终端，实现对于危险症候群的前端识别和预警。强化对交通枢纽、学校、医院、商业娱乐中心、居住社区等公共区域的多源信息整合，前端及时发现症候异常，并报送后端中心评估预警。

研究临床医疗和健康数据集成整合和标准化处理技术，构建危险症候群公共卫生监控大数据；研究危险症候群知识快速转化和共享技术，危险症候群智能化诊断和检出技术，建立面向危险症候群患者早期诊断的医疗健康服务云平台。

5.1.2.2 发展现状和趋势

现有的危险症候群公共卫生监控，依赖于各级医疗机构对已诊断症候群病例的上报，一方面无法监控院外的早期症状患者，另一方面也存在漏诊导致的病例漏报，监控及时性和完整性缺失而产生潜在的传人危害。

（1）未来五年预期：建成融入居民健康管理的危险症候群智能诊断和检出的健康云服务，可实现已知和新发危险症候群的早期诊断和检出；建成整合医疗和健康的危险症候群公共卫生监控大数据，大幅提高危险症候群公共卫生监控的及时性和全面性。

（2）未来十五年预期：基于互联网的健康服务在全社会普及，已知和新发危险症候群可以及时诊断和检出，医疗和健康数据全面集成整合，危险症候群公共卫生监控及时准确。

5.1.2.3 应用场景和效益分析

公共卫生远程监控预警技术可普遍提高危险症候群的检出能力、反应速度和管理水平，缩小城乡和地域差异，减少大型公共卫生事件等造成的经济和社会损失。建设危险症候群的社区端体系，将有效防止烈性传染病对于生命和经济社会的严重危害。

5.1.2.4 支撑条件

医疗信息化的多年发展和各类健康云服务的建设推广，为危险症候群公共卫生健康大数据的建设提供了技术和数据条件。近年来，人工智能技术的发展，为构建危险症候群智能化诊断和检出提供了技术基础。未来，可制定城乡居住社区的建设要求和标准规范，组建好城市区域级的推广示范样本，进行全国推广。

5.1.3 公共卫生立体感知防控技术

5.1.3.1 技术要点

城乡基层现代化治理基础设施，以交通物流划分的街区中台共享服务为核心，以社区医疗驿站为节点，将智慧城市公共卫生体系、防疫监测和应急响应等大型云端应用，在居住社区端分解为微服务定制。融合现有平安社区、数字城管、疫情防控、应急响应等多元系统，采用立体防控多业务集成管理技术，接入第三方视频监控、门禁管理、报警管理、车辆管理、人脸识别管理、融合通信、应急指挥管理、人员定位、办公自动化、周界管理、对讲通信管理、大屏幕管理、全景拼接、枪球联动、无人机管理等第三方系统或设备，提供逼真的三维立体场景，通过海量的属性信息融入场景中，针对三维实体模型进行数据交互。所有数据交互到三维实体模型系统中后，由三维实体模型系统进行状态展现，并将用户所进行的操作反馈给各系统。

5.1.3.2 发展现状和趋势

结合此次新冠肺炎疫情的经验，治理手段和基础设施都亟待融合提升改进，社区基层治理亟需现代化综合治理手段。城市各项智慧医疗健康管理云端系统通过社区多维监管技术将微服务分解到每个社区家庭，保障公共卫生安全。

5.1.3.3 应用场景和效益分析

公共卫生立体感知防控技术可实现立体防控多业务集成管理，平台适用于各防控区域，结合防疫监测大数据中心，能对防控区域内的人员身份验证、实名检测；能对防控区域进出车辆、运行轨迹进行管理；能对区域内的实时视频进行在线管理；能通过报警管理收取各类报警信息，并通过应急管理自动启动预案，同时调动无人机、安防机器人协助管理人员及时处置。当报警无法精确定位到报警原因，可在三维场景中查看周边报警视频最终确定报警原因。在人员未到场的前提下快速定位报警原因，为处置报警提升效率。

5.1.3.4 支撑条件

融合智慧城市、平安社区建设成果，结合数据共享交换技术、智能识别技术、疾病疫情控制大数据平台、城市医疗资源管理平台等，制定城市管理和改造更新的政策性指南，并颁布相关参照规范，树立试点模板，进行全面的应用推广和可持续发展提升。

5.1.4 社区智能诊疗服务技术

5.1.4.1 技术要点

社区智能诊疗服务系统包括 AI 西医疾病辅助诊疗系统、AI 中医疾病辅助诊疗系统以及智能手机或健康管理家庭终端。

1. AI 西医疾病辅助诊疗系统

AI 西医疾病辅助诊疗系统是基于循证医学的疾病诊断与治疗辅助系统，针对患者主诉，通过症状搜索、智能推送、部位选择等方式帮助医生开展基于疾病诊断 SOAP 流程（症状分层、体征触诊、疾病鉴别、并发症探查）的快速问诊，据此智能推导赋予不同权重的可疑疾病,并提供确诊方法(如生化检测)及治疗方案建议(共 730 多种疾病诊断与治疗方案)。在临床诊疗过程中,辅助基层医务人员对常见病、多发病患者提供更加精准的诊断与治疗方案。

AI 西医疾病辅助诊疗系统包括西医诊疗流程管理与西医知识库两部分功能:

(1)西医诊疗流程管理:医生根据患者的实际情况进行常见症状选择/搜索、问诊过程管理、可疑疾病及相关症状推算、疾病治疗方案建议、转诊等服务。

(2)西医知识库:包含疾病知识库、症状知识库、药物知识库。

2. AI 中医疾病辅助诊疗系统

AI 中医疾病辅助诊疗系统是汇集国家级名老中医临床经验和教材内容,采用人工智能技术结合传统中医药思想开发而成。通过云计算技术和后台知识库运营管理系统,对内、外、妇、儿等数百个临床病种、数万个中药经方、中成药处方、穴位指压、食疗药膳、经络循行、康复指导等进行辨证施治。

AI 中医疾病辅助诊疗系统包括中医诊疗流程管理与中医知识库两部分功能:

(1)中医诊疗流程管理:医生根据患者的实际情况陆续输入主诉症状和症候,进行辨证施治,系统经过推算给出适合该患者情况的治疗方案。

(2)中医知识库:分为临症参考、穴位、经络循行、国医大师、中药、中成药、方剂、食疗药膳。

5.1.4.2 发展现状和趋势

AI 西医疾病辅助诊疗系统采用基于全科医疗临床路径开发的全科疾病诊疗辅助系统/知识图谱(包括症状分层、体征触诊、疾病鉴别、并发症探查、疾病治疗、疾病转诊等服务模块),对 730 多种常见病、多发病提供智能诊断与治疗方案,并对危重症进行智能识别,提示转诊。

AI 中医疾病辅助诊疗系统采用人工智能技术集成开发,基于传统中医药思想的中医全科专家系统(起始于"七五"计划国家科委资助的、中国中医科学院专家指导开发近 20 年的系统),对内、外、妇、儿等 200 多个临床病种、数万个中药经方、中成药处方、食疗药膳、经络循行、康复指导等进行辨证施治。

社区智能诊疗机器人(全科医生助手机器人)可作为基层医生的助手赋能基层医生,提高疾病诊断治疗的能力,助力医改分级诊疗/医共体建设,其价值与意义包括:

(1)持续赋能:基层医生能力提高、收入提高;

(2)可及惠民:老百姓服务便利、健康得利;

(3)有效治理:政府部门监管控费、爱民关怀。

未来五年预期:基层医生配备全科医生助手机器人,成为合格的全科医生/家庭医生。全科医生助手机器人成为基层医生的"在岗培训老师",不断地帮助基层医生提高疾病诊断、慢病管理、健康管理的医学服务能力。

未来十年预期:家庭配备家庭健康机器人(全科医生助手机器人的居民家庭应用版本),为居民家庭提供智能疾病自诊、慢病管理、健康管理服务。居民的家庭健康机器人与居民的家庭签约医生配备的全科医生助手机器人互联互通,建立基于互联网的"医患互动智能绿色通道",为居民家庭提供"预防、保健、诊疗、康复"一体化全生命周期的智能健康服务。

5.1.4.3 应用场景和效益分析

社区智能诊疗服务系统作为赋能全科医疗、家庭健康、互联网医疗的大数据人工智能服务平台，可根据实际需要提供广泛的市场应用，包括政府医共体建设、未来药店疾病诊疗咨询与智能配药（"会看病的药店"）、未来智能社区与家庭老人康养、慢病管理/健康管理等服务与应用场景。

社区智能诊疗服务针对不同的项目应用场景开展不同的商业模式：

（1）政府医共体建设部署（2G）：各地政府医共体建设是国家大力推动的重要项目。社区智能诊疗服务系统推广部署的商业模式包括：政府招标采购系统，政府支付平台服务运营费（每次中西医疾病辅助诊疗服务费、每个居民每年公共卫生服务费等）。

（2）未来药店部署（2B2C）：药店采购社区智能诊疗服务系统，系统提供中西医疾病辅助诊疗咨询与智能配药服务，药店支付药品销售的渠道费。

（3）未来智能社区建设部署（2B2C）：社区采购社区智能诊疗服务系统，系统提供中西医疾病辅助诊疗、慢病管理及老人家庭康养与健康管理服务（服务套餐），社区或居民/患者支付服务套餐的年服务费。

5.1.4.4 支撑条件

在国家卫生健康委的指导和支持下，智能诊疗服务开始了全科医生助手机器人试点项目，赋能基层医生的疾病诊疗能力，助力医共体建设，满意度达到95%。智能诊疗服务得到广泛关注和认可，于2018年入选国务院发展研究中心改革开放四十周年成果之一，并获得世界银行/世界卫生组织中国医疗卫生改革促进项目督导团实地考察后的高度评价，认为其可作为全球推广示范案例。在全民健康建设和居住社区建设与更新的过程中，全科医生助手机器人基于大数据人工智能，赋能住房和城乡建设、未来智能社区建设，提供了一整套可快速推广部署的创新健康服务模式。

5.1.5 街区健康服务综合体技术

5.1.5.1 技术要点

街区健康服务综合体技术是指，扩充以居住社区和行政街道管理空间的社区概念，以城市人群活动密度和公共交通道路作为区隔，定义街区概念，包括居住社区、商业街、办公区域等，将街区功能模块化机动组合式新型建筑体作为新型基础设施，以交通流线为纲组成街区网格，设置街区健康服务综合体。建筑形式采用模块化组装式，可依据不同街区需求机动更新强化服务内容，主要集成要素为服务中台、数据中台和业务中台，同时连接疾控中心、食品药品质监中心、健康医疗服务中心等城市公共服务平台，实现街区的应急响应、生活必需品保障、远程交互站点和人员组织召集。该技术也是智慧城市数字孪生的落地实体基础设施。

本项技术的关键点在于工业模块化拼装建筑技术、云计算应用中台技术、数字城市孪生技术、5G智能传感技术和客户端服务边缘计算技术。

5.1.5.2 发展现状和趋势

本项技术集成了已成功通过验收的国家科技支撑计划项目成果：生活必需品应急保障机动方舱单元、模块化组装建筑、智能传感器技术和边缘计算技术。

目前街道管理体系中缺乏街区服务中台的支撑，采用该项技术可解决当前城市基层保障能力脆弱的问题。

（1）未来五年预期：大部分街区部署服务综合体，成为城市公共服务与居民个人需求的中间服务点，并将社区社会化服务融合进选项菜单，成为街区百事通。

（2）未来十五年预期：城市所有街区部署完善服务综合体，城市的云端服务对接融合街区中台技术，成为居民个人全功能城市服务的街区办事点和服务窗。

5.1.5.3 应用场景和效益分析

街区健康服务综合体技术体现了公共医疗资源的分布式部署优化，同时加强了对各个行政街道管理区域的疫情监控和健康服务。其日常作为智能化城市综合服务大厅数字孪生设施，一旦灾害来临，即可成为应急指挥和生活安全保障街区中心。作为智慧城市城市级大平台的街区级应用，其可成为城市管理部门与城市生活紧密相连的感知与处置界面，提供及时邻近的远程诊疗、危险症候群监测、食品卫生远程检测、咨询救助和城市管理等多种城市服务。

未来，该技术可通过PPP模式建设运营，也可通过ABO模式成为住房和城乡建设领域新的增长点，尤其对国内老旧社区改造升级具有更新换代的创新意义。

5.1.5.4 支撑条件

推动"十二五""十三五"科技支撑计划成果转换，增强现代金融服务、数字化运营和城市治理创新。作为住房和城乡建设领域的新型基础设施，相关行业主管部门应联合制定该项设施的功能、标准、使用规范、技术应用准则等，同时将此项新技术加入到住房和城乡建设领域的基础设施目录之中，提高城乡人群聚集区域的保障和服务能力，提高人民的生活品质。

5.1.6 居家远程诊疗新技术

5.1.6.1 技术要点

居家远程诊疗新技术是融入居家环境的健康状态监测技术、患者健康状态综合评估和预警预测技术，也是基于区块链的个人健康档案数据共享技术、基于远程专业指导的慢病路径化管理技术。该技术建立了居家感知监测、云中心评估诊断、社区入户服务、电子档案数据共享、居家个人诊疗效果反馈的闭环服务。

5.1.6.2 发展现状和趋势

目前，各类监测心电、心率、呼吸、睡眠等健康状态的穿戴式、便携式、家居式设备已经有相对成熟的技术和产品，高血压、糖尿病、慢阻肺等慢病路径化管理也已有示范应用，基于健康大数据的健康状态综合评估、预测预警技术研究也有开展但尚未成熟。

（1）未来五年预期：形成一批新型居家健康状态监测产品，确定健康家居的设备配置方案标准并大规模应用，建成覆盖全国的个人健康档案信息平台，并在此基础上实现健康状态综合评估、预测预警和主要慢病路径化管理服务。

（2）未来十五年预期：具备全面监测和健康状态评估、健康风险预测、慢病远程管理功能的健康家居将成为居民住房的基本配置。

5.1.6.3 应用场景和效益分析

未来，健康家居将成为新一轮房地产建设的发展重点，健康状态评估、健康风险预测、慢病管理等服务的开展也将有利于提高全民健康水平。

5.1.6.4 支撑条件

十八届五中全会把建设"健康中国"上升为国家战略，《"健康中国2030"规划纲要》《健康中国行动（2019～2030年）》等规划提供了技术创新的政策条件。多年来在穿戴式、便携式、家居式设备等技术上的积累为进一步创新提供了支撑，大数据和人工智能的发展为健康状态评估、健康风险预测、智能慢病管理等提供了技术基础。

5.1.7 城市健康食品储供销技术

5.1.7.1 技术要点

城市健康食品储供销技术以仓储物联网为核心，作为健康住宅、绿色建筑的补充基础设施，完善社区端对健康食品在产地认证、末端配送和物流仓储等方面的迫切需求。社区公共储运站管理体系采用区块链技术，构建从生产、储运到社区服务的完整链条，采用分布式产、储、运、配空间联网部署。

5.1.7.2 发展现状和趋势

（1）发展现状：目前缺乏可信的城市健康食品全供应链保障技术。亟须建设健康食品原产地、物流、仓储、销售配送整体环节在社区的服务窗口。联合权威检测、认证、核验以及投诉受理、现货检验进行品质保障，尤其对保护网购电子商务平台服务的用户端利益至关重要。

（2）未来五年预期：网络直销平台、电子商务已经成为消费经济的重要渠道。保障O2O商业模式的健康发展。

（3）未来十五年预期：社区供应链储运站成为社区居民健康生活的供应站、质量保障站、健康饮食咨询站、危害食品监控站、灾害应急状态的保障站。

5.1.7.3 应用场景和效益分析

健康食品进入家庭，社区供应链储运站是质量监测站、评估站、投诉受理站。同时也是居民健康档案的补充数据来源和健康饮食顾问。健康食品社区供应站将成为城市社区健康生活的必备基础设施。

5.1.7.4 支撑条件

区块链技术、物联网供应链技术、在线食品检测技术、在线认证体系，是城市公共卫生、食品安全保障体系的社区端服务窗口。

5.2 宜居康养智能建筑技术

5.2.1 智能住宅技术

5.2.1.1 技术要点

健康智能住宅技术包括基于居住环境、居室健康监控、个人体态和健康状况的柔性家居系统，融入居家环境的健康状态监测技术，患者健康状态综合评估和预警预测技术，基于区块链的个人健康档案数据共享技术，基于远程专业指导的慢病路径化管理技术。

5.2.1.2 发展现状和趋势

家居设施和用品的个性化定制是住宅居家生活需求的发展方向，面向居家生活的柔性制造产业将蓬勃发展。

（1）未来五年预期：形成一批新型居家生活柔性制造工厂，植入健康状态监测产品，确定健康家居的设备配置方案标准并大规模应用，建成覆盖全国的个人健康档案信息平台，并在此基础上实现健康状态综合评估、预测预警和主要慢病路径化管理服务。

（2）未来十五年预期：居所生活设施个性定制化，适应不同年龄阶段、不同健康状态的需求变动，具备全面监测和健康状态评估、健康风险预测、慢病远程管理功能的健康家居将成为居民住房的基本配置。

5.2.1.3 应用场景和效益分析

智能住宅技术对于当前的老旧社区更新具有跨时代的示范意义，并能够推动家居柔性制造融合健康管理需求，创造出全新的发展方向和市场空间。

5.2.1.4 支撑条件

"健康中国"战略已上升为国家战略，《"健康中国2030"规划纲要》《健康中国行动（2019～2030年）》等规划也为智能住宅提供了技术创新的政策条件。大数据和人工智能为智能住宅的发展提供了技术基础。

5.2.2 健康建筑技术

5.2.2.1 技术要点

健康建筑是在满足建筑功能的基础上，为人们提供更加健康的环境、设施和服务，促进人们身心健康、实现健康性能提升的建筑。健康建筑可以营造健康和舒适的建筑环境，改善人类身体状态、心情和睡眠，鼓励健康、积极的生活方式，减少化学物质和污染物对人类的损害。

在我国健康建筑体系中，适老健康建筑、康养建筑、健康住宅建筑和大型公共健康建筑将在未来得到重点发展。

1. 适老健康建筑

适老健康建筑在常规健康建筑的基础上，主要针对感觉机能、运动机能及心理特征等与居住环境联系较为密切的三类人体机能，进行了建筑性能提升。

(1) 感觉机能适老技术。老年人的感觉机能会随着年龄增长出现一定程度的退化，主要有视觉、听觉、触觉、味觉及嗅觉衰退等症状。针对老年人视觉衰退的症状，可调整建筑朝向以增加室内采光，增加人工照明照度以改善光环境；针对听觉衰退，可提高室内建材隔声性能以改善声环境；针对嗅觉退化，可设置燃气自动切断系统、厨房和房间自动灭火系统等。

(2) 运动机能适老技术。针对老年人运动机能退化的适老技术，包括维持健康和促进健康两种。一方面，维持健康是指通过减少老年人完成动作时的不适感，以降低安全事故发生的可能性，例如，针对抓握力减弱的现象，使用压杆式门把手、龙头把手替代旋转式把手等，以减小所需抓握力。另一方面，促进健康是指通过在环境中设置适度障碍，以促进老年人保持必要的应对能力的同时，达到日常锻炼的效果。例如，在园林景观中刻意制造路面高差、设置过河缓桥，适当加大老年人的日常活动强度。

(3) 心理特征适老技术。针对老年人心理特征变化的环境改善策略，主要以设置使人心情平静的空间环境为主。例如，针对老年人心理敏感性增加的现象，通过强化居住环境无障碍设计，选用暖色调和、质地温和的建筑材料等手段，提高视觉舒适度和安全感。

2. 康养建筑

康养建筑又称为医养结合建筑，在技术上可理解为，以适老健康建筑技术体系为基础，增加了适应各年龄段人群的养生和康复治疗功能，服务人群主要为老年人和亚健康人群的多功能建筑。

康养建筑的服务模式呈现多样化，不仅是提供传统老年人的养老、看护，也提供各年龄段的养生、康复服务。康养建筑的建筑功能也表现出多样性，不仅包括了针对老年人的生活、医疗、居住、养生功能，也为前来养生的中青年亚健康人群提供居住、生活、健康管理、养生服务。

康养建筑的核心功能区主要包括养护区、医疗区、公共活动区。养护区通过合理规划老年人群的生活流线和医护人员的工作动线，打造高效率和高情感的照护模式；医疗区配置了完善的医疗设施，可提供医疗服务和康复训练，为老年人与医护人员提供便捷与舒适的建筑空间；公共活动区在养老设施中也是不可或缺的核心单元，其保障老年人群日常的交流互动、休闲娱乐。

3. 健康住宅建筑

随着社会发展和科技进步，人们越来越重视住宅的健康属性，健康住宅建筑相关技术已经成为行业关注的重点。主要包括以下内容：

(1) 家庭环境控制器：家庭环境控制器可以和空气净化器、加湿器、空调系统等末端系统配合，自动实现恒温、恒湿、恒氧、恒净（空气）、恒静（噪声），提高室内舒适度。

(2) 可穿戴设备：可穿戴设备可以监测到关于人体健康的众多指标。比如，可监测住宅中老年居住者的心跳、脉搏、体温、血压、血糖浓度、血氧含量等，并将监测参数作为家庭环境控制器调节室内热、光、声、空气、水、电磁环境的依据。

(3) 人员定位系统：定位设备采用 Wi-Fi、UWB 和 5G 等定位技术，实现室内和室外的多源精确定位。通过电子地图可以实时显示定位设备佩戴者（如老人和孩子）所处的位置。

(4) 智能家居系统：智能家居系统包括智能小家电、智能室内环境控制、智慧厨卫、智慧教育等子系统，满足人们的健康、安全、休闲、教育的各项需求。

4. 大型公共健康建筑

在健康建筑和智能建筑的基础上，大型公共健康建筑融合了新一代信息技术，大幅提升了大型公共建筑的性能，适应了办公建筑、铁路客站建筑等体量大和人员密集建筑的复杂需求。所采用的技术包括边缘计算、智慧消防、智慧应急保障、结构安全监测、能耗分析预测、室内环境管理等各个方面，能够实现大型公共建筑与其他外在事物的广泛连接、深度感知、智能分析及有效控制。

（1）具有预测功能的边缘计算控制器：边缘计算控制器是在靠近物或数据源头的网络边缘侧，融合网络、计算、存储、应用核心能力的分布式开放平台（架构），为大型公共健康建筑就近提供边缘智能服务，满足大型公共建筑在敏捷连接、应用智能、安全与隐私保护等方面的关键需求。将人工智能预测模型植入边缘计算控制器后，采集大型公共建筑内各个传感器的参数，对模型进行适当训练，可使得边缘计算控制器具有自我感知、自我分析、自我判断和自我决策的预测能力。比如，可根据进入大型公共建筑内人员的数量、气候数据等参数，预测空调负荷和饮用水量，进而控制制冷站、蓄能系统、净水系统自动运行。

（2）智慧消防：智慧消防利用物联网、大数据、人工智能等技术使消防系统更加自动化、智能化、系统化、精细化，其"智慧"之处主要体现在智慧防控、智慧管理、智慧作战、智慧指挥等四个方面。

（3）智慧节能和防疫策略：基于运营商数据、北斗系统和5G的多信号源进站信息，生成铁路客站智慧节能策略和卫生防疫策略，实现铁路客站的人性化节能及精准防疫。

5.2.2.2 发展现状和趋势

1. 发展现状

1988年，健康建筑（Healthy Buildings）国际学术会议首次在瑞典召开，会议旨在探求健康建筑的技术途径及功能要求。过去几十年，重点关注资源节约和环境友好的绿色建筑标准大大推动了建筑业市场转型，绿色建筑实践在全球迅速扩展。近年来，国际上对于健康建筑的关注与日俱增，并对健康建筑理念、影响因素、健康评价、设计策略、性能评价模型等内容开展了系列研究。如今，人们开始更多地关注建筑所带来的健康性、体验感及幸福感，健康建筑标准将再一次促进建筑市场转型。国外很多组织和国家也已制定健康建筑相关技术标准。

我国学者在1995年就提出了适应于当时社会发展背景的健康建筑的定义，随后陆续开展了健康建筑、健康住宅等方面的研究和标准化工作。然而，受当时经济水平和技术发展的影响，健康建筑并未得到全面发展。

2016年10月，中共中央、国务院印发了《"健康中国2030"规划纲要》，其中提出了包括健康水平、健康生活、健康服务与保障、健康环境、健康产业等领域在内的"健康中国"建设主要指标。住房和城乡建设部2017年3月发布的《建筑节能与绿色建筑发展"十三五"规划》中提出，"十三五"期间的绿色建筑发展要以人为本、以适应人民群众对建筑健康环境不断提高的要求为目标。

2017年1月发布的首部适用于各类民用建筑的《健康建筑评价标准》T/ASC 02—2016，成为引领我国健康建筑发展的第一部评价标准。自此，我国健康建筑由零散研究迈入了标准化引导发展的新阶段,开始了更多的健康建筑国内外标准比较分析、评价标准解读、健康建筑工程案例分析等应用实践层面的研究。

相对于传统建筑,健康建筑更加综合且复杂,除建筑领域本身外,还涉及许多交叉学科,如公共卫生学、心理学、营养学、人文与社会科学、运动生理学等,各领域与建筑的关系、与健康的关系,需要持续深入的研究。与绿色建筑相比,健康建筑对建筑的健康性能要求更高,许多关键性问题需要进一步研究和探索,如:室内空气污染物进一步控制、水质指标提高、综合设计实现最优舒适度、适老设计等。

2. 发展趋势

健康建筑技术的发展趋势主要有以下几方面:

(1) 深度融合智慧建筑技术,与智慧建筑的技术边界逐渐模糊。随着大数据、云计算基础设施的不断完善,人工智能、物联网技术的不断进步,深度学习算法体系和通用算法包的逐步成熟,智慧建筑的发展迎来了绝佳机遇。未来的智慧建筑是自学习、会思考,可以与人自然地沟通和交互,具有对各种场景的自适应能力,并且作为智慧城市的一部分,可以在更高的结构层次上高度互联。无论是采集气象参数、建筑物内环境参数、人员活动信息、安全信息,还是使用智能算法对建筑室内环境进行调控,健康建筑都必须借助智慧建筑技术,与智慧建筑深度融合。

(2) 心理学、运动生理学等医学技术和人文与社会科学技术在健康技术体系中的重要性日益加强。健康建筑已经突破了传统建筑的范畴,广义上已经涵盖人生存活动的全部空间,单单借助建筑技术、IT 技术等工程技术已不足以营造健康建筑的健康空间。在健康建筑的研究和建设过程中,借助心理学、运动生理学等医学技术和人文与社会科学技术提升健康建筑品质成为发展趋势。

(3) 低成本健康建筑技术逐渐进入千家万户。随着 IOT、5G、边缘计算、图像识别、AI、新风净化、智能空调等技术广泛普及采用,低成本健康建筑技术将逐渐进入千家万户,为更多的普通公众提供高品质的健康建筑环境。

5.2.2.3 应用场景和效益分析

1. 应用场景

(1) 适老健康建筑。我国人口老龄化逐渐加剧,截至 2020 年初,我国老年人口数量已达 2.5 亿人,人们的适老生活观念及健康意识正在逐步提高,针对既能兼顾老年人的身体机能变化,又能满足维持和促进居住者健康的建筑环境,社会各界表现出比以往更加强烈的需求。适老健康建筑针对老年人生理、心理特征,采用了大量技术措施提升建筑物的适老性能,可以延缓老年人身体机能衰退,使他们保持良好的生活状态,进而促进其身心健康。适老住宅建筑、适老公寓、适老配套公建等适老建筑均具有十分广阔的应用前景。

(2) 康养建筑。我国亚健康人群数量庞大,医学专家指出,我国符合世界卫生组织关于健康定义的人群只占总人口数的 15%,与此同时,有 15% 的人处于疾病状态,剩下 70% 的人处于亚健康状态。亚健康人群调养需求和部分疾病人群的康复需求构成了康养建筑的需求主体。康养建筑同时也可以满足健康人群的体检和休闲养生需求。

(3) 健康住宅建筑。在新建住宅领域,健康舒适理念已成为买房者的关注重点。而在既有住宅领域,根据 2017 年发布的《居住健康舒适需求调研报告》显示,华北、华东区域的居民对健康居住环境的期望明显未被满足。普通民众认为室内舒适健康的必要要素是：室内空气好、噪声小、光照合适、水质好、生物污染少、温度适宜、湿度适宜、电磁辐射少，普通住宅建筑显然无法满足如此广泛的需求，因此，未来需要发展健康住宅建筑。健康住宅建筑的应用场景有两方面，一是新建健康住宅建筑，二是采用健康住宅建筑技术对既有住宅建筑进行改造。健康住宅建筑是建筑领域实现"健康中国"战略的主战场，应用前景广泛。本次新冠肺炎疫情的爆发，对健康住宅建筑技术的推广应用和后续研发提出了新的挑战，但同时也给健康住宅建筑的进一步推广应用提供了新的机遇。

（4）大型公共健康建筑。随着经济高速发展，人员经济活动更加频繁，业余生活更加丰富多彩，工作和休闲人群出入大型办公建筑、机场、高铁客站、大型商业综合体、体育场馆等大型公共建筑的频率大大增加。大型公共建筑的节能改造已在我国开展多年，但对大型公共建筑健康特性的关注尚待加强。大型公共健康建筑技术在新建或改造的大型办公建筑、机场、高铁客站、大型商业综合体、体育场馆和会展中心等大型公共建筑领域均有良好的应用前景。

2. 效益分析

（1）经济效益。健康建筑源于绿色建筑，又"超越"绿色建筑。除了绿色建筑领域的各种技术措施外，健康建筑针对人类健康需求，从人的生理、心理等多方面入手，采用大量先进、实用的技术措施提升建筑的健康特性，属于适应新经济发展阶段需求的高附加值建筑产品，适用范围广，应用广泛，具有良好的经济效益。在住宅市场上，健康住宅的建设可以带动健康住宅设计规划、绿色建材、智能家居、环保家具、绿色水务、风景园林、健身设备、健康餐饮等产业链上下游大量产业发展，整体售价高于普通住宅10%以上，微观上为相关企业创造良好的经济效益，宏观上属于绿色发展范畴，产生较高的附加值，对产业链的带动作用和对国民经济的拉动效应也十分明显。

（2）社会效益。我国老龄化问题和人民健康问题日益严峻，如果忽视国民健康，将导致劳动力人口疾病率过高，有效劳动力人口消减，以及非劳动力人口大量占据医疗资源，在影响人民个体和家庭生活幸福的同时，也影响经济发展，造成严重的社会负担。因此，我国明确提出了推进"健康中国"建设的国家战略。为贯彻"健康中国"战略部署，推进"健康中国"建设，需要大力发展健康建筑。在2019年首届健康建筑大会上，刘德培院士指出，未来10年是推进"健康中国"建设的重要战略机遇期，健康建筑作为"健康中国"战略在建设行业落地实施的重要举措，将在现有成果的基础上，打开建筑业发展的新局面。发展健康建筑对我国实现"健康中国"战略和拓展建筑业绿色发展的空间，均具有至关重要的意义。同时，健康建筑可进一步提高人民健康水平，营造健康的建筑环境和推行健康的生活方式，具有良好的社会效益。

5.2.2.4 支撑条件

1. 技术条件

技术条件主要包括了我国颁布的与健康建筑相关的技术标准、设计和施工手册、设计评估和运维软件、相关材料、设备、部品等。自2017年以来，我国健康建筑有标准作为顶层引领，有科研作为支撑，有行业组织助力推动，有交流合作促进技术进步，相关技术条件完备，取得了全面发展。

为实现健康建筑的精细化建设指引，目前已针对主要建筑类型开展了具有针对性的健康建筑技术标准编制工作，包括《健康社区评价标准》《健康小镇评价标准》《既有住区健康改造技术规程》《既有住区健康改造评价标准》《健康酒店评价标准》《健康医院评价标准》《健康养老建筑评价标准》《健康体育建筑评价标准》《健康校园评价标准》。标准体系完备，为健康建筑产业发展提供了有效技术支撑。同时，相关部门注重科学研究提供理论技术支撑。

为夯实健康建筑理论基础，我国研究人员围绕健康建筑涉及的各个方面开展了专项的科学研究工作，科技部重点研发计划项目中健康建筑相关的已达十余项，涵盖了健康建筑理论、技术、应用等各个方面，涉及建筑通风与室内空气品质、建材污染物散发、健康照明与光环境提升、健康化改造、运动健康等各个领域，研究成果为健康建筑的发展奠定了坚实的理论基础，并提供了丰富的应用经验。

2. 经济、政策和金融条件

为推动健康建筑产业快速发展，我国通过培育市场、颁布相关政策、提供专项补贴等方式，为健康建筑产业提供了较好的经济、政策和金融条件。

在经济方面，由于健康建筑建造成本较高，市场售价较高，在房地产市场上属于高端产品，因此，之前参与健康建筑开发建设的主要是房地产市场上的领军企业。根据2020年4月发布的《中国健康建筑发展研究报告》，经过新冠肺炎疫情的危机之后，消费者对于居住环境的健康属性会更加重视。疫情期间至少20家企业通过各种渠道发布了健康建筑的产品战略，也有一些企业发布了健康建筑的产品。迫切的市场需求有助于健康建筑突破发展中的经济瓶颈，市场需求促使开发企业或购房人逐渐接受建造成本的提高，追求更好的建筑健康性能。

在政策方面，2016年10月25日，中共中央、国务院发布实施《"健康中国2030"规划纲要》。2019年6月，国务院发布《健康中国行动（2019～2030年）》，提出到2022年，健康促进政策体系基本建立，全民健康素养水平稳步提高，健康生活方式加快推广，重点人群健康状况显著改善。到2030年，全民健康素养水平大幅提升，健康生活方式基本普及，居民主要健康影响因素得到有效控制，健康公平基本实现。除此之外，其他相关政策也是我国大健康产业发展的重要驱动因素，如2016年11月国家发展改革委发布的《关于推进老年宜居环境建设的指导意见》，2017年2月工业和信息化部等3部委发布的《智慧健康养老产业发展行动计划（2017～2020年）》等。

在金融方面，目前健康建筑产业主要依托企业自有资金、企业债券和房地产开发贷款进行发展，类似绿色建筑领域的有针对性的金融扶持政策暂未出台。

5.2.3 健康光环境提升技术

5.2.3.1 技术要点

近些年，照明光环境中的频闪、紫外线辐射、电磁波辐射、热辐射和眩光等光污染，已经影响到人类健康。根据2018年全国儿童青少年近视调查结果，我国小学生近视率36.0%，初中生71.6%，高中生81.0%，大学生高达95%。我国近视患者人数已经超过4.5亿，近视成为严重危害我国社会公共卫生的问题之一。

健康照明是通过照明改善并提高人们工作、学习、生活的条件和质量，促进心理和生理健康，用于照明的人造光源光谱应尽可能接近太阳可见光谱（即仿自然光照明），照明必须满足场所的功能性要求和人们的心理要求。既要求灯光的舒适度，又需要在色温、亮度、光与影的和谐度方面满足人们的心理情绪。在高显色指数的基础上，减少蓝光的相对能量，以防止蓝光危害；增加红光的相对能量，以促进人体的身心健康。

人工照明健康光环境提升技术需要做到以下两个方面：

一是开发升级健康的绿色照明产品，健康的现代照明产品应对光源、显色指数、专业认证、配光设计、频闪预防、蓝光危害控制、UGR防眩光值以及色温标准均提出一定要求。

二是注重"以人为本"的照明方式，倡导匹配人类习惯的照明，结合场景营造良好氛围，根据作息调整照明效果，打造有益于身心健康的照明环境，并与照明的节能环保技术相结合，实现真正的绿色照明。

5.2.3.2 发展现状和趋势

2018年3月，第十届法兰克福国际灯光照明及建筑物技术与设备展中一大亮点为COELUX的灯具系统，采用了LED光源，并使用含有产生瑞利散射的二氧化钛纳米颗粒的透明聚合物，来模仿大气层分解不同波长的光，从而达到逼真的太阳光效果。

2018年6月，佛山市L-公司采用长波紫光芯片和特殊荧光粉技术，全光谱系列LED光谱接近太阳光，颜色品质逼近太阳光，实现了高品质的太阳光式照明，且紫光波段比标准参考光源低，减少了低能波段对视网膜的损伤，是更健康、更舒适的人工太阳光。

随着智能照明市场的渐趋成熟，围绕人体健康、感官体验和智能化的研究将会成为行业的焦点。在"健康中国"战略理念支撑下，健康照明作为健康产业中的一个分支领域，成为照明行业发展的新动力。

5.2.3.3 应用场景和效益分析

健康光环境提升技术适用于各种室内外光环境，特别是学习、办公、休息场所。该项技术的推广有益于打造身心健康的照明环境，实现绿色照明，提高人体舒适度。

5.2.3.4 支撑条件

1. 技术条件

目前，该技术主要参照标准包括：《灯和灯系统的光生物安全性》IEC 62471—2006是关于光生物安全的第一部国际技术法规，IEC 62471—2006被欧盟采纳并更加严格了部分要求后，变成了EN 62471—2008，并在EC/244/2009 EUP指令中要求强制执行。2014年出版的IEC 60598—1—2014中加入了IEC/TR 62778—2014蓝光危害项目，并强制执行。国内参照IEC 62471—2006发布了《灯和灯系统的光生物安全性》GB/T 20145—2006，其次《灯具 第1部分：一般要求与试验》GB 7000.1—2015也参照IEC 60598—1—2014增加了IEC/TR 62778的要求。

虽然市场上的健康照明产品很多，但质量参差不齐，市场较为混乱，急需一个权威、统一、模板性作用的健康照明标准，引导健康照明行业的良性发展。

2. 政策和市场条件

我国相继发布了《综合防控儿童青少年近视实施方案》《中小学校教室采光和照明卫生标准》GB 7793—2010、《中小学校教室照明技术规范》T/JYBZ 005—2018、《中小学校普通教室照明设计安装卫生要求》GB/T 36876—2018等，推进综合防控儿童青少年近视工作。2018 年 5 月 30 日，国家半导体照明工程研发及产业联盟（CSA）发布了《健康照明标准进展报告》，分析了我国 LED 健康照明研究面临的问题，提出了该领域标准化工作的下一步安排。

在社会各界重点关注健康照明问题的背景下，行业内纷纷通过产品与技术研发、携手合作、宣传活动等方式，为社会大众的光健康提供不同形式的软硬件支持。

5.3 社区公共空间健康安全技术

5.3.1 共享交通融合技术

5.3.1.1 技术要点

为解决目前城市居住社区的出行难、配送难、停车难，以及城市分区导致的潮汐交通阻塞，借鉴日本、新加坡等交通治理经验，利用现代交通导向开发（TOD 技术）和交通即服务（MaaS 融合技术），在提升社区功能时，以居住社区流线与外部交通流线为融合节点，整合外部公共交通与社区入户的客流、物流和接驳站，形成共享交通融合便利设施。

共享交通融合设施包括智慧停车站、虚拟直通班车、无人配送车、社区智能共享交通车、无人值守接驳站、物流快递智能柜和平战结合微型消防与救助站等。

5.3.1.2 发展现状和趋势

居住小区与城市交通的融合程度是衡量社区生活品质的重要指标，也是社区居民衣食住行四大根本性需求之一。

对于大型、超大型城市的居民来说，交通问题已经是"城市病"的痛点，严重影响了生活品质。未来社区建设和改造是以满足人民美好生活向往为宗旨的人民社区。

"共享、无人、电动"作为推动未来交通的三大力量，给城市交通带来了巨大变革。社区交通要充分与城市交通相融合，实现智能化、精细化和人性化，让整个城市变得更有智慧，让交通工具更有序、更安全地把居民带到想去的地方，将物品更快捷、更高效地送达居民手中。

对于社区而言，交通出行面向的主体即是人、车和物，必须以"人畅其行、车畅其道、物畅其流"作为目标，才能让居民满意。建设未来社区，应该紧紧围绕"以人为本"的核心，结合 TOD（Transit-Oriented Development）、MaaS（Mobility as a Service）、智慧交通等发展理念，瞄准人、车、物的个性化交通需求，实现公共交通一体化、慢行交通便利化、智慧交通集成化、社区交通分级化和出行服务人性化，打造"15min 生活圈"，构建一个"全对象、全过程、全覆盖"的可持续未来交通场景。

5.3.1.3 应用场景和效益分析

共享交通融合，一是要与城市交通规划一体化，实现"社区＋公交"与 TOD 导向的一体化对外交通。在有条件重建或新建的社区，结合社区建设，围绕快速、大运量的轨道交通站点进行综合一体化开发。保障 10min"社区＋公交"的交通出行链建设。

二是以便民生活为目标，建设"小街区、密路网"的街区制社区交通。综合考虑街道沿线的用地性质、交通特性、社区经济、便民服务和街道景观等因素，针对不同类别进行模块化设计，布设路侧传感器，预留智慧交通设施标准化接口以满足"共享、无人、电动"的未来交通形态。

三是"全天候、无障碍"的便利化慢行交通。统一规划非机动车道和人行道，并接入城市交通干道中，构建内外畅通的非机动车及人行交通系统。街道设计上，充分考虑老人、孕妇、残障人士等特殊群体需求，布置休憩空间和风雨连廊等人性化设施。

四是智慧停车体系，实现 5min 停取私家车，提供停车、充电和保养社区服务设施，利用立体车库、AGV 等技术提高车位机械化率、自动化率。从新服务、新机制、新设施等维度着手推动社区停车朝着智慧化、便捷化、高效化方向改造。

五是实现"一站式、全行程"的人性化虚拟班车出行服务。引入一站集成式出行服务运营商，提供从出发地到目的地的个性定制化出行服务，满足社区居民多模式的出行需求。以社区为单位综合开发邻里共享出行平台、社区智能接驳站等社区新基建设施，与社会化服务融入城市公共交通，实现一站定制、无缝衔接的虚拟班车目的地服务功能。

六是利用"定制化、智能化"的新型配送手段，建设新型便民集成配送平台。实现 3min 取货，加速智能机器人、无人车、无人机等新型配送方式的试点与应用。采用前沿冷链技术、果蔬保鲜技术实施供应链管理集成配送，建设新型物流仓储设施、社区公共用房与物业用房用地，完善社区物流技术设施配套。探索利用区块链溯源等技术，强化物流配送安全智慧化管理。

5.3.1.4 支撑条件

以既有的住房和城乡建设领域的标准规范体系为基础，结合交通、物流、制造等行业部门，联合制定颁布新的、面向未来的居住社区标准体系和应用规范，指导未来居住社区建设充分利用现代化技术成果，同时在建设和改造城乡居住社区的过程中，带动并孵化出新的产业。

5.3.2 适老亲幼增强技术

5.3.2.1 技术要点

针对城市居住社区的老年人活动和抚育婴幼儿的现实需求，社区公共空间尤其是老旧社区的设施和便利条件，亟待更新和升级，建设适老便利设施和幼儿友好环境是城市更新的重要使命。适老亲幼增强设施包括上下楼便利设施、社区无障碍设施、儿童友好空间配建设施、便利装置共享设施以及防护救助设施等。

适老亲幼增强技术包括集成 MEMO 传感器技术、5G 网络与精准定位技术、外骨骼辅助技术、共享轮椅、输运电梯和应急救助系统。在社区内或关联街区，建设智能化的日托所、活动中心、服务驿站和居家入户服务等。服务平台与终端通过网络连通共享数据、档案、分管部门和商业服务，传感器包括视觉、语音、物理化学感知分量以及专属传感器，以分布式便觉计算方式或平台集中云计算方式提供信息反馈闭环，并产生服务订单和管理、评估结果，实现用户、专业服务、行业管理、社区建档一体化的系统。

5.3.2.2 发展现状和趋势

近年来，我国老龄化速度持续加快，全国 60 岁以上的老人已经超过了 2.5 亿人，占总人口比重达 16％左右。《民政事业发展第十三个五年规划》中就已明确将全面建成以居家为基础、社区为依托、机构为补充、医养相结合的多层次养老服务体系，增加养老服务和产品供给，其中尤以公办养老机构改革备受瞩目。事实上，除了"空巢"、失能半失能老人继续由政府举办的养老机构提供免费或低收费服务外，未来，其他养老服务项目将逐渐面向市场，实行社会化运作和市场化经营。政府部门可提供财政补贴与税收优惠政策，建立市场适度有序竞争机制，不断提高养老服务的资源配置效率和服务质量。

5.3.2.3 应用场景和效益分析

面对老龄化社会的刚性需求，目前社会公共设施较为缺乏，公立养老院只能满足不到10%的老年人需求，绝大多数只能靠居家养老解决未来的生活问题，居家养老成为重大社会工程问题，必须充分调动社会力量来提升和完善居家养老体系。据统计分析，目前全国居家养老产业主要表现为三种方式：一是组建"以老助老"互助小组，组织社区老人开展互助活动。一些乐于奉献的老人自愿腾出自己的房屋，发挥自己的特长用于助老服务，并相互提供家政、娱乐、体育、医疗等各种帮助。二是建立健全社区老年福利服务网络，如社区医疗保健站、托老所、养老院、护理院、照料中心、文化活动中心等，把老年社区福利服务网络建设纳入社区建设中。三是建立"空巢"、孤寡老人的社会照料系统，对行动不便的老人提供上门服务，组织志愿者为老人提供看护和日常服务。民政部实施的"星光计划"是推进社区福利建设的有效形式，以社区为中心的老年服务体系，将逐步走上社会化、产业化的道路。

另外，目前城市的年轻家庭在生育、托幼育儿、早期教育等方面也面临许多困难，直接影响了部分年轻人的生育欲望，进而影响社会发展。

综上，居住社区内临近解决适老亲幼改造提升工程是关系国计民生的大事。

5.3.2.4 支撑条件

在目前全国范围的老旧社区改造时期，有必要联合相关行业部门，联合制定颁布新的、面向未来的居住社区标准体系和应用规范，指导未来居住社区建设充分利用现代化技术成果，与住房和城乡建设从规划、建设、运营管理全面融合，形成建立适老亲幼社区建设与改造的新标准规范体系。

5.3.3 社区更新技术

5.3.3.1 技术要点

社区更新技术是指居住社区的建筑和公共基础设施的监测、评估、维护、改造、功能提升和拆除新建等全寿命周期的更新技术。包括城市老旧小区的更新、农村居住社区的更新技术应用，以及城市应急和减灾技术应用。

社区更新技术是一个整体性的集成创新，包括新投资、新基建植入的5G网络、大数据技术、微位移监测技术、建筑结构增强技术、建筑材料更新，以及救助互动系统、报警救灾、火警预防、应急避难设施等，社区更新将进一步使得居民共享城市建设的成果，获得技术更新带来的便利、安全和品质提升。

除了对建筑体的屋顶、围护和沉降变形等进行检测评估和加固维护外，对老旧居住小区的停车、电梯、垃圾处理、新保障设施、安防门禁等公共空间服务设施的提升改造也都是居民的强烈需求。

因此，全面的改造更新技术应包括整体融合临近街区的交通、商业、医疗和产业，进行全面规划和建设更新，使得老旧小区不仅在建筑体、便利设施、公共空间和商业服务等方面得以改造更新造福居民，更可以结合城市的发展，利用既有建设用地兼并组合，创造出更多产业空间、就业空间，带动社会投资，增强小区整体社会功能。

5.3.3.2 发展现状和趋势

目前正在开展全国老旧小区的更新改造工作，据统计，截至 2016 年，全国房屋建筑面积达到 764 亿 m^2，其中有 296 亿 m^2 的建筑年限超过 30 年。老旧社区由于建设年代的历史原因，设计建设存在缺乏现代生活的便利公共空间、防灾减灾、预警救援和生活基础辅助设施等明显缺陷。

按照国务院办公厅《关于全面推进城镇老旧小区改造工作的指导意见》（国办发〔2020〕23 号），2020 年新开工改造城镇老旧小区达 3.9 万个，涉及居民近 700 万户，在基础类、完善类、提升类 3 个更新层面进行全面改造。在完善道路、水电热气等保障设施基础上，完善公共空间的生活便利、适老亲幼、预警救助、照明电梯、休憩空间等，更要响应人民不断追求美好生活的需求，提升居家服务、健康管理、居家养老、入户保障等生活居住条件。

未来 10 年将是老旧小区在城市核心区升级更新的关键时期，同时也是城市创造新空间、新产业、新市民，造就城市有机更新新时代的重要阶段。

5.3.3.3 应用场景和效益分析

社区更新技术将在城市空间融入、社区生活提升、便民利民设施、商业服务升级、健康颐养服务、基层社区治理等各个方面广泛应用，推动建设全新的城乡居住社区。

借鉴国际国内前期老旧社区改造的经验和教训，新时期的老旧小区改造将在新技术应用的推动下创造新的应用场景和社会经济效益。

首先是社区空间更新。多数老旧小区位于城市的中心区域，临界城市主要交通要道，向外拓展缺乏空间，可以通过部分拆除老旧建筑物，扩充容积率，为社区提供公共服务空间。另外，可将临近城市服务空间与社区改造相结合，形成新的更大的公共服务空间。

第二是投资主体创新。老旧社区改造将是政府、基金、社会资本和个人参与的混合型投资模式，以长期收益为目标，实现滚动发展。

第三是新技术、新基建赋能旧改。以 5G 网络、大数据和智能化为代表的新技术，助力构建新的社区现代治理、现代服务和利民便民新基础设施。

5.3.3.4 支撑条件

结合国务院办公厅《关于全面推进城镇老旧小区改造工作的指导意见》（国办发〔2020〕23 号），应尽快推出城乡居住小区建设改造更新的专业化规范要求，并与相关主管部门在用地属性、空间容积率、投资参与、权益分配、建设标准、基础设施配置和适老亲幼便利设施等方面制定与时俱进、因地制宜的指导政策，可在广泛典型地域进行试点，由试点成果推进老旧小区改造的规范标准，从而进行全国推广。

5.3.4 生活垃圾社区处置新技术

5.3.4.1 技术要点

城市级的垃圾处理技术近年来已经取得了长足的进步，包括填埋、堆肥、焚烧、循环再生等。但是在基层社区，原始的生活垃圾没有处理设施，通常只以分类垃圾桶堆放，垃圾污染问题严重影响了社区的环境卫生和生活空间秩序。此外，由于分类、装运、清洁等工作的间隔性，社区垃圾桶堆放处常产生恶臭和污染，社区不得不分派人工专门指导和处置，造成严重的基层工作负担。

目前，生活垃圾前置化处理技术，遵循"小型化、及时化、无害化、循环化、产业化"的开发路线，将社区生活垃圾当天处理、当天出分类中间品，实现社区生活垃圾的及时处置，各实验点均取得了良好的经济效益和社会效益，技术路线符合循环经济的发展要求，代表了我国垃圾处理事业的发展方向。

5.3.4.2 发展现状和趋势

据有关资料统计，全国 663 个城市，年产生活垃圾已达 14500 万 t，平均每天产生垃圾 40 万 t，而且还在以每年 8%～10%的幅度增长。生活垃圾已成为一项社会问题。

垃圾围城的现实得到了国家高度重视，垃圾处理投资从"十五"的 198.2 亿元提高到"十三五"的 2518.4 亿元，至 2016 年，652 个城市共有垃圾处理设施 2213 座，其中建有焚烧厂 249 座、卫生填埋场 657 座、其他处理设施 34 座；统计的 1557 个县城，建有焚烧厂 50 座、卫生填埋场 1183 座、其他处理设施 40 座。相对于每年的垃圾产生数量，已建的垃圾处理量依然不能满足及时清运社区垃圾、保持社区清洁的要求。

社区生活垃圾处理前置系统是解决社区垃圾困境和提高垃圾处理产业链效益的创新设施。国外一些发达国家由于建筑规划设计的下水排污系统已包含了家用粉碎设备应用，所以可将生活垃圾前置处理延伸到家庭户内。而我国建筑设计排水体系尤其是既往建成的住宅下水排污体系，不能满足家用粉碎系统的应用要求，因此，开发应用社区前置垃圾处理新技术是优选方案。

5.3.4.3 应用场景和效益分析

我国垃圾分类经过近 20 年的实践，在经验和教训中逐渐确立了符合国情的处置分类方法，新的垃圾分类制度主要包括三大特征：改变以"垃圾分类收集"为主配套建设的模式，建立投放、收运、处理全过程的分类配套建设模式；改变以居民投放后的生活垃圾为垃圾分类目标的体系，建立与再生资源利用相协调的回收体系，将生活源的再生资源纳入垃圾分类体系；改变直接复制欧美发达国家的分类模式，建立以干湿分类为核心、符合我国国情的分类模式。

将垃圾前置处理设置于居住社区作为新基建项目统筹安排，将对垃圾处理和物资再循环产业带来新的投资和产业增量。如目前很火的"互联网＋垃圾分类"，开源的互联网架构和互联网融资模式大幅降低了传统环卫服务的准入门槛，大量小型互联网公司或初创公司进入垃圾分类市场，直接导致了垃圾分类领域社会关注度的快速上升和分类模式的探索提速；同时，对于垃圾处理、垃圾收运、清扫保洁等领域，"互联网＋"也可能发挥突破性的作用，特别是对大数据的分析和信息公开，将改变行业传统的运行管理模式和公关模式。社区生活垃圾前置处理装备的发展将给环卫装备产业带来新的产业突破点。

5.3.4.4 支撑条件

2016年12月21日,习近平总书记在中央财经领导小组第十四次会议上提出普遍推行垃圾分类制度,2017年3月18日,《生活垃圾分类制度实施方案》(国办发〔2017〕26号)发布。住房和城乡建设部分别选出了46个城市(区)和100个县作为城市和农村生活垃圾分类示范,源头减量理念也开始形成社会共识;垃圾处理从重无害化处理率向"3R"并重转变。可喜的是,我国在城镇生活垃圾无害化处理率提高到94%的同时,生活垃圾焚烧占比也提高到了30%,处理技术结构进一步优化;环境卫生管理从单一向合作转变,国家发展改革委、生态环境部与住房和城乡建设部的合作日益紧密和成熟,商务部、财政部、水利部、农业农村部等也逐渐加强了与住房和城乡建设部的合作和沟通,协同制定政策。

在新的内循环大环境下,相关部门需要出台新政策推动垃圾处理和资源循环再利用产业精细化和数字化在社区的应用,鼓励采取更加开放和多样的投资和产业运营模式。

5.3.5 消防与预警救助方舱技术

5.3.5.1 技术要点

居住社区的消防安全和防灾救助体系是当前基层治理基础设施"补短板"的重要领域。方舱技术作为可移动、快速部署、高集成、产业化规模生产的应急救援设施,结合城市消防管理条例,作为消防救援体系的社区末端,实现对火灾报警的3min响应,并与市级消防指挥平台联动,第一时间处置。

作为平战结合装备,在无险情的值守时间,方舱技术可利用高度集成网络、通信、传感感知系统、救助装备和数据协同的能力,参与到社区救助服务、商业服务、安全服务和关爱服务中,在建设和谐社区的同时,获得适度的运营服务收益,实现可持续的安全保障。

5.3.5.2 发展现状和趋势

随着技术的发展,微型消防站将成为集防火、灭火和处置突发事件为一体的消防站点,实行24h全天候执勤,具备发现快、到场快、处置快以及机动灵活的特点。辖区所有消防安全重点单位以救早、灭小和3min到场扑救初起火灾为目标,依托单位义务消防队伍,配备必要的消防器材,建立微型消防站,积极开展防火巡查和初起火灾扑救等火灾防控工作。

采用方舱技术集成传感器感知险情、集成通信网络和数据处理系统,使得微型消防方舱具有扩充的服务能力,形成智能化的服务平台。采用平战结合的编制体系,也使得社区的服务资源可复用、可升级,提高对于救助服务的需求满足度。

5.3.5.3 应用场景和效益分析

在既往的安全体系建设中,通过民政部的社区建设、公安部的平安社区、商务部的城市共同配送、工业和信息化部的网络建设等一系列工程计划的实施,城市的安全和应急救援建设了相对完整的平台体系,但社区基层的承接和落地却没有形成完善的居民用户端的应用设施。居民社区对于3min消防响应、户内感知预警、救助呼叫响应、社区内辅助配送、扶老助残便利以及儿童安全监护等有着切实需求。

随着5G网络、MEMO感知、视频模式识别以及大数据云平台的应用，社区微型消防与预警救助方舱技术可作为社区安全保障体系的补充。平时作为非警日常服务，可服务于居家养老、儿童监护、物流配送、门禁值守等收益性服务，形成有收益的可持续运营模式。

5.3.5.4　支撑条件

配合公安部印发的《消防安全重点单位微型消防站建设标准（试行）》，在居住社区的应急响应和防灾减灾政策部署中，应增加对于综合性安全保障设施的政策支持力度，提倡设施资源的复用性，在公益保障的基础上，可增加商业性的服务收益，支持设施体系的可持续运营和更新。

6 生态环保技术

国内近几年陆续开展了"生态修复、城市修补"的城市双修行动、海绵城市建设试点、生态城市、韧性城市理论研究等,"绿水青山就是金山银山"的理念逐渐深入人心,住房和城乡建设领域努力构建公园城市、建设美丽中国。为加快推进污水资源化利用,促进解决水资源短缺、水环境污染、水生态损害等问题,国家发展改革委、住房和城乡建设部等10部门,于2021年1月联合发布了《关于推进污水资源化利用的指导意见》,提出到2025年,污水资源化利用政策体系和市场机制基本建立;到2035年,形成系统、安全、环保、经济的污水资源化利用格局。为深入贯彻落实党的十九届五中全会精神,进一步提升大宗固体废弃物综合利用水平,全面提高资源利用效率,推动生态文明建设,促进高质量发展,国家发展改革委、住房和城乡建设部等10部门,于2021年3月联合印发了《关于"十四五"大宗固体废弃物综合利用的指导意见》,要求加强建筑垃圾分类处理和回收利用,规范建筑垃圾堆存、中转和资源化利用场所建设和运营,推动建筑垃圾综合利用产品应用。因此,针对城乡水污染、垃圾处理、休闲环境等关键目标要素,开展城乡绿色建筑、城乡水系统循环利用、城乡饮用水安全保障、城乡固体废弃物综合处理等技术研发具有重大意义。

6.1 城乡绿色建筑技术

6.1.1 绿色街区规划设计评价技术

6.1.1.1 技术要点

面向快速城镇化和城市更新进程中建筑节能和空气环境污染防治等重大需求,以及多规合一的城市规划建设理念,通过优化城市街区规划设计,形成合理微气候,助力降低建筑能耗和缓解空气污染,构建典型街区能源和环境指标参数及规划设计核心要素表征体系、多因素耦合影响的数学物理模型,基于模型降阶算法和人工智能技术,研发面向城市街区"能源—环境—规划"关联的快速模拟、设计和评价技术,通过控制城市开发强度、街区空间形态、建筑表面材料等关键因素,预测其对建筑能耗、碳排放及周边空气环境的影响,优化城市规划及设计成果,降低城市街区在建成后的建筑能耗,缓解空气污染,削减污染物及CO_2排放,客观、定量地评价城市规划设计引起的能源和环境污染指标变化,进一步提升我国城市街区规划设计的科学化水平,从而促进城市的可持续发展,为城市开发和更新提供有力的技术支撑。

6.1.1.2 发展现状和趋势

城市街区规划设计是影响街区尺度的微气候环境和建筑能耗水平的重要因素,街区环境和建筑能耗之间也存在复杂的耦合影响。目前绝大多数城市的环境参数和建筑能耗均独立监测和分析，两者关联性及影响机理尚需深入研究，对街区规划设计的需求研究不足，限制了节能减排和污染治理的深度发展。建筑能耗与街区环境的相互作用关系研究已成为城市规划和建筑设计领域的一个重要科学问题，由此衍生的规划设计技术是未来城区规划设计和更新改造的关键技术之一。

6.1.1.3 应用场景和效益分析

目前我国建筑节能与绿色建筑的发展以单体建筑为主，未来，将逐步向更大的空间尺度上延伸，包括城市、城区、社区、街区等。街区作为城市基本空间单元，随着致力于绿色发展的城乡建设深入推进，绿色街区规划设计评价技术将具有十分广泛的应用前景。

6.1.1.4 支撑条件

该项技术在领域上涉及能源、环境、规划等专业，在环节上涉及规划、设计、评价等全过程，在空间上衔接城区、街区及建筑单体，以及城市基础设施、交通路网等领域，需要多学科系统集成，在落地方面还需要政府在绿色城市建设方面有更强力的政策驱动。

6.1.2 市政设施建造运行评价技术

6.1.2.1 技术要点

一是建立我国国情的城市供水工程、城市污水设施工程、雨水设施工程、城镇环卫工程、城市能源供应工程和市政空间工程等绿色评价指标和技术指标体系。二是研究推进城市供水工程、城市污水设施工程、雨水设施工程、城镇环卫工程、城市能源供应工程和市政空间工程绿色评价标准化，逐步实现其规划、设计、施工、运行等全生命周期的绿色建设、绿色技术应用和智慧管理。三是以污水处理全收集—全处理—全利用为出发点，提出污水处理全过程各个环节的核心评价指标。雨水设施实现低影响开发、雨水径流削减、排水防涝、雨水资源利用的绿色功能。

6.1.2.2 发展现状和趋势

城市市政基础设施建设随着城市发展逐渐成为投资和建设重点，资源消耗日增，对环境影响较大。推进资源全面节约和循环利用，大幅提升清洁、绿色能源消费比重，提高污水和废弃物处理率，大力促进市政设施功能提升、系统耦合和集成，促进人与自然和谐共生，加快生态文明构建，形成绿色发展方式和生活方式，是现代化城市建设面临的重要技术问题。

6.1.2.3 应用场景和效益分析

目前国家正在大力倡导绿色城市、韧性城市建设，需要高质量的城市基础设施建设予以支撑，该项技术在提高城市市政基础设施建设品质及运行效率方面，有着较为广泛的应用前景。

6.1.2.4 支撑条件

该项技术的推广需要政府在城市基础设施建设高质量发展、绿色发展方面出台强有力的政策予以驱动。

6.1.3 生态环境监测与治理技术

6.1.3.1 技术要点

针对城市 CO_2 排放、空气污染、水污染、垃圾处理、热环境、休闲环境、治安等关键目标要素,开展"天空站物网"(卫星遥感、无人机、地面观测台站、物联网、互联网)协同的城市多尺度环境动态监测。一是融合环境监测与业务管理数据,形成贯通监测、预警、应急、评估、救援和重建过程的跨部门、跨业务、跨地域、跨层级的多尺度环境监测和预警时空大数据支撑能力,针对城市生态环境等关键要素,实现多尺度环境动态监测数据融合。二是对城市的资源环境承载力开展评估和发展预警,实现城市自然资源环境超载连续跟踪监测。对城市生态系统关键服务功能开展定量模拟,从生态系统健康、生态风险、生态服务功能三个层面,开展城市生态安全评估,对于生态安全评估较差地区,开展基于规划情景驱动的城市生态环境模拟预测,为城市建设规划提供辅助决策,形成城市资源环境动态监测、预警、治理、评估等业务综合信息服务平台。三是根据资源环境与人口经济相均衡原则,开展城市资源环境承载力与城市人口综合分析和评估,确定城市可承载的人口总规模,提出适宜人口居住和城乡居民点建设的范围以及产业发展导向,对城市发展路线的可持续性进行分析,识别城市发展的潜在风险。

6.1.3.2 发展现状和趋势

随着经济发展,以人口、资源、环境为重点的生态危机日益加剧。寻求协调经济发展、资源供应、环境保护、改善城市环境质量、建设绿色生态城市、促进环境可持续发展成为社会各界,特别是城市规划者的使命。城市水环境、绿地、大气、热环境等各要素间互相关联,是一个有机的整体,如何考虑城市内部各环境要素间的相互影响与关联,建立智慧城市统一的生态环境监测、预警与治理技术,是未来城市发展的重点。

6.1.3.3 应用场景和效益分析

该项技术在绿色城市、智慧城市建设方面具有较大的应用前景。

6.1.3.4 支撑条件

技术层面,需形成多尺度环境监测和预警时空大数据支撑。政策层面,需政府在绿色城市、智慧城市建设方面,出台强有力的政策予以驱动。

6.1.4 植物与建筑融合技术

6.1.4.1 技术要点

植物与建筑的融合技术是一系列相关技术的集成,包括屋顶绿化、垂直种植、城市农场等方式。现阶段,植物与建筑的融合带来了良好的社会、生态、经济效益,因此愈发引起人们关注。相关技术的特点与内容也成为发展植物与建筑融合的关键基础。

涉及的关键技术分为两大方面,一是植物适应性相关技术,二是建筑友好性相关技术。其中,植物适应性相关技术包括植物筛选技术、专类植物育种技术、立体绿化技术、植物定制化生产技术、智能化养护技术、建筑绿化专用基质开发技术等。建筑友好性相关技术包括防水材料施工技术、阻根材料开发技术、建筑绿化水循环技术等。

1. 植物筛选技术

在种植设计时选配合适的植物，使植物在现有条件下良好生长。现阶段应加大针对特定建筑空间、特定条件适生植物的材料筛选、栽植、应用研究技术。如在北京地区屋顶绿化时，选择须根发达的植物，避免选择直根系植物或根系穿刺性较强的植物；选择易移植、耐修剪、耐粗放管理、生长缓慢的植物；选择耐热、耐寒、耐旱、抗风的园林植物；选择具有耐空气污染、能吸收有害气体并滞留污染物质的植物。

2. 专类植物育种技术

专类植物育种技术是指适合不同气候和不同建筑空间条件下的植物材料筛选评估及定向育种。如在北京地区建筑立体绿化中，针对性地选育可在垂直栽植面越冬的植物种类；在屋顶绿化中，选育耐热抗旱的植物种类。

3. 立体绿化技术

屋顶绿化和外墙垂直绿化能有效改善围护结构夏季隔热性能，提升建筑室内热舒适度，降低空调能耗，同时还能丰富园林绿化的空间结构层次和城市立体景观艺术效果，营造和改善城区生态环境。特别是夏热冬冷地区和夏热冬暖地区，应在有条件的建筑中积极推广应用。

4. 植物定制化生产技术

现阶段，人们对建筑绿化用植物材料的形式有了更多要求。针对不同场地条件，使用特殊容器生产不同规格的植物材料。为保证成活率和施工方便，选择定制浅根性、小规格容器苗进行生产、应用。

5. 智能化养护技术

智能化养护技术是基于植物健康生长所需的基质及自然条件营造方面的研究，应设计相关的智能化植物养护系统，包含基盘系统、环控系统、栽培系统、信息系统等，利用新技术为植物养护提供便利。

6. 建筑绿化专用基质开发技术

合适的基质对植物和建筑产生积极作用。基质是种植层的重要组成部分，在未来建筑绿化基质的产品开发中，需朝着轻量、低荷载、保水、透气的方向进行研究。

7. 防水材料施工技术

屋顶绿化前在原屋顶基础上，宜进行二次防水处理。一般来说，有以下几种防水材料可以选择：改性沥青防水材 SBS；硅橡胶防水材 GJ；聚氯乙烯卷材 PVC；聚乙烯卷材 PE。未来应着眼于相关防水施工工艺的研究，力求在施工便捷、快速、安全等方面取得更大突破。

8. 阻根材料开发技术

在屋顶绿化中，一些植物的根系有较强的穿刺能力，会对建筑防水材料结构造成威胁。隔根层可以防止植物根系穿透防水层，尤其是根系发达的植物更要考虑加隔根处理。未来，在材料开发上，应朝着隔根性能好、时效期长的方向进行研究。

9. 建筑绿化水循环技术

为屋顶花园、垂直绿化设计相应的水循环系统，包括排水、净水、储水等功能，使得在自然降雨或人工灌溉的条件下，通过植物设施将多余的水分进行循环利用；同时充分结合海绵城市技术要求，做好源头雨水径流控制、污染物削减等措施，形成生态节能的水循环系统。

6.1.4.2 发展现状和趋势

1. 建筑立体绿化

英国、美国、德国、日本等国家屋顶绿化技术发展较早。自20世纪八九十年代到21世纪初，上述国家开始大规模发展屋顶绿化。其中，德国早在20世纪初就已开始推广屋顶种植技术，自1982年开始，德国联邦政府立法强制推行屋顶绿化。美国从20世纪90年代开始发展生态环保的屋顶绿化，把屋顶绿化纳入"绿色建筑评估体系"。日本从20世纪八九十年代开始推广立体绿化技术，由于土地资源稀缺，日本的屋顶绿化技术得到较快速的发展。

在屋顶绿化取得一定成果时，人们逐渐开始关注建筑立面，发展建筑垂直绿化。建筑的垂直绿化不再局限于德国、美国、日本等代表性国家，其他一些国家也开始涌现建筑垂直绿化的案例，比如澳大利亚、意大利、缅甸、马来西亚等。垂直绿化包括室外和室内两方面。目前，在垂直绿化方面，一些新的技术与形式正在得到应用。如澳大利亚的会呼吸的"滤"墙，通过过滤模块、植物和植物生长基质及微生物，主动地吸进和过滤空气，形成生态效益明显的绿色植物墙体系统。

近年来，多维度、多层次的复合立体绿化也逐渐进入人们视野。如意大利米兰的"垂直森林"项目，沿着外墙体种下共730棵乔木、5000株灌木和1.1万株草本植物，将植物元素最大限度地融入建筑主体。

从城市规划建设发展的维度看，发达国家的建筑立体绿化的发展方向从碎片化的单体案例逐渐向有顶层设计的系统化规划和建设发展，从建筑单体到综合体到集群再到整个城市，由点及面地覆盖整个城市网络。

2. 建筑与城市农场

随着基于人工光照的立体种植技术（植物工厂）的发展，结合减少碳足迹、食物本地化生产的趋势，以日本、美国、欧洲一些发达国家为代表，将食物生产功能与建筑结合，赋予建筑植物生产功能，种植生产园艺作物，米兰世博会推动了这一发展进程。根据光环境的不同，建筑中的城市农场可分为以下两方面。

自然光源农场：利用自然光线，多采用建筑物的屋顶或立面为环境依托，结合温室技术、立体种植技术的方式进行农作物生产。

人工光源农场：建立在室内场所，通过人工补光的方式进行生产。现在较为多见的形式为植物工厂，具体又可分为自产自销以及商业化生产两种模式。

3. 活体植物建筑

活体植物建筑研究处于相对前期阶段，德国Baubotanik是此类研究的代表。利用活的植物进行建筑，在生长的植物中植入现代材料和技术，利用植物的生长而使两者融合为一体，活的植物元素便成为建筑的主要结构，达到生物与非生物成分连接形成复合结构的目的。

4. 国内植物与建筑融合技术发展趋势

我国屋顶绿化事业的快速发展始自20世纪初，以2001年成都市人民政府发布的《成都市建设项目公共空间规划管理暂行办法》（成府发〔2001〕223号）为标志。2005年《关于进一步推进成都市城市空间立体绿化工作实施方案》的出台，更是成为我国屋顶绿化公共政策的先导。

北京的相关屋顶绿化工作源于1983年建成的长城饭店屋顶花园，并以2008年的北京奥运会为契机取得了突破性的进展，大部分能够实施绿化工作的屋顶、立交桥、高架等立面均实现了绿化。北京市人民政府于2011年发布了《关于推进城市空间立体绿化建设工作的意见》(京政发〔2011〕29号)，对包括屋顶绿化在内的立体绿化工作作出全面部署。截至2015年底，北京市屋顶绿化建造面积累计为200余万m^2，占到全市2亿m^2屋顶总面积的1‰。由于特殊气候条件的制约，与长三角、珠三角相比，以京津为代表的北方地区的绿化工作发展相对滞后。

针对城市的未来发展方向以及相关技术的支持，考虑到可实现性，多维度、多层次复合立体绿化将会是未来的主要发展方向。对于我国来说，城市农场在技术上处于日趋成熟的发展阶段，但在商业上不符合我国国情。活体植物建筑，在世界范围内是一种探索和尝试，由于时效、技术等综合因素，也不是发展的主要方向，但可以借鉴其理念和发展过程中的一些技术，并融入建筑综合立体绿化中。

6.1.4.3 应用场景和效益分析

1. 应用场景

新建建筑：植物与建筑的融合应用，不仅能促进单体建筑中形成更多垂直森林，促进建筑智能化、智慧化管理技术应用带动行业的升级发展，更能促进城市规划朝"花园里的城市"建设迈进。

改造建筑：结合植物材料对城市已有建筑体、构筑物进行更新改造，使既有建筑、构筑空间环境、视觉环境、文化环境、生态环境实现更新与延续，在可持续发展上探求城市的更新改造。

2. 效益分析

（1）经济效益

直接经济效益。在经济层面上，植物建筑可降低夏季制冷、冬季供热的成本；可缓解城市热岛效应，降低环境质量成本。

延伸经济效益。建筑绿化后景观性得到提升，使建筑的附加值增加；对于城市农场来说，其经济效益更明显，不仅可以提供食物，还可以作为游览参观的场所。如果在大型商场里，还可以有效聚集人流，间接增加了商场的经济效益。

（2）社会效益

当今，城市噪声污染日益严重，人类活动受到的侵扰日益增强。生长有植物的建筑可以吸收噪声，为人类的生活空间增加一重天然屏障，保障了安静的居住环境，提高了生活质量。植物可以调节建筑温度，夏季可以降温去热，减少空调的使用，降低能源消耗；冬季可以保温防寒，降低煤炭的消耗，既保障了建筑内居民舒适的生活，又能对整个生态环境的改善作出贡献。建筑中的植物还可以为人们提供绿色视野，缓解工作及生活的压力，增加积极生活的动力。

6.1.4.4 支撑条件

1. 建立健全建筑绿化法律法规和行业技术标准

首先需建立完善具有一定强制性的建筑绿化法律法规。其次是参考国家标准和行业标准，制定符合当地发展现状的地方性建筑绿化技术标准。在技术标准方面，主要是设计标准和施工标准。

2. 加大关键技术研发力度

建立本土化、多品种植物材料的选育技术体系，解决绿化品种单一相似的问题；开发科学、快捷、实用、节约的屋顶和立体绿化实用施工技术；建立智能化、成本低、易管理的植物养护技术；鼓励高校、科研单位及企业联合进行实用技术的研究和开发。

3. 建立行业准入制度

建立清晰的建筑绿化行业准入制度，对企业的资质以及从业人员的资格进行明确的规定。

4. 注重复合型人才的培养

建议在高校、职业学校等开设建筑绿化专业或课程，培养既懂园林设计、又懂建筑设计的复合型人才。

5. 建立切合实际的补贴制度

建立科学合理的补贴制度，对从事立体绿化的企业进行补贴。补贴不局限于资金补贴，更不可流于形式。

6.2 城乡水系统循环利用技术

水体污染控制与治理科技重大专项（简称水专项），是《国家中长期科学和技术发展规划纲要（2006~2020年）》设立的16个科技重大专项之一。水专项的实施，旨在针对制约我国社会经济发展的水污染治理重大科技瓶颈问题，按照"控源减排""减负修复""综合调控"三步走战略，构建适合我国污染特点和社会经济发展的水污染治理、水环境管理和饮用水安全保障三大技术体系，在典型流域和重点地区开展综合示范，为重点流域污染物减排、水质改善和饮用水安全保障提供科技支撑。住房和城乡建设部主要牵头负责"城市水污染控制与水环境综合整治技术研究与示范"和"饮用水安全保障技术研究与综合示范"两个主题的组织实施。经过10多年的组织实施，水专项在城市水污染治理和饮用水安全保障领域，突破了一批关键技术，解决了一批技术难题，产出了一批标志性成果，围绕国家战略和地方重大工程规划的实施，在太湖、滇池等流域和京津冀等区域进行综合性示范，为当地重点城市水污染治理和饮用水安全保障的规划建设，发挥了重要的科技支撑作用，并对全国城镇水污染治理和水安全保障起到了良好的示范引领作用。

在城市水污染治理领域，水专项突破了一批城市水污染控制与城市水环境管理关键技术，提高了自主创新能力和综合技术水平，带动行业水平整体提升。水专项以削减城市整体水污染负荷和改善城市水环境为核心目标，重点攻克城镇清洁生产、污染控制和资源化关键技术，突破城市水污染控制系统整体设计、全过程运行控制和水体生态修复技术，并开展技术集成应用示范，建立了城市水污染控制与水环境整治的技术体系。一是研制了以强化脱氮除磷MBR、改良A^2O、悬浮填料强化硝化等新工艺流程为核心的城市污水高标准除磷脱氮及稳定化运行成套技术，支撑了1000余座城市污水处理厂出水稳定，满足一级A及更高排放标准要求，大幅削减流域污染排放负荷，实现再生水的大规模生态化利用。二是开发了污泥全链条处理处置技术，解决了城镇污水处理厂污泥减量化、稳定化、无害化、资源化的关键技术难点，建设了 32 项示范与推广工程，为我国污水厂污泥的安全处理处置和资源化利用提供技术支撑。三是构建了以排水管网完善、内涝防治、径流污染控制、雨水资源化利用为核心的城市雨水管控技术体系，全面支撑了全国城市黑臭水体治理以及海绵城市建设工作。

可以预计，在城乡水系统循环利用方面，以水专项等相关建设成果为基础，"十四五"期间水系统规划与节水用水、雨水径流污染控制、城市污水处理提质增效、城镇污水资源化利用、排水管道综合检测、城市智慧水务、寒区微生物污水处理等一批关键技术将得到进一步突破和推广应用。

6.2.1 水系统规划与节水用水技术

6.2.1.1 技术要点

一是城市水系统规划与高效节水用水技术研究，包括研究城市水系统规划设计技术、城市水系统高效节水技术体系、城市水系统高效节水设计方法等。二是城市水质监控与风险控制研究，包括构建城市饮用水系统安全评估体系，强化管网水质监控与预警分析，构建风险识别体系与预警机制。三是城市地下水水质监控与修复技术研究，包括研究地下水污染评价方法及模型，研究地下水污染调查与识别技术体系，进行地下水修复技术适用性、精确性技术研究及效果评价。

6.2.1.2 发展现状和趋势

现阶段，城市水系统规划各部门分工过细，人为割裂了水循环系统整体性，造成规划协调性不足，设计不合理问题严重；高效节水技术体系研究欠缺；针对性的技术措施设计方法研究不足。水质系统化监控不足；从水源到龙头系统保障与控制缺乏；风险识别与预警机制有待系统建立。城市污水与工业废水的无序排放造成地下水污染问题日益突出，地下水污染调查与识别技术研究欠缺，地下水修复技术适用性及精确性研究尚不完善。

6.2.1.3 应用场景和效益分析

水系统规划与节水用水技术在海绵城市建设、城市污水处理设施建设中具有较好的应用前景。

6.2.1.4 支撑条件

该技术的应用一方面需要进一步改变目前城市水系统规划主管部门分散、割裂问题，理顺管理体制；另一方面，需要在从水源到龙头系统保障与控制、风险识别与预警机制、地下水污染调查与识别技术等方面进一步开展研究。

6.2.2 雨水径流污染控制技术

6.2.2.1 技术要点

一是城市雨水径流污染控制技术研究，包括雨水径流污染控制技术体系研究、径流污染控制技术定量化分析及系统污染控制模型研究、径流污染技术监管及运行维护体系研究等。二是城市水体生态修复与运维技术研究，包括研究城市微污染水质处理技术集成与应用、生态系统的抗冲击性污染控制技术及仿生修复技术智能化运行管理技术等。

6.2.2.2 发展现状和趋势

雨水径流污染控制技术需要建立系统的技术体系。目前，径流污染定量化困难，技术措施污染效率分析不足；径流污染控制技术监管体系欠缺。城市水体污染浓度低，水量大，水质提升困难，季节性污染对生态修复体系的冲击性较大，仿生修复技术运行维护管理技术不足。

6.2.2.3 应用场景和效益分析

该技术在海绵城市、韧性城市、城市防洪排涝系统建设等方面有较好的应用前景。

6.2.2.4 支撑条件

该技术的推广应用，需要进一步完善雨水径流污染控制技术监管体系，并对径流污染定量化、仿生修复技术运行维护管理等方面技术进行研发。

6.2.3 城市污水处理提质增效技术

6.2.3.1 技术要点

一是城市排水系统提质增效技术研究，包括城市污水管网检测诊断与修复技术体系、污水厂运维水质监控与调配技术、高标准排放技术及改造运营技术等。二是污水新型生物处理技术研究，包括系统分析国外新型污水生物处理技术适用性，研究新型高效膜生物反应器应用技术，研究节能省地型新技术工艺和精细化智能化管理技术体系。三是城市污水资源化和能源化技术研究，梳理污水资源化、能源化技术及污水中资源、能源，研究污水资源化、能源化技术集成与应用，分析利用途径。四是污泥无害化、资源化处理处置技术研究，包括污泥无害化、资源化处置技术研究与示范，污泥资源化应用潜力分析等。

6.2.3.2 发展现状和趋势

我国城市污水处理面临诸多问题：一是排水管网难检测、难管理、难修复问题。二是污水厂污水低浓度、水量波动大、无机质高、营养比不足问题。三是高标准排放的技术工艺及稳定运行困难，现有污水工艺不能完全满足高排水标准稳定达标要求，工艺除磷脱氮能力和污水处理工艺效率有待提升，污水中可回收和含有的潜在能量分析欠缺。四是污水资源化、能源化技术储备不足。五是城市污泥产量迅速增加，污泥复杂，处理困难，缺乏经济有效的污泥处置技术，资源化技术与产业需要进一步探索。

6.2.3.3 应用场景和效益分析

为加快补齐城镇污水收集和处理设施短板，尽快实现污水管网全覆盖、全收集、全处理，住房和城乡建设部会同生态环境部、国家发展改革委印发了《城镇污水处理提质增效三年行动方案（2019～2021年）》，在城镇污水处理提质增效方面明确了工作目标及任务，未来城市污水处理提质增效及资源化方面有着较为广泛的应用前景。

6.2.3.4 支撑条件

该项技术的推广，仍需要针对污水处理提质增效及资源化方面的短板技术进行攻关，并在政策方面能够有更加明确的预期。

6.2.4 城镇污水资源化利用技术

6.2.4.1 技术要点

以城镇污水处理厂二级处理出水为研究对象，研究建立二级出水中特征污染物和新兴污染物清单、指纹图谱、来源及预测机制，包括有机污染物结构特征、分离及降解机制、分布特征及特征污染物和新兴污染物的预测机制；研究二级处理出水中的特征污染物和新兴污染物在不同的典型污水深度处理工艺（包括生物过滤、膜过滤、高级氧化等工艺）中的分离或代谢转化过程特征及分子机制；研究二级处理出水中的特征污染物和新兴污染物对深度处理过程中的微生物群落结构的影响；研究二级处理出水中特征污染物和新兴污染物的预控机制；研究二级处理出水中特征污染物和新兴污染物的高效低成本强化去除工艺和运行方法。

6.2.4.2 发展现状和趋势

随着城镇生活污水处理的提标升级，以及对污水中新兴污染物的日益关注，人们对其中低成本高效率的污水深度处理技术的需求将持续增加。因此，深入研究生活污水常规处理出水中的主要排放控制指标的污染物组成、特征污染物清单、指纹图谱、来源及预测机制，阐明特征污染物和新兴污染物在典型污水深度处理工艺中的界面过程、代谢转化、分子机制及强化工艺，研发高效低成本污水深度处理技术，具有重大的科学意义和社会需求。

6.2.4.3 应用场景和效益分析

城镇生活污水处理的提质增效工作持续推进，人们对污水处理的污染物，特别是新兴污染物的处理日益关注，对低成本高效率的污水深度处理技术的需求将持续增加，该项技术具有良好的推广应用前景。

6.2.4.4 支撑条件

该项技术的推广应用，仍需要围绕主要排放控制指标的污染物组成、特征污染物清单、指纹图谱、来源及预测机制等方面开展攻关。

6.2.5 排水管道综合检测技术

6.2.5.1 技术要点

一是水陆两栖强动力持久续航技术，确保在排水管道存在污水和淤泥等复杂条件情况下水陆两栖动力系统检测设备能够正常工作。二是强动力排障系统技术，解决排水管道中存在毛发、淤泥、石块等杂质阻碍螺旋桨、轮胎或履带等动力系统的正常工作的问题。三是轻质量高容量持久续航电池动力技术，解决有线检测设备受电缆长度和摩擦阻力的限制问题。四是智能控制技术，对设备内窥检测和声呐检测数据进行实时分析，实时提供管道功能性缺陷和结构性缺陷诊断报告，并提供问题解决方案。五是动力智能控制系统研究，针对排水管道存在毛发、石块、淤泥等障碍，以及管道内部污水的深浅程度等复杂情况，为设备提供智能化两栖动力选择方案以及智能化排障解决方案。六是高性能无线信号传输技术，解决排水管道检测过程中存在金属屏障、其他地下管线或物质等产生的信号干扰、管道中水汽环境等对无线信号的干扰等问题,为高质量的无线信号传输提供保障。

6.2.5.2 发展现状和趋势

城市市政排水系统问题是全球城镇化快速发展面临的主要问题之一。对排水管道定期进行检测和维护是城市排水系统正常工作的重要保障。目前,管道内窥检测技术(或闭路电视检测技术)和声呐检测技术是对排水管道进行检测的两种主要方法。但是,针对排水管道复杂情况,目前仍缺乏对排水管道进行全方位有效检测的一体化检测设备和成熟技术。因此,开展应用于排水管道检测的内窥/声呐一体化检测设备及其关键技术研究,对于保障城市排水系统正常工作、提高城市污水治理效率和质量具有十分重要的意义。

6.2.5.3 应用场景和效益分析

基于智能化一体化城市排水管道综合检测技术,能够有效解决城市排水管网系统的运行管理及维护维修任务,具有较好的推广前景。

6.2.5.4 支撑条件

该项技术的推广需要进一步完善城市排水管网系统的基础数据信息。

6.2.6 城市智慧水务技术

6.2.6.1 技术要点

提高水务系统数据监测、采集能力,强化资源的有效整合,实现涉水生产、管理、消费的全域感知,通过大数据管理平台数据分析,实现水文、水资源、供水、排水、防汛防涝的科学分析、及时预警、管理决策、应急处置,是未来建设智慧水务系统的目标。主要技术要点包括:一是根据对水质、水量动态感知以及对企业生产管理全面监测的要求,研发具有高效低耗、安全传输的水务传感关键技术与设备。二是开发多源异构大数据分析处理技术体系,开展水务大数据深度应用,对复杂的水循环、水分配和水调控过程进行高速运算和模拟。三是鉴于各地经济、行业发展、智慧水务处理工艺、技术、设备等差异,制定智慧水务关键基础技术、共性技术标准与规范,体现差异化和合理性,遵循系统性与代表性、可量测性与可比较性、科学性与交叉性、动态性与稳定性的原则,为智慧水务建设提供动态、科学的指引。

利用快速发展的大数据、人工智能和信息技术,构建基于供水水源地—输水管线—净水厂—供水管网—龙头水全过程智能管控的数字化信息化框架体系,通过大数据技术与物联网、云计算相结合,可辅助实现实时供水信息的自动采集、传输、评价分析和配水决策。通过人工智能技术辅助实现供水全过程的自动化、水质监测与供水决策,以及支撑系统联动与辅助全过程监管,实现对城市管网病害点位识别与定性评价、管网运行性能诊断与健康评估。利用智能化技术装备在降低能耗、快速自我学习、图像语音精准识别等方面的优势,提高供水行业的效能和供水安全保障水平。

6.2.6.2 发展现状和趋势

智慧城市建设作为实现新型城镇化的目标,已被提升到国家战略高度。城市的水文、水资源、供水、排水、防汛防涝的科学调控与智能化管理对智慧城市的建设尤为重要。我国水务信息化起步整体较晚,在发展过程中暴露出诸多问题:一是城市水生态系统破坏严重、水安全问题频发，目前水务信息化建设落后、信息和数据的缺乏对问题的发现和解决造成很大的障碍。二是规范性标准缺失、滞后，没有形成统一的行业共识。三是对智慧水务系统的自适应性、复杂性和不确定性认识不足，未充分认识到水务系统与城市其他系统的关联。四是硬件与软件的不统一，水务系统的数据采集技术与数据分析技术、数据应用模型的分离，使得水务"智"而不"慧"。

当前，供水领域智能化管理技术方兴未艾，大部分地区水厂的信息化管理水平和自动化程度仍较低，与当前互联网、物联网、大数据、人工智能等新兴科技不匹配。

6.2.6.3 应用场景和效益分析

建设智慧水务是推动城市实现智慧化和生态化，提高人们健康生活质量、城市发展质量和生态环境质量的重要举措。该项技术在智慧城市建设、韧性城市及城市安全方面具有较好的应用前景。

6.2.6.4 支撑条件

该项技术的推广，一是需要进一步完善智慧水务建设标准，统一智慧水务内涵，形成行业共识；二是需要对智慧水务与城市相关系统的关联性进行研究；三是需要进一步完善城市水系统的基础数据采集工作，使互联网、物联网、大数据、人工智能等科技与供水行业深入融合。

6.2.7 寒区微生物污水处理技术

6.2.7.1 技术要点

寒区微生物污水处理技术的工艺是：利用物理或化学手段，在载体上高度集中微生物，并保持其生物特性，使其在一定的环境下进行增殖并进行应用。这种生物技术的优点是：微生物聚集多、反应速度快、反应过程容易控制等，在废水处理上应用较广泛。

在北方寒冷地区，水温降低或过低可能使得污水处理过程出现一系列困难，包括物理与生物吸附能力下降、生物活性降低、沉淀不易、污泥膨胀等，导致污水处理量与出水水质很难保证与达标。

为进一步提高低温处理效果，适应寒区污水处理低成本、低营养的实际需求，从生物载体、专属微生物、保温增温等方面对曝气生物滤池工艺进行优化改良，形成多介质生物滤池技术。通过接种高效微生物菌剂，采用大孔、中孔和微孔等不同孔径的聚氨酯载体，运行时载体处于悬浮状态，使微生物与氧气充分接触，从而将介质吸附、微生物氧化、固定和生物提取等技术有机结合。

6.2.7.2 发展现状和趋势

物理法、化学法和生物法是污水处理过程中所采取的最有效的处理方法。物理法和化学法的去除对象分别是水中不溶解的悬浮物质和可以发生化学反应的物质，进而达到去除污染物、净化污水的目的。生物法是指为污水生化处理系统中的微生物创造一定的生长、繁殖环境，促使微生物充分利用营养基质大量繁殖，进而提高微生物氧化、分解有机污染物的能力，以达到净化水体的一种方法。生物法因其成本低廉、对污染物的有效去除等优点而被广泛应用。物理法和化学法通常是辅助生物法的有效手段。目前，已被广泛采用的污水生物处理工艺有传统活性污泥法、SBR 工艺、新型活性污泥工艺、氧化沟工艺、A/O 工艺、A^2/O 工艺和 AB 工艺等多种变形工艺。

我国寒冷地区污水处理低温运行时，由于水温降低，易使污水生化处理系统中微生物群落的结构、丰度和功能发生显著变化，导致出水水质难以达标。近几十年来，人们从污水生物处理工艺角度研究如何提高污水生物处理效能，而传统的污水生物处理工艺多半在污泥负荷、回流量、水力停留时间等工艺参数上调控污水处理系统的去除效果，无法从本质上解决目前生物处理所存在的瓶颈问题。作为生物处理技术核心的微生物活性与功能一直未引起研究者的重视，人们无法从微生物群落结构及功能两个方面具体揭示生态因子与生物处理效能之间的关系，最终导致污水的生物处理技术发展缓慢。近年来，环境生物领域中各种组学技术的飞跃性发展及广泛应用为获得新的生物材料、揭示复杂体系微生物群落结构及功能的关系提供了强有力的工具。因此，采用环境组学技术解析城市污水厂中微生物群落结构与功能，并以此指导微生物菌剂的构建，将为污水生物处理技术的发展提供新的思路。

6.2.7.3 应用场景和效益分析

我国的寒区，主要是指我国北纬 40°以北，即东北的大部分地区、西北北部等地区，占我国陆地面积的 43.5%。

寒区微生物污水处理技术研究现状表明，该技术可以充分发挥微生物在水处理中的作用，提供改进废水处理方法的可能性，是一项十分有潜力的新技术。固定化细胞技术应用于废水生物处理，具有以下优点：

（1）能在生物处理装置内维持高浓度的生物量，提高处理负荷，减少处理装置的容积。相比通常的活性污泥法，其具有 1～3 倍的处理能力，且出水水质好，抗水力、有机负荷的冲击，降低运行费用与投资。

（2）污泥产量低，固定化活性污泥的剩余污泥产量仅为普通活性污泥法的 1/5～1/4。

（3）对于厌氧消化工艺，可持留对环境干扰敏感、生长缓慢的产甲烷菌，缩短了启动时间，使工艺稳定地运行。

（4）在降解有毒污染物方面，可高效率达到矿化，此外，用包埋高效率的混合微生物系作为投菌剂，可强化现存生物处理系统的处理效率，抵抗有毒物毒性能力强。

寒区污水处理后的达标排放，减少了对水体的污染，对流域水体环境产生较大的环境效益，极大地减轻了对周边水体的污染负荷，实现水资源的循环利用，节省大量的新鲜水资源，有利于保护寒区相对薄弱的生态环境。

随着环保理念的升级，国家对水污染重视程度和治污投资力度进一步加大，但污水处理设施的建设依然不乐观，很多县城的污水处理效率比较低，甚至大部分的农村没有污水处理站点。随着城市化进程的推进，未来我国小城镇污水可能会有倍增趋势，因此，我国在发展污水处理技术、建设污水处理市场方面任重道远。

6.2.7.4 支撑条件

近年来固定化细胞技术以其独特的优点在有机废水处理领域引起了人们的普遍关注。尽管围绕寒区固定化微生物污水处理技术在生物群研究、公路服务区污水处理、东北地区污水处理方面进行了研究和实践，但大多是在实验室规模上进行的，在实用化或工业化应用上，还有许多问题需要解决：

（1）需要培育出适应寒区的微生物群，并可以与介质进行固化，在临界温度时还需要保持高度的活性。同时也要考虑到我国寒区的地域面积广阔，不同的地域自然、经济条件的不同，污水所含物质复杂、温度变化范围大，这就需要培育出广谱型及特殊型的微生物群。另外，采用混合菌，还是单一高效菌分级处理有待于进一步探索研究。

（2）针对不同的废水体系和所包埋的菌系细胞，选择合适的包埋材料以提高处理能力，有关载体对细胞浓度、活性的影响及其传质阻力的研究有待深入。因此，开发研究载体仍为固定化细胞技术的重要课题之一。

（3）寒区污水处理工艺方面所面临的问题除了微生物外，还需要考虑两个方面：一是能够兼顾全寿命周期内经济性及技术可提升性的处理工艺，能够随着技术的进步更新换代，开发适合固定化微生物的高效生化反应器；二是需要考虑低温引起污水排放、处理过程中的缓流乃至冻结，以及采取相关防控措施后对冻土的影响，尤其是青藏高原地区对多年冻土的影响。

（4）在城市污水处理方面，同智慧城市建设相结合，加强费用成分自动化监测，找出精确测定载体中细胞浓度的方法和较佳的动力学处理方法，系统管理优化设计，降低成本，将废水处理和回收偶联。

（5）污水处理在不同的应用部位需要不同的处理工艺，城市污水处理、乡村污水处理、铁路公路污水处理、牧区污水处理等由于所采取的工艺技术和处理介质的不同，产生的效果也不同，需要分地区、分系统地开展技术推广应用。

6.3 城乡饮用水安全保障技术

在饮用水安全保障领域，水专项突破了一批水质净化关键技术，构建了"从源头到龙头"全过程饮用水安全保障技术体系，提高了我国供水安全保障能力。水专项针对我国饮用水源污染、水污染事件频发等问题和供水系统的安全隐患，系统研发了水源保护、水质净化、管网输配、水质监测、预警应急和安全管理等关键技术，有效解决了藻类、嗅味、氨氮、砷等有毒有害物质去除的技术难题，并在太湖流域、南水北调受水区、珠江下游等重点地区和典型城镇进行了技术示范和规模化应用，直接受益人口超过1亿人。通过水专项技术支持，北京等南水北调受水区及时应对了因水源切换造成的管网"黄水"问题；上海市解决了长期困扰的饮用水异臭味问题，保障了2000万人口特大城市的供水安全；江苏省实现城市饮用水深度处理全覆盖，有效避免了因太湖蓝藻暴发导致无锡等城市的供水危机；嘉兴市有效解决了重污染河网水源的季节性高氨氮去除问题；深圳市在盐田区开展了自来水直饮示范。水专项组织研究编制了《城镇供水设施改造技术指南（试行）》，支撑了"十二五""十三五"全国供水规划的编制和实施以及全国市、县饮用水水质督察（抽检）及供水规范化管理工作，促进了我国饮用水安全技术保障能力整体提升，为"让群众喝上放心水"作出了重要贡献。

可以预计，在城乡饮用水安全保障方面，以水专项等相关建设成果为基础，"十四五"期间饮用水水质改善、供水厂净水工艺优化、供水管网输配控制、二次供水水质保障等一批关键技术将得到进一步突破和推广应用。

6.3.1 饮用水水质改善技术

6.3.1.1 技术要点

以建立"可靠高效的水质监测预警、水质改善提升、平战结合的备用水源管理"为切入点构建水源安全保障体系。具体包括,进一步完善水源在线监测体系,建立稳定可靠的水质预警能力,逐步建立区域水质监测数据共享机制,实现上下游、多部门数据共享。应用水动力调控、生态修复、原位处理等水源水质改善技术,提升水源安全保障和应急处理水平。加快备用水源规划与建设,建立备用水源热备机制和保障措施,制定水量水质联合调度预案,定期组织备用水源切换演练,保障水源切换时的水质水量安全。形成区域不同层面饮用水安全保障格局和水源保护规划等。

6.3.1.2 发展现状和趋势

根据 2018 年度《中国水资源公报》,全国 1045 个集中式饮用水水源地,全年水质合格率 80% 及以上的占比仅 83.5%。"十二五"期间,水专项对全国主要流域和典型城镇 196 个饮用水厂水源水调查结果显示,农药、全氟化合物、高氯酸盐等新兴污染物在水源水中广泛检出,传统水处理工艺难以有效控制去除新兴污染物,饮水存在一定健康风险。

6.3.1.3 应用场景和效益分析

饮用水水质改善技术可广泛应用于全国范围饮用水水源地修复与水质改善工程建设。

6.3.1.4 支撑条件

明确主管部门监督和管理职责,理顺管理体制,组织开展饮用水水源地保护规划与实施建设。

6.3.2 供水厂净水工艺优化技术

6.3.2.1 技术要点

以"处理工艺升级改造和工艺精细化自动化"为切入点,构建绿色安全优质水生产技术体系。具体包括,加快水厂升级改造,重视绿色工艺技术的应用,降低净水工艺新增水质风险。认真总结不同深度处理工艺在我国不同区域的实践经验,明确工艺的适用条件和关键技术参数,积极推进深度处理工艺建设,提升水厂优质水基本生产能力。开展水厂工艺单元自动化控制升级改造,提高药剂精确投加水平。实行基于原水水质的水厂工艺参数优化和药剂自动化、智能化升级改造,提高水厂出水水质稳定保障能力。

6.3.2.2 发展现状和趋势

随着我国经济的快速发展,水环境污染问题,以及饮用水中异臭异味、消毒副产物、微量有机物等污染物引起人们极大的关注。水源复合污染问题以及水源水中新兴污染物问题的凸显都对净水工艺提出了更高的要求。净水厂升级改造成为重要技术需求。

6.3.2.3 应用场景和效益分析

供水厂净水工艺优化技术未来可应用于全国范围自来水厂工程建设。

6.3.2.4 支撑条件

针对新型污染物开展处理技术研究,并加快先进技术推广,提升行业整体技术水平。

6.3.3 供水管网输配控制技术

6.3.3.1 技术要点

以"管网水质保障和系统安全提升"为切入点,构建韧性高效的管网输配技术体系。具体包括,科学分析识别制约管网水质的老旧劣质管线,积极有序推进老旧劣质管线改造,切实提升安全输配基础条件。制定管线清洗操作规程与监管措施,保障管线清洗落到实处。积极推进管网在线水质监测工作,逐步改进平均化、一刀切的布点方式,科学确定关键水质监测点,逐步建立第三方取样检测和在线较高密度监测相结合的管网水质监测预警体系。推进管网二次消毒设施建设,逐步建立低剂量厂网多点结合的消毒系统,实现微生物和消毒副产物协同优控。重视管网输配效率,积极推进管网漏损系统化管控,逐步建立管网分区计量体系,提高管网漏损控制效率。开展厂网联合优化调度,积极推进管网节能供水。重视管网系统安全,严格叠压供水接入准入制度,开展管网韧性年度评估,逐步形成面向韧性提升和保障的管网改扩建技术思路。

6.3.3.2 发展现状和趋势

根据《中国城市建设统计年鉴2018》,全国城市公共供水管网漏损水量82亿 m^3,相当于1.74亿人的全年生活用水量。管网漏损不仅导致水资源浪费,也会影响供水安全。据不完全统计,目前我国约1/3以上的供水管网存在老旧失修、超期服役、材质落后等问题。管网输配过程中,色度、浊度升高和微生物再生长是导致水质下降的主要问题。

6.3.3.3 应用场景和效益分析

供水管网输配控制技术可应用于城市老旧供水管网探测修复工程、管网漏损控制与城市节水、城市供水管网分区管理等,实现城市供水厂网联动。

6.3.3.4 支撑条件

该技术的发展需依托管网漏损控制设备产品产业化发展以及管网智能管控平台构建技术的发展等。

6.3.4 二次供水水质保障技术

6.3.4.1 技术要点

以"管理机制改革和水箱水质提升"为切入点,构建安全高效的二次供水和末端供水技术体系。具体包括,因地制宜逐步推进二次供水接管工作,逐步实现二次供水设施统建统管,解决制约二次供水保障的基础性问题。开展龙头水质分析,明确制约龙头水质优质的关键指标。梳理并分析确认水质薄弱二次供水区域,建立在线水质监测预警系统和水箱水质提升设施。分析小区管线余氯降解规律,以龙头水质达标为限值,确定二次供水出水水质指标。并以此为基础,优化消毒措施,建立厂—网—二次供水—龙头互馈的龙头水质保障体系。

6.3.4.2 发展现状和趋势

供水管道以及二次加压设施长期存在清洁维护不到位问题，导致供水二次污染，龙头水水质不合格。2018年全国人大常委会在水污染防治法执法检查中反映，城市集中式饮用水水源、二次供水和用户水龙头出水的水质监测和信息公开制度落实不力，难以保证广大人民群众的知情权。

6.3.4.3 应用场景和效益分析

城市老旧小区改造、城市更新以及城市管网末端水质改善等工作中，都会涉及二次供水水箱或二次供水设施的更新换代。

6.3.4.4 支撑条件

该技术推广过程中，可在城市老旧小区改造中设置专项资金，或通过多元资本融资，支持二次供水设施改造。

6.4 城乡固体废弃物综合处理技术

6.4.1 环卫作业装备智能化技术

6.4.1.1 技术要点

突破生活垃圾处理二次污染物处理与利用技术瓶颈，开发生活垃圾焚烧高效余热回收技术、焚烧烟气高效脱酸技术工艺、高效脱硝技术工艺、高效除尘技术工艺、飞灰减量化回收利用技术工艺、渗滤液处理浓缩液处理技术工艺、二噁英控制与减排技术，建立生活垃圾回收利用统计体系、碳减排核算体系，促进生活垃圾管理由末端治理向源头控制延伸，推进绿色生产与绿色消费。

6.4.1.2 发展现状和趋势

环境卫生行业主要涉及厕所和垃圾领域。一方面，国内仍有不少民众未能用上卫生厕所。另一方面，有待开发焚烧处理二次产物资源化利用技术，解决垃圾处理瓶颈问题。

6.4.1.3 应用场景和效益分析

该项技术在城乡生活垃圾处理、环境综合整治、厕所革命等领域具有良好推广前景。

6.4.1.4 支撑条件

该项技术的推广需要政府在环境卫生提质增效方面出台相关政策，提高技术推广效率，减少市场障碍。

6.4.2 环卫设施运营控制技术

6.4.2.1 技术要点

针对城镇生活垃圾较为分散的特点，加强相对集中管理。对城镇生活垃圾进行源头减量、回收循环再利用、尾端废物无害化处理，优先采用多技术手段对城镇生活垃圾进行分类处理。针对垃圾转运和垃圾填埋前的脱水压缩处理等过程产生的垃圾渗滤污水问题，在垃圾中转站、垃圾填埋场等场地建立配套的污水收集及处理设施，通过固液分离、油水分离等工艺对垃圾渗滤污水进行前处理，并进一步采用新型高级氧化技术、太阳光催化技术、吸附技术、微生物技术、膜分离技术等手段对含高有机质、高重金属等类型垃圾污水进行深度清洁处理，确保达标排放，避免对环境造成二次污染。

通过以上措施，形成一套完善的生活垃圾及渗滤污水处理及资源化利用体系，促进城镇基础设施功能提升和优化，助力实现城市基本公共服务设施安全、智慧、绿色运行的要求。

6.4.2.2 发展现状和趋势

我国城镇化率的提高使得城镇生活垃圾产生量与日俱增。截至 2016 年，我国城镇垃圾的生产量约 2.89 亿 t。尤其在新兴的城镇区域，垃圾中转站等基础设施不到位导致的垃圾渗滤水污染问题尤为严重，城镇生活垃圾带来的社会问题不断增多。因此，加大新兴城镇垃圾处理力度，进一步推进生活垃圾及渗滤污水处理基础设施建设，健全完善城镇生活垃圾处理以及资源化技术，对推进城镇化发展和改善人居环境具有重要意义。

6.4.2.3 应用场景和效益分析

传统城市生活垃圾处理方式一般是填埋、焚烧等低效、简单处理，垃圾的处理周期往往较长，对环境也会造成较大的破坏，产生严重的资源浪费。随着国家对生态环境保护的不断重视，该项技术的推广前景十分广阔。

6.4.2.4 支撑条件

该项技术的应用，需要打通生活垃圾处理全链条，从垃圾分类、收集、转运到处理全过程，突破相关技术短板，解决政策障碍，实现全链条协同。

6.4.3 固体废弃物一体化处置技术

6.4.3.1 技术要点

一是研究固体废弃物有害组分智能化快速识别、筛选、分类、污染评价关键技术和仪器设备，建立绿色建材在生产、使用、衰损过程中有害成分监测和环境经济评价方法。二是大宗工业固体废弃物分级利用方法，研发固体废弃物粉体制备块体骨料转化的新技术，开发工业固体废弃物多途径、精细化利用制备建材的新途径。三是研究污泥、垃圾焚烧灰渣等城市固体废弃物高价值组分提取的减量化技术，以及协同制备高安全绿色建材的技术与装备，建立固体废弃物资源化利用园区，为"无废城市"建设提供范例。四是利用多种固体废弃物组配制备高附加值保温材料、调温调湿材料、吸声材料、电磁屏蔽材料、透蓄水材料等功能型绿色建材的关键技术。五是针对盾构土、工程泥浆、污染土壤、建筑拆解垃圾的组分特征，研究现场有害组分快速分析方法，形成就地处置、制备绿色建材的技术体系。六是研究建筑垃圾的回收利用、处理、转运等，形成相关技术体系。

6.4.3.2 发展现状和趋势

以"创新、协调、绿色、开放、共享"新发展理念为引领的"无废城市"是"十四五"期间我国城市发展的重要方向。尽管我国近 30 年来已开展了大量利用固体废弃物制备绿色建材的研究和应用，粉煤灰、建筑垃圾、尾矿等已大量用于建材生产过程；但与发达国家相比，仍存在固体废弃物分类应用原则不明确，协同利用方法不健全，适用的产品研发不够，附加值不高，环境安全、经济评价标准不完善等问题，制约了固体废弃物在建材行业高附加值利用。

6.4.3.3 应用场景和效益分析

该项技术主要应用于城镇垃圾处理领域。

6.4.3.4 支撑条件

该项技术的推广应用，需要在相关标准规范、试点示范等方面进行探索。

6.4.4 污水污泥处理技术

6.4.4.1 技术要点

污水污泥处理行业与人们的生产生活息息相关。与国外污水污泥处理行业相比，我国的污水污泥处理系统仍较落后，存在诸多问题，解决这些问题的关键是提高污水污泥处理行业信息化、智能化水平。

1. 加强污水处理信息化、智能化建设和自动化控制

主要为加强检测仪表等硬件设备和信息化网络设施建设，目前国外和国内一些先进大型污水处理厂已采用计算机控制技术与多层次网络结构对污水处理的全过程工序进行无人值守的全自动控制。处理过程中，各种信号通过相应的变送器送到下位机，一般下位机采用可靠的 PLC 作为控制单元，运行先进的控制算法，实现现场设备的实时控制。

2. 提高全要素、精细化管理水平

污水处理的成本高低主要由所选择的污水处理工艺决定，一旦建成污水处理厂，污水处理的运行成本和管理水平、运行情况、处理量有着密切的关系。而水处理过程由于包括复杂的生物化学反应过程，影响因素很多，未来随着国家法律法规的不断加强，势必要求污水处理厂提升工艺水平从而造成运营成本的增加，因此全要素、精细化的管理显得尤为重要。全要素的控制涉及污水处理厂运行的方方面面，如原材料、产物、人员、设备等。

3. 提高数据管理水平和数据共享程度

未来污水处理数据管理会得到极大加强，将实现以下功能：完整的生产运行数据记录体系，清晰记录各类生产运行数据；简洁、直观的数据填写记录方式，数据填报快捷、准确；规范的数据填报审核机制，实现逐级审核，逐级上报；详细的权限控制机制，精确到具体填报数据项，确保数据的安全；智能的数据修改日志记录，可准确查找到数据被修改前后的各类信息；强大的数据固化机制，在数据达到固化时限时，只有通过数据修改审核流程才可再对历史数据进行修改；智能优化的数据存储机制，所有生产运行数据可至少保存五年，并可根据用户的需要进行长时间存储设置。

4. 扩展、深化与整合集成系统功能

未来污水处理信息化系统将会根据实际需要，不断扩展和深化污水处理相关的应用，整合集成数据报表、远程监控、设备检测、仪表检测、运行报警、安全分析、效能分析、电力分析、人员绩效、水质预测、故障预警、专家系统等各项功能。

6.4.4.2 发展现状和趋势

1. 发展现状

目前我国污水处理厂中使用的污水处理技术主要是氧化沟技术和 AAO 技术,还有一些其他污水处理技术,包括传统活性化学法、污泥法、SBR 工艺、污泥化学法或 AO 生物滤池等。

污水处理厂的污泥产量随着污水处理量的增多而增加,污水中经过沉淀去除杂质,经过处理后的污泥产生量都比较大,仅 2016 年,我国城镇污泥的产生量就有约 4000 万 t,这对污泥的处理提出了较大的挑战,其中配套实施不完善是存在的主要问题,能够有效处理的大型污水处理厂也少之又少。

2. 发展趋势

(1) 污水处理标准:经过生化处理的二级污水处理厂出水水质仅能满足农业灌溉水质标准,为使污水处理厂出水可应用于工业、河湖、市政杂用等多个领域,需要进一步深度处理使其达到回用标准,以置换宝贵的清洁水资源。

(2) 农村污水处理:农村生活污水处理起步较晚,农村生活污水除有条件纳入市政管道进入就近的城镇污水处理厂外,大部分仍没有得到处理。未来,打造农村微型污水处理站,可实现就地处理达标排放。

(3) 输送管网新建及改造:随着城市的发展,旧有市政污水管线愈发不能满足城市排水需要,缺少互联互通,主干线路过水不足,旧有管线损坏老旧,事故风险日益突出。需采用管道修复、新建连通线路与主干管路等方式解决排水需要。

(4) 地下建造:突破传统地上污水处理厂的设计理念,充分利用地下空间,将主要处理构筑物布置在地下,节省土地资源,减少噪声污染和臭气污染;利用再生水厂得天独厚的再生水源,结合周边环境,修建人工湿地,形成或修复生态景观。

(5) 通风除臭一体化:突破将除臭和通风作为两套独立系统的传统设计理念,采用除臭通风一体化集成系统,避免两套系统的相互干扰。将微污染臭气引入生化池曝气系统,既减少了新风引入量,又降低了除臭系统的规模,节省了投资和运行费用。

(6) 能源回收利用:采用污泥热水解处理工艺,增加厌氧消化的沼气产率,同时降低脱水污泥的含水率,减少后续处理的能耗;污泥高级消化产生的沼气通过沼气锅炉产生蒸汽,为热水解系统提供热量,同时多余沼气用于发电,供厂内使用。对地下空间的采光进行模拟分析,优化人工照明和自然采光的配合,节约电耗。采用污水源热泵系统,将污水中的能量用于厂区的集中供热供冷,节约一次能源,实现零污染、零排放、绿色环保。

(7) 信息化施工与监测:采用 BIM 模型、三维 GIS 和物联网技术相结合的智慧建造理念,建立智慧建造管理平台,实现对施工现场的安全、进度、质量、成本等方面的管控。

(8) 运维环境监测:建立再生水水质水量数字化动态模型,辅助水厂进行工艺调控,实现再生水厂的智能运维管理,实现对进出口及各区域水位、流量和水质的监测。与现有方法相比,该方法能够提高水厂生产过程中的预测与调控能力,降低再生水厂生产过程风险,解决再生水厂工艺存在的周期长、风险大、滞后性及资源浪费等问题。同时,将再生水厂实体物理环境动态监测参数集成到虚拟环境中,提出物理环境与虚拟计算深度融合的再生水厂运维安全管理方法,研究再生水厂的环境监控与预警技术,实现针对再生水厂的安全事故预警预控、面向运维安全的综合分析与智能决策等，进行预警及应急管理、灾害模拟与指引等，降低灾害发生概率，减少灾害发生时的生命财产损失。

6.4.4.3 应用场景和效益分析

污水污泥处理工程的建设，可进一步提高污水处理能力，增加再生水的生产能力，增加城市河湖和生态用水的用量，节约清洁水资源，具有可观的社会经济效益。再生水厂建成后，可大大减少对城市水体的污染，使生产、生活用水都得到保障，促使经济建设可持续发展。城市污水处理厂接受部分工业废水后，可减少工业企业进行污水处理所增加的投资与运行费用，减轻企业的负担，为企业扩大再生产创造条件。

6.4.4.4 支撑条件

在城市建设领域，以污水处理和再生水利用为代表的科技环保事业的发展是治理"大城市病"的重要抓手。大型再生水厂建造是建立在高度信息化、工业化和社会化基础上的一种信息融合、全面物联、激励创新、协同运作的工程建造模式。

6.4.5 污水处理厂污泥利用技术

6.4.5.1 技术要点

针对我国城镇污水处理厂存在污泥产率高、产生二次污染等问题，以有效防止城市污水处理厂污泥二次污染、提高资源化利用水平为目的，需要对污泥进行减量化和无害化处理，包括污泥浓缩、调理和脱水等减量化技术，厌氧消化处理、高温好氧发酵处理、石灰稳定、热干化、焚烧等无害化综合利用技术，以及污泥的运输和储存等。同时，要注重协同技术的研究与应用的可行性、经济性。

污泥处理过程中，应以"减量化、稳定化、无害化、资源化"为原则，坚持安全环保的基本要求，充分考虑节能降耗。将在保证污水处理效果的前提下，通过物理化学和生物等手段，使得处理相同量污水时产生的污泥减少，或通过污泥干化脱水，减少污泥最终处置前的体积，实现污泥减量化，以降低污泥处理及最终处置的费用；通过处理降解污泥中的有机质，杀灭污染细菌，去除重金属，使污泥稳定，最终处置后不再产生污泥的进一步降解，从而避免产生二次污染，达到污泥的无害化与卫生化。

污泥处理一般包括前处理、中间处理两个阶段。前处理包括浓缩、消化、脱水等工艺；中间处理包括堆肥、干化、碱性稳定和焚烧等工艺。

1. 污泥浓缩工艺

污泥水分主要包含表面黏附水、间隙水、毛细结合水和内部水四类。污泥浓缩的目的是去除其中的自由水和间隙水，方法主要有重力浓缩、气浮浓缩和离心浓缩三种，此外还有带式重力浓缩、微孔浓缩、隔膜浓缩和生物浮选浓缩等。重力浓缩是最节能的污泥浓缩方法，不需外加能量，利用污泥自身重力自然沉降分离。气浮浓缩依靠附着在污泥颗粒周围的微气泡减轻比重，使其强制上浮，达到浓缩目的。离心浓缩与带式重力浓缩均属于机械浓缩。经浓缩后污泥含水率可降至95％左右。

2. 污泥厌氧消化工艺

厌氧消化是我国普遍采用的污泥处理工艺，占污泥稳定化处理技术的38.04％。在无氧条件下，兼性菌与厌氧菌共同作用，将污泥中的有机物通过水解酸化、乙酸化和甲烷化三个阶段分解为甲烷、二氧化碳及少量的氮硫化物和硫化氢等气体的过程。

3. 污泥调理和脱水

污泥脱水实现体积减量是污泥处理处置的关键。目前使用的污泥脱水方法有污泥干化法和机械脱水法。机械脱水法是通过机械力的作用将污泥中的水分去除，与自然干化法相比，其脱水效率更高，节省空间，并且不因天气变化而影响脱水效果。由于污水处理过程中得到的污泥具有高亲水性，污泥水与污泥固体颗粒间有很强的结合力，污泥进行机械脱水之前，一般需要通过物理、化学作用进行调理，改善污泥的脱水性能，减少其黏性。污泥经调理后，不仅脱水压力减少，而且含水率可大大降低。

目前主要有三种不同的调理方法：（1）混凝或絮凝提高污泥的沉降性；（2）降低污泥的可压缩性，以提高污泥的过滤性能；（3）污泥絮体或细胞进行破解，以释放 EPS 中的结合水。

4. 污泥好氧发酵处理工艺

好氧发酵过程通过好氧性微生物的生物代谢作用，使污泥中有机物转化成富含植物营养物的腐殖质，反应的最终代谢物是二氧化碳、水和热量，大量热量使物料维持持续高温，降低物料的含水率，有效地去除病原体、寄生虫卵和杂草种子，使污泥达到减量化、稳定化、无害化、资源化目的。同时，由于其设备较少，运行管理简单，特别适合于中小型污水处理厂。

5. 污泥热干化工艺

污泥热干化是利用热能去除脱水污泥水分的过程。热干化采用的热源按成本由低到高依次为烟气、燃煤、热干气、沼气、蒸汽、燃油和天然气。按热媒与污泥的接触方式可分为直接接触加热、间接传导加热和联合加热三种，采用的设备主要有转鼓式、转盘式、带式、螺旋式和离心式干化机。污泥干化过程中要注意污泥粘结问题、尾气处理问题。其中，粘结问题采用干料返混措施可得到减轻。尾气循环回用不仅可降低系统的氧气含量，提高运行安全性能，还可回收热量，降低能耗。

6. 污泥石灰稳定

通过向脱水污泥中投加一定比例的生石灰并均匀掺混，生石灰与脱水污泥中的水分发生反应，生成氢氧化钙和碳酸钙并释放热量。石灰稳定可发挥以下作用：

（1）灭菌和抑制腐化。温度的提高和 pH 值的升高可以起到灭菌和抑制污泥腐化的作用，尤其在 pH 值≥12 的情况下，效果更为明显，从而可以保证在利用或处置过程中的卫生安全性。

（2）脱水。根据石灰投加比例（占湿污泥的比例）的不同（5%～30%），可使含水率 80% 的污泥在设备出口的含水率达到 48.2%～74.0%。通过后续反应和一定时间的堆置，含水率可进一步降低。故污泥在未机械脱水的情况下，含水率可由 80% 降低至 45.8%，但若考虑生石灰中的纯度及氧化镁的含量，含水率会有一定的偏差。

（3）钝化重金属离子。投加一定量的氧化钙使污泥成碱性，可以结合污泥中的部分金属离子，钝化重金属。

（4）改性、颗粒化。可改善储存和运输条件，避免二次飞灰、渗滤液泄漏。

污泥的石灰稳定技术可以作为建材利用、水泥厂协同焚烧、土地利用、卫生填埋等污泥处置方式的处理措施。但采用石灰稳定技术应考虑当地石灰来源的稳定性、经济性和质量的可靠性。

7. 污泥焚烧

焚烧法是一种高温热处理技术，即以一定的过剩空气与被处理的有机废物在焚烧炉内进行氧化分解反应，废物中的有毒有害物质在高温中氧化热解而被破坏。焚烧处置的特点是可以实现污泥的无害化、减量化（减容70%，最大可到90%）和资源化。焚烧的主要目的是尽可能地焚烧废物，并将被焚烧的物质变成无害并最大限度地减容，尽量减少新的污染物产生，以避免二次污染。近年来该技术采用了合适的预处理工艺和焚烧手段，达到了污泥热能的自足，并能满足越来越严格的环境要求。故以焚烧为核心的处理方法被认为是污泥处置最彻底、快捷和经济的方法。

按照焚烧方式不同分为直接焚烧和干燥焚烧两种。其中，直接焚烧是指将高温污泥（含水率85%以上）在辅助燃料作为热源的情况下直接在焚烧炉内焚烧。由于污泥含水量大、热值低，需要消耗大量的辅助燃料。直接焚烧下，污泥含水量大，焚烧后的尾气量较大，后续尾气处理需要庞大的设备，操作控制难度大。无论从运行成本还是设备投资等方面，污泥的直接焚烧正逐渐被干燥焚烧所代替。干燥焚烧是指将污泥通过干化处理后再进行焚烧的技术手段。当前焚烧工艺包括单独焚烧、热电厂协同处置、水泥窑协同处置。

8. 污泥的运输和储存

（1）污泥的运输。鼓励采用管道、密闭车辆和密闭驳船等方式；运输过程中应进行全过程监控和管理，防止因暴露、洒落或滴漏造成的环境二次污染；严禁随意倾倒、偷排污泥。

（2）污泥的中转和储存。需要设置污泥中转站和储存设施的，可参照《环境卫生设施设置标准》CJJ 27—2012等规定，并经相关主管部门批准后方可建设和使用。

（3）将污泥储存到固定的地方，循环使用。

6.4.5.2 发展现状和趋势

作为城市污水处理的衍生品，我国市政污泥年总产量逐年增大，目前已超过每年4000万t。由于长期以来政策、资金和技术上均有"重水轻泥"的倾向，我国污水处理厂所产生的污泥有80%以上没有得到妥善处理。

城市污水处理厂污泥主要包括栅渣、沉砂池沉渣、浮渣、初沉池污泥、二沉池剩余活性污泥。其中，栅渣和沉砂池沉渣多为粒度较大的无机固体颗粒物，一般作为垃圾处理；初沉池污泥和二沉池剩余活性污泥有机质含量高，初沉池污泥含有病原体和重金属化合物，二沉池生物污泥基本成分为微生物体，易腐化变质，需回收利用妥善处置。污泥成分复杂，除上述物质外，还含有大量氮、磷和多种微量元素及有机质，也可能含有有毒有害、难降解的有机物等物质，若处置不当，可能对生态环境造成极大危害。

1. 国外应用现状

目前日本的污泥处理方法一般有浓缩、脱水、厌氧消化、堆肥、焚烧和熔融等。污泥焚烧技术实现了污泥最大程度的减量化，但弊端主要有两点：一是焚烧过程中会产生二噁英、呋喃和重金属等有害物质；二是能耗较高，投资运行成本高。为了有效减轻填埋场的压力，干化焚烧仍是日本最普遍的污泥处理方式。熔融则是在1300~1800℃下燃烧污泥。相比而言，熔融的优势在于以下几点：一是由于在高温下结晶，因此产生较少的二噁英；二是炉渣可循环利用；三是大量减少了干物质体积。但是由于熔融法建设运行费用较高，近年来主要应用于工业废弃物含量较高的污泥。日本的污泥处置方式有填埋、农田和绿化利用、焚烧后的灰渣生产水泥或制造其他建筑材料如混凝土骨材、道路基材等。其中，填埋所占的比重逐年下降，绝大多数作为建材利用，其次为土地利用等。从日本的经济实力、技术水平和空间资源的限制性来看，焚烧处理后灰渣处置的技术路线是合适的。而水泥窑内温度超过1000℃，加之窑内的碱性环境，可以有效抑制表面二噁英的产生，因此日本政府鼓励污泥和焚烧灰渣进入水泥厂系统焚烧。

欧洲的污泥处理方法主要有厌氧消化、好氧消化、脱水、干化等。目前德国基本实现污泥全部经厌氧消化处理，不仅降低了近一半的污泥体积，使污泥达到稳定化，消除恶臭，并可产生沼气作为能源循环利用。大多数的欧洲污水处理厂采用机械脱水的方式，最常用的依次为离心脱水、带式压滤和板框压滤。从欧洲目前的污泥处置方式及未来的预测来看，填埋所占的比重将继续下降，而焚烧后资源利用则呈现上升趋势。土地利用（直接利用或堆肥后利用）及焚烧后资源利用将是未来两种主要的处置方式。

2. 国内应用现状

我国目前主要的污泥处理方式包括浓缩、调理、脱水、稳定、干化等，尤其以浓缩、调理和脱水为主，干化率较低。浓缩主要有重力浓缩、浮选浓缩和机械浓缩等。浓缩后污泥的含水率通常在95%左右，还需要进一步脱水。为了提高污泥的脱水性能，需要添加化学药剂，最常用的有无机絮凝剂或有机聚合物电解质，如聚丙烯酰胺、铝盐、亚铁盐和石灰等。大中型污水厂多采用带式应用技术脱水，随着我国对脱水污泥含水率的要求越来越严格，板框脱水及新型高干度污泥脱水的比例逐年上升。目前，我国污泥稳定化程度还处在较低水平，普遍采用的处理处置路线有4种：(1) 路线一：浓缩—调理—脱水—卫生填埋；(2) 路线二：浓缩—厌氧消化—脱水—土地利用；(3) 路线三：浓缩—调理—脱水—好氧发酵—土地利用；(4) 路线四：浓缩—调理—脱水—干化—焚烧—建材利用。

除常规技术外，近年来，国内外的污泥处理新技术发展迅速，研发出多种新型高效污泥处理工艺，如熔化、两相消化、制油、超声波处理等，可对污泥进行深加工，实现污泥的资源化利用。

此外，减量化处理新技术不断出现，如微型动物捕食法等技术逐渐成熟，但此类技术带来的污泥流态不可控、能耗较大等问题仍然存在。以污泥固体物质封存为主的无害化技术，其危害性无法根本消除。电子束辐照技术、生物沥浸技术等无害化新技术具有处理效率高、操作简单安全和绿色环保等优点，有较好的发展趋势；然而，投资大、运行参数不准确和反应时间过长等缺点阻止了其应用推广，仍然需要深入研究。

6.4.5.3 应用场景和效益分析

污泥的固体性质和生物性质决定了其处置的难度，无论采取填埋、焚烧、填海等何种处置方式，都存在着二次污染、耗费能源及处置空间的问题。如果改变污泥的废弃物性质，作为资源来加以利用，问题便可妥善解决。因此，资源化是污泥处置的最佳方式。建立在安全、无害化处理处置基础上的污泥资源化，从根本上讲是一个认识问题，是观念的转变。坚持把资源化放在首位，对污泥进行减量化、无害化处理是为了最终彻底解决污泥的处置问题。要从维护生态平衡的高度，制定符合现状的技术政策和产业发展政策，促进技术创新，加快污泥资源化产业的发展。

近十年来，国家不断出台相关政策以带动污泥处理处置市场的发展，也取得了较大的成就。在政策的带动以及污泥处理技术等的带动下，我国污泥处理市场规模也实现了跨越式增长，从2010年的129.8亿元增长至2012年的236.6亿元，并分别在2014年、2016年和2017年突破300亿元、400亿元和500亿元，总体增幅维持在10%以上的水平，市场运行良好。

为加速污泥治理速度，"十三五"期间，中央财政投入2000亿元用于污水厂的污泥处理，在污泥处置技术的不断突破与政策的推动下，污泥处理处置行业即将迎来蓝海市场。随着政策引导，我国污泥处理产业市场需求将得到进一步释放。按照污水有效处理率来推算，2023年的污泥处理市场规模将达到867亿元左右。

6.4.5.4 支撑条件

新时期下，环境执法应保持高压态势，高度重视污泥处理处置，落实城镇污水处理厂污泥减量、无害化处理在技术、经济、政策、金融等行业的协同创新支撑条件，促进污水处理厂、污泥处置企业处置污泥结果达到合法合规要求，避免非法处置污泥带来的法律风险。

1. 技术方面

（1）应根据处理处置的污泥量、污泥性质，结合自然环境及处置条件，确定针对性强的技术工艺路线，完善污泥处理工艺，加强污泥处理效率。

（2）结合当地的实际情况，按照国家相关标准要求，优先选择污泥土地利用。在土地资源紧张且经济欠发达地区，可选用干化、焚烧等技术。

（3）应根据城镇污水处理厂的规划污泥产生量，合理确定污泥处理处置设施的规模；近期建设规模应根据近期污水量和进水水质确定，充分发挥设施的投资和运行效益。

（4）严格控制污泥中的重金属和有毒有害物质。工业废水必须按规定在企业内进行预处理，去除重金属和其他有毒有害物质，达到国家、地方或者行业规定的排放标准。

（5）合理有效地对污泥进行资源化利用，在消除二次污染问题的同时，减少一次能源的消耗，寻求适合当下国情的污泥处理办法，并不断探索污泥处理新工艺。

（6）积极投入研发合乎国内污泥特性、低耗高效的污泥处理技术设备和专用设备，形成标准化和系列化。

2. 经济方面

（1）在编制规划建设方案时，应综合考虑建设投资与运营成本，防止为降低近期的建设投资导致建成后的运营成本过高。

（2）应综合考虑污泥泥质特征及未来的变化、当地的土地资源及特征，因地制宜地确定本地区稳妥可靠的污泥处理处置技术路线。

（3）一些高能耗尤其是需要消耗大量清洁能源的处理处置技术，应避免采用。一些需要大量物料消耗，或需要消耗大量土地资源的处理处置技术，也应慎重采用。

（4）政府推动污泥治理资金的落实。

3. 政策方面

（1）加强落实污泥处理处置统一规划，合理布局。污泥处理处置设施宜相对集中设置，鼓励将若干城镇污水处理厂的污泥集中处理处置。

（2）城镇污水处理厂新建、改建和扩建时，落实污泥处理处置设施与污水处理设施的同步规划、同步建设、同步投入运行。

（3）污泥出厂前对其加强检查检测，尤其是对于污水来源较为复杂或者同时接收工业废水的污水处理厂，应按《国家危险废物名录（2021年版）》《危险废物鉴别技术规范》HJ 298—2019等相关国家标准的规定，对污泥进行危险特性鉴别。同时应确保相关数据真实可靠，污水处理厂不得提供虚假的数据或样品进行检测鉴定，同时应对相关检测记录、检测结果等资料进行保存，保存时间不少于五年。

（4）对于不同的污泥处置方式，依据国家相关规范标准，对污泥处置的含水率作出不同要求。

（5）落实污泥管理台账制度相关规定。城镇污水处理厂或污泥处置企业应当建立污泥管理台账，详细记录污泥产生量、转移量、处理处置量及其去向等情况，并定期向所在地县级以上地方生态环境主管部门报告。同时，污水处理厂的相关记录应包含污泥及其副产物的去向、用途、用量，并将相关资料保存至少5年等。

（6）落实建立污泥转移联单制度。对污水处理厂而言，在转出污泥时，应事先向移出地、接受地的相关生态环境主管部门批准，并严格按照危险废物转移的相关规定，如实填写转移联单，禁止转移无转移联单的污泥。对污泥处置企业而言，在接收污泥时，应核实该污泥是否严格落实了污泥转移联单制度。

（7）落实企业对污泥产生、运输、贮存、处理、处置实施等的全过程管理，同时落实项目验收污泥合规要求，污泥处理必须满足污泥处置的要求，达不到规定要求的项目不能通过验收。目前污泥处理设施尚未满足处置要求的，应加快整改、建设，确保污泥安全处置等。

4. 金融方面

（1）规范地方政府融资，建立风险补偿机制。加紧建立并完善地方政府投融资责任制度，对地方政府融资平台设定合理的负债率水平，使地方政府的债务规模与财力相匹配。作为金融机构必须对政府融资平台贷款进行全面清理核实，严格把好政府融资平台贷款审批关，不断加强和完善政府融资平台风险防控工作，并提前做好足够的风险拨备。

（2）完善污泥收费体系，保障项目高效运行。各级政府在制定污泥处理费征收标准时，要按照"成本＋合理企业利润＋国家税收"的定价原则，逐步将污泥处理费调整到合理水平。同时，鉴于中小城镇居民特别是中西部地区居民收入水平较低、收费政策难以一步到位的实际，建议由上级财政承担部分污泥处理运营费用。东部地区可由省市两级财政承担，中西部地区则需要中央政府给予补贴。除此之外，还需根据当地财政水平和支付能力，对收费不足以支撑建设运营的项目公司进行部分补贴。

（3）健全完善激励政策，推进产业化市场化。积极探索改革我国现行污泥处理的投资体制、建设体制和运行管理体制，进一步放宽市场准入，引入市场竞争机制，加强和完善激励政策，制定落实税费减免优惠政策，强化政府补贴和引导，从体制和机制上激活污泥处理行业，促进污泥处理产业实现预定的环保效益、经济效益和社会效益。

（4）探索多元化融资方式，发展"绿色信贷"。为解决污泥处理项目建设资金短缺难题，国家金融主管部门应根据当前污泥处理项目融资实际，研究出台系列金融扶持政策，指导督促各金融机构尤其是各政策性银行积极创新金融产品，切实加大"绿色信贷"投放。

6.4.6 沥青路面再生技术

6.4.6.1 技术要点

沥青路面再生技术的关键内容主要包括拌合楼的建设、再生沥青混合料回收工艺、沥青老化规律分析及老化程度评价、再生沥青性能评价及其再生方法、再生沥青混合料设计及性能评价、再生沥青混合料施工工艺研究、再生沥青路面施工质量控制。

沥青路面再生技术发展至今，形成了多种路面再生工艺和多种分类方法。按照美国沥青再生和回收协会的分类，沥青路面再生技术可为分厂拌热再生、就地热再生、厂拌冷再生、就地冷再生和全深式再生五种方法。

厂拌热再生是将回收的沥青路面材料（RAP）运至沥青拌合厂（场、站），经破碎、筛分，以一定的比例与新集料、新沥青、再生剂（必要时）等拌制成热拌再生混合料，铺筑路面。

就地热再生采用原地再生工艺修复已破坏的沥青路面，该方法中新材料添加量最少。其工艺包括现场加热软化旧路面青面，将路面材料刨松移开，混合再生剂，需要时可能加入新鲜沥青与集料，现场拌合，重新摊铺，碾压成型。

厂拌冷再生是将回收的废弃沥青路面材料在拌合厂破碎、筛分，以一定的比例与新集料、沥青类再生结合料、活性填料（水泥、石灰等）、水进行常温拌合，再摊铺、碾压到要求的密度，形成路面结构层。其上通常铺筑薄层沥青罩面、表面处治层等。

就地冷再生方法无须加热旧路面材料。铣刨、破碎原路面、筛分 RAP 材料后，即可加入再生添加剂现场拌合、摊铺、碾压。一般使用专门的"再生列车"施工。添加剂包括粉煤灰、水泥、生石灰等无机界合料，也可添加液体沥青、乳化沥青和发泡热沥青等。

全深式再生是将沥青面层和部分基层材料处理后形成稳定的集料基层，工序与就地冷再生方法基本相同，所需设备比较庞大。

6.4.6.2 发展现状和趋势

1. 国外研究现状

欧美等发达国家十分重视再生实用性的研究，他们在再生剂的开发以及实际工程应用中的各种挖掘、铣刨、破碎、拌合等机械设备的研制方面取得了较大成就，逐步形成一套比较完整的实用再生技术，并且达到规范化和标准化的水平，美国、德国、日本、英国等国家已经颁发了一系列沥青路面再生的技术手册、技术指南和应用规范。作为应用技术研究，国外对沥青路面再生机理的理论研究较少，但在再生效果、再生沥青混合料路用性能等方面积累了丰富的经验。

2. 国内研究现状

近年来，沥青路面再生技术重新引起广泛重视。国内一些大学和科研机构已着手再生路面混合料路用性能、再生机理、再生剂开发、施工技术等方面的研究，一些单位也在积极筹备或已试铺沥青路面再生路面，并已取得了一定的成果。

6.4.6.3 应用场景和效益分析

根据国外的经验，对旧沥青路面进行厂拌热再生利用，当旧料掺加比例为 20%～50%，节省费用为 14%～34%；采用就地热再生工艺时，节省费用为 17%～50%；采用就地冷再生工艺时，节省费用为6%~67%。我国在20世纪80年代的交通建设方面经验表明，与铺筑新沥青路面相比，铺筑再生沥青路面，其材料费平均节约45%~50%；考虑翻挖路面、破碎、过筛、添加再生剂等需要增加的费用时，工程造价降低20%~25%。结合目前市政道路实际情况，废料储量越来越大，生产施工工艺越来越完善，预计工程造价降低至少25%。

6.4.6.4 支撑条件

沥青路面再生技术在城市建设中有着广泛的应用前景，虽然目前有较完善的技术支持，但仍然需要重点关注以下问题：厂拌热再生在拌合楼的建设中，要考虑配备专用的再生滚筒，现场再生对设备的要求更加严格，要注意加热、翻刨、新料（再生剂）添加、摊铺、碾压等设备的配合及工序衔接；关注再生剂的研发、再生料的均匀性及配比设计问题、再生沥青混合料碾压摊铺问题。

同时，在目前提倡绿色环保建设的大环境下，再生沥青混合料技术在政策上是受支持的，同时也可积极争取一些税收、资金方面的优惠政策。

6.4.7 废旧轮胎声屏障开发利用技术

6.4.7.1 技术要点

本技术特点在于：利用大宗废旧轮胎复合固体废弃物，开发交通用声屏障材料，从介观到宏观尺度对废旧轮胎声屏障材料与制品声学性能进行优化，融合结构、功能与景观等综合需求，实现废旧轮胎声屏障的设计、生产与应用。

关键技术内容包括：采用废旧轮胎颗粒与其他类型固体废弃物复合，研发隔声与吸声性能可调控的交通用声屏障材料；建立声屏障消声降噪的数值模拟方法，优化废旧轮胎声屏障制品整体与局部几何构型；探索废旧轮胎声屏障模压与增材制造等工艺方法，支撑彩色城市景观设计需求；建立废旧轮胎声屏障结构体系，提出声屏障线路应用精细化声学设计方法。

6.4.7.2 发展现状和趋势

调查结果表明，我国80%以上的交通干线两侧环境噪声超标，30%~50%的交通噪声是城市环境噪声的主要来源。近年来，随着我国城市化进程提速，以及公路、铁路网的快速发展，交通噪声影响沿线居民生活质量的问题日益突出。因此，对交通噪声进行严格有效防治，切实改善城市居民声环境，提高居民生活质量，是当前"以人为本"发展理念的具体举措之一，也是世界范围内城市发展的重要标志之一。

声屏障是降低交通噪声行之有效的技术措施。声屏障按构型可分为直立、干涉、折角、半封闭、全封闭式等类型。自20世纪70年代以来，美国、日本等发达国家相继修建了声屏障，其大部分采用混凝土砌块或板材制成。20世纪80年代开始采用吸声型声屏障，材料类型包括轻集料混凝土板材、带穿孔面层的钢板、各种轻质材料塑钢板等。目前，在城市道路、铁路两侧以及机场周边区域大多采用隔声型声屏障，一般为混凝土基板与吸声材料复合，主要包括钢化玻璃、陶瓷板材、水泥基复合材、微穿孔板、彩钢板等类型。

废旧轮胎声屏障具有显著的利废环保优势。目前，我国已成为除美国和日本外第三个汽车年产量超千万辆的国家，作为世界第二大轮胎生产国，我国的废旧轮胎年产生量居全球第一。在汽车逐渐成为拉动国民经济发展重要引擎之一的大背景下，我国轮胎产量势必长时期维持快速增长的态势，作为"黑色污染"的废旧轮胎再利用已成为亟待解决的现实问题。近年来，考虑到轮胎与橡胶材料良好的声阻抗特性，并秉承"来源于交通，用之于交通"的理念，国内外学术界和产业界对废旧轮胎声屏障开展了初步研究和应用，包括废旧轮胎复合材料性能、声屏障几何构型设计、声屏障线路工程应用等。目前，废旧轮胎在声屏障中应用的可行性得到了初步验证，废旧轮胎基复合材料对400~5000Hz宽噪声频段都具有较好的吸声性能。总体而言，废旧轮胎声屏障充分体现了绿色环保理念，并为传统废旧轮胎回收利用、产业转型升级提供了新出路。

高性能、深绿色、一体化废旧轮胎声屏障开发利用成为大势所趋。通过调整废旧轮胎掺量和级配以及内部孔结构特征，提高声屏障材料的声传递损失和吸声系数，得到具有优异隔声和吸声性能的废旧轮胎复合材料；通过采用粉煤灰、硅灰取代水泥，或采用其他各种类型的碱激发固体废弃物，大幅提升废旧轮胎声屏障的多类型固体废弃物利用率，增加声屏障的绿色深度；此外，从材料、构件到线路层面，形成集声学、结构及景观于一体的设计、生产和施工方法。

6.4.7.3 应用场景和效益分析

噪声与空气、水、垃圾并称为四大污染，相较于其他三类污染，人们对交通噪声污染的关注程度稍显不足。即使在发达国家，噪声污染依然未得以有效控制，然而其对人类的身体和心理会产生潜在的巨大危害。有效抑制交通噪声是社会文明发展的象征，也是切实提升人民幸福指数的具体体现。在新时代美丽中国建设中，废旧轮胎声屏障充分体现了以人为本、绿色发展和利废环保理念，可广泛应用于公路与铁路交通领域，如城市内高架桥、轻轨沿线的交通降噪工程。

研究表明，回收利用1t废旧轮胎，可节约0.4t标准煤，减少1.8t固体废弃物排放，减少30t污水排放，降低23t大气污染物排放。因此，回收和利用废旧轮胎将产生十分可观的经济效益和社会效益，对我国发展循环经济具有十分重要的示范意义。

6.4.7.4 支撑条件

废旧轮胎声屏障开发利用成套技术的发展，需要技术和政策行业的协同创新。在技术方面，需要产、学、研、用相结合，推动高性能、深绿色废旧轮胎复合声屏障从材料、结构到线路的设计、生产与应用一体化；在政策方面，从国家至地方创新机制，鼓励、引导废旧轮胎复合声屏障的大规模应用，为利废环保的声屏障的市场推广应用开放绿色通道。

7 绿色能源技术

2020年9月22日,习近平总书记在联合国大会上提出,中国"二氧化碳排放力争于2030年前达到峰值,努力争取2060年前实现"碳中和"。当前,我国建筑行业运行碳排放(含直接碳排放和间接碳排放)约为21亿t二氧化碳,占全国总量的20%左右;如果考虑建材生产运输等过程的碳排放,比例达到35%左右。从全球看,建筑行业运行用能导致的碳排放占比28%,全球建筑相关用能碳排放占比40%(包含建筑建造)。以2017年为例,美国建筑运行用能相关的碳排放占比是36%。根据发达国家经验,伴随我国城镇化和经济水平的不断提升,建筑行业碳排放比重越来越大。为此,要在2030年实现"碳达峰",同时要在比发达国家短一半以上的时间(即从2030年到2060年)内实现"碳中和"。我国城镇化建设全过程中造成的资源能源消耗和环境影响居各行业之首,是落实2030年"碳达峰"和2060年"碳中和"目标的关键行业之一。因此,研究建筑节能、城市天然能源、城市再生能源、城市能源综合利用等技术,将是住房和城乡建设领域科技发展的必然趋势。通过太阳能、深层地热能、氢能等新型能源在建筑行业的有效应用,不仅可以代替资源有限的传统能源,而且可以减少污染物的排放,保护生态环境,其开发和利用具有广阔的前景和深远的意义。

7.1 建筑节能技术

7.1.1 既有建筑节能改造技术

7.1.1.1 技术要点

既有建筑功能提升改造是既有建筑再循环利用的基本特征,它包含两个方面:一是既有建筑功能的提升,指原有功能得到增强与优化,如传统办公空间通过更新技术设备而适应了现代化的办公需求;二是既有建筑功能的改造,指原有功能被新功能替代,如城市中心区既有工业厂房被改造成为商务办公楼等。既有建筑功能提升改造的本质是建筑生命周期的循环和延续,而非简单意义上的保存和拆除重建。当既有建筑的经济寿命达到一个周期之后,如果采取拆除重建的办法,则作为建筑这一物质形态的生命周期就已结束;而通过适度的提升与改造,并赋予新的功能,原有建筑的生命周期将得到延长。从广义上讲,既有建筑功能提升改造是一种积极的城市发展形势,在保留历史信息的同时表现出良好的可持续发展态势,在社会资源与物资资源耗费方面具有重大的节约效益,是兼具生态意义、经济意义、文化意义和社会意义的城市发展方向。

未来既有建筑功能提升改造将在下述方面得到发展与实践:
1. 既有居住建筑功能提升改造
主要包括:既有居住建筑改造实施路线和标准体系;既有居住建筑综合防灾改造与寿

命提升；既有居住建筑公共设施功能提升与重点装备；既有居住建筑适老化宜居改造；既有居住建筑低能耗改造；既有居住建筑室内外环境宜居改善等。

2. 既有公共建筑功能提升改造

主要包括：既有公共建筑改造实施路线及标准体系；公共建筑围护结构改造、空调采暖系统调适、照明采光及隔声降噪等适宜技术；大型公共交通场站运行能耗的主要影响因素及评价指标，既有大型交通场站的节能运行策略；既有公共建筑抗震、防火能力的提升改造、建筑物寿命提升；基于性能导向的既有建筑监测及运营管理。

3. 既有建筑改造绿色施工

既有建筑可持续改造中的噪声控制、粉尘排放控制、光污染控制、节约资源、污水处理、废弃物利用等；低噪声改造设备的开发和现有改造施工机械设备的噪声减少；施工现场噪声减少和隔声方法；粉尘排放控制指标和排放方式；施工现场照明、污水处理、废弃物利用等系统的能耗优化等。

既有建筑改造绿色施工技术评估：研究提出既有建筑改造绿色施工技术评价，构建既有建筑改造绿色施工技术评价指标体系（材料消耗量指标、能源消耗量指标、水资源消耗量、三废排放量、对周边环境安全影响、噪声振动扰民），研究既有建筑改造绿色施工技术评价指标的定性定量方法。

既有建筑可持续改造施工过程中的信息控制系统、绿色施工可视化与虚拟现实：既有建筑改造施工过程中信息控制系统，实现既有建筑的结构工作状态的实时显示、既有建筑结构变形的自动记录、既有建筑结构实时安全评定功能。可视化技术以及虚拟现实技术在改造施工中的应用等。

7.1.1.2 发展现状和趋势

1. 发展现状

在我国城镇化进程中，增量土地供应的短缺与旧城区、旧街区与旧工业区的改造压力，以及"城市让生活更美好"的强烈意愿，使得以存量空间开发为主的"内涵增长"，成为城市发展新趋势和新增长点。毋庸置疑，"存量空间＋产业运营"的城市更新模式，已成为一二级市场资本联动的核心枢纽，更是大宗存量空间的升值引擎。《2018～2019年度中国城市更新白皮书》显示，城市更新和既有建筑改造已形成万亿级别市场。

我国从"十一五"以来就在既有建筑安全性及绿色化改造、传统聚落改造功能提升等方面积累了不少研究成果，并在"十三五"期间开展了既有居住和公共建筑宜居改造、既有城市工业化和住区功能提升改造等研究。在国外，西方对既有建筑功能提升与改造的理念源自对文物建筑的保护、改造和再利用。从20世纪60年代开始，许多国家尝试将原本仅用于文物建筑的再循环理念扩大应用到大批具备再循环利用开发潜力的一般性既有建筑身上，充分重视既有建筑在文化、经济和生态层面的价值，尽量摒弃无谓的文化资源和经济资源浪费，通过合理的改造，例如功能的置换，建筑外形和设备的完善以及环境的改善等，使既有建筑再度焕发出活力。许多建筑师事务所也将既有建筑改造和再利用作为主要业务范围，积累了丰富的实际操作经验。

以量大面广的既有居住建筑为例，我国既有建筑的现状并不乐观，面临的问题主要为以下3个方面：

（1）既有住宅的低标准问题。城市中的低层老旧住房（有些是解放以前的房子）达不到作为住宅的基本要求;20世纪五六十年代修建的简易楼,标准极低且功能不配套,同时有很大的安全隐患;20世纪70年代与80年代建设的大量多层砖混住宅,功能是配套的,但没有真正意义上的厅,且厨房与卫生间过于窄小。这些低标准住宅的更新与改造问题是我们必须首先考虑的。

(2) 既有住宅的结构安全性能问题。既有住宅的结构安全性也应引起我们的高度重视。首先是城镇中的大量低层老旧住房,许多住房年代久远,加上非法改造,其结构安全性难以保证;20世纪50年代的住宅已近50年设计使用年限,且这些住宅的砖砌体中砂浆标号低,楼盖与屋盖采用木结构,因此其结构的安全性很难保证;20世纪60年代的简易楼,强调节约革新,采用薄墙、浅基础,因而导致结构安全度很低;20世纪70年代中后期住宅的设计与施工逐步趋于正规,但这一期间建造的住宅在抗震性能方面有很大的隐患;20世纪80年代与90年代初建造的住宅,由于处于住宅建设的快速发展期与我国经济的转型期,有些工程的施工质量存在问题,这些都在结构的安全性能方面留下了极大的隐患。

(3) 既有住宅的建筑节能问题。既有住宅的建筑节能问题已成为影响与制约我国经济可持续发展的一个最主要因素。至今建成的既有住宅中真正称得上节能住宅的仅占2%,而每年新建的住宅能达到节能住宅标准的也不到4%。从住户使用来看,建筑节能不涉及人身安全问题,但却要消耗大量的宝贵能源,会对我国经济的可持续发展产生严重影响。

城市既有公共建筑现状与既有居住建筑类似,在建筑标准、结构安全性和节能性能方面也需要进行提升。

2. 发展趋势

以下三种既有建筑功能提升改造技术将是未来研究和发展的重点。

(1) 建筑生态化改造。西方国家特别是欧洲一些发达国家在对即有建筑的生态化改造方面已经进行了一定的实践。主要体现在以下几个方面:

减少对自然环境的影响。主要举措包括使用清洁能源,减少 CO_2 排放,严格执行污水排放标准,恢复周边生物环境的生态环境,通过增加绿化形成适宜植被从而造成富氧环境等。

可持续利用自然资源。尝试使用太阳能、风能、地能等可再生能源。大部分建筑都已改造为低能耗建筑,并在向零能耗建筑努力,开始重视使用低蕴能材料和再生材料等。

与人文环境的衔接。改善既有建筑与历史风貌的保护和继承以及与本土文化的结合之间的矛盾;重视与城市或周边人文环境包括城市肌理、景观、生活方式的有效衔接等。

我国在既有建筑的生态化改造方面才刚刚起步,还有大量工作需要完成。

(2) 用于既有建筑改造的生态材料。国际上的材料科学技术工作者对生态材料研究高度重视。国际上众多材料科学工作者在研究具有净化环境、防止污染、替代有害物质、减少废弃物、利用自然能、材料的资源化等方面,做了大量的工作,并已取得了重要进展。许多国家还制定了相关的法律,来推动本国环境材料的发展,以求能够推动本国经济的持续发展。

我国在既有建筑改造技术方面,与发达国家尚有较大差距。但是近年来,随着我国既有建筑改造工程量的不断增大,我国已经陆续出现了许多生态功能改造或结构加固新技术。改造过程的环境保护等生态举措越发受到重视,例如采用生态化材料,建筑垃圾无害化处理或资源化利用等。我国在生态材料及其使用技术方面的研究为既有建筑的生态化改造提供了良好的技术基础。

（3）建筑节能改造。在太阳能热利用方面，以太阳能热水器和被动太阳能建筑应用技术最为成熟，比如日本和以色列的太阳能热水器户用比例分别为20％和80％。西方一些国家颁布实行的建筑节能标准和设计规范，一般都包含有太阳能建筑应用、地热能供热、空调的应用和规定要求，其中也包括在既有建筑中的应用。

我国部分城市已启动了对既有建筑进行节能改造的工作，逐步缩小了与世界先进水平的差距。但在开源方面，我们对既有建筑进行节能改造的综合建筑节能技术、建筑太阳能利用技术、地热能利用技术还远远不能满足国民经济发展的需要。

综上所述，既有建筑作为城市整体空间环境中的一大类建筑，虽然形成年代各不相同，却往往具有新建筑无法媲美的某些潜在特质：大量既有建筑作为城市不同时期发展过程和事件的载体，构成了维系人们城市记忆的参照物和见证物，对人们解读城市具有举足轻重的意义，能够引发并转化成人们对城市空间及环境的美感体验。同时，对大量不同性质、类型和规模的既有建筑，应重视其长期以来积淀形成的潜在、复合价值，并对其进行合理、科学的开发和再利用，这直接关系到城市空间及环境能否持续发展。在我国城市发展新的历史时期，以新的视角重新解读既有建筑的功能提升与改造，无疑将对我国城市空间及环境的可持续发展起到积极的推动作用。

7.1.1.3 应用场景和效益分析

1. 应用场景分析

（1）既有居住建筑功能提升改造。既有居住建筑功能提升改造技术的应用场景非常广泛。主要用于当前我国正在广泛推广的城镇老旧小区改造领域，包括既有居住建筑节能改造、既有居住建筑增设电梯、增设卫生间、既有居住建筑"暖水电路气网"系统改造、停车系统改造、老旧建筑抗震加固、老旧小区智慧社区改造等。

此外，既有居住建筑功能提升改造技术还包括大量建设年代久远的学校、企事业单位集体宿舍功能提升改造，以及养老、托幼建筑功能提升改造等，具有良好的应用前景。

（2）既有公共建筑功能提升改造。既有公共建筑功能提升改造技术主要用于办公建筑性能改造提升、高档酒店建筑性能改造提升、大型商业综合体性能改造提升、大型铁路站房和机场候机楼性能改造提升、大型商业建筑改办公或居住建筑、大型办公建筑改酒店建筑、大型工业设施改文创办公建筑等方面，其市场需求大，重要性高，应用前景好。比如，北京饭店改造工程、北京首钢老厂区改冬奥组委办公场所工程等重点工程。

（3）既有建筑改造绿色施工。由于既有居住建筑和公共建筑往往位于城市中的人员密集区，在改造过程中，周边建筑、甚至同一栋建筑的未改造部分一般需要正常使用。因此在进行既有居住建筑功能提升改造和既有公共建筑功能提升改造的过程中，绿色施工技术至关重要。节电技术、噪声控制、粉尘排放控制、光污染控制、污水处理、废弃物利用、虚拟现实等既有建筑改造绿色施工技术，在既有居住建筑和公共建筑功能提升改造的各个领域均需大量应用，具有广阔的应用前景。

2. 效益分析

（1）经济效益

既有建筑量大面广，市场前景广阔。具有生态改造功能的建筑材料可广泛应用于各种建筑领域。既有建筑功能提升改造技术可以改善生态人居环境，节约资源和能源，保护环境，延长既有建筑耐久性和使用寿命，具有可持续发展的重要意义，将受到市场的高度重视和政府的大力支持。因此，对具有生态改造功能的新型建筑材料的市场需求将迅速增长，推广和应用具有生态改造功能的建筑材料是技术发展的必然趋势。随着人们对人居生态环境的重视，设计水平和思想的发展，使用具有生态改造功能的建筑材料及高性能无毒无害材料，符合现代人居的需求。改造采用的材料技术经济合理，可提高构筑物耐久性并延长建筑寿命，降低综合运营成本，节约资源和能源，保护环境，符合现代化施工工艺的要求等，有利于实现用高新技术提升传统材料的科技水平，因此其推广前景较为良好。

既有建筑功能提升改造技术的另一直接经济效益是节能效益。既有建筑地热能、太阳能综合利用的预期综合利用节能率可达到60%以上，以采暖估算，每1万m^2建筑每年的节煤量约为224t标准煤，节约采暖费用3.3万元；以空调估算，与常规系统相比可节能30%以上；以太阳能光伏系统节能20%估算，每1万m^2建筑每年可节约36000kW·h。

（2）社会效益

既有建筑改造技术是目前世界各国重点研究和发展的技术。相关技术的发展将使我国在该领域的技术水平有较明显的提高，将为我国该领域的科研、设计单位和企业带来新的发展机遇，提高自身的竞争力。同时，推广采用既有建筑改造技术可提升建筑功能，改善人居环境，为社会经济发展作出贡献。

（3）环境效益

对即有建筑的生态化改造，无疑会增加一部分社会投入。但是，如果没有这份投入，将来必将为此付出更为惨重的代价。因此，从长远考虑，这部分投入是非常必要的。即有建筑的生态化，会大大改善我国的环境状况，从而保证国民经济持续稳定的增长和社会的可持续发展。在环境和资源保护方面，我国每年投入的环保资金已达到我国GDP的1%以上，但环境污染的形势依然十分严峻，地热能、太阳能作为完整意义的清洁能源，在既有建筑功能提升改造中应用所带来的环境效益非常可观。降低粉尘、有害气体、温室气体排放，减少空气污染，减少温室效应，是既有建筑功能提升改造所能产生的最直接环境效益。

7.1.1.4 支撑条件

目前，经过多年的发展，我国在既有建筑功能提升改造产业领域技术标准体系完善、产业链完备、实施经验丰富，具备了较好的技术条件。技术条件主要包括我国颁布的与既有建筑功能提升改造相关的技术标准、设计和施工手册、设计和评估软件、相关材料、实验装置、检测装置、机电设备、部品等等。

以相关的技术标准为例，我国已颁布的与既有建筑功能提升改造相关的技术标准有：《严寒和寒冷地区居住建筑节能设计标准》《夏热冬冷地区居住建筑节能设计标准》《夏热冬暖地区居住建筑节能设计标准》《建筑照明设计标准》《公共建筑节能设计标准》《既有采暖居住建筑节能改造能效测评方法》《建筑装饰装修工程质量验收标准》《民用建筑工程室内环境污染控制标准》《住宅装饰装修工程施工规范》等。

7.1.2 围护结构材料功能提升技术

7.1.2.1 技术要点

研发更节能、更安全、更绿色的功能复合化围护结构材料，突破相关材料的绿色制造、智能制造核心技术，形成具有自主知识产权的功能复合化围护结构材料生产、应用、评价技术，实现产业由跟跑向并跑转变。具体包括：一是发展可主动集聚外界能源的外围护结构材料与系统应用技术，攻克围护材料光—电转化效率低、能量利用率低等关键技术问题，实现围护结构由能量耗散向能量收集转变；二是发展生态围护结构材料、热湿自调控功能复合围护结构材料，解决原有生态围护结构材料使用寿命短、运维成本高等问题，实现外围护结构对空气净化、对内热湿调控的功能；三是发展结构/功能一体化复合材料和高强防火抗爆绝热玻璃系统，以满足建筑更节能和更安全的要求。

7.1.2.2 发展现状和趋势

建筑外围护结构材料占房屋建筑材料的60%，"十二五""十三五"期间我国科技项目主要部署在相关材料的绿色制备方面。"十四五"期间，建筑外围护结构材料的功能复合化、智能化将是热点议题。据统计，在主动集聚能源、智能建筑用围护结构材料方面，国际上共有相关专利超过5000件，国内仅占同类专利总数的10%，国际上有少量可主动集聚能源围护结构材料的标准，但没有智能建筑用围护结构材料的标准。我国在知识产权、标准等方面与国外仍存在不小差距，因此，开展外围护结构材料的绿色化和功能复合化提升研究，是实现由跟跑向领跑转变的关键节点。

7.1.2.3 应用场景和效益分析

随着我国建筑节能标准的逐步提高，以及绿色建筑从浅绿向深绿发展，对建筑外围护的节能性、安全性、功能性提出了更高要求，该项技术顺应了这一发展趋势，在未来建筑能效提升及绿色建筑发展领域具有很好的应用前景。

7.1.2.4 支撑条件

该项技术需要在标准、技术研发方面继续加大力度，完善推广应用的技术支撑。

7.1.3 近零能耗建筑技术

7.1.3.1 技术要点

近零能耗建筑是指根据气候特征和场地条件，通过被动式设计最大幅度降低建筑供暖、空调、照明需求，通过主动技术措施最大幅度提高能源设备与系统效率，充分利用可再生能源，以最少的能源消耗提供舒适的室内环境，且其室内环境参数和能效指标符合国家标准《近零能耗建筑技术标准》GB/T 51350—2019 规定的建筑。其建筑能耗水平应较国家标准《公共建筑节能设计标准》GB 50189—2015 和行业标准《严寒和寒冷地区居住建筑节能设计标准》JGJ 26—2018、《夏热冬冷地区居住建筑节能设计标准》JGJ 134—2010、《夏热冬暖地区居住建筑节能设计标准》JGJ 75—2012 降低60%～75%以上。

超低能耗建筑是近零能耗建筑的初级表现形式，其室内环境参数与近零能耗建筑相同，能耗指标略低于近零能耗建筑。零能耗建筑是近零能耗建筑的高级表现形式，其室内环境参数与近零能耗建筑相同，充分利用建筑本体和周边的可再生能源，使可再生能源年产能大于或等于建筑全年全部用能的建筑。

近零能耗建筑主要通过性能化设计、精细化的施工工艺和质量控制及智能化运行模式实现。关键技术包括以下内容：

(1) 性能化设计，以建筑室内环境参数和性能指标为性能目标，利用建筑模拟工具，对设计方案进行逐步优化，最终达到预定性能目标要求的设计过程；

(2) 高性能建筑保温隔热系统及门窗系统；

(3) 建筑维护结构无热桥技术；

(4) 建筑整体高气密性技术；

(5) 高效新风热回收技术、空气净化技术；

(6) 建筑遮阳技术、充分利用自然光技术；

(7) 高能效等级设备产品应用技术；

(8) 可再生能源利用技术，包括地源热泵、空气源热泵、太阳能热利用、太阳能光伏发电技术等；

(9) 室内环境质量监测技术、建筑能耗监测技术；

(10) 楼宇自动控制技术、智能照明控制技术；

(11) 建筑气密性检测技术、维护结构热工性能检测技术；

(12) 以及地铁温度自然调节技术（深层地热及对流温控技术）。

7.1.3.2 发展现状和趋势

从世界范围看，为了应对气候变化，实现可持续发展战略，超低能耗建筑、近零能耗建筑、零能耗建筑的概念得到了广泛关注，欧美等发达国家先后制定了一系列中长期发展目标和政策，以不断提高建筑的能效水平。欧盟 2010 年修订的《建筑能效指令》（Energy Performance of Building Directive，EPBD）要求欧盟国家在 2020 年底前所有新建建筑都必须达到近零能耗水平。美国能源部建筑技术项目设立目标，到 2020 年零能耗住宅市场化，2050 年实现零能耗公共建筑的低增量成本运营。

2002 年开始的中瑞超低能耗建筑合作，2010 年上海世博会的英国零碳馆和德国汉堡之家是我国建筑迈向更低能耗的初步探索。2011 年起，在中华人民共和国住房和城乡建设部与德国联邦交通、建设及城市发展部的支持下，我国建设了河北秦皇岛在水一方、黑龙江哈尔滨溪树庭院、河北省建筑科技研发中心科研办公楼等建筑节能示范工程。2013 年起，中美清洁能源联合研究中心建筑节能工作组开展了近零能耗建筑、零能耗建筑节能技术领域的研究与合作，建造完成中国建筑科学研究院近零能耗示范建筑、珠海兴业近零能耗示范建筑等示范工程，取得了非常好的节能效果和广泛的社会影响。

2016 年发布的《中国超低/近零能耗建筑最佳实践案例集》，对我国开展超低/近零能耗建筑工程项目的技术方案、施工工法以及运行效果加以总结、梳理和提炼。示范工程涵盖严寒、寒冷、夏热冬暖和夏热冬冷四个气候区，包括居住建筑、办公建筑、商业建筑、学校、展览馆、体育馆、交通枢纽中心等不同建筑类型。超低/近零能耗建筑已从试点成功向示范过渡，未来具有广阔的发展前景。

2015 年 11 月发布编制并发布了符合我国国情的超低能耗建筑技术及标准体系《被动式超低能耗绿色建筑技术导则（试行）》（以下简称《导则》），并于《导则》颁布实施后，启动了一批参照《导则》进行建设的示范工程。此外，北京市、河北省、山东省等也相继编制和出台了适用于本地的被动式超低能耗建筑技术导则或设计标准。在《导则》实施的过程中，也发现了一些问题。例如，《导则》虽对被动式超低能耗绿色建筑进行了定义，但对于目前较为流行的近零能耗建筑、零能耗建筑等名词的定义与其之间的差别尚不清楚。此外,《导则》仅针对居住建筑提出了技术要求,而缺少对被动式超低能耗公共建筑的技术指导。与发达国家相比,我国在气候特征、建筑室内环境、居民生活习惯等方面都有独特之处,发达国家的技术体系无法完全复制,需要针对我国具体情况开展基础理论研究,建立技术及指标体系,开发设计及评价工具,相关科研工作也应陆续开展。

2017年9月,由中国建筑科学研究院牵头、共29家单位参与的"十三五"国家重点研发计划项目"近零能耗建筑技术体系及关键技术开发"启动。该项目旨在以基础理论研究和指标体系建立为先导,以主被动技术和关键产品研发为支撑,以设计方法、施工工艺和检测评估协同优化为主线,建立我国近零能耗建筑技术体系并集成示范。

2019年1月24日,住房和城乡建设部发布了《近零能耗建筑技术标准》GB/T 51350—2019(以下简称《标准》),该《标准》自2019年9月1日起实施。《标准》为我国首部引领性建筑节能国家标准,是国际上首次通过国家标准形式对零能耗建筑相关定义进行明确规定。《标准》建立了符合我国国情的技术体系,提出了中国解决方案。《标准》的实施将对推动建筑节能减排、提升建筑室内环境水平、调整建筑能源消费结构、促进建筑节能产业转型升级起到重要作用。

在迈向零能耗建筑的过程中,根据能耗目标实现的难易程度表现为三种形式,即超低能耗建筑、近零能耗建筑及零能耗建筑,均属于同一技术体系。其中,超低能耗建筑节能水平略低于近零能耗建筑,是近零能耗建筑的初级表现形式;零能耗建筑能够达到能源产需平衡,是近零能耗建筑的高级表现形式。超低能耗建筑、近零能耗建筑、零能耗建筑三者之间在控制指标上下相互关联,在技术路径上具有共性要求。

7.1.3.3 应用场景和效益分析

我国正处在城镇化快速发展时期,经济社会快速发展和人民生活水平不断提高,导致能源和环境矛盾日益突出,建筑能耗总量和能耗强度上行压力不断加大。实施能源资源消费革命发展战略,推进城乡发展从粗放型向绿色低碳型转变,对实现新型城镇化、建设生态文明具有重要意义。

自1980年以来,我国建筑节能工作以建筑节能标准为先导取得了举世瞩目的成果,尤其在降低严寒和寒冷地区居住建筑供暖能耗、公共建筑能耗和提高可再生能源建筑应用比例等领域取得了显著的成效。我国的建筑节能工作经历了30年的发展,现阶段建筑节能65%的设计标准已经基本普及,建筑节能工作减缓了我国建筑能耗随城镇建设发展而持续高速增长的趋势,并提高了人们的居住、工作和生活环境质量。从世界范围看,美国、日本、韩国等发达国家和欧盟为对应气候变化和极端天气、实现可持续发展战略,都积极制定了推动建筑迈向更低能耗的中长期(2020、2030、2050)政策和发展目标,并建立了适合本国特点的技术标准及技术体系。推动建筑迈向更低能耗正在成为全球建筑节能的发展趋势。

近零能耗是绿色建筑的最高表现形式,也是建筑节能的最高形式。近零能耗建筑技术及其关联产业发展契合了新时代高质量发展理念,是进一步推进建筑节能、产业转型升级、保护环境和实现可持续性发展的关键举措,在拉动内需、扩大消费等方面具有十分重要的意义。目前,近零能耗建筑技术及其关联产业正处于方兴未艾、大力推进阶段。

理论上,近零能耗建筑(节能90%)比普通建筑(节能75%)可降低一次性能源消耗97kW·h/(m^2·a),经济效益和社会效益非常显著。

当前,我国建筑领域已经开始进行超低能耗建筑的探索。超低排放的绿色建筑不仅有利于节能减排，同时也能创造出更大的经济效益。随着近零能耗建筑技术广泛应用于单体建筑、民用建筑、公共建筑、多层建筑和高层建筑领域。未来，绿色节能将为整个行业带来万亿元级的市场规模。

目前我国城镇每年新增建筑面积约 16 亿～20 亿 m²，既有建筑面积超过 500 亿 m²，约 70% 以上属于高耗能建筑，亟须改造，近零保护技术应用潜力巨大。

7.1.3.4 支撑条件

1. 应开展关键共性技术攻关。围绕近零能耗建筑技术发展需求，开展近零能耗建筑高质量建设和科学运行关键技术研究，新型保温材料、高效节能门窗、高效热回收新风系统等配套产品、技术、装备的研发和应用。

2. 强化在近零能耗建筑工程设计、工程咨询和监测评估方面的能力，通过与国内外专业科研机构合作，提高建筑科研机构在近零能耗建筑设计、咨询、检测等方面的专项技术能力。

3. 提高产业链条生产环节产品质量。围绕近零能耗建筑发展需求，促进玻璃、装配式钢构件、隔热铝材、装配式混凝土构件等传统建材产业的技术升级，着力提高产品质量和性能。进一步强化现有各种装饰材料产品优势，支持龙头企业加大研发力度，开发满足近零能耗建筑需求的新型涂料产品，减少室内污染。进一步强化保温材料、防水材料优势，鼓励支持重点企业提高创新能力和生产规模，增品种、提品质、创品牌。进一步强化节能门窗、可再生能源和通用设备优势，发挥优势企业的示范带动作用，支持优势企业进一步加强近零能耗建筑门窗、幕墙和遮阳系统技术创新和自主研发，整体提升设备部品质量水平。

4. 强化政策支持。建筑方面，对符合近零能耗建筑相关标准要求的项目在项目审批、土地供应等方面给予优先支持、及时核发办理规划、建设、开工等许可证和手续，竣工后及时组织验收。在财政、金融、建筑规划许可等方面制定操作性强的政策，全面落实税收优惠政策。加强京津冀协同合作，加快相关协同地方标准制定。产业方面，不断完善从设计施工到核心产品、运营维护全产业链的标准规程，强化设计标准、施工标准、建材标准、验收标准、评价标准的衔接。发挥财政资金的政策导向作用，及时调整政策实施重点和方向，创新对近零能耗建筑及相关产业的支持方式，促进近零能耗建筑及相关产业转型升级。省级产业发展资金应进一步向近零能耗建筑产业全产业链重点环节集聚，促进整个产业提升水平。

5. 拓宽融资渠道。引导设立近零能耗建筑发展类基金。探索政府＋资本＋用户的发展模式，吸引社会资本深度参与开发建设超低能耗建筑。探索利用合同能源管理、既有建筑新增房屋产权融资等商务合作模式，在居民零投资情况下实现节能改造及设备升级，改善老旧小区居住条件。

7.2 城市天然能源技术

7.2.1 城市风电能技术

7.2.1.1 技术要点

风力发电是指把风的动能转为电能。作为一种清洁的可再生能源，风力发电的优势已经逐渐被人们了解并重视,其优越性表现在,一是相较于核电和火电的建造成本而言,风力发电场所的建造成本比较低;二是在生产电能的过程中,不需要核电站的核材料、水力发电站和火力发电站的煤和油等原料,只需对风力发电设备进行日常的标准保养和维护,不会产生其他额外的费用消耗;三是风能自身具有的洁净程度比较高,不会像煤、油等能源产生大量的有害物质,对环境造成危害。

然而,城市高楼林立,空气在流动过程中难免要与建筑物发生相互作用,从而在市区形成了独特的建筑风场分布。针对这种情况,可将风力发电设备安置在城市建筑物的顶层以及高层建筑物之间,当距离地面的高度越高时气流的强度就越大,风能就越大,将风能设备和涡轮发动机安装在这些位置可得到的电能也就越多。其原理是相邻的两个建筑物之间的墙面互相垂直,风能在此处的大小不会发生变化,风向也不会发生变化,会比空旷位置的风能更强烈,能够直接进入设置在建筑物顶层涡轮发动机以及风力发电设备当中。与此同时,为了将风力发电得到的电力能源进一步增加,可以将建筑物的外形设计成扩散形状,使风能在此处的速度有效加快,令风能利用的效果进一步增强。

7.2.1.2 发展现状和趋势

目前,风能资源的开发主要依托于陆上及海上风电场。基于城市建筑群的风能资源开发起步较晚且发展缓慢,一方面,城市风能源的开发面临土地资源紧张的现实问题;另一方面,城市环境中风速低、自然风受地表复杂建筑群的影响严重。

风电建筑一体化包括风场、建筑结构和风力发电系统 3 大要素。只有这三者协同工作,才能保证建筑环境风能的有效利用。对城市风环境的研究只是其中一个步骤。1998 年,欧盟开展了 WEB(Wind Energy for the Building),将风力机与城市位置和建筑形式综合考虑,提出了风力机类型的选择必须与建筑美学和空气动力学相结合的观点。综合国内外的研究状况,建筑风能的利用共有 4 种形式:建筑顶部风能利用、建筑间或建筑群巷道风能利用、建筑风道风能利用,以及旋转建筑风能利用。

由此,风能开发与城市建筑的耦合为城市环境下的风能资源开发提供了有力途径,在城市高层建筑顶层设置风力发电装置,降低发电产生的噪声对建筑本身造成的影响,对建筑物外形进行扩散型设计提升风能利用效率,都将有可能成为未来城市风能在城市建筑中应用的重要组成部分。

英国伦敦 Strata 大厦(2010 年 5 月建成),实现了水平轴风力发电机与现代建筑的完美结合。大厦使用了功率为 19kW 的五叶片风力发电机。通过对不同方向的风能收集,风力发电机每年能够发电 50MWh,为 Strata 大厦提供 8% 的能源供给。

迪拜"达·芬奇塔"也称动态建筑大楼,高约 420m,共 80 层,是世界首个风力发电的旋转摩天大楼。该大楼于 2008 年动工,整栋大楼的电力需求将由卧式风力发电机和太阳能电池板提供。两层地板之间装有多达 79 个卧式风力发电机,每台电机装机容量 0.3MW,迪拜全年可利用风时 4000h,一台电机全年可发电 60~120MkW·h,这让大楼近乎成为一个绿色的"发电厂"。

上海中心作为我国首座同时获得"绿建三星"设计标识认证与美国绿色建筑委员会颁发的 LEED 白金级认证的超高层建筑,在屋顶的外幕墙上,有与大厦顶端外幕墙整合在一起的 270 台 500W 风力发电机,每年可以产生 118.9MkW·h 的绿色电力。

7.2.1.3 应用场景和效益分析

根据 2010 年 10 月全球风能协会（GWEC）和绿色和平国际组织（Greenpeace）预测，风力发电将在未来 20 年内成为世界的主力电源，可满足全球 22% 的电力需求。同时，据资料统计，我国可加以利用的低空风能资源相当丰富，如果风力资源开发率达到 60%，仅风能发电一项就可支撑我国目前的全部电力需求。目前，我国小型风力发电机的技术已逐渐成熟，风电市场逐渐稳定，风电开发增速不断加快。事实上，大型的风电机组在某种意义上可以用小型机组进行替换。因此在未来的风能利用上，我国除了建立百万千瓦级超级大型风电基地进行大规模风电开发的同时，也可以推进小型风电场在城市建筑群中的应用，结合当地的实际条件，因地制宜地促进风电技术与绿色建筑的融合发展。

7.2.1.4 支撑条件

随着城镇化进程不断加快，城市对能源的多方面需求导致城市风能的利用备受瞩目。风力机与建筑的结合已经开始以小型风力机的形式走进城市公共建筑屋顶、居民住宅和市政小型设施。但是由于风能自身有着较大的局限性，其间歇性和随机性特点使其无法广泛应用，也无法提供大量的电能。为提高风力发电的灵活性，将风力发电机组与其他发电方式组成互补系统，或与储能装置联合应用已经成为小型风能利用的趋势。此形式可为商业区和居民供电，亦可为本地电源节省输变电建设成本并投资、改善能源结构、促进电力能源可持续发展。将风能等可再生能源分布在用户终端，并通过信息技术优化用电需求，可最大限度地保证用户能源供应的高效、经济和清洁，这将是今后能源发展的热点方向。

城市风能利用潜力巨大，但目前国际上普遍认为该行业仍面临重大挑战，也缺乏标准以确保小型风机满足安装、操作或安装后产生预期的输出产量等要求。分析我国小风机市场的发展瓶颈，除了政策机制等制约条件，风能转化效率、年发电量、安全可靠性、并网能力及并网对电力系统安全稳定的影响等也是重要因素。因此需要加快推进技术的发展与相关政策的支持，城市风能的利用才能向更加规范和高效的方向持续发展。

7.2.2 太阳能技术

7.2.2.1 建筑太阳能技术

7.2.2.1.1 技术要点

进入 21 世纪，太阳能的重要性越发受到各国重视，作为清洁高效可再生的能源，太阳能的应用已融入生活中的方方面面。建筑节能技术和太阳能技术的融合是现代建筑技术的一个热点，目前可利用的形式有光热转换和光电转换。

建筑太阳能一体化即指在建筑设计方案中，将太阳能应用主动纳入设计重点，与建筑设计完美融合。太阳能与建筑光伏一体化的核心是将太阳能有效地转化为电能。目前主流的建筑太阳能一体化技术是将光电池组件整齐排列平铺于屋顶上，达到建筑与太阳能设备的完美结合，既实用又不影响美观。太阳能与建筑光热一体化的核心是将太阳能有效转化为热能。现代建筑中逐渐流行的太阳房也应用了吸热储能的太阳能技术，目前使用频繁的建筑热压通风技术也来自于太阳能加热空气技术。建筑太阳能一体化技术的主要特点体现在以下三个方面：

（1）当今社会，建筑能耗占家庭能耗的很大一部分，运用太阳能建筑一体化，能有效降低能耗，为住户省去一笔不小的开支；

（2）太阳能作为一种可再生的清洁能源，比传统能源对环境的污染更小，使用更安全，能明显提高生活质量；

（3）最新的太阳能建筑一体化技术能有效地将太阳能设备镶嵌在建筑上，如光伏板能很好地起到建筑遮阳挡板的效果，既收集了太阳能，又省去了该部分建筑材料的费用，可谓一举两得。

7.2.2.1.2 发展现状和趋势

在过去的几十年里，欧洲太阳能产业发展较快。2007年欧洲总太阳能产热量为48TJ，总太阳能发电量为2517GWh。欧洲国家积极推动建筑太阳能技术的发展，主要技术类型有太阳热利用技术和太阳能发电技术。欧洲国家的太阳能应用技术水平走在了世界的前列。美国现在已将光伏板直接嵌入屋顶和外墙，实现了光伏建筑一体化。亚洲太阳能技术成熟地区主要集中在日韩等经济条件发达的国家。以日本为例，日本在20世纪90年代初在太阳能光伏发电方面取得了巨大的成功，是世界上光伏发电量最大的市场之一。其90%的太阳能光伏发电系统为屋顶并网系统。

我国从1958年起开始进行光伏器件的研究，20世纪70年代中后期，开始自制光伏航标灯、太阳能灯塔、气象及通信用光伏电源，现在已经成为世界第一的光伏组件生产国和出口国。目前，我国也大力倡导太阳能与建筑相结合的建筑一体化。全国太阳能利用面积已经达到15.2亿 m^2 以上，光伏建筑应用也已达到1376.4MW，一部分已经能替代常规能源，成为我国节约一次性能源使用、减少温室气体排放、保护大气环境的重要技术手段之一。

7.2.2.1.3 应用场景和效益分析

太阳能光热作用在建筑中的应用按照有无机械动力可分为主动式和被动式两大类。没有机械动力的称为被动式太阳房，反之则为主动式太阳房。

被动式太阳房的采暖方式主要有以下几种：

1. 直接受益式

这是太阳能采暖最常见的方法，就是让太阳光穿过窗户直接照进来。室内的地面、墙面选用蓄热能力强的材料，室内的热量通过对流和辐射的方式逐渐地将室内空间加热。这种太阳能采暖方式直接、简单、效率也较高（图7-1）。

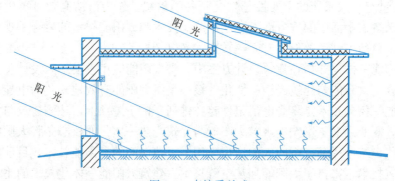

图7-1 直接受益式

2. 集热墙式

集热墙式就是在玻璃窗的后面建一道重型结构墙，且在墙外表面涂有吸收率高的涂层，顶部和底部分别开有通风孔（图7-2）。其供热机理是：太阳光穿过透光材料照射集热墙，墙外表面温度升高，加热夹层内的空气，热空气自然上升，流入室内，冷空气由室内经下面的孔流入夹层，形成自然对流。而且墙体吸收辐射后通过传导、辐射方式直接向室内传递热量。在夜间需要关闭上下风口，防止逆循环。

3. 附加阳光间式

在房屋主体南面附加一个玻璃温室，利用温室里的热空气来加热相邻的房间，同时起到减少房间的热量损失的作用（图7-3）。附加阳光间因为有一定的空间，所以有实用功能，可以作为生活空间，养花养草、娱乐休息。

图7-2 集热墙式

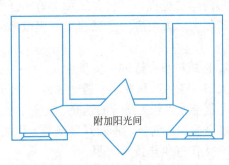

图7-3 附加阳光间式

主动式太阳房的采暖方式主要有以下几种：

（1）太阳能热水器。太阳能热水器是利用温室原理，将太阳辐射能转变为热能，并向冷水传递热量，从而获得热水的一种系统。太阳能热水系统由集热器、蓄热水箱等相关附件组成。

我国第一台太阳能热水器是1958年由北京市建筑设计院研制开发，用于北京天河农场的公共浴室。目前我国国产的太阳能热水器已经占据了大量国内市场份额，部分品牌还出口国外，质量上已经达到国际先进水平。但是长期以来，太阳能热水器一直是房屋建成后由用户购买安装，而目前高层建筑较多，很多建筑无法安装太阳能热水器，因此国家发展改革委、住房和城乡建设部提出将太阳能热水器与建筑结合的理念，近几年取得了一些实质性进展。将太阳能集热系统安装于阳台或直立墙面上，与建筑完美结合，可解决高层、多层建筑安装太阳能热水器的难题。

（2）太阳能供热系统。近几年，太阳能供热系统在国内的应用逐渐增多，国内一些研究单位、高校、企业相继开展太阳能采暖相关研究工作。目前，研究热点主要集中在以下几个方面：太阳能采暖系统模型及模拟研究及设计软件的开发；太阳能采暖的适用性、节能及经济性的评价与分析；系统优化的研究。

（3）太阳能制冷系统。太阳能制冷主要可以通过光—热和光—电转换两种途径实现。

光—热转换制冷是指将太阳能通过太阳能集热器转化为热能,根据所得到的不同热能品位,驱动不同的热力机械制冷。光—电转换制冷是指将太阳能通过光伏发电转化为电力,然后通过常规的蒸汽压缩制冷,半导体热电制冷或斯特林循环等方式来实现制冷。目前太阳能制冷技术应用的市场条件目前仍不成熟,处于示范工程阶段。

7.2.2.1.4 支撑条件

太阳能光伏发电已占据世界能源消费的重要席位,在不远的将来或成为世界能源供应的主体。预计到2030年,可再生能源在总能源结构中将占到30%以上,而太阳能光伏发电在世界总电力供应中的占比也将达到10%以上。综上,太阳房和太阳能热水系统在建筑太阳能一体化技术中已得到成熟的应用,具有较强的推广价值,但与此同时,该技术在其发展过程中也存在以下几点问题亟须解决:

1. 未形成统一化生产

在太阳房的集热部件生产过程中,由于不同的生产技术和环境,在具体生产过程中无法与生产厂家形成规模化和集中化的生产模式。无法进行统一的规模生产,就会影响太阳能房的建筑过程。可出台鼓励房地产开发商设计安装太阳能房的措施。同时,要求生产厂家加大对太阳房的重视程度,积极形成批量生产,并对具体的生产过程进行统一化管理。

2. 建筑材料有待进一步开发

太阳房在生产和发展中遇到的另一个问题是,我国建筑材料的生产不够全面,目前在市场上很难见到较为适合的透光、透热、保温储热、性能高且价格低的建筑材料。对此需要鼓励企业加强创新,不断开发出与太阳能建材相关的系列新型建筑材料。

3. 太阳能供热技术问题

根据目前发展现状,高层太阳能热水器的热水系统尚未形成,而且在技术发展层面也需进一步的开发设计。比如在高层建筑中安装的热水器,由于所需水压以及在使用过程中水量变化的不同等不可控因素影响,会使其在使用过程中出现热量不均或者设备自身出现问题的现象。另外,在将太阳能热水器安装到高层建筑群中时,由于其采光面积以及安装热水系统的位置有限,所以从安装的角度往往难以充分考虑南向采光所能获得的日照,同时还会因为建筑物的造型问题或者其他原因,使得太阳能热水器无法实现正常安装。

4. 地域差异问题

由于各地区条件差异大,以及各个地区政府对于太阳能认识的差异,导致各地区政府对使用太阳能热水器的管理要求不尽相同,各地区在太阳能的规定及应用范围上也体现出很大的差异性。如江苏、山东等地区要求新建住宅在12层以下时必须应用太阳能热水器;但上海市则规定为6层。

7.2.2.2 多能互补太阳能光热利用技术

7.2.2.2.1 技术要点

太阳能是可再生能源,发展"太阳能+"采暖,符合实现化石能源体系向低碳能源体系的转变,有助于我国最终形成以可再生能源为主的能源转型。

高效清洁太阳能光热利用系统适用于建筑及园区清洁供热领域。高效集热管将太阳能转换成热能供给用热末端,并将一部分热能储存到储热器中;当太阳能不足时,储热器将储存的热能补供给用热末端;当遇到太阳能严重不足的极端阴冷天气时,可因地制宜,选择太阳能、空气能、地热能、生物质能等多种清洁能源作为辅助补充能源给用热末端供热；同时运用物联网技术对系统数据进行采集与分析，实现供热过程在线诊断和能源信息化管控。其技术原理如图 7-4 所示。

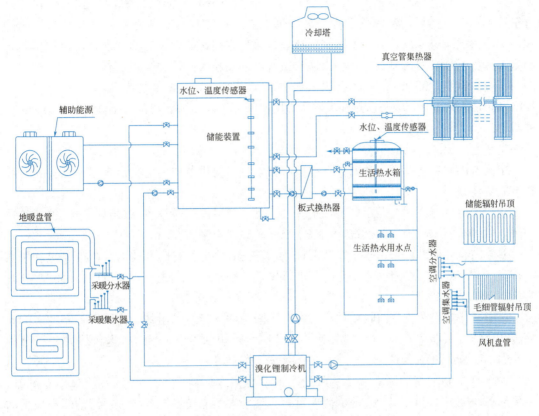

图 7-4　高效清洁太阳能光热利用系统原理图

1. 技术指标

单位面积日均耗电量为 0.059kW·h；谷电利用率为 56.6%；系统能效比为 12.77。

2. 功能特性

（1）研制了一种全玻璃真空高效集热器，集热管的吸热比高、发射比低，可有效收集多种波段太阳光的热量，并能大幅度提高光热转换效率；

（2）研发了一种绿色建筑用高容量热储能复合新材料，充分利用相变储能材料的特性，可高效储热和传热；

（3）研发了一种精准单向热水回流控制技术，当外界温度低于管内水温时，可自动输送集热管及室外管道内的热水回流到储热装置；

（4）研发了一种多能互补系统，因地制宜选择空气源热泵或电锅炉或燃气锅炉等提供辅助补充热能，当遇到太阳能严重不足的极端阴冷天气时，辅助能源系统将作为补充能源给用热末端供热，保证满足用户的用热需求；

（5）设计了物联网智能管理平台，以大数据为基础，建设智慧能源数字中心，为用户提供在线诊断、能耗分析、远程控制等服务。

7.2.2.2.2 发展现状和趋势

在全球经济增长动力减弱、贸易投资放缓、国内经济下行压力加大的形势下，我国太阳能热利用行业坚持创新，坚持提升技术水平，坚持按照高质量发展要求，以成功案例引导技术创新。经过共同努力，2019年全国太阳能热利用集热系统总销量约3250万 m^2，保有量达到4.73亿 m^2，保持稳中有进的发展态势，供热技术有新进步，行业结构持续优化，市场拓展取得成绩，支撑了国家对行业政策稳定向好的发展，继续走在从粗放型向集约型、从数量规模型向质量效益型、从产量大国向品质大国迈进的路上。

工业和信息化部2019年11月份发布的《国家工业节能技术装备推荐目录（2019）》指出，预计未来五年，太阳能热利用推广应用比例可达到29%，可形成节能30.28万 tce/a，减排 CO_2。

7.2.2.2.3 应用场景和效益分析

山西省阳曲县北小店乡政府供热改造项目，技术提供单位为包头市汉诺威工业装备科技有限责任公司。

用户用能情况说明：北小店乡政府采用一套0.7MW电锅炉对2100m^2建筑进行冬季采暖，供暖时间180天，根据统计，整个采暖季总耗电量为68.04万 kW·h。

实施内容及周期：采用基于物联网控制的储能式多能互补高效清洁太阳能光热利用系统替代0.7MW电锅炉对2100m^2建筑进行供热，采暖季室内温度保持在18~22℃之间。实施周期1个月。

节能减排效果及投资回收期：经过一个采暖季的运行，采用基于物联网控制的多能互补高效清洁太阳能光热利用系统替代0.7MW电锅炉对2100m^2建筑进行供热，可节约209.44tce。项目投资回收期约2.76个采暖季（17个月）。

2019年，道荣新能源基于云平台技术的"光热+"电辅户用采暖系统分别在威县、秦皇岛等地完成了11000余户的示范项目，实现了太阳能光热技术与常规清洁能源技术的优势结合，并通过云平台大数据远程监控功能实现了针对用户端的"因地制宜、精准供热、精准服务、精准运营"的目的，显著降低了用户采暖的运行成本，实现了一季供暖，四季供热，显著提升了用户的生活舒适度。

7.2.2.2.4 支撑条件

2019年7月3日，国家能源局下发的《国家能源局综合司征求〈关于解决"煤改气""煤改电"等清洁供暖推进过程中有关问题的通知〉意见的函》中指出："适度扩大地热、太阳能和工业余热供暖面积。积极探索新型清洁供暖方式，条件成熟的可报送国家发展改革委、国家能源局研究推广"。这预示着，太阳能供暖未来几年在清洁供暖的舞台上将越发耀眼。

发展太阳能采暖要贯彻实施国家能源局发布的《北方农村户用太阳能采暖系统技术条件》NB/T 10150—2019、《北方农村户用太阳能采暖系统性能测试及评价方法》NB/T 10151—2019、《太阳能供热系统实时监测技术规范》NB/T 10153—2019等系列标准。系列标准吸纳了企业近年来的创新成果，一是根据采暖的客观规律，明确了依据建筑物耗热量的设计思想，规范了设计方法，而以往单纯的太阳能热水系统则不需考虑建筑保温情况，这是热水和建筑供暖的重要区别。二是总结前段清洁供暖实践，规定了北方农村户用太阳能采暖系统的太阳能保证率指标，如在资源丰富区，电和燃气为辅助能源时，太阳能保证率要不小于55%。太阳能采暖特点是初装设备费稍高，但运行期间来自太阳的能源近似于免费，如果设计的太阳能采暖保证率过低，则既增加初装设备费，又失去了低运行费的优势。三是规范了工程测试、实时监测、系统验收和用数据反映采暖效果的方法，为定量评价供热系统提供依据。四是提出了反映太阳能采暖系统总供热量与输入能量之比的性能系数概念，能方便地和其他能源采暖系统作比较。认真贯彻实施系列标准，有望让更多的企业掌握和提高太阳能采暖技术水平，使更多的示范工程达到设计预期，进一步促进太阳能采暖健康发展。

太阳能是低碳环保的可再生能源，是能源变革中的主要替代能源，随着全球减排的推进，太阳能将会得到人类的广泛应用。在国家高质量发展的要求下，我们共同的责任是让这一进程少走弯路，更好地造福人民，造福子孙。

7.2.2.3 建筑光伏能技术

7.2.2.3.1 技术要点

随着我国节能、环保政策法规的不断完善，人们环保意识的提高，光伏建筑一体化迅速发展。太阳能光电玻璃幕墙（以下简称光电幕墙）技术是将太阳能发电产品集成到玻璃幕墙建筑的一种新技术，是目前最具开发价值的光伏建筑技术之一（图7-5）。光电幕墙结合了太阳能光电技术和幕墙技术，既能实现隔声、隔热、装饰的功能，又能够利用太阳能进行发电，将太阳能转化为电能供人们日常使用。其可以节约空间，降低重复投资，如果在大型公共建筑玻璃幕墙中应用太阳能光电效应发电，玻璃幕墙的节能设计将从被动节能变为主动产生能量供建筑内部消耗，配合被动节能设计，将在一定程度上解决我国玻璃幕墙建筑能耗巨大的现状。

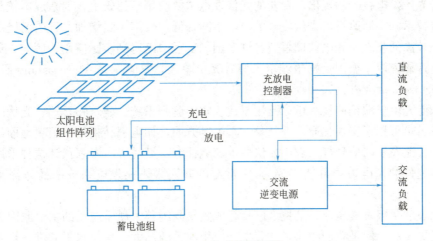

图7-5 光伏系统原理图

太阳能光电玻璃幕墙的优点是：

1. 节约能源

光电幕墙作为建筑外围护体系，可直接吸收太阳能，避免了墙面温度和屋顶温度过高，可以有效降低墙面及屋面温升，减轻空调负荷，降低空调能耗。

2. 保护环境

光电幕墙通过太阳能进行发电，不需燃料，不产生废气，无余热，无废渣，无噪声污染。

3. 实用性强

光电幕墙可舒缓白天用电高峰期电力需求，改善电力紧张地区及无电少电地区供电情况。其可原地发电、原地使用，减少电流运输过程的费用和能耗；同时无需额外占用宝贵的建筑空间放置光电阵板，与建筑结构合一也省去了单独为光电设备提供的支撑结构，也节约了昂贵的外装饰材料，减少了建筑物的整体造价。

4. 特殊效果

光电幕墙本身具有很强的装饰效果。玻璃中间采用各种光伏组件，色彩多样，使建筑具有丰富的艺术表现力。同时光电模板背面还可以衬以设计师喜欢的颜色，以适应不同的建筑风格。

太阳能光电玻璃幕墙的关键技术在于：

（1）光电玻璃的选型。光电玻璃基本可分为硅基薄膜和碲化镉（CdTe）薄膜两大类，根据不同的建筑设计需求，可以选择不同类型的光电玻璃。

（2）光电玻璃幕墙的结构设计施工。在能够实现结构支撑体系的基础上，可将光伏发电玻璃设计进原有幕墙系统中，改进原有普通幕墙结构，并设置辅助装置保证光伏发电效率。光电玻璃和连接电缆线隐藏于幕墙立柱和横梁之中，从外观上看不出变化，实现了光伏建筑一体化。

（3）与建筑其他设备、功能之间的协同配合。各种幕墙机制、光电、通风、遮阳、蓄热和建筑空调供暖等之间应相互配合，以达到最高效率。

7.2.2.3.2 发展现状和趋势

随着光伏发电技术的提出，最初的光伏发电主要应用于建筑上，但是成本较高。随着光伏发电技术的不断改进，光伏发电的成本不断降低，效率不断增加，目前已经成为商业应用价值较高的技术。光电玻璃幕墙在许多国家工程中已得到实际应用，例如，英国利物浦基础物理研究院、德国哈姆尔城市大厦等光电幕墙，日本东京 Musasashino 研发中心，奥地利 Kyocera 商业办公大楼等。

太阳能光电玻璃幕墙技术可广泛用于建筑物的遮阳系统、建筑物幕墙、光伏屋顶、光伏门窗等，也可用于交通、通信、气象、军事等方面，如电视转播站、卫星地面站、微波中继站、公路及铁路信号灯、农用光伏系统、航标灯、灯塔等。专家预计这种采用光电建筑一体化组件的光电玻璃幕墙将成为 21 世纪的并网太阳能发电系统中最为普及的工程之一。

光电玻璃幕墙发展至今，其技术已日趋成熟，制约其大规模应用的主要原因之一是其一次性投资过高。但是我们相信，随着生产应用规模的加大、科技水平的进一步发展，这一问题会逐步得到解决。环保、节能的光电玻璃幕墙代表着玻璃幕墙未来的发展趋势，将会有广阔的发展前景。

7.2.2.3.3 应用场景和效益分析

主要应用场景：现有玻璃幕墙建筑改进及未来玻璃幕墙建筑设计。

我国光伏产品在过去几年增长率已达 30% 左右。专业人士预测，在今后的 10 年里，我国光伏产品年增长率将高达 20%～30%，同时会由边远农村和特殊应用向并网发电与建筑构件相结合供电的方向发展，光伏发电由补充能源向替代能源过渡已是不争的事实。光伏发电工程中的光电玻璃幕墙组件如能在我国今后的新建筑物上得到广泛应用，可使玻璃和建筑结构和谐结合，智能化并产生能量，将表现出具有高效率的应用价值。

案例一：以南方某 BIPV（光伏建筑一体化）光伏幕墙为例，其面积约 1700m^2，装机总容量 120kW，产生效益如下：年均发电 138200kW·h，年均节省标准煤 46.3t，年均减少 CO_2 排放 137.8t，年均减少 SO_2 排放 4.15t。

案例二：以广州市某采用单晶体电池的幕墙为例，光电设备年发电量计算如下：

① 光照（太阳光能＋漫反射光）值为：1000kW·h/（m^2·a）；
② 安装因素（模板朝向，建筑角度）系数取 0.73；
③ 太阳能电池的总面积 81m^2；
④ 太阳能电池的利用率（25℃时）为 13％；
⑤ 工作温度的影响，取系数 0.94；
⑥ 导线损耗约 2％；
⑦ 光电逆整流器的效率为 0.85；
⑧ 年发电量 6019kW·h/a；
⑨ 按照一般写字楼办公率用电量计算，每平方米年用电量为 25w/m^2×280d×4h＝28kW·h 此项光电幕墙年发电量可供使用面积为：6019/28＝215m^2。

通过以上的分析计算可以看出，81m^2 光电幕墙的年发电量，可供 215m^2 使用面积的办公室（每天平均用电 4h）使用 1 年，其经济效益是显而易见的。

7.2.2.3.4 支撑条件

1. 技术经济条件

（1）光伏玻璃幕墙是光伏建筑一体化的形式之一。如图 7-6 所示，采用光伏幕墙技术可以被动降低建筑能耗，同时通过光伏发电产生的电能可以满足空调、照明、通风等用电需求，符合目前绿色节能建筑的发展趋势。

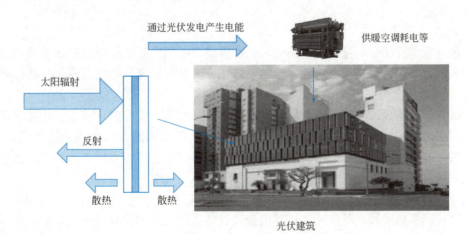

图 7-6　光伏建筑

（2）光伏发电的效率屡创新高

太阳能单晶硅电池、薄膜电池、钙钛矿电池效率进一步提高。产业化太阳能单晶硅电池效率已超过 21％，多晶硅电池效率已达到 19.2％～20.3％。

（3）光伏发电的成本经济性逐渐改善

在我国所有的 344 个城市，工商业太阳能光伏系统能够以低于电网供电的成本发电。在其中 22% 的城市中，并网太阳能发电系统的发电成本低于煤电。根据非晶硅光伏幕墙与晶体硅光伏幕墙和晶体硅屋面等设计所用的安装成本、发电成本、节能成本和使用寿命进行计算。在寿命相同的年限里，非晶硅光伏幕墙系统在 8 年内就可以将成本收回。

2. 政策条件

（1）2016 年 2 月 6 日，中共中央、国务院《关于进一步加强城市规划建设管理工作的若干意见》提出"适用、经济、绿色、美观、近零能耗"的建筑技术标准。

（2）《建筑节能与绿色建筑发展"十三五"规划》提出，"积极开展超低能耗建筑、近零能耗建筑建设示范，提炼规划、设计、施工、运行维护等环节共性关键技术，引领节能标准提升进程，在具备条件的园区、街区推动超低能耗建筑集中连片建设。鼓励开展零能耗建筑建设试点"，以及"开展超低能耗小区（园区）、近零能耗建筑示范工程试点，到 2020 年，建设超低能耗、近零能耗建筑示范项目 1000 万 m^2 以上"，明确指出了对低能耗建筑的政策支持。

（3）2019 年 1 月，住房和城乡建设部发布《近零能耗建筑技术标准》GB/T 51350—2019，并于 2019 年 9 月 1 日起开始实施。该标准明确了我国超低能耗建筑、近零能耗建筑、零能耗建筑的定义，以及不同气候区技术指标及设计施工、运行和评价技术要点。全国部分地区也提出相应的政策，例如：《青岛市绿色建筑与超低能耗建筑发展专项规划》《蚌埠市超低能耗（近零能耗）建筑发展专项规划》等。

（4）2019 年 3 月发布的《绿色建筑评价标准》明确指出"推广建筑节能技术。提高建筑节能标准，推广绿色建筑和建材。支持和鼓励各地结合自然气候特点，推广应用地源热泵、水源热泵、太阳能发电等新能源技术，发展被动式房屋等绿色节能建筑。完善绿色节能建筑和建材评价体系，制定分布式能源建筑应用标准。分类制定建筑全生命周期能源消耗标准定额。"

3. 电力供应

幕墙建筑本身需要大量的电力消耗，光伏玻璃幕墙产生的电能可以供建筑使用，还能并网接入城市电网。实现城市的光伏建筑一体化，可基本做到缓解城市的电力紧张问题。

4. 环境条件

光伏建筑一体化的实施能够较好地降低夏季高温时整个城市的环境温度，尤其是建筑及人口密集区的环境温度。因为光伏发电是将建筑物接收到的太阳辐射热能转化为电能，减少了太阳能转化为热能的比例。同时，光伏发电减少了电网电力供应，减少了因电产生的热能，降低了空调等电器的冷却负荷，亦降低了环境温度。

5. 金融条件

光伏玻璃幕墙项目，可以采取自筹资金或者共建的方式。具有经济效益好，投资回报率高的特点。

7.2.2.4 太阳能低温驱动高效制冷技术

7.2.2.4.1 技术要点

太阳能制冷是指利用太阳辐射为驱动力获得制冷效应的能量转换过程，包括太阳能被动式制冷，热驱动制冷以及电力（动力）驱动制冷等形式。太阳能低温驱动高效制冷技术是指利用太阳能产生的热量带动制冷机制冷的系统,夏季实现制冷。其一般是由太阳能集热系统,热量储存、温度平衡系统,控制系统、冷却系统、溴化锂机组、辅助能源系统、空调末端等组成。

7.2.2.4.2 发展现状和趋势

由于空调系统所消耗的电能(发达国家的空调能耗占全年民用能耗的 25%)给能源、电力和环境带来了很大的压力,因此,利用太阳能替代常规能源驱动空调系统对节能和环保具有十分重要的意义。目前,世界各国都在加紧进行太阳能制冷技术的研究,并主要集中在吸收式制冷范围。

美国科罗拉多州太阳能研究所研制成功了一种可取代空调装置的建筑材料,这种建材里面含有聚醇化合物,当室温超过设定温度,墙壁会自动吸热,达到制冷效应;反之则放热,以达到取暖目的。其临界温度由建材中所含聚醇化合物的多少决定。用这种建材建造的房屋具有吸收太阳能、自动调节室温的作用。

在我国,太阳能制冷和空调的研究可以追溯到 20 世纪 70 年代后期,当时不少科研机构、高等院校和企业纷纷投入人力和物力研制太阳能制冷空调,多数是小型的氨—水吸收式制冷实验样机。

目前,已经开发出类似的太阳能制冷系统。首先将太阳能转换为高温热能,高温热能被送入气体透平机,输出电能,然后利用电能制冷。透平机排出的中温热能被送入吸收式制冷机。最后将两部分制出的冷量合二为一最终得到系统的总冷量。这样的综合系统可最大限度地发挥太阳能的效益。综合制冷系统面临的一个困难是系统透平机的改造。最近已开发出微型气体透平机。至此,要实现高效太阳能制冷,重点已转移到开发高温高效太阳能集热器上。尽管近几年来太阳能集热技术有了极大的提高,比如,采用真空管—热管式太阳能集热器能产生 200℃左右的热能;槽形抛物面聚焦与真空管—热管相结合的太阳能集热器能产生 300~400℃的高温。但这些热能仍然只能算是中温热能,且效率也受到极大限制,仍然不能较大改善太阳能制冷性能。

以色列科学家 Gordon 等提出利用众多小型抛物面聚焦,通过光纤或导光管收集和传导太阳光,并对其进行二次汇聚,然后输入高温光接收器中,从而得到比现在常规太阳能集热器高许多的高温热能。已有文献报道,大型的小碟抛物面光纤导光集热系统能获得超过 1000℃的高温热能。两级吸收式制冷机所需要的热能温度在 200℃以下。因此,200℃以上的热能除了可以用来制冷,还可以用来制热。这一太阳能综合利用方案由于实现了太阳能的高效利用,并具有传热中间环节少、光强可控和可远距离传输等诸多优点,因而得到各国科学家的普遍重视。

7.2.2.4.3 应用场景和效益分析

太阳能制冷技术的发展,结合了建筑用能需求,可解决夏季部分建筑空间太阳能制冷空调的问题。太阳能单效溴冷机是目前应用最多的太阳能制冷方式,该技术在实际的运用中还存在一定局限性,首先是普通太阳能热水器仅能提供 88℃热水 3h 左右。其次是采用燃气等辅助能源系统一次能源利用率不高,但从全年综合利用角度而言,其技术可实现全年热水+冬季采暖+夏季空调功效,在当前市场上的竞争力较强。太阳能吸附空调机组可应用于太阳能低温储能,能够在 55~85℃热源温度下有效工作,以达到低温驱动的目的。

太阳能制冷是夏季太阳能有效利用的最佳方案,有着良好的应用前景。太阳能制冷空调，尤其是能达到低温驱动的制冷空调机组，可以显著减少常规能源的消耗，大幅度降低运行费用，但是集热器价格较高，初期投资偏高，未来需要持续研究降低太阳能低温驱动集热器的成本。

7.2.2.4.4 支撑条件

利用太阳能驱动实现制冷的技术仍处于初步应用与实验阶段，其原因在于技术的复杂性与难度，对太阳能的利用效率不高，以及经济性能成本等。虽然世界上已有太阳能制冷系统投入商业运营，但是距离大规模应用还有一段距离，如何降低太阳能制冷系统的造价并使之更加广泛地走向商业化应用是当今太阳能制冷领域的主要研究课题。要解决这一课题应关注以下几方面：

（1）研究出更加适应于太阳能利用的制冷机组。

（2）加大对太阳能集热器的研究力度，进一步提高当前集热器的集热效率并降低其造价。

（3）将太阳能制冷和太阳能供应热水切实合理地整合。其中，能达到低温驱动的制冷空调机组集热器是太阳能低温驱动高效制冷技术实现的核心，加快集热器的研发，进一步降低能耗，降低产品价格，是实现此技术广泛应用的重点。

7.2.2.5 极地多能互补微电网系统

7.2.2.5.1 技术要点

多能互补微电网能源系统由分布式电源、储能装置、能量变换装置、负荷和监控装置、保护装置汇集而成，是能够实现自我控制、保护和管理的自治系统。能源系统包括风力发电子系统、太阳能光伏发电子系统、常规柴油发电、热电联供微型燃气轮机和蓄电池子系统、水蓄热子系统，并通过统一的能源管理系统管理整个能源系统，实现分布式发电、智能负荷分配和系统监控等功能。

能源系统以风力、光伏两种可再生能源为主，热电联供微型燃气轮机、柴油发电机两种常规能源为补充，在可再生能源供应充足时，优先使用风力和光伏发电，并将富裕的电量以水蓄热、蓄电池蓄电的方式进行储存；在可再生能源不充足时，首先启用热电联供微型燃气轮机供电和供热，将柴油发电机组作为补充。复合能源系统可以解决考察站全气候条件的建筑能源问题，同时实现可再生能源利用最大化、能源利用效率最优化。

7.2.2.5.2 发展现状和趋势

2018～2019年，我国第35次南极考察期间，在南极泰山站建成了首套用于站区生活和科研用电的大型风—光—燃—储新能源微电网发电系统。该新能源系统的应用情况对今后南极新考察站建设和运营，以及北极及青藏高原等高寒高海拔高纬度地区的能源系统选择提供了很好的应用示范案例。

7.2.2.5.3 应用场景和效益分析

南极地区具有较为丰富的可再生能源，南极号称地球"风极"，蕴含着大量的风能。南极地区在夏季存在的极昼现象，也为太阳能利用带来了一定的便利条件。同时，南极地区由于特殊的气候和地理条件，生态环境相对脆弱，根据《关于环境保护的南极条约协定书》，协约国在南极建立考察站时需将环境保护作为重要原则。因此，南极考察站建设和运营所需能源系统首先应考虑提高可再生能源利用程度以及能源利用效率，降低考察站的整体建筑能耗，从而对南极地区生态保护起到积极作用。

极地多能互补微电网系统可降低高峰负荷、提高系统能效，构建节能高效、绿色环保、安全可靠的电力系统，尤其对解决化石能源所带来的环境问题有显著作用。

7.2.2.5.4 支撑条件

该技术还需在高原高海拔高纬度地区进行更多应用，积累更多的应用数据，进一步优化电网系统配置，使其在大幅度提高分布式新能源利用率和能源综合利用效率的同时达到更高标准。

低产品价格是实现此技术广泛应用的重点。太阳能制冷技术的研究工作还在进行，且是当前制冷空调行业乃至整个新能源领域研究的一大热点。

7.2.3 海洋能技术

7.2.3.1 技术要点

随着世界经济的快速发展，人类对能源的需求越来越大，能源短缺已成为当今世界一道亟待解决的难题，寻求替代能源特别是可再生能源的开发和利用显得刻不容缓。众所周知，海洋约占地球面积的71%，人类向大海索取资源已成为必然趋势。海洋中蕴藏着巨大的能源，除海洋石油、液化天然气等传统碳基能源外，还蕴含丰富的可再生能源，也就是大家俗称的"海洋能"，其包括了波浪能、潮汐能、潮流能、温差能、盐差能、海洋生物质能以及海洋风能等多种形式。海洋被联合国环境组织视为目前最理想、最有前景的替代能源之一，被称为"21世纪的绿色能源"。因此加强滨海城市海洋能的开发利用是缓解能源紧张局面的重要途径。

海洋作为可再生能源的重要来源体，包含了风能、波浪能、潮流能等多种不同的能量，在对这些能源进行海上的获取与开采时，应对多能集成的系统分析、设计及电能的处理、信息通信进行深度整合和建设。因此，在滨海城市建立与研究多能集成发电一体化平台应运而生。集成发电技术将风、光、浪、流等能源的捕获、转换、发电和供电紧密融合到同一系统中，该系统在近海可长期运转，实现自供电与对外供电，与海上各种用电设备之间进行电能传输和信号交换，为不同海洋场景下的能源输入输出提供接口，实现海上多能源的多级、高效利用。

7.2.3.2 发展现状和趋势

1. 国外研究现状

2012年，瑞典的Minesto公司对一种"Underwater Kite"发电机进行了研究，初期用于海洋潮流能发电，2015年后，Minesto将这种潮流能发电机与离岸风力系统结合起来，通过DG500装置在海上建成了一个用于海洋微电网系统浮标的联合发电平台。目前，该公司已经安装并运行了搭载着风—流互补发电系统的海上浮标，这种海上浮标平台由三组锚链系泊系统固定于临海区域。在海上极端天气下，可以依靠互补发电系统进行发电，为浮标的运行和通信提供电力。

2015年，美国Gorlov Helical Turbine公司在缅因州科斯克湾建立了潮流能和波浪能联合发电站，潮流能轮机采用螺旋桨式设计，包含三组螺旋叶片，这样可使轮机运行比较平稳，并能增大启动力矩，可以更好地适应各种海况。

2. 国内研究现状

我国海洋资源丰富，充分发挥临海优势，大力发展海洋经济已成为沿海城市发展战略的重要组成部分，海洋经济也被提到前所未有的战略高度。海洋战略性新兴产业作为海洋经济发展的朝阳产业，正在逐步发展壮大。

2009年，在国家863项目"海岛可再生独立能源系统研建"的支持下，广州能源所对风能、太阳能、波浪能集成发电系统进行了研制，在年底于珠海担杆岛进行运行发电，系统中的9组10kW风机已经全部实现并网，整个发电系统实现24h全天供电。集成发电平台的发电总容量为105kW，其中包含风能90kW，波浪能10kW，太阳能5kW，另外设置备用柴油发电机100kW，为海岛居民以及其他海水淡化装置进行供电，其每天海水淡化量可达60t。根据系统运行几年来的实际情况看，春、秋、冬三季无须柴油发电机进行电能补充，夏季由于用电量攀升，需发电机补充供电，整个可再生能源互补发电系统年均发电量大约为 $1.5×105kW·h$。

2012年，厦门海上发电研究院研制了风浪同步耦合漂浮式海上发电平台。整个平台包括2组风机、8组波浪能轮机和24个海浪收集浮体。风能和波浪能通过竖直放置的能量收集装置进行聚合，通过传动装置和浮体连接成框架式网状结构，可以大幅提高能源收集的密度。两种能量通过超越离合器进行机械耦合，共同驱动发电机进行发电。该平台已于2014年在厦门海域进行了工程试验，取得了较理想的效果。

邵萌（2012）对海洋能多能互补智能供电系统总体开发方案进行了研究与应用探索，结合我国洋流密度较低的情况，研究了多能集成发电的关键性技术，对资源评估方法、选址方案、装置选型参数和系统总体设计等方面进行了详细介绍；吕超等（2015）对海洋可再生能源装备技术的共性问题进行了研究，介绍了目前国内外在海洋能捕获装置和发电系统方面的成果及存在的问题，并对多种海洋能的捕获、转化和利用技术的共性问题进行了进一步探讨；王葛（2018）对水平轴潮流能发电轮机的结构进行了研究，利用LBM方法研究得到轮机结构对整机获能效率产生的影响。

近些年来，国内对于海洋可再生能源开发的政策良好，很多研究中心、企业对于海洋能的投入也越来越多，随着先进技术的不断落地，我国乃至世界的海洋多能互补集成发电领域将迎来一个蓬勃发展的时期。

7.2.3.3 应用场景和效益分析

1. 风—浪—流互补发电

海洋风能是一种清洁的可再生能源，风力发电具有无污染、无常规自然资源投入，可再生性和可持续性等特点，是目前新能源开发中技术较成熟、具有规模化开发条件和商业化发展前景的发展方向。据此开发风能、潮汐能及波浪能的综合利用技术，是目前滨海城市发电方式研究的重要趋势之一。

风—浪—流互补发电技术对风能、潮流能和波浪能发电系统进行单桩设计，上部为风力发电装置，中间海面处为波浪能发电装置，下部浸于水下部分为潮流能发电装置（图7-7）。这样可以使波浪能、潮流能发电系统作为风机的桩基，减少整机结构复杂性，使结构更为紧凑，同时，也将三种能源发电系统集成为一个体系，增

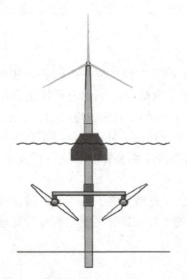

图7-7 风—浪—流互补发电系统

加获能多样性，加大电能输出。

2. 海洋生物质能的开发和利用

我国近岸海域生物种类较多，潜藏着巨大能源，尤其是拥有大量富油藻类种群，适合开展海洋生物质能开发利用研究。其中藻类是最低等、最古老的一类植物，虽然结构简单，但却能产生相当于石油的"生物原油"，可用来提炼汽油、柴油。研究表明，燃烧海洋微藻可以发电，且不排放有毒有害物质，对大气中的 CO_2 没有净增加。因此，藻类能源的研究作为一个新兴的研究领域，可为将来的海洋生物质能大规模开发奠定良好的基础。

综合以上内容，随着风力设备制造的逐步成熟，未来可积极推进风机的设计和生产步骤，发展风机设备制造技术、防腐技术、施工技术、安装技术等，结合海藻养殖业的发展，形成"风电装备制造—海洋风力发电—海水综合利用"的产业链，走出一条有滨海城市特色的海洋能开发利用新路子。

7.2.3.4 支撑条件

1. 开展海洋能基础研究，研发海洋能开发利用关键技术

海洋能开发利用与海洋能产业发展，均需要相应科技进行强有力的支撑和引领。为了更好地开发利用海洋能，急需加大海洋能领域的科研支持力度，可通过设立海洋能专项，调动和组织各方面力量，积极引导涉海科研单位参与海洋能的开发利用，产生一批新成果、新理论，作为今后引导海洋能发展的科学指南。

2. 加大海洋能投入力度，引资扶持滨海企业

海洋能的开发难度大、成本较高，需要有强大的技术和资金支持，可建立财政专项资金不断增加的常态机制，稳定投资渠道，并鼓励资本市场和外商直接投资，建立一定规模的风险基金，或以 BOT 方式引进外资，拓宽融资渠道，一些重大科技项目还可积极争取国家支持。

7.3 城市再生能源技术

7.3.1 生物质能源技术

7.3.1.1 城乡垃圾发电技术

7.3.1.1.1 技术要点

生物质能是自然界中有生命的植物提供的能量，这些植物以生物质作为媒介储存太阳能，属再生能源。生物质发电利用物质所具生物质能进行发电，再生能源发电种类包括农林废弃物直接燃烧发电、农林废弃物气化发电、垃圾焚烧发电、垃圾填埋气发电、沼气发电等。当前较为有效的生物质能利用方式有：

(1) 制取沼气。主要是利用城乡有机垃圾、秸秆、水、人畜粪便，通过厌氧消化产生可燃气体甲烷，供生活、生产之用。

(2) 利用生物质制取酒精。

(3) 利用生物质发电。生物质发电是可再生能源发电的一种，包括农林废弃物直接燃烧发电、农林废弃物气化发电、垃圾焚烧发电、垃圾填埋气发电、沼气发电。世界生物质

发电起源于 20 世纪 70 年代，当时，世界性的石油危机爆发后，丹麦开始积极开发清洁的可再生能源，大力推行秸秆等生物质发电。自 1990 年以来，生物质发电在欧美许多国家迅速发展。

生物质能是世界上最为广泛的可再生能源。据估计，每年地球上仅通过光合作用生成的生物质总量就达 1440 亿～1800 亿 t（干重），其能量约相当于 20 世纪 90 年代初全世界总能耗的 3～8 倍。但其尚未被人们合理利用，多半直接当薪柴使用，效率低，影响生态环境。现代生物质能的利用是通过生物质的厌氧发酵制取甲烷，用热解法生成燃料气、生物油和生物炭，用生物质制造乙醇和甲醇燃料，以及利用生物工程技术培育能源植物，发展能源农场。

7.3.1.1.2 发展现状和趋势

随着国内大力鼓励和支持可再生能源，生物质能发电投资热情高涨，各类农林废弃物发电项目纷纷启动建设。我国生物质能发电技术产业呈现出全面加速的发展态势。截至 2017 年底，全国生物质发电并网装机容量 1476 万 kW（不含自备电厂），同比增长 21.6%，2018 年达到 1781 万 kW，2019 年第一季度累计装机达到 1878 万 kW，同比增长 19.2%，继续保持稳步增长势头。

从我国能源结构以及生物质能地位变化情况来看，近年来，随着生物质能发电的持续快速增长，生物质能装机和发电量占可再生能源的比重不断上升。具体表现为：2019 年一季度我国生物质能源装机容量和发电量占可再生能源的比重分别上升至 2.54% 和 6.31%。生物质能发电的地位不断上升，生物质能发电正逐渐成为我国可再生能源利用中的新生力量。

在能源危机的大背景下，生物质能源作为可再生、无污染（或污染小）的能源，受到国际社会的高度重视，也是科学家研究的焦点。开发利用生物质能源具有深远的战略意义。美国已制定能源农场计划，印度计划实施绿色能源工程，日本制定了阳光计划，诸多国家正在为破解生物质能源技术瓶颈，实现能源替代不断努力。

7.3.1.1.3 应用场景和效益分析

1. 生物质焚烧发电

直接燃烧发电是将生物质在锅炉中直接燃烧，产生蒸汽带动蒸汽轮机及发电机发电。生物质直接燃烧发电的关键技术包括生物质原料预处理、锅炉防腐、锅炉的原料适用性及燃料效率、蒸汽轮机效率等。

2. 生物质混合发电

生物质还可与煤混合作为燃料发电，称为生物质混合燃烧发电技术。混合燃烧方式主要有两种，一种是生物质直接与煤混合后投入燃烧，该方式对于燃料处理和燃烧设备要求较高，不是所有燃煤发电厂都能采用；一种是生物质气化产生的燃气与煤混合燃烧。

3. 生物质沼气发电

沼气发电是随着沼气综合利用技术的不断发展而出现的一项沼气利用技术，其主要原理是利用工农业或城镇生活中的大量有机废弃物经厌氧发酵处理产生的沼气驱动发电机组发电。用于沼气发电的设备主要为内燃机，一般由柴油机组或者天然气机组改造而成。

4. 垃圾发电

垃圾发电包括垃圾焚烧发电和垃圾气化发电，其不仅可以解决垃圾处理的问题，同时还可以回收利用垃圾中的能量，节约资源。垃圾焚烧发电是利用垃圾在焚烧锅炉中燃烧放出的热量将水加热获得过热蒸汽，推动汽轮机带动发电机发电。垃圾焚烧技术主要有层状燃烧技术、流化床燃烧技术、旋转燃烧技术等。近年发展起来的气化熔融焚烧技术，包括垃圾在450～640℃温度下的气化和含碳灰渣在1300℃以上的熔融燃烧两个过程，垃圾处理彻底，过程洁净，并可以回收部分资源，被认为是最具有前景的垃圾发电技术之一。

7.3.1.1.4 支撑条件

生物质能源产业发展较好的国家和地区，如美国、巴西、欧盟各国均制定了生物质能源规划，各国为支持生物质能源产业发展，出台了一系列税收优惠、政府补贴、用户补助等激励政策。此外，还通过法律确保生物质能源健康持续发展。

《中华人民共和国可再生能源法》的颁布为我国生物质能源产业发展提供了法律保障。但行业规章、细则并没有及时跟进，扶持政策没有具体化。我国应制定操作性较强的生物质能源发展规划、政策，设立专门领导小组，统筹各部门为生物质能源生产企业提供服务，缩短审批时间，实现快速发展。

国际上技术相对成熟的生物质能源产业项目有玉米制燃料乙醇、甘蔗制燃料乙醇、大豆制生物柴油、菜籽油制生物柴油等。其均属于第一类生物质能源的范畴，存在与粮争地、占用耕地的问题。因此，需要技术上突破，走非粮生物质能源之路。

第二代生物质能源的来源以纤维类秸秆、木质边角料、灌藤草为主，可实现生物纤维转化为生物乙醇、生物柴油、合成燃料、生物制氢等。第二代生物质能源生产工艺成本高、转化率低，尚未实现大规模商业化，技术有待突破。

7.3.1.2 燃煤与生物质能耦合高效发电技术

7.3.1.2.1 技术要点

煤炭与生物质气化耦合高效发电可提高气化效率，将生物质燃气与大型燃煤电站耦合高效发电。生物质气化多联产技术可将生物质中的挥发分热解气化成为生物质燃气，固定碳完全转化成为高品质生物炭，如图7-8所示。

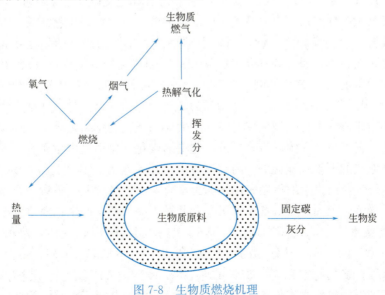

图7-8　生物质燃烧机理

其关键技术为生物质气化,生物质气化技术是使生物质在循环流化床内气化,产生的低热值燃气,通过热燃气输送管道送入锅炉燃烧室与煤混合燃烧的技术。作为一种理想的气化原料,生物质可以在较低的温度下迅速转化为气体燃料,且气化后的燃气在燃煤锅炉中很容易燃烧。气化产生的燃气温度为750℃左右,燃气只需冷却到400~450℃,冷却的热量通过燃煤锅炉的冷凝水回收,然后通过燃气加压风机把燃气送入燃煤锅炉中燃烧,在此温度下,焦油不会凝结,且该方式可将生物质灰与煤灰分离处置,减少对锅炉的影响,对生物质灰可充分回收利用。

7.3.1.2.2 发展现状和趋势

我国农林生物质资源化利用资深专家张齐生院士,首次提出生物质气化耦合高效发电及多联产概念,并组织南京林业大学专家与合肥德博公司共同进行技术研发和推广应用。

近年来国内科研单位在相关领域加大了研究力度,也取得了明显进展。中国科学院广州能源研究所在循环流化床气化发电方面取得了一系列进展,已经建设并运行了多套气化发电系统;西安交通大学着重于生物质超临界催化气化制氢方面的基础研究;中国林业科学院林产化学工业研究所在生物质流态化气化技术、内循环锥形流化床富氧气化技术方面取得了相关成果;天津大学着重于生物质流化床快速热解—催化蒸汽重整制氢及催化气化技术的开发研究,目前正在进行生物质流化床高效气化供气系统的开发;中国科技大学进行了生物质等离子体气化、生物质气化合成等技术的研究;清华大学进行了生物质流化床的热解气化及气化过程的混合神经网络模型研究;山东大学开发了下吸式固定床气化技术;山东省科学院能源研究所开发了低焦油二步法气化技术;浙江大学对双流化床气化技术进行了研究,并开发示范了中热值气化供气与发电装置;华中科技大学进行了流化床的气化研究;东南大学提出了串联流化床零排放制氢技术路线;同济大学进行了生物质固定床气化过程的研究;此外,哈尔滨工业大学、上海交通大学、中国科学院山西煤炭化学研究所、江汉大学、华南理工大学、太原理工大学、河南省科学院等单位也相继开展了生物质气化技术方面的相关研究。

国外生物质气化主要应用于以下领域:①生物质气化发电;②生物质燃气区域供热;③水泥厂供气与发电联产;④生物质气化合成甲醇或二甲醚;⑤生物质气化合成氨。国外生物质气化装置一般规模较大,设计原料通常是林业废弃物,自动化程度高,工艺较复杂,以发电和供热为主。通过调查欧美国家和地区的气化炉制造厂家发现50家制造商提供的商用气化设备的设计炉型比例为:75%为下吸式固定床气化炉型,20%为流化床系统,2.5%为上吸式固定床气化炉型,2.5%为其他类型的气化炉型。如加拿大摩尔公司设计和发展的固定床湿式上行式气化装置、加拿大通用燃料气化装置有限公司设计制造的流化床气化装置、美国标准固体燃料公司设计制造的炭化气化煤气发生系统、德国茵贝尔特能源公司设计制造的下吸式气化炉—内燃机发电机组系统等,其气化效率为60%~90%。目前,在生物质气化研发上取得领先优势的国家有美国、意大利、德国、日本、荷兰、法国、瑞典等。最近,美国西肯塔基大学研究者开发了一种新型的生物质空气气化生产高热值低焦油燃气技术,在流化床上能够生成约3.0m^3/kg 的可燃气体,热值为5MJ/m^3,气体中 H_2、CO、CH_4 的体积分数分别达到9.27%、9.25%、4.21%,焦油含量小于10mg/m^3,系统的碳转化率和气化效率分别在87.1%和56.9%以上。美国国家可再生能源实验室进行了煤—生物质流化床高压联合气化的研究,获得了较满意的结果。

7.3.1.2.3 应用场景和效益分析

煤炭与生物质气化耦合高效发电技术结合生物质循环流化床气化技术,可实现生物质应用于大型火力发电厂(图7-9)。

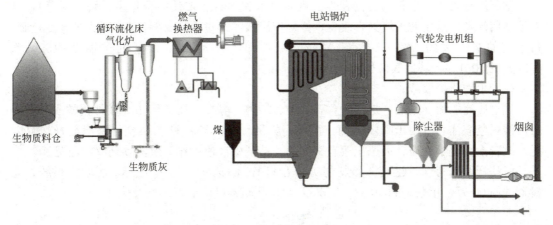

图7-9 生物质火力发电流程

(1)有利于煤电系统保持高效,生物质发电效率大于35%,超过生物质直燃发电(22%~25%);
(2)生物质灰在进锅炉前被收集,不会对锅炉后续受热面造成腐蚀;
(3)采用热燃气(>400℃)利用方案,系统整体热效率高,无焦油污染;
(4)避免了生物质产量季节波动对发电系统的影响。

按照生物质内部组分的不同价值,进行梯级开发和利用(图7-10)。

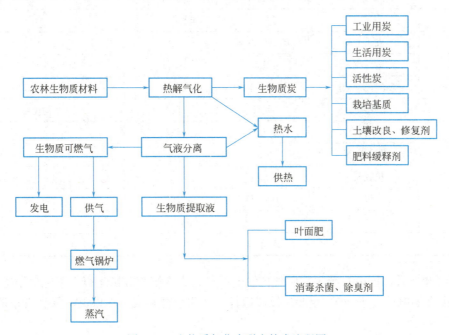

图7-10 生物质气化多联产技术流程图

(1) 制备速燃炭。
(2) 制备活性炭。
(3) 秸秆炭复合肥。

秸秆炭富含作物生长的必需营养元素，对水和肥料有长效缓释作用（磷、氮等），且对重金属污染、退化的土壤具有改良、修复作用（尤其对镉）。秸秆炭可制成炭基复合肥，每千克的炭中大约含钾 53g、氮 4.3g、磷 2.6g、镁 3.52g，微量元素铜 0.015g、铁 0.58g、锌 0.11g，其比表面积为 71～220m²/g。

(4) 生物质提取液。

生物质提取液（醋液）是一种含有酸类、酯类、醛类、酚类等 100 多种化学成分的弱酸性浅褐色液体。可用于高效杀菌、消毒、除臭。醋液和秸秆炭结合可制成秸秆炭复合肥，改善土壤化学性质、灭杀土壤有害细菌。秸秆醋液还可作为农药助剂及叶面肥。

以秸秆原料为例，建设 1 套发电功率为 6MW 的秸秆气化热/电/炭/肥联产系统，总投资约 5400 万，年获利 2000 万～3560 万元，利润丰厚，如表 7-1 所示。

项目投资收益表　　　　　　　　　　表 7-1

序号	项目	单位	数值	备注
一			运行成本	
1	年运行时间	h/a	7000	
2	秸秆消耗量	t/h	13.4	
3	秸秆成本	万元/年	3750	400 元/t
4	其他成本	万元/年	560	折旧、维护、水费、人工等
5	年运行成本	万元/年	4310	
二			销售收入	
1	发出电能	万 kW·h/年	4200	
2	电力收入	万元/年	3150	电价 0.75 元/kW·h
3	秸秆炭产量	万 t/年	1.69	产炭率 18%
4	秸秆炭价格	元/t	2500	平均价格
5	秸秆炭收入	万元/年	4220	
6	供暖面积	万 m²	20	
7	供暖收入	万元/年	500	供暖价格 25 元/m²/季
8	销售收入	万元/年	7870	
三			利润	
1	总收入	万元/年	3560	

2012 年 7 月，国电长源生物质气化发电项目完成连续 72h 试运行。华电襄阳电厂生物质气化耦合发电项目于 2017 年 8 月投产运行。河北承德建成了 1000kW 果壳发电联产炭/热/肥。

7.3.1.2.4 支撑条件

(1) 生物质气化发电部分单独计量，与电网企业进行单独结算。

(2) 2014年9月5日，财政部网站上公布了《可再生能源电价附加资金补助目录（第五批）》，享受生物质电价补贴（0.75元/kW·h）。

7.3.1.3 村镇清洁能源能效提升技术

7.3.1.3.1 技术要点

该技术应以北方地区气候特征与村镇建筑和用能特点为切入点，结合当地实际的经济发展和生活习惯等情况，开展与之相适宜的节能研究工作，如：围护结构性能提升、地域性生态保温材料研制、采暖模式优化、生物质能源、可再生能源、多能源匹配联产、被动式技术、小型化采暖设备和炊具能效提升等系列研究工作，并从政策层面深入研究配套的、切实可行的策略，确保相关技术得以有效推广应用。

7.3.1.3.2 发展现状和趋势

近年来，北方地区冬季清洁取暖试点工作在城市区域取得了较好的成效，然而在广大农村地区在以"煤改气""煤改电"为重点的能源清洁化技术的推广方面存在较大争议，甚至有些地区出现了拆炕、封灶台等极端做法，影响人们的正常生活。另一方面，一些北方地区村镇积极推广生物质能源、可再生能源以及多能源匹配联产等技术，取得了理想的效果；还有一批研究团队针对北方村镇的气候环境特点，从围护结构、采暖方式、生物质能源、可再生能源、被动式技术以及室内环境等方面展开了系列研究，积极探索适宜北方村镇的清洁能源能效提升的技术途径。

7.3.1.3.3 应用场景和效益分析

该项技术在推进乡村振兴战略、美丽乡村建设，以及北方地区冬季清洁取暖工作中，具有很好的推广前景。

7.3.1.3.4 支撑条件

发展村镇清洁能源能效提升技术，需要在法律层面明确农村建筑规划、建设方面的管理要求，需要技术的研发、推广及协同发展，需要基于农村的生活实际，确保所用技术在长期使用过程中的经济性及适用性。

7.3.2 深层地热能技术

7.3.2.1 技术要点

深层地热一般指埋深在200～2000m之间的热能存储，主要以低温地热田的形式存在。我国深层地热能在地壳内的分布极为广泛，初步估算，在2000m深处的地热能相当于2600亿t的标准煤。深层地热能一般不受场地条件制约，每个居民建筑区下都有地热能，开发地热能在地面上具有普遍性。其绿色环保，无废气、废液和废渣等排放，能量来自地热，治污减霾成效显著，如图7-11所示。

30余年来，我国对于深层地热的利用水平和利用率不断提升，目前已形成了一些成熟、安全可靠的技术，其中以深层地热泵取热技术的应用最为普遍。该项技术的主要原理是通过在地热存储区域钻井，以水为热载体，利用地泵形成循环换热系统，将地热提取至地面使用。按照取热方式不同，深层地热泵取热技术可分为深层地热流体取热技术、深层地热能埋管技术和干热岩取热技术等。

深层地热流体取热技术，即通过深层钻井技术，将深层流体的热量抽出，与地面的热

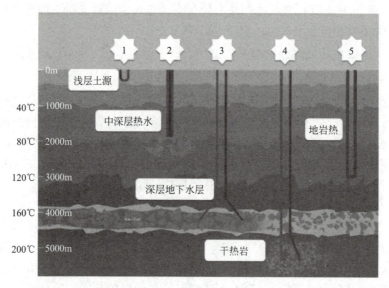

图 7-11 地热能示意图

交换系统完成换热，以达到对建筑体供暖的目的；深层地热能埋管技术，即向深层岩层中钻井，将低温流体介质注入钻井或者埋管中，低温流体与周围高温岩体换热，将岩体的热量提取出来，与地表的循环系统完成换热后重新注入井内在此换热，形成完整的闭合回路；干热岩取热技术，即从地表向干热岩中打井，封闭井口后注入高压低温水源，利用井底出现的高压积压岩体，使岩体产生裂缝并最终相互贯通，从而使岩体中存储的热量大致呈面状分布构造，形成人工储热面，再在合适位置通过钻井将储热面中的热量提取出来，如图 7-12 所示。

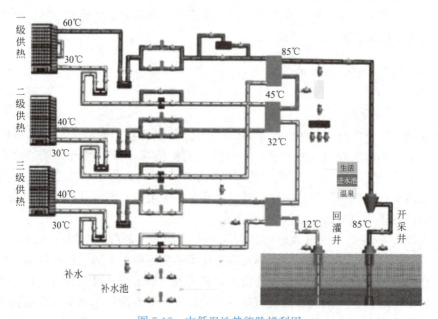

图 7-12 中低温地热能阶梯利用

深层地热泵取热技术具有功能持续稳定的特点。深层地热能不受天气、季节的影响，取热系统与地下水隔离，仅通过换热器管壁与高温岩层换热，不抽取地下水，可防止因长时间热交换而出现岩土热失衡。

深层地热泵取热技术具有安全可靠的特点。一般来说，深层地热泵取热开挖的井径小（200mm）、深度浅（2000m以下），地下部分无运动设备，对建筑地基的影响几乎可忽略不计；其利用地下高温热源供热，系统稳定，系统寿命长；地下换热器采用特种钢材制造，耐腐蚀、耐高温、耐高压，寿命与建筑寿命相当。

深层地热泵取热技术具有高效循环利用、可再生的特点。专用的吸热导热装置与新材料的使用提高了地下吸热导热效率，一个换热孔可以解决1万～1.3万m^2建筑的供暖。

总体而言，深层地热泵取热技术的广泛利用，可减少温室气体排放，改善生态环境，将在未来清洁能源发展中占重要地位，有望成为能源结构转型的新方向。

7.3.2.2 发展现状和趋势

我国自20世纪70年代起开始进行地热普查、勘探和利用；20世纪90年代以来，以北京、天津、保定、咸阳和沈阳等城市为代表开展了中低温地热供暖、旅游疗养、种植养殖等直接利用；21世纪初，随着热泵技术的进步，地源热泵供暖等浅层地热能开发得到快速发展。近年来，大气污染严重，雾霾治理问题日益突出，浅层地热能开发具有一定的局限性，中深层地热能开发得到了快速发展，且技术日趋成熟。截至2015年底，中深层地热能供暖面积达1.02亿m^2，主要分布在北京、天津、河北、山东、陕西、河南等地区，其中天津对106家单位供暖，供暖面积940万m^2，年节约原煤22.51万t；亚洲开发银行贷款支持的河北省雄县地热供暖新增110万m^2项目已开始实施。

近年来，由于热泵技术的应用，地热资源开发有了更快的发展。地热供暖系统的设计热负荷应包括两部分：一部分为基本热负荷，由地热承担；另一部分为调峰热负荷，由热泵从地热尾水中进一步提取热量作为调峰。热泵调峰等措施的不仅大大增加了地热供暖面积，还减少了终端散热设备的投资费。

2014年中国石化在河北省雄县实现了地热供暖覆盖率95％以上的目标。其利用地热与天然气结合为整个城区供热，雄县项目是中国石化在华北地区建设的第一个地热供暖工程，实现了生产井科学开采和回灌井100％回灌效果。该地区地热资源好，地热供暖1年只有4个月时间，却依然能在没有任何补贴的情况下实现保本微利，地热供暖做到了不依赖补贴发展。我国地热开发起步较晚，地热能在整个能源体系中所占比例还很小，开发潜力巨大。科学开发利用和有效保护地热资源对实现地热资源可持续利用以及减少CO_2排放、发展低碳经济具有重要意义。

7.3.2.3 应用场景和效益分析

深层地热供暖技术因其安全稳定、节能环保、经济性高等特点，可广泛应用于北京、天津、河北、山东、陕西、河南等地热储能丰富地区的新建、改扩建项目，并可衍生至洗浴、娱乐、旅游等领域。其为住房和城乡建设领域的新能源利用提供了新的解决思路，对于我国环保事业的发展起到了积极促进作用。

2012年10月24日国务院新闻办公室发布的《中国的能源政策》白皮书，2013年9月国务院发布的《大气污染防治行动计划》和同月环境保护部、国家发展改革委等6部门联合印发的《京津冀及周边地区落实大气污染防治行动计划实施细则》，2013年1月10日国家能源局、财政部、国土资源部、住房和城乡建设部发布的《关于促进地热能开发利用的指导意见》，2014年6月7日国务院发布的《关于印发能源发展战略行动计划（2014~2020年）的通知》，2016年12月10日国家发展改革委发布的《可再生能源发展"十三五"规划》，2016年12月26日国家发展改革委、国家能源局印发的《能源发展"十三五"规划》，2017年1月国家发展改革委、国家能源局、国土资源部三部委联合发布的《地热能开发利用"十三五"规划》，2017年9月住房和城乡建设部、国家发展改革委、财政部和国家能源局四部门发布的《关于推进北方采暖地区城镇清洁供暖的指导意见》，2018年7月23日财政部、生态环境部、住房和城乡建设部、国家能源局联合发布的《关于扩大中央财政支持北方地区冬季清洁取暖城市试点的通知》等文件，全面体现了国家大力支持和发展地热供暖的决心，相关政策建议的密集出台为地热供暖的规模化开发利用及发展提供了强大支持。

我国地热资源十分丰富，地热资源总量占世界的7.9%，可采储量相当于4626.5亿t标准煤，如图7-13所示。

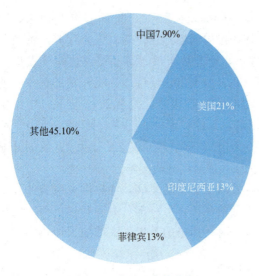

图7-13 世界地热能分布

根据中国地质调查局统计，截至目前，我国337个主要城市浅层地热能可开采资源量折合标准煤7亿t，相当于全国用于供暖制冷总能源消耗的60%以上；可实现建筑物供暖制冷面积320亿m^2，相当于现状总面积的2倍以上。全国中深层地热资源量折合1.25万亿t标准煤，年可开采资源量折合19亿t标准煤。同时，地热供暖是对地热能利用的最佳模式之一。我国地热资源以中低温为主，更适合直接利用。地热供暖能让相关企业及时获得利润，加上国家政策的大力支持，未来将会有更多资本涌入该产业。根据预测至2035年，地热全产业链总投资将高达5万亿元。

7.3.2.4 支撑条件

（1）为提高地热能的综合利用效率、增加地热供暖的持续稳定性、加强地热能输送调配、有利于回灌、有利于尾水处理及矿物质提取等下游相关产业的综合利用，应该开发多井集输及地热水长距离输送技术。

（2）采用地（水）源热泵技术来利用中深层地热尾水废热、浅层地热能、城市污水废热、工业余热等资源，解决商业、办公、医疗、学校、住宅小区、工业园区、新老城区等的冬季供暖和夏季制冷，进行中低温地热能梯级利用并开发相应技术体系。

（3）应制定城市或区域供热（制冷）整体解决方案，通过地热资源梯级利用技术、多种优质能源组合技术、深浅层地热能综合利用等技术来满足城市或区域的供热（制冷）需求。

（4）国内地热资源勘查程度普遍较低，中深层地热利用关键技术尚待突破；缺乏统一开发利用规划及缺乏相关扶持政策等。这些问题在很大程度上制约着地热综合开发利用快速发展。

(5) 应加速制定以地热集中供热为重点的地热资源能源规划，加快地热资源勘查及整体评价，为开发建设提供资源依据。

(6) 应选择地热资源开发条件好的地区陆续建立采/灌、梯级综合利用的规模化开发利用集中供热示范区，优先选择经济较发达的人口集聚区积极稳妥推进中深层地热资源井群规模性开发，总结经验并带动其他地区可持续开发和发展。

(7) 应开展地热动态监测，进行地热采灌平衡系统研究，建立地热能监测与资源管理信息系统，实现科学化、规范化地热管理，为地热资源资源评价、信息查询、科学决策和环境保护服务。

7.3.3 氢能技术

7.3.3.1 技术要点

建筑行业氢能综合利用技术是将太阳能、风能、地热能等闲散能源等转换为氢能进行存储，用于施工焊接、氢能驱动施工机械等的技术。

氢能作为清洁能源，具有零污染、单位质量热值高等特点，但未得到大规模运用的主要原因有两个：一是氢能难以大规模廉价制取；二是氢能储存转运困难。太阳能、风能、地热能等新能源均是可再生能源，环保洁净，但存在经济性不足，能源供应不稳定等缺陷。

施工现场能源需求有清洁化、低成本化的需求，且能源需求量与氢能供应能做到相互匹配。同时，施工现场危险品管理相对成熟，分散式供应及存储也减少了大规模存储转运的风险，因此，建筑行业氢能综合利用技术十分适合施工现场清洁能源替代。通过本技术，可将闲散可再生能源通过自动化方式分散制备，将富余电能转换为氢能进行存储，作为施工现场清洁能源使用。

综上，建筑行业氢能综合利用技术存在以下技术特点：

(1) 氢气燃烧仅产生水，制备中仅产生 O_2，清洁环保，与现有乙炔等燃料在制作及燃烧中产生的 CO_2/CO 相比，不会产生污染。

(2) 氢能无论原材料制备还是燃烧产生的水都是无毒物质，且由于氢气密度低，极易消散，相对安全。乙炔是电石和水反应的生成物，由于原材料杂质的存在，乙炔中含有较多的硫、磷等杂质，燃烧会对人体产生较大危害。相比现有的乙炔等能源，氢能施工作业更为安全。

(3) 能够充分利用分散式发电装置。目前很多太阳能及风能、水能等清洁能源由于供电及需求的不对称，会造成部分能量浪费，通过将多余能量转换为氢能，可大大提高能源利用率和转换率，减少资源浪费。

(4) 利用富余可再生能源制造氢气，会大幅降低氢气制造成本，节省施工成本。

7.3.3.2 发展现状和趋势

现阶段氢气的储运方式以长管拖车为主，加氢站是氢能产业链的中转环节，目前氢气主要终端为燃料电池车，建筑业对氢能的使用仍处于探索阶段。

氢气作为工业气体已有很长的使用历史。目前，化石能源重整是主流的制氢方法。电解水制氢经过发展，在系统安全、设备安全、电气安全方面形成了完善的标准体系和管理规范。

氢气作为一种来源广泛、清洁无碳、高效灵活、应用场景丰富的二次能源，是实现交通运输、工业、建筑等领域大规模深度脱碳的最佳选择之一，是构建现代能源体系的重要方向。国内每年可再生能源弃电约 1000 亿 kW·h，可制氢气约 200 万 t，能够一定程度上满足建筑业氢能转型需求。

7.3.3.3 应用场景和效益分析

针对住房和城乡建设领域，主要的应用场景有：一是氢能燃料电池驱动机械的使用。现有施工现场设备、机械能源需求比较杂乱，主要由电力、柴油、汽油等多能源驱动，氢能技术若能推广，可加快设备电气化转型，促进设备、机械采用电能或者燃料电池技术。二是氢氧焰焊接、切割。焊接与切割是施工现场不可避免的施工措施，氢气作为焊接、切割用气，具有广阔的使用前景。三是配套设备的使用。建筑周边产业，如水泥生产、陶瓷烧制等需要耗费大量能源，采用氢能源，可一定程度上避免碳排放的产生。

1. 社会效益

减少碳排放，保护地球环境。气候变化是人类不得不面对的问题，建筑业氢能的使用可减少大量建筑业碳排放，为人类气候变化做出相应贡献，促进氢能及燃料电池产业的进步。在建筑业推广燃料电池施工机械会促进及完善燃料电池及相关产业，推动技术进步。氢气制备采用可再生能源，可大幅促进可再生能源的发展，减少化石燃料的使用。

2. 经济效益

减少可再生能源弃电浪费，促进施工成本的降低。使用可再生能源制氢能够降低氢气制备成本，进而带动施工成本的降低，促进氢能及燃料电池产业链的形成。目前氢能及燃料电池行业尚处于积累发展阶段，适时推动建筑业氢能综合利用可促进氢能及相关产业链的进步。

7.3.3.4 支撑条件

1. 分布式可再生能源发电设备的推广

目前安装可再生能源发电设备的回报率较低，整体安装意愿较低。建筑业氢能综合利用与分布式可再生能源发电设备的推广是相辅相成的。在需要便宜可再生、环保的能源制氢的同时，建筑业氢能综合利用可将氢能源用于焊接和建筑机械中，增大氢能需求、提升回报率。

2. 分布式氢能制造设备的普及

采用新能源制造氢能成本很低，通过分布式氢能制造设备能够低成本的产生氢气，安全、方便、高效，这需要安全、高效、便捷的分布式氢能制造设备的普及。

3. 国家燃料电池等技术的推广及普及

施工机械无法直接使用氢能，较合理高效的措施为使用氢能燃料电池作为驱动能源，目前该技术在建筑施工机械行业还未开始，需要进行普及与推广。

4. 国家加大对建筑行业施工机械、配套设备氢能化的引导

大型施工机械及相关设备是建筑行业碳排放主要排放点。设备更新换代慢、尾气污染

重、碳排放量大等问题是目前通病,政府有计划的引导施工机械、设备氢能化,使用清洁能源,推动原有不合格产品淘汰是促进技术进步的手段之一。

5. 进一步研究氢氧焰焊接切割技术

氢氧焰的火焰温度为2500℃,乙炔—氧焰的温度为3400℃,较低的温度造成其切割速度比乙炔氧焰慢,但不会造成渗碳硬化;同时研究发现氢氧焰焊接的焊缝抗拉强度比乙炔—氧焰焊缝抗拉强度高43%。但目前关于氢氧焰的研究还不够深入,预计氢气焊接技术在未来将会得到长足的发展。

6. 加大对加氢站、氢能运输的投入

氢能运输链、加氢站作为氢能综合利用中的血管,目前难以满足大规模推广使用的需求,需要加大对氢气存储、转运的经济投入,保证存储及转运顺畅、安全。

7.4 城市能源综合利用技术

7.4.1 区域建筑能源互联技术

7.4.1.1 技术要点

通过研究建筑产能技术、区域能源互联技术,可从区域层面对建筑能源系统进行统筹,实现可再生能源与常规能源体系的融合发展。技术要点:研究超低能耗建筑节能技术,降低建筑自身能耗;研究可再生能源技术的建筑集成,提高建筑产能;研究储能技术的建筑应用,推出电、冷、热等多种能源形态灵活转化、高效存储、智能协同的智慧储能系统;研究区域建筑能源互联技术,从区域层面对建筑能源进行统筹,实现区域建筑能源消纳与供给的平衡。

7.4.1.2 发展现状和趋势

以目前和未来一段时期的技术发展水平来看,建筑节能标准进一步提升的空间有限,为降低建筑能源消耗,亟需从产能的角度开展技术攻坚,提高建筑自身的产能。此外,建筑单体产能潜力与用能需求时常存在不匹配现象,亟需开展区域建筑能源互联技术研究,从区域统筹的角度开展建筑能源供给与消纳体系研究,实现区域内建筑产能的互联互通,提高能源自给率。

7.4.1.3 应用场景和效益分析

目前建筑节能逐渐向超低能耗、近零能耗、零能耗建筑、产能建筑方向发展,同时从单体建筑的能效提升向规模化、区域化发展。该项技术符合行业发展趋势,其在城市新区、功能园区等区域开发,以及城市更新等领域有广阔应用前景。

7.4.1.4 支撑条件

该项技术如在住房和城乡建设领域应用,一是需要能源供应、建筑设计、建筑设备、建筑与能源规划等多专业协同;二是在产业上需要能源供应、输配、用户等能源全链条协同;三是在能源生产和消费革命战略背景下,在国家电力体制改革、能源互联网建设等方面需要体制和机制上的突破。

7.4.2 建筑与设备综合调适技术

7.4.2.1 技术要点

针对民用建筑实际运行特点,结合建筑使用需求及信息采集、运行监测等方面的新技术,研究适应多工况的设备系统调适方法与标准;研究在保证调适相关的前提下能够加快和简化运行调适过程的方法,以及适用的配套检测/监测仪器;研发基于数据学习的、多目标(能耗、室内指标)的自适应设备系统调适工具以及(在线)测评体系,并及时反馈应用,并结合实际工程项目予以验证。

7.4.2.2 发展现状和趋势

由于民用建筑使用工况复杂、随机性强,其运行工况与设计工况必然存在差异,往往会导致"不好用、不节约、不舒适"的问题。持续的运行阶段调适,可以较好地解决这些问题。但是,目前还缺乏针对我国民用建筑"部分空间、部分时间"使用、多工况运行等特点的规范化的设计工况信息传递要求、运行调适方法、效果测评标准及反馈机制等。

7.4.2.3 应用场景和效益分析

目前我国城镇民用建筑存量面积超过 300 亿 m^2,其中公共建筑面积超过 100 亿 m^2,该项技术在公共建筑节能低碳管理、绿色建筑运行管理等方面有广阔的应用前景。

7.4.2.4 支撑条件

建筑与设备综合调适技术需要多专业系统集成以及可持续的商业模式支撑。

7.4.3 可再生能源多能互补技术

7.4.3.1 技术要点

一是基于多能互补的城镇建筑能源动态规划方法,通过收集分析城镇地理信息系统相关数据,揭示城镇建筑用能多元化需求、多种供给动态变化机制,形成多种能源组合的专项规划方法,确定合理的城镇能源供应、调节模式;二是基于多能互补的城镇建筑能源系统设计方法,通过可再生能源组合专项规划,提出城镇供暖用能种类和特性动态预测方法,建立太阳能、地热、工业余热等供应潜力评估体系,形成城镇多能源组合供应系统设计方法;三是基于多能互补的城镇建筑能源运行调控系统,开发城镇建筑用能综合监控系统,根据不同类型的能源供应特性和城镇建筑用能规律,形成能源运行智能管理系统,维持系统多元动态平衡、保证系统稳定持续运行。

7.4.3.2 发展现状和趋势

随着我国经济社会发展以及人民生活水平的提高,建筑能耗呈快速增长趋势。建筑中使用的能源分为不可再生能源和可再生能源两类。不可再生能源主要包括传统的煤、石油、天然气等,可再生能源主要包括太阳能、空气能、地热能、风能、生物质能等。不可再生能源由于存量有限以及化石能源在使用过程中存在污染,对环境的负面影响远大于可再生能源。但由于可再生能源在使用过程中存在分散性、间断性和不稳定性以及造价高等缺点,目前建筑用能依然依赖传统化石能源,可再生能源仅在部分绿色节能示范工程中得以应用。对可再生能源多能互补进行研究，可提高建筑中可再生能源利用比例，对我国生态文明建设具有重要意义。发达国家建筑用能已逐渐向可再生能源与常规能源组合技术发展，丹麦、加拿大等国建立的太阳能、地热能与常规能源组合的建筑能源供应系统已持续稳定运行多年。

7.4.3.3 应用场景和效益分析

随着可再生能源利用技术日益成熟、应用形式日益丰富，技术经济性显著提高，并且建筑需求侧负荷明显下降，可再生能源在城乡及建筑中应用的潜力将逐步释放，该项技术在推进城乡能源生产和消费革命战略中有重要推广价值。

7.4.3.4 支撑条件

该项技术的快速推广，需要可再生能源在建筑领域应用的经济性进一步提升，需要建筑用户侧负荷需求进一步降低，重要的是国家在可再生能源应用方面能够进一步强化目标约束，把可再生能源作为能源战略中的重要组成部分，进一步提高重视程度，并在相应的规划、政策等方面予以扶持。

7.4.4 低压直流建筑技术

7.4.4.1 技术要点

低压直流建筑技术要点包括以下三点：一是低压直流建筑应用关键技术，包括配用电系统总体结构（系统拓扑、架构、低压等级、接地形式等）、配用电系统安全防护、配电系统电能质量、发储配用系统智能调控、系统能效评估及优化关键技术研究；二是低压直流配电关键技术，包括智能直流配电适配技术、低压直流配电用新型保护设备及系统集成、低压直流装置开发（开关、保护、DC/DC、AC/DC、RCD、插座等）、低压直流电器开发、低压直流配电监测与评估关键技术；三是分布式发储配用直流微网技术，包括分布式太阳能光伏应用技术、智慧能源分布式储能技术、分布式电力储能安全防护技术；四是基于直流的综合能源应用关键技术，包括城市级综合能源互联网、智慧能源控制技术等。

7.4.4.2 发展现状和趋势

泛能源互联网和物联网技术、分布式可再生能源技术、储能技术和建筑内电器直流化技术可推动低压直流建筑技术的研究与应用。直流生态系统的建设可有效提升建筑安全性和用能系统效率，并对优化城市能源结构、提升城市能源系统运行和实现全社会发电侧的节能具有重要的意义。同时可有效提高建筑智能化水平和使用者的满意度，是传统建筑行业转型升级的有效抓手。根据相关研究机构预测，未来将形成3万亿元的建筑低压电气与能源微电网新兴产业。

7.4.4.3 应用场景和效益分析

随着城市及建筑用户侧负荷稳步降低，以及太阳能光伏等可再生能源应用经济性的提高，同时基于数字化、信息化的多能互补及用能智能调度技术的发展，该项技术未来在国家推进智慧城市、绿色城市、低碳城市建设方面应用前景广阔。

7.4.4.4 支撑条件

该项技术需要智能建筑、建筑电气化、建筑节能、低压配电网、能源互联网等方面的系统集成。

7.4.5 智能微电网技术

7.4.5.1 技术要点

智能微电网是带有定义了的电气边界的互联的负荷与分布式发电群,相对于电力公司,其是一个单个可控的实体,是具备自我控制和自我能量管理的自治系统,既可以与外部电网并网运行,也可以孤岛运行。智能微电网及其与电力公司电网的无缝集成,是"完美电力系统"理想的结构之一。智能微电网是为满足单个用户或一小群用户能量需求的一种集成的解决方案,在未来分布式发电和能量存储广泛使用的情况下将会普遍存在。由于在微网中发电和消费靠得很近,而具有改善能量传输效率、可靠性、安全性、电能质量以及运行成本的潜力。微电网力求与大电网协调运行:系统正常运行时,可再生能源的间歇性、波动性和不确定性可在微网内部得到补偿,从而可维持其与大电网联络线上的功率近乎恒定,有助大电网安全运行;大电网故障时,其可以自适应孤岛化运行,保证对重要负荷的供电。

7.4.5.2 发展现状和趋势

智能微电网技术是智能电网/能源互联网的重要组成部分,是未来电网发展格局中的生力军,它的功能是接纳分布式电源,实现多能交互;节能降耗,提高能效;满足用户对供电可靠性的个性化需求;提高电网整体抗灾能力和灾后应急供电能力。以用户为主体的微电网成为电网格局中的重要成员。微电网由分布式发电、用电负荷、监控、保护和自动化装置等组成,是能够基本实现内部电力电量平衡的小型供电系统。无论是并网型微电网还是独立型微电网,都是分布式发电应用的高级拓展和高级应用。

7.4.5.3 应用场景和效益分析

该项技术在电力系统安全建设、电力需求侧响应、泛在电力互联网建设等方面具有广阔应用前景。

7.4.5.4 支撑条件

该项技术的应用需要贯通源网荷储用能源全链条,需要对用户侧负荷变化有精准预测,需要能源互联网等应用场景进一步落地,更需要国家在电力体制改革、增量配电网建设等方面能够有实质性突破,提供政策支撑。

7.4.6 多能源耦合供热技术

7.4.6.1 技术要点

多能源耦合供热是指采用两种及以上能源,且包含至少一种可再生能源作为热源的供热设备(图 7-14)。多能源耦合供热系统可稳定供给用热装置的热量,相同供热量下,多能源耦合供热系统比常规供热减少消耗能量的百分比。多能源耦合供热一般分为常规能源、可再生能源等;其中常规能源以电能和天然气为主,可再生能源有太阳能(热)、空气能、地热能、生物质能等。多能源耦合供热系统的供热功率能效可达 95%,供暖期节能率可达 10%。

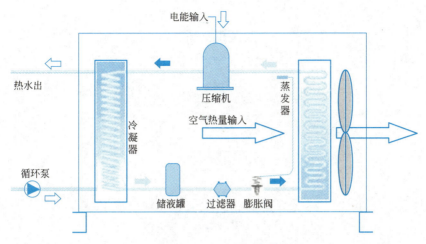

图 7-14 电能+空气热能耦合供热流程

该技术通过中央智能控制系统,实现太阳能热水单元、热泵热水单元和燃气热水单元的优化控制,可单独启动太阳能热水单元、热泵热水单元、燃气加热单元(壁挂炉),或将其中两种单元、三种单元同时启动,优先利用太阳能、环境热源,以燃气作补充能源,实现节能、环保、健康、可持续供应热水,在各种居住环境下使用都能得到稳定的热水。具体技术如下:

1. 中央控制模块

中央控制系统合理控制系统各供热单元的工作状态,可最大限度地减少气、电等能源的消耗,全面满足消费者在任何天气、任何地域的更节能的热水和采暖需求(图 7-15)。对潜在风险进行分析,研制燃气通道隔离结构、电气控制系统的隔离结构、制冷系统防止超温、超压的装置,并设计了一系列的自动联锁功能,最大限度地降低系统集成产生的安全风险。

2. 安全保护方案

多能互补太阳能热泵供热系统由多个热源单元和蓄热水箱采用松耦合方式集成,系统开发过程中不仅面临各热源单元以及蓄热水箱独立运行涉及的各种问题,同时还存在各单元之间,即太阳能热水单元、热泵热水单元、燃气加热单元与蓄热水箱之间相互影响而产生的安全性以及其他技术性问题。

对于各单元之间相互影响而产生的安全风险,一方面可直接采用针对性的技术标准,如《家用和类似用途电器的安全 带有电气连接的使用燃气、燃油和固体燃料器具的特殊要求》GB 4706.94—2008,规范燃气加热单元与系统其他电气部分的安全性措施。另一方面,可利用技术措施对潜在风险进行分析,制订相应的解决方案,包括燃气通道隔离结构要求、电气部件以及供电线路隔离要求、制热系统防止超温、超压的压力安全要求等,并规定一系列的自动联锁功能,通过一系列安全措施,最大限度地降低系统集成产生安全风险。

3. 储热装置

多能源耦合供热,必须要有一个储热装置,将太阳能热水单元、热泵热水单元和燃气加热单元(壁挂炉)三种单元所产生的热能,在一个储热装置并联换热,将热量传递给用

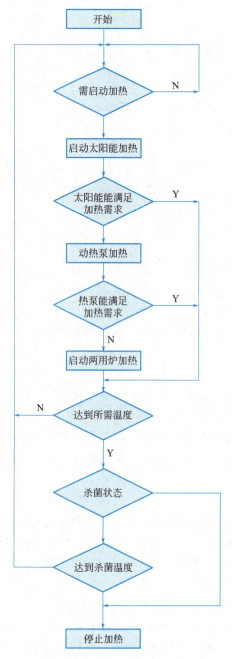

图 7-15 中央控制系统流程图

户端。可通过对三系统组合方案和换热方案的分析研究，研制内置三个换热盘管不锈钢内胆水箱装置，作为三系统热能的换热装置，将热源侧换热介质与用户供热端换热介质完全隔离，各热源单元的换热介质也完成隔离，避免了水系统间的相互干预，以达到最大化使用太阳能、空气能，减小热量损失的目的。例如采用三盘管储水装置，对储水罐进行水系统承压试验，试验压力为水箱额定压力的 2 倍，即 1.6MPa。

4. 低温高效供热控制

突破多能互补供热系统（三种能源）在室外低温条件下运行的技术瓶颈。通过中央控制器，来收集环境温度信号、供热需求信号，将加热过程分段进行，充分利用三种单元的加热优势，发挥整个系统低温运行时供热性能稳定的优势，实现全年度全天候节能的目的。

5. 杀菌消毒

研制主动杀菌消毒加热程序，解决系统的水箱温度不能满足杀菌消毒温度和消毒持续时间的问题。采用自动消毒技术，可自动启动杀菌消毒加热程序，加热水箱内的水，以达到杀菌所需温度和时间，之后关闭加热设备，保证水箱内水质安全。

6. 恒温、热力控制

采用自力式恒温技术、热力控制技术，利用热敏材料制作的阀芯感知出水温度后发生的形变，调节冷、热水的进水阀口开度，实现机械结构精确控制调节冷热水的比例，从而达到出水温度恒定的目的，同时能够快速恒温，降低停水温升，节能环保。

7.4.6.2 发展现状和趋势

随着全球节能和环保形势的发展，在现有燃气加热方式的基础上，如何提高家庭供热效率已成为社会关注的焦点，多能源组合热水加热装置的发展已经引起广泛重视，相关标准陆续编制、发布。多能耦合供热系统作为太阳能热水技术、热泵热水技术、燃气具热水技术产品的集成化产品，目前只有少数国家批量生产、销售类似三热源集成系统，我国尚处于起步阶段，国内市场还未出现太阳能热水单元、热泵热水单元与燃气热水单元组合的供热水系统的集成化产品。多能互补太阳能热泵供热系统的技术研究属于新能源应用技术领域。

目前，我国家庭应用较多的多热源集成化供热系统，能够将太阳能热水单元、热泵热水单元与燃气热水单元等按用户需要进行任意组合，实现太阳能热水单元和环境热源和燃气三种能源优势耦合互补，实现能源的合理配置，进一步推动节能、环保、低碳，舒适生活，进行供热的技术升级，提高使用舒适度。其可全面满足家庭采暖、卫生热水、空调制冷等需求。我国太阳能资源丰富，产业化程度较高。近年来随着建筑能效的提升，太阳能供暖技术被大力推广，通过多能源耦合供热技术，对系统进行配置优化，改善了常规的太阳能供暖系统与多能源互补供热系统中存在的问题。常规太阳能供暖系统中集热系统的可利用温度范围限制了太阳能的利用率，通过太阳能与水源热泵的结合可充分利用太阳能低温得热，降低集热系统的工作温度，显著提高太阳能集热效率。因此，开发多能耦合太阳能热泵供热系统具有广阔发展空间。

7.4.6.3 应用场景和效益分析

采用以燃气冷凝锅炉作为供热基本负荷，电能、太阳能和生物质气辅助的清洁能源互补耦合低温供热技术，不仅可以节约化石能源提高清洁能源和可再生能源在现有供热能源中的比例，还可以大大减少污染物排放，减缓雾霾，改善环境，保卫蓝天。随着政府清洁供热政策的进一步出台以及互联网+分布式能源远程控制技术的应用，未来基于市政天然气、农村生物质气化气与沼气、电和太阳能的多热源互补耦合低温供热具有强大生命力，也适合我国国情以及世界供热技术发展方向。多热源互补耦合供热既可以代替锅炉的单一热源供热模式，实现供热领域从单一设备向供热系统优化的转换升级，还可以改善单一清洁能源供热存在的诸多不足。除了以燃气作为供热基本负荷的多热源耦合供热和结合太阳能的多热源互补供热外，在互联网＋和分布式能源的控制和远程技术的应用下还存在其他多种多热源互补耦合供热形式，如冷热电联产（BCHP）技术。未来，越来越多的用户将选择以燃气冷凝锅炉、生物质气与沼气作为供热基本负荷的多热源互补耦合电和太阳能的低温供热系统。

通过研究多能源耦合供热技术，改善常规的太阳能供暖系统与多能源互补供热系统中存在的问题，多渠道供热方式。使建筑供热形式得到提高。

7.4.6.4 支撑条件

1. 技术条件

（1）考虑到多热源耦合供热技术，不同供热系统的系统结合是功能性结合的基础，关键是如何实现无缝对接互补耦合，实现精确控制和调节的互补耦合供热。该系统及机组研究的深度很大程度上决定了供热系统是否能在国内全面推行。

（2）针对我国目前主要使用的燃煤电联产机组而言，大部分的燃煤热电机组和燃煤锅炉房的 NO_2 排放不符合环保要求，造成了严重的环境污染以及空气质量下降，大量减少分布式燃煤供热及降低原机组的污染排放是重点工作，因而机组的升级势在必行。

（3）电力方面，电供热技术在欧洲及北美等一些发达国家的普及率较高，但用电供热在我国仍处于起步阶段，技术还不够成熟，因此对国家电能供热的研究也是重点工作之一。

2. 经济条件

在太阳能、地缘热泵、空气能、低温热能等技术在投入使用的过程中，发现供热系统前期投资高，回收期长，高成本的投入制约了新型供热系统的推广与使用。

3. 政策条件

我国多热源耦合供热具有广阔的市场，政府在政策及策略上多次指出，我国能源供需相对宽松，能源进入新的发展阶段，但在供需关系缓和的同时，结构性、体制性、机制性等深层次矛盾进一步凸显，这成为制约能源可持续发展的重要因素。可对如下几点进行宏观调控：

（1）煤炭产能过剩，供求关系严重失衡。

（2）可再生能源发展面临诸多挑战，且可再生能源全额保障性收购政策尚未得到有效落实。

（3）鼓励发展新的可再生能源供热及发电技术的机制尚未建立，可再生能源发展模式多样化受到严重制约。

（4）积极拓展天然气消费市场，同时天然气的输送也存在问题。

（5）实施电能代替工程。

8 绿色建造技术

城市化浪潮推动全球建筑业空前增长,对遏制气候变化的努力构成挑战。2020年9月22日,习近平总书记在联合国大会上提出,中国"二氧化碳排放力争于2030年前达到峰值,努力争取2060年前实现'碳中和'"。

建筑业占全球能源和过程相关二氧化碳排放的近40%。随着未来城市化程度的不断提高,意味着建筑行业的温室气体排放量还将持续上升。有预测表明,到2050年所需的基础设施中有75%尚待建造。我国每年新增建筑面积约20亿m^2,约相当于全球新增建筑总量(61.3亿m^2)的三分之一。工程建设每年产生的碳排放约占全球总排放量的11%,主要来源于钢铁、水泥、玻璃等建筑材料的生产和运输,以及现场施工过程。

鉴于建筑行业在全球应对气候变化挑战的重要性,为了在2060年前实现"碳中和"以更好地应对气候变化,我国必须在未来几十年内大幅减少建筑业的碳排放。因此,必须探讨建筑业新的发展模式。

绿色建造技术是促进建筑业转型升级的基础,也是实现建筑工业化的重要途径之一,其包含了高度融合人工智能及物理信息技术的智能建造技术,融合标准化、工业化、智能化工业制造技术和绿色管理理念的装配式建造技术等。绿色建造技术不仅是对建筑业现有技术的创新,也是对建筑业相关联的信息技术、工业制造技术、绿色管理理念的综合应用。关联技术的迅速发展,为建造技术的发展提供了基础,促进了新型建造技术的不断创新,需要以建筑业独有特色为基础,充分发挥基础建造技术,融合关联技术,形成符合建筑业特点的绿色建造技术。

8.1 智能化生产技术

智能建造是信息化技术、智能化技术与工程建造过程高度融合的创新建造方式,包括了预制部品部件信息化、智能建造定位、3D打印建筑、建筑施工机器人等技术,在工程建设全寿命周期起着至关重要的作用。智能建造的本质是通过人工智能及物理信息技术实现建设过程的信息化管理和智能化应用,并通过人机互动、智能学习等不断完善和改进。同时,通过借助智能建造技术,打造协同管理平台和信息共享平台,实现数据的集成化、过程的可视化、管理的精细化目标。其关键技术主要包含以下几个方面:(1)结构全寿命周期的设计理论;(2)具有灾后快速恢复性能的可恢复性结构体系;(3)具有环境和自身状态感知能力的多功能型标准化部品部件;(4)安全、快捷、易于检测的部品部件连接方式;(5)采用机器人和精细化控制设备开展的标准部品部件的工厂智能化生产技术;(6)非标准化大型、异形构件的3D打印生产技术等。

现阶段我国建筑业正从规模扩张向质量安全和效益转变,由劳动密集型向技术、知识和管理密集型转变，由传统粗放建造向智能建造转变，亟待实现标准化设计、工业化生产、绿色建造、精细化施工和精益管理。而智能化生产技术是实现转变的基石，其可打通信息技术与传统建设接口，推进建筑建造和运营过程的精益、智慧、高效、绿色协同发展，提高科学决策水平，深度贯通产业链，是未来建筑工程设计、建设和运营维护转型升级的方向。

8.1.1 预制部品部件信息化技术

在装配式建筑中，预制部品部件的信息贯穿于整条产业供应链，利用 RFID 芯片技术共享信息的优势，结合 BIM 模型的准确性，可将信息化管理向施工现场延伸，运用 BIM 技术、RFID 芯片技术、生产管理系统、物联网技术可以将其与设计、制造、安装、运维阶段信息关联起来，有效提高装配式建筑整体建筑及管理水平。可通过研究不同系统之间的信息接口、信息的自动采集、信息的自动分析及处理来实现相关功能。

8.1.1.1 技术要点

本技术旨在通过打通建筑业上下游的信息传递渠道，将设计环节中的属性有效地传递到采购加工中，并用于自动化流水线生产中，最终进行现场信息化装配安装。通过信息技术和工业自动化的结合提高建筑效率，减少设计、生产、安装对人工的依赖，大大缩短生产时间并提高精确度，对于建筑业的转型升级有着极大的推动作用。

8.1.1.2 发展现状和趋势

当前建筑行业内部的行业分工还十分割裂，建造周期上下游环节之间的信息传递和生产连贯度都不够顺畅，存在着大量信息的重复翻录和丢弃以及人工参与生产调整的行为。随着信息化的快速发展，建筑行业必然会改变传统的劳动力生产方式，转向效率更高的工业化、信息化建造，一个通用、高效、可靠的一体化技术系统是必不可缺的。

8.1.1.3 应用场景和效益分析

该技术将诸多预制部品部件设计深化到生产加工单位中，形成信息的连贯传递并投入到设计生产的运作中去；建立标准化的数据格式以及通用的数据，在不同的环节中进行高效准确的信息传递；在每个环节中建立信息与生产实体的联系，通过生产信息的优化与实体投射，使整个生产过程效益最大化。

8.1.1.4 支撑条件

该项研究需要组建行业内领先的企业平台，利用最新的产业技术成果及集中人员技术力量，依托多元的协同平台资源。

需要在重大技术攻关中形成产学研联动的产业突破组合。

需要进行研发的企业拥有独立完全的工业化建造研究部门，对建筑产业现代化的研发有长期稳定的投入及技术积累，有一整套工业化建造体系投入计划。

8.1.2 智能建造定位技术

依托精细化建筑施工信息管理平台，通过以 RFID、UWB、蓝牙、Wi-Fi 为代表的电磁波定位技术，结合建筑信息模型 BIM 技术，实现智能建造定位，可以应用于建筑测量放样、3D 扫描、信息安全管理、建筑物智能健康监测等方面。需要解决的关键问题主要有：高精度定位算法及传感融合技术、复杂环境下的信息传递精度、信息可靠性及自动化处理、低功耗广域网络应用。

8.1.2.1 技术要点

近年来，以 BIM 技术为代表的建筑业精细化信息管理平台得到广泛应用，其中定位信息在平台建设中发挥着支撑作用，但同时也面临着如下问题：①GNSS 定位局限性。建筑工地环境复杂，在深基坑、建筑内部等 GNSS 信号受到不同程度遮挡；②"高效率与低延时"难题，影响施工效率、产生人机料安全隐患；③三维位置信息可靠性较差。建筑对三维位置信息的精度要求高，而传统定位技术只能满足高精度二维定位要求；④室内外无缝定位连接技术尚不成熟。

未来，定位技术在建筑施工生命周期的各个环节中将扮演越来越重要的角色。依托精细化建筑施工信息管理平台，基于定位信息的建筑智能施工技术将朝着智能化、精准化、可视化、零风险的方向发展，主要将突破以下几个关键技术：

1. 基于多传感器的高精度融合定位技术

克服建筑施工现场的 GNSS 应用局限性，发展多种定位传感器有机融合技术，例如以惯导、视觉定位为代表的自主定位技术，以 RFID、UWB、蓝牙、Wi-Fi 为代表的电磁波定位技术；同时充分挖掘不同定位技术的互补特性，实现多种定位技术的有机融合与高可靠性。

2. 基于位置信息的安全保障技术

研究人—机—物料快速、精准、实时监控与危险区域及时预警技术，当施工事故发生后，利用定位技术实现快速搜救与自救措施，最大限度降低建筑施工风险。

3. 室内外高精度定位基准构建技术

完善室内外基准快速构建与无缝定位技术，从区域定位基准、现场定位基准和室内定位基准等方面逐层构建，形成全面覆盖建筑施工区域范围的空间定位基准、为现场施工提供高精度定位基准以及室内定位网络基准。

4. 基于实景三维信息的建筑元素监管系统开发

研究定位技术与 BIM 技术的深度结合模式，充分发挥定位技术在 BIM 信息管理平台中的作用，如利用定位技术的电子安全围栏、人员进出打卡、物料实时跟踪等提高建筑施工管理与决策效率。

在物联网/5G 技术支撑下，定位技术已经渗透到各行各业，建筑行业也不例外。基于定位信息的建筑智能施工技术方兴未艾，不仅可大大提高管理的决策效率，还可保障人员安全，有力促进智慧工地的发展，该技术具有广阔的应用前景。

8.1.2.2 发展现状和趋势

目前，国内不少大型施工企业相继建立了项目远程视频监控系统，即在建筑施工现场安装视频监控探头，通过有线和无线网络传输的方式传输监控画面。但从实践来看，要实现全方位的实时监控，还存在一些不足：网络信号存在盲点、盲区；视频监控探头的数量有限；部分偏远施工项目受网络覆盖范围的限制；建筑项目点多面广、流动性大，受成本约束，无法全天候传递高清晰度的画面；GPS 信号抵达不了深基坑、建筑物内部。为解决工程建设中存在的安全生产责任制不落实、施工管理较混乱和监管缺失等问题，未来可研究采用定位技术来弥补目前建设工程远程视频监控的不足，并应用于建筑智能施工技术中的实时监控。

目前国内大型施工项目存在大量问题，如：场地面积大，单位工程多且分布广，专业承包商和材料多样化、工期紧，施工质量和精度要求高；IFC 图纸深度不足，漏缺碰严重，变更频繁，深化设计工作量大，专业综合协调量大等问题，亟待采用三维可视化手段与设计师沟通协调；项目施工相对参考坐标少，精度控制难度大，测量放线量大，精度要求高，地下管网空间布置复杂，排布密集，管线及各类检查井、阀门、拉线盒的控制布设点位众多，各类景观设施造型奇特、铺装复杂，场地景观设施、铺装、种植等基准坐标点位有的多达上万个，竣工信息测量检查又使测量点位大量增加，需引入高效便捷、精度可靠、过程投点质量稳定的测量放线工作方式。

定位技术从最早期的 GPS 定位系统到现在应用较广的蜂窝 4G 定位系统、Wi-Fi 定位系统，以及精度更高的超宽带、超声波定位系统，应用领域从跟踪、导航到自动化控制。可以说定位技术从全球到局部，从高精度到中、低精度，已经深入到工作和生活的方方面面。从定位的特性来分析，GPS 定位系统功耗比较高，初次定位时间很长，尤其是对建筑施工项目具有室内场景的现场来讲，GPS 的覆盖性较弱。如在建筑施工项目现场布置 Wi-Fi 网络、RFID、蓝牙和其他的网络，可弥补 GPS 部分覆盖不足。总体来讲，卫星定位适用于室外空旷领域定位，移动定位适用于区域场景，RFID 则适用于很多工业生产的流水线定位，但不同科技企业为不同目的开发的产品和方案，存在兼容性问题。

8.1.2.3 应用场景和效益分析

该技术能解决传统模式存在的人员管理复杂、管理规范性差、占用人力资源多等缺点，实现智能化施工管理，提升管理人员的工作效率，节约大量的人力、物力、资源，有效降低成本，提高经济性。

1) 构建建筑基准与塔吊的防碰撞智能物料调度室外高精度定位项目，解决长基线放样和坐标定位、标定高度精度不高导致塔吊等工程设施安装效率低下的难题，建立精密安装测量施工技术体系；2) 构建施工人员、物料监控、施工区域安全监控运输车导航之间的室内外无缝定位技术布局，基于 UWB 技术以及传感器，使人员的定位及环境的监测效果通过传输技术在终端上实现，解决基层管理人员在现场人员管理方面的诸多难题和工作班组现场的违章行为；3) 基于物联网技术构建建筑工程安全管理信息化平台，可以在施工现场安全事故发生之前预测到事故可能发生，并向工人、管理人员预警，同时增加收集工程信息的速度和交换信息的频率，从而对建筑工程安全进行有效管理，防止高危事故的发生。

8.1.2.4 支撑条件

需要北斗/GNSS RTK 定位技术、高精度室内定位技术、北斗/GNSS/INS/UWB 融合无缝定位技术、物联网/5G 云平台构建技术在住房和城乡建设领域应用；需要国家加大对北斗应用、定位导航与位置服务装备制造在住房和城乡建设领域应用的政策支持；需要政府在住房和城乡建设领域的创新性技术研发和资金支持。

8.1.3 3D打印建筑技术

3D打印建造技术是在构建了建筑信息模型的基础上，将多种建筑材料，如：混凝土、砌体、金属、塑料等按模型各项数据指标和建造程序运用机电一体化技术建设成为预期的实物形态，其对传统建造工艺和施工方式的颠覆性变革，对推动建筑产业现代化具有特别重要的意义。3D打印建造技术开创了一种崭新的设计逻辑思维和建造模式，展现了数字化设计建造模式下的一种全新建筑生态关系，为未来的建筑设计与建造指明了发展方向并提供了完备的技术支撑。其本质上是整合BIM、自动化控制、材料应用以及现代化工程管理等技术手段完成工程建造的技术。3D打印建造技术的发展需要对装备制造、软件技术、新型材料、结构设计等进行综合应用。

8.1.3.1 技术要点

3D打印是以数字模型为基础，运用建筑原材料，用逐层打印方式构造出物体的空间形态。3D打印是集计算机技术、机械工程、逐级分层技术等各种科学技术于一身的复杂一体式系统。简单地说，3D打印就是通过不断叠加原材料，逐级打印，最终制造出立体三维实体的打印技术。因为叠加形式多样化，打印技术也呈现多样化，但原理一致，即逐层叠加制造。现在常见的3D打印形式主要包括激光固化光敏树脂成型、熔融挤压堆积成型、三维喷涂粘结成型等。3D打印建筑技术原理上与我们通常的打印机打印材料差别不大，仅是使用的原材料不同，并且制造的是大型建筑物。3D打印技术将大大简化生产工艺流程，不仅节省时间、资源，还能提高效率。

近年来，3D打印技术发展迅速，应用到了航空航天、医学、汽车制造等各个领域，因其可降低生产成本，提高效率，广受欢迎。随着3D打印技术的不断发展，公众把注意力不断放在新领域应用上，建筑行业就是一个很好的新开发领域，将混凝土等建筑原材料放进3D打印机便能建造出所需建筑。

3D打印建筑技术的优势：一是具有绿色、低碳、环保等优点，符合中央提出的生态文明建设要求。3D打印建筑最大的好处是节能环保、节省材料。3D打印建筑不产生任何扬尘，可减少雾霾。3D打印还可以变废为宝，各类建筑垃圾、工业垃圾、矿山尾矿，都可以作为原料，而沙漠的沙子对3D打印来说就好比"黄金"，是很好的原料，可就地取材做固沙墙、垂直绿化墙等。采用3D打印技术，可节约建筑材料30%～50%，缩短工期50%，节约人工50%。也就是说，通过3D打印技术可以更低的造价、更快的工期造好房子，建筑成本可节省至少50%以上。二是提升建筑效率，满足用户个性化需求。随着劳动力成本的提高以及消费者对个性化需求的提升，预计将来很多建筑会采用3D打印技术。

3D打印对建筑业实现信息化，践行绿色理念有着极其重要的作用，也比传统建筑方法更加环保。

8.1.3.2 发展现状和趋势

随着3D打印技术的突飞猛进，其在建筑方面的应用也获得了突破。作为一种全新的建筑方式，3D打印建筑对建筑产业来说将是一次颠覆性的革命，其引领的产业变革将成为建筑业和房地产业未来的方向之一。

2016年8月，住房和城乡建设部发布《2016～2020年建筑业信息化发展纲要》，其中提出积极开展建筑业 3D 打印设备及材料的研究，探索 3D 打印技术，运用于建筑、构件生产，开展示范应用。这意味着在国家层面对 3D 打印建筑技术的认可。

3D 打印技术在建筑领域的应用主要在设计方面，施工阶段的应用尚在探索阶段，有许多需要解决的实际问题。但由于 3D 打印技术在建筑方面的应用不仅省时省力，而且可使建筑施工变得简单便捷，所以 3D 打印建筑技术的应用前景十分广阔，也会极大推动建筑业的发展。

1. 设计方面

3D 打印建筑技术的出现使得建筑设计变得简单便捷，各部分技术人员都可以通过计算机完成各自部分的设计。随着建筑技术的发展，将来或许可以从网上下载自己喜爱的模型来建造自己的住所。传统的建筑工艺是通过图纸展现出来的，许多复杂的建筑技术或者立体的结构通过图纸很难表达，而 3D 打印建筑技术的出现将会改善这一弊端，使得立体设计变得更直观。未来人们将可以通过 3D 打印机和编程代码来创造建筑物。

2. 需求方面

3D 打印建筑技术的社会需求量非常大。自然灾害是不能避免的，应用 3D 打印建筑技术，可使灾后重建工作变得简单快捷；在贫困地区，因为经济的限制，无充足的人力物力来改善住所，3D 打印建筑技术则可以改善居住环境，带动地区的发展。

3D 打印技术对解决全球住房危机十分有利，但尺寸问题是 3D 打印技术面临的一大困难，根据目前 3D 打印机器的尺寸，3D 打印技术在建筑领域有 3 个发展方向。

（1）全尺寸打印。即在现场直接进行打印，并且打印机的尺寸要比房屋更大。目前比较有代表性的是英国的 D-shape 公司；另外 2014 年青岛高新区展出了大型的打印机，其尺寸达到了 12m×12m×12m。但是巨型打印机在打印精度、速度上需要进一步的完善。

（2）分段打印后现场装配。这是目前较实用的发展方向，其可以在工厂打印后运输到现场进行装配，不仅解决了尺寸上的问题，还能够节约资源，减少噪声，实现装配式建筑，但会增加运输、装配、人工等建筑成本。

（3）群组机器人打印。这是较理想的一种发展方向，即各个机器人各司其职，负责自己所打印的部分，融合了前两种发展方向，能够在现场进行实时打印，克服了尺寸问题，也无须分段打印后进行装配，实现了智能化模式。但目前群组机器人打印还未发展成熟，仍在研究中。

3D 打印技术由于上述提到的种种原因还未能快速发展，为了使 3D 打印能够快速适应现阶段建筑行业的发展方向，得到更多的应用，可以从以下 4 个方向进行研究。

一是建筑材料的研究与新材料的研发。3D 打印技术对于材料的应用十分严格，材料的力学性能影响着整个建筑物的安全性，因此 3D 打印材料的结构性、稳定性、美观性等是目前研究的一个重点。

二是标准体系的完善与机器设备的研究。3D 打印是新型的建造方式，现有标准体系不完全适用于 3D 打印的建筑物，公众对此类建筑物的安全性也保持观望态度。为减少材料质量问题，使建筑物有相应的评价标准，应当完善 3D 打印相关的标准体系，做到材料标准化、技术标准化、评价标准化。此外，针对未来 3D 打印的 3 个发展方向，对打印的机器设备可做进一步的研究，对机器尺寸、打印精确度等进行改进，以满足不同打印形式下对机器的选择。

三是结合其他先进技术进行智能化研究。3D 打印技术可以协同其他先进技术，如增强现实技术（Augmented Reality，AR）、虚拟现实技术（Virtual Reality，VR）、BIM 等共同发展，结合各项先进技术的优势打造智能化的发展模式。

四是 3D 打印技术与传统建造模式协同发展。目前来说，在行业的发展要求上，采用 3D 打印技术完成整个建筑物的构建还比较困难，较合适的解决办法是将 3D 打印技术和传统建造方式融合在一起，协同发展，发挥各自的优势。

3D 打印技术在建筑领域的发展有其优越性与趋势性，但是从材料、安全性能、寿命等角度考虑仍存在较大问题。从目前的研究来看，3D 打印可以在全尺寸打印、分段打印和群组机器人打印 3 个方向上进行突破，结合传统建造方式协同发展，才能更好地进行应用，实现建筑产业现代化的发展目标。

8.1.3.3 应用场景和效益分析

目前，人们对建筑项目的要求越来越高，设计因素也成为建筑项目自身的附加价值。3D 打印技术能将设计方案很好地呈现出来，根据设计图纸的绘制，按照比例将建筑类型以模型的形式展现，起到很好的预估效果，这样也能减少设计工作的误差。在建筑工程开工前，可以做好准备工作，以便更好地应对建筑施工设计过程中出现的工作问题。3D 打印技术的应用可弥补建筑工程工作领域中存在的一些不足。其中金属 3D 打印技术，对于必须承受较大压力的桥梁等结构较为有用，可将工业机器人与焊接机结合起来，将其变成可与软件配合使用的 3D 打印机，便于操纵机器人 3D 打印金属结构。

目前的建筑工程施工工艺复杂，施工难度大，在施工过程中有很多需要注意的地方，3D 打印技术的应用可以很好地改善施工情况，通过构建三维模型更好地对施工操作、测量以及工期推算进行掌握，从而降低施工工序变更次数，以及建设过程中的操作失误率。

8.1.3.4 支撑条件

3D 打印技术在建筑项目建设工作中不断得到实践，在实践过程中趋于成熟。但是在未来的数字化发展工作进程中，新的建设技术将颠覆传统建筑行业的建设特点，形成新的建设体系和发展主流。其如何适应全新的设计逻辑以及建造模式，还有许多技术瓶颈需要研究和突破。

8.1.4 建筑施工机器人技术

建筑施工机器人已在装修施工、维修清理、工程救援、3D 打印建造、管道施工及维修、隧道等高危工程等领域开始了应用。建筑施工机器人具有可以在各种条件下工作、无间断工作、精准度高能够实现更加复杂的建筑造型、能够进行自主学习的优势。智能建筑机器人将不再是简单施工工艺的替代，而可以成为智慧建造的辅助工具，智能建筑机器人可以完成人做不了的事情，可以代替人类做一些高精度、特殊作业空间、危险并且需要大量体力的工作。但建筑施工机器人的发展还需要在轨迹控制、识别传感系统培育、智能学习、精度控制、续航能力、复杂工艺实施等方面进行探索和应用。

8.1.4.1 技术要点

建筑机器人（Construction Robot）是指应用服务于土木工程领域的机器人，不仅可以替代人类执行简单重复的劳动，而且工作质量稳定高效。机器人可以广泛运用于住房和城乡建设领域中，其续航能力、环境适应性、抗风险能力、施工操作精度质量均具有较高的优越性，从而可以大大提高施工的质量、效率与安全性，实现建筑工业化。机器人可在极限复杂环境代替人类进行一些安装、拆除工作，实现建筑业的智能化转变。

8.1.4.2 发展现状和趋势

世界上第一台建筑机器人诞生于1982年的日本，即SSR-1的耐火材料喷涂机器人。此后在过去的几十年里，建筑机器人在全球范围内得到飞速发展，被广泛应用于喷涂、焊接、码垛、幕墙安装及清洁等诸多领域。

随着墙体施工质量提升，砖块的尺寸随之变宽，这导致建筑施工人员作业难度系数变大，为了有效地解决这些问题，欧盟于1994年提出"计算机集成制造装配机器人系统"的研究项目。在此基础上，德国、比利时和西班牙等研究人员合作研制了ROCCO型建筑砌墙机器人，该机器人自带自动声呐导航控制系统，采用液压控制方式完成砖块砌筑。与当前纯手工砌筑相比，可大大减轻相关建筑工人负担，但受建筑高度、季节性天气等因素影响较大。

万科、绿地等地产公司纷纷宣布开始投入资金进行人工智能建筑和智能机器人的研发。碧桂园则已经开始进行规模化的产业布局。

目前日本、美国、德国、澳大利亚、韩国、西班牙等多个国家和地区积极投入对建筑机器人的研究工作，并设有专门研究机构。我国针对建筑机器人的研究相对较晚，集中于原型机开发研究，属于辅助施工的机器人。由于发展时间和应用环境的限制，世界范围内建筑机器人与工业机器人相比还有很大差距，建筑施工自动化水平同工业生产自动化水平相比还有较大的差距。

我国目前建筑机器人应用主要集中在高层建筑外墙清洗和建筑施工自动化安装方面，如高楼幕墙清洗机器人、室内板材安装机器人等。

随着人工智能技术的快速发展，"十四五"期间围绕施工现场可视化模拟、精确扫描定位、自动装配和远程监控等多方面需求，人机交互技术、可移动机器人设备设计技术、机器人视觉监测技术、可移动机器人空间定位技术、机器人控制系统与监测平台的实时通信技术、建筑机器人自动化建造工艺及技术等预计将得到快速发展；在此基础上，针对施工现场喷涂、焊接、安装等工艺特点，具备人机协调、自然交互、自主学习功能的建筑机器人预计也将得到应用，并将极大提升建筑品质。

8.1.4.3 应用场景和效益分析

建筑机器人的问世和普及将有效解决建筑行业劳动力的缺口问题，是未来建筑行业成本控制的关键点。

机器人可以在各种极端环境下长时间工作，避免了人工工作的安全隐患，适应性极强，操作空间大，且不会感到疲惫，这些特征都使得建筑机器人拥有比人类更大的优势，它可以极大提高建设工程的效率和安全性，有助于帮助我国实现建筑业转型。

建筑机器人的应用，可以有效地提高施工质量，降低工人手工操作带来的安全质量风险，减少建筑施工劳动力投入，进而降低施工成本，同时，还可以加快技术创新速度，提高企业竞争力。建筑机器人具有执行各种任务，特别是高危任务的能力，平均故障间隔时间长，还具有以下优点：①改善劳动条件，逐步提高生产效率；②强且可控的生产能力，提高产品质量；③减少枯燥无味的重复性工作，节约劳动力；④提供更安全的工作环境，降低工人的劳动强度，减少劳动安全风险；⑤加快施工效率，减少施工过程中的工作量；⑥充分利用休息与夜晚时间，加快施工进度。

1. 建筑施工智能机器人

机器人可以适用于自动焊接、搬运建材、捆绑钢筋、装饰喷涂、机器人监理、磨具精密切开等建筑施工领域，替代传统的人工操作环境。以焊接机器人为例，未来在超高层、大跨度公共建筑中，钢结构焊接对焊工操作水平要求高、劳动强度大、焊接效率低；机器人焊接技术将逐步代替人工操作，从而减轻劳动强度、保障安全生产、保障电焊质量。

2. 装修智能机器人

随着人们生活水平的提高，人们对室内外环境要求日趋严格，装修工艺特征的变化，导致装修难度系数变大。为了有效解决这些问题，研究人员在该领域做了大量的研究，取得了一定成果。典型代表如：RoboTab-200 石膏板安装机器人即韩国仁荷大学与大宇建筑技术研究所合作研发的一款外墙自动喷漆机器人。

3. 建筑运维管理机器人

建筑运维管理机器人包括智能清洗机器人、智能巡检机器人、智能搬运机器人等。其中智能清洗机器人适用于中央空调系统风机盘管清洗、高层建筑外墙清洗等作业；智能巡检机器人适用于市政设施巡检、地下管廊巡检、建筑设施设备巡检、城市轨道交通巡检等；智能搬运机器人适用于货物搬运、室内配送等。通过建筑运维管理机器人可以有效提高作业现场效率，降低作业过程风险，保证运维作业安全。

4. 救援机器人

随着社会经济快速发展，高楼大厦拔地而起。但在一些自然或人为灾难中，传统的人工或人机协同救援不仅难度系数较大，还会危及救援人员的身心健康。为了抓住宝贵的救援时间，最大限度上挽回经济损失和避免死亡，相应的机器人应运而生。典型代表如：日本东北大学研发的地面机器人和空中机器人协同作业系统、Capo 型救援建筑机器人。

5. 3D 打印建筑机器人

3D 打印建筑机器人集三维计算机辅助设计系统、机器人技术、材料工程等于一体。区别于传统"去材"技术，3D 打印建筑机器人打印技术体现"增材"特征，即根据已有的三维模型，运用 3D 打印机逐层打印，最终实现三维实体。因此，3D 打印建筑机器人技术大大地简化了工艺流程，不仅省时省材，也提高了工作效率。典型代表如：DCP 型 3D 打印建筑机器人、3D 打印 AI 建筑机器人。美国麻省理工学院研制出一款用于建筑施工的 DCP 型 3D 打印机器人。英国伦敦 AiBuild 创业公司研发的 3D 打印 AI 机器人集 3D 打印、AI 算法和工业机器人于一体。该机器人为了避免盲目地执行电脑的指令，在原有控制系统中，添加了基于 AI 算法的视觉控制技术，这样可将现实环境和数字环境构成一个有效反馈回路，机器人可自动监测打印过程中出现的各种问题并进行自我调整。

6. 管道机器人

城市地下管网对城市日常运行的作用越来越重要，管网一旦出现问题，将直接影响城市能源供应，也会带来巨大的安全隐患。随着城市地下管网建设的越来越多、越来越大、越来越密，其维护工作量显著增长，传统的维护方式主要采用人工爬行到管道内作业的方式，危险且工作效率不高。管道机器人能够替代人工，通过搭载不同的工具设施，进行相关作业，比如可搭载机械臂实施管道采集污水及泥沙作业，搭载焊接机械实施管道焊接作业；搭载检测仪器实施就地检测分析作业等。

7. 隧道及地下工程暗挖智能机械装备

隧道及地下工程施工时有下列特点：①受工程地质和水文地质条件的影响较大；②工作条件差、工作面少而狭窄、工作环境差；③暗挖法施工对地面影响较小，但埋置较浅时可能导致地面沉陷；④有大量废土、碎石须妥善处理。施工过程中容易产生巨大的安全隐患或安全事故，特别是随着国家进入劳动力短缺时代以及对人员生命安全尊重程度的提升，社会对智能机械化装备的需求更为迫切。目前我国的装备技术相对落后且不足，推进、支持施工作业采用智能化机械和工器具，减少现场用工量，可以很大程度上节约劳动力，提高生产效率，降低作业成本，降低工程事故发生频率以及工程事故对人类生命安全的威胁。

8.1.4.4 支撑条件

建筑机器人技术在住房和城乡建设领域的应用与发展的基础是需要加快工业机器人技术的发展与创新，同时降低工业机器人技术应用的门槛与成本，并与建筑施工行业紧密联系与协同创新。在建筑机器人的发展过程中，还应提高建筑工程数字化、信息化技术的发展。工业机器人与建筑工程领域的结合，其结合点就是建筑工程的数字化，在建筑工程数字化、信息化的基础上，才能进行各类工业机器人在建筑工程领域的应用。

8.1.5 板材安装建筑机器人技术

板材安装建筑机器人是针对室内大尺寸、大质量板材干挂工艺的安装作业而研发，可在复杂的建筑环境下自动完成建筑板材的定位安装，具有操作方便、工作稳定、抗干扰能力强、能够进行高空作业的特点。板材安装机器人需要从设备轻量化、视觉定位系统、功能集成、多元化应用方面进一步展开研发。

8.1.5.1 技术要点

特点：通过可操控、智能机械手及移动式或爬升式操作平台，替代人工完成板材、大型玻璃等材料的安装作业。

（1）可操控、智能机械手：采用轻量化设计，在设备自重有限的情况下，实现各型板材抓取及安装，设备能重比高，操作灵活，能够手工操控。

（2）操作平台：移动式和爬升式两种平台均能够搭载操纵机械手并完成板材安装。

8.1.5.2 发展现状和趋势

板材安装建筑机器人在体育场馆、写字楼等公共建筑施工过程中进行了实际运用，采用吊篮作业平台，包括板材搬运、移动、输送、机械手、升降平台、安装质量检测装置等在内的整套安装系统，经现场调试后能够满足安装要求。

未来，板材安装建筑机器人需在以下几个方面进行深入研究：

（1）安装精度算法：板材安装机器人精度低，微调时延大，不够灵活，需要解决安装精度的算法问题以实现标准板材自主或辅助精准安装。

（2）设备振动抑制：板材安装机器人机械臂在板材取定瞬间及移动、定位安装时，整个安装系统会发生振动现象，加大了板材定位安装难度，尤其是在高空作业平台安装时，其受到的系统振动影响较大。可通过对整个系统的抑振、消振处理，控制安装精度并提高安装作业效率。

（3）板材安装机械手的多平台安装通用性：在实际作业过程中，会有高低空、有限空间等诸多特殊作业场所，板材安装机械手需要满足在上述作业场所中所运用的多种安装平台的通用性。

（4）板材预处理及安装质量检测设备：由于现有的板材偏差不能满足板材安装设备精度要求，因此需研制出一套板材预处理（满足智能设备安装精度要求）及安装过程板材定位、安装质量检测设备。

（5）多型作业平台：为满足各类安装场景，需要移动式、升降式等多型作业平台来满足安装场景要求。

8.1.5.3 应用前景和效益分析

传统的大型板材安装过程至少需要 8 人，安装效率低，运送板材易破损；采用板材安装机器人可以替代至少 5 人，能够缓解技术工人短缺问题，有效降低工人劳动强度，减少板材破损率，提高安装效率并节省安装费用。

8.1.5.4 支撑条件

（1）金融和政策扶持：房建企业利润率普遍较低，而板材安装设备属于智能设备，要取得成熟可靠的市场产品，需要较高的科研经费支持。

（2）技术支持和金融入股：需要建筑企业引入大量智能设备高端人才，并与在制造领域有一定基础的公司广泛合作，广集资金和技术力量，促进此技术的持续发展。

8.1.6 高层建筑机器人技术

建筑行业发展至今，高层化和复杂化的特点日益突出，且建筑行业露天作业和高空作业较多，施工环境、作业条件差和劳动强度大，危险程度高，同时人口老龄化和建筑工人短缺问题凸显，需要在建筑领域融合工业建造技术、信息通信技术形成适合于建筑业的高层建筑智能化设备。测量机器人、抹灰机器人、砌筑机器人、焊接机器人、智能爬架、智能顶升平台等已在高层建筑中开始应用，其可以代替部分人工工作，提升工程建造效率。高层建筑机械人的发展需要从系统稳定性、空间轨迹与传感的精确性、多机协调作业、功能集成、综合管理平台研发等方面进一步研究。

8.1.6.1 技术要点

建筑机器人生产线通过外层机器人防护平台和内部电梯井防护平台加载上述不同的功能模块，使多个独立的施工设备或机器人在此平台体系下集成，并自动爬升移位，有效提高施工效率，主要表现出以下几个特点：

（1）工业化生产的每个工作站均在流水线上独立工作，具有很高的生产效率。

（2）通过大数据、智能化等高信息技术的支持，可更便捷地在机器人爬架平台进行各个设施和机器人信息的一体化管理，确保高层建筑施工的进度、安全和质量。

（3）标准化后形成的具有更多建筑功能的建筑机器人生产线能使设备的周转更灵活，有效提高施工效率，实现高层建筑施工的流水线作业。

8.1.6.2 发展现状和趋势

随着建筑行业的发展模式向网络化、智能化、绿色化转变，大量中低端生产设备正在加速被淘汰。由于高层建筑的施工周期较长，行业对效率性、经济性和安全性的需求更推动了建筑机器人生产线的发展。建筑机器人生产线的特点是能使机器人防护平台集成各种具有数字化、网络化和智能化的建筑施工设备和机器人，取代高层建筑施工中低效率的建筑设备和技术，以更完善的集成平台为高层建筑建设的效率、经济性和安全性提供保障。机器人爬架的发展在高层建筑施工中具有标志性的作用，并已开始应用于高层建筑建设中。

另外，BIM系统配套全自动程序控制机器人的设计建造方式有望成为建筑行业发展热点。砖瓦行业著名的国际公司维纳博艮集团与Fastbrick Robotics Limited（FBR）签署了合作协议，开始研究使用机器人对高层建筑砖和砌块进行高速砌筑。

8.1.6.3 应用场景和效益分析

在高层及超高层建筑中，传统的外脚手架具有搭设困难、安全系数低、费时、费料、费工等问题，已无法适应高层和超高层建筑施工要求。因此，近10多年来，落地式外脚手架和外挂脚手架逐渐在高层建筑工程施工中被淘汰，取而代之的是附着式升降脚手架（爬架）。爬架技术对高层建筑施工技术具有重要影响，其改变了高层建筑的高处和悬空作业施工环境，使之变为低处架设，施工时如同室内作业，具有显著的设备化和机械化优点。另外，爬架的安全、高效、环保、美观等优越性能更是传统脚手架无法比拟的。近年来，随着人工费的大幅度增长以及安全要求的大幅度提高，爬架的经济性价比更加凸显出来。然而爬架最初仅靠简单的动力装置进行升降操作，操控不够便捷。因此，出现了智能操作系统对爬架的升降进行操控，改善了爬架的智能自动化性能。智能爬架仍只属于自动化设备范畴，尚未达到工业机器人的程度。在近几年工业机器人发展的大趋势中，新一代智能脚手架机器人得到了长足发展，并开始应用于部分高层建筑的施工中，积极推动着我国的建筑施工工业化发展。

8.1.6.4 支撑条件

通过BIM技术与高层建筑机器人之间的协同工作，能够将数据从BIM准确地传输到现场施工机器人。目前，BIM公司和知名建筑公司正在开展将自动化技术应用于BIM施工的项目和研究。这些项目正被很好地实施，且有着光明的前景。

8.2 装配式建造技术

8.2.1 装配式建筑建造技术

装配式建筑主要包括预制装配式混凝土结构、钢结构、模块化单元组合结构、现代木结构建筑、装配式基础设计建筑等。在政策的引导下，培育了与装配式建筑相关的各类型企业，形成了多样化的结构体系，产业链不断完善，装配式建筑在房屋建筑领域、基础设施领域发展迅猛，但目前政策性引导还未转化为市场性运作。装配式建筑需要在结构体系研发、节点连接措施研发、标准化工业化制造、部品部件体系的完善、新材料应用、智能化设备的研发、产业链的进一步培育等方面进一步发展。

8.2.1.1 技术要点

装配式建造技术是指建筑在建造过程中将部品部件在工地进行组装，并在实施过程中运用现代工业手段和现代工业组织，对建造过程的各个生产要素进行工业化集成，从而实现标准化建造。装配式建造技术的关键技术主要包括以下 5 个方面：

1. 装配式混凝土建筑

装配式混凝土建筑技术应用和发展未来将主要在以下方面：

（1）体系及构件设计方面：主体结构采用预制装配混凝土框架结构体系、预制装配混凝土剪力墙结构体系（含双面预制叠合式剪力墙和预制圆孔板剪力墙类免模剪力墙结构体系）、模块化混凝土结构体系；楼面结构采用预制叠合板、预应力叠合楼板、预应力空心楼板、预应力双 T 板；围护结构采用预制挂板、保温装饰一体板、GRC、UHPC 及超高性能混凝土墙板。预制构件节点的钢筋连接采用套筒灌浆连接、浆锚搭接、预应力连接、螺栓连接、钢混组合连接及新型连接节点及其设计技术；预制装配混合框架结构体系；预制混凝土构件实现标准化、模块化、系列化制造技术；用于复杂造型混凝土建筑部品与装饰构配件的柔性制造技术；高烈度区混凝土装配结构体系的工业化适应性技术；预制装配混凝土结构体系的创新抗震设计理论及防连续倒塌设计理论相关技术；预制装配混凝土结构新型消能减震装置制造工艺及其设计方法；装配化施工的混凝土结构构件高效配筋设计理论；新型混凝土建筑工业化体系。

（2）构件加工方面：预制混凝土墙板构件钢筋骨架自动组合成型技术与设备；预制混凝土外墙板构件的钢筋网片柔性焊接技术与设备；混凝土构件的可扩展组合式长线台座法生产技术及装备；应用低水灰比拌合料、尺寸形位准确的大型预制构件的复合振动密实成型技术及尺寸形位误差控制工艺；混凝土预制构件台振系统与模振系统成型技术及设备；复杂预制构件混凝土数字化智能精确布料技术及设备；预制混凝土构件自动化生产线整合及智能控制系统。

（3）现场施工方面：混凝土构件吊装的自动取放技术；吊运安全路径自动规划、构件空中自动调姿与寻位安装技术；混凝土构件竖缝浇筑施工的关键技术与装备；施工现场多功能可调式、具有校正功能的临时定位支架；基于信息化、模块化设计的满足工业化建筑外立面施工作业用多功能自动升降作业平台技术与装备。

2. 钢结构装配式建筑

钢结构作为典型工业化建筑技术，其应用和发展未来将主要在以下方面：

（1）体系及构件设计方面：钢结构装配式新型消能减震装置制造工艺及其设计方法；钢结构部品部件与建筑装修、设备模数化协调及标准化接口技术；新型装配式多高层钢结构住宅体系；模块化钢结构体系建筑；快速钢结构装配体系建筑；钢结构高效装配化连接技术；不同气候区域轻质节能环保、便于与钢结构可靠连接的建筑围护体系及其产业化应用技术；适用于建筑钢结构防火防腐一体化要求的防护新技术与产品；建筑、结构、设备和装修一体化钢结构建筑集成建造技术；高性能钢结构体系的受力机理、精细化计算理论、全寿命期设计理论与设计方法；高性能钢结构体系防灾减灾、检测评价等关键技术。

（2）构件加工方面：预制装配式钢结构关键配套产品、智能化生产加工技术；便于快速高效连接的干法连接技术；适用于预制装配式混凝土结构的标准化、工具化吊装与支撑体系；基于智能制造的钢结构构件工厂先进生产设备、工艺及规划布局；基于机器人焊接和在线质量监测的智能化钢结构构件制造技术。

（3）现场施工方面：高性能钢结构高效连接和装配化安装技术；大型钢结构构件无损性库存与运输、高效吊装与安装技术；装配式钢结构关键节点连接高效施工及验收技术；与钢结构相配套的楼板、外围护及内装部品部件装配化施工技术。

3. 装配式木结构建筑

装配式木结构的应用未来将集中在文教建筑、个性化的休闲娱乐建筑、旅游度假建筑。装配式木结构技术应用主要体现在以下几个方面：多层、高层现代木结构建筑技术；平改坡、棚户区、历史风貌建筑改造应用技术；高强度、高耐久性木材应用技术；竹木材料应用技术；多层"木—钢、木—混凝土"组合结构建筑；农村自建住宅、新农村居民点建设木结构农房建设技术；木结构部品模块化、系列化、标准化制造技术。

4. 装配式钢—混凝土结构建造

装配式钢—混凝土结构具有承载力高、韧性和塑性好等优点，可以在房屋建筑领域和基础设施（桥梁）等领域应用。装配式钢—混凝土结构技术应用主要体现在以下方面：钢—混凝土组合结构体系技术；钢—混凝土结构节点连接及抗震技术；钢—混凝土结构体系围护结构及水平支撑结构部品选用与标准化；钢—混凝土结构部件高效制造技术。

5. 基础设施装配式建造

基础设施领域装配式建造技术主要包括装配式桥梁、装配式隧道及地下工程、装配式道路等。

装配式桥梁领域，目前以上部结构为主，未来装配式桥梁的应用，下部结构的发展将是新的应用点。包括装配式铁路桥墩结构体系；装配式桥墩预制、运输、架设的快捷及高效化施工；基于 UHPC 材料的高性能装配式桥梁；装配式钢—混凝土组合桥梁关键构造研究；装配式钢桥技术。

地下工程装配式建造领域，未来隧道仰拱、基坑支护装配式建造、地铁车站装配式建造是新的应用点，具体包括：钻爆法隧道装配式隧道仰拱（衬砌）系统；装配式隧道衬砌构件的制作和安装工艺；隧道与地下工程支护预制技术；预制装配式地铁车站；全预制地下连续墙技术；盖挖预制装配技术。

道路工程的装配式建造技术将主要应用于道路基层的装配式路面和临时施工道路的装配化建造等。

8.2.1.2 发展现状和趋势

1. 发展现状

2016 年 2 月，国务院发布《关于进一步加强城市规划建设管理工作的若干意见》（以下简称若干意见），明确提出大力推广装配式建筑，力争用 10 年左右时间，使装配式建筑占新建建筑的比例达到 30%。2016 年 3 月，装配式建筑首次出现在《政府工作报告》中；国务院办公厅印发《关于大力发展装配式建筑的指导意见》（以下简称指导意见）之后，各地政策陆续出台，装配式建造迅速发展。2017 年 2 月，国务院办公厅发布《关于促进建筑业持续健康发展的意见》，再次重申推进建筑产业现代化，推动建造方式创新，大力发展装配式混凝土和钢结构建筑。2017 年 4 月，住房和城乡建设部印发了《"十三五"装配式建筑行动方案》，明确装配式建筑是实现建筑工业转型升级必由之路，预制构件智能制造是装配式建筑行业发展重要途径，必须加快发展预制装配式建筑。

（1）装配式混凝土建筑。装配式混凝土建筑是装配式建造技术中应用最广泛的技术之一，在房建领域，装配式混凝土建筑可进一步细分为采用灌浆套筒连接方式的装配整体式剪力墙结构、采用约束浆锚搭接的装配整体式剪力墙结构、采用波纹管浆锚搭接的装配整体式剪力墙结构、叠合板式剪力墙结构、圆孔板剪力墙结构、装配式预应力框架结构等。其中采用灌浆套筒连接方式的装配整体式剪力墙结构应用最广泛。

（2）钢结构装配式建筑。我国是钢铁大国，具有成熟的钢铁产业能力和配套水平，钢材产量和品种完全可以满足钢结构建筑建设需要。经过多年发展，各地已经建设了各种类型的钢结构建筑项目（含公共建筑、居住建筑和工业厂房等），未来钢结构装配式技术在住宅领域的应用将进一步发展，目前全国累计已建设超过 1000 万 m^2 的钢结构住宅试点示范工程。相关体系主要包括传统钢框架＋支撑体系、钢管索组合结构体系等。

（3）装配式木结构建筑。木结构是我国几千年建筑历史上最重要的建筑形式。但自 20 世纪 60 年代起，新建的木结构建筑在我国占比持续走低，与发达国家相比，有较大的差距，木结构的发展还有很大的空间。

（4）基础设施装配式建造。我国的混凝土桥梁上部结构，已广泛运用节段预制拼装、整孔架设施工技术，如港珠澳大桥、南京长江四桥、厦门集美大桥、上海长江大桥、广州地铁四号线等工程。上部结构预制装配式桥梁在我国应用已经相对成熟，相比之下，下部结构预制装配化应用发展相对缓慢，只是在一些跨海大桥或者是现浇施工特别困难的情况下才采用装配式施工方法。

地下工程装配式建造方式主要有两种，即部分预制和全部预制。全预制主要应用于盾构、TBM 等机械一次开挖成形的隧道，或者是一些小型断面顶管隧道，其应用领域主要集中在城市地下工程中。部分预制主要应用于隧道仰拱中。

2. 发展趋势

目前我国土木工程行业（如房屋建筑、桥梁、隧道等）已进入转型升级期，劳动力短缺、人工成本快速上升以及环保等问题制约着行业的发展。其中，装配式建造技术是解决相关问题的有效途径之一。

从目前的应用效果看，在装配式建造技术未得到大规模应用的情况下，其建筑成本比现行传统建筑方式要高，但综合考虑装配式建造技术在社会效益、环境效益方面的贡献，该技术相比传统建造方式仍然具备综合效益优势，因此政策推动作用依然会持续。在政策推动下，装配式建造技术在住房和城乡建设领域中的应用将会进一步加强。

（1）装配式混凝土建筑。借鉴一些发达国家预制装配式混凝土建筑与住宅产业化发展的成功经验，结合我国行业基础和现状，装配式混凝土建筑未来发展的趋势是逐步完善装配剪力墙结构体系关键技术，进一步研发框架结构体系、框架剪力墙结构体系，形成系列化、标准化、多样化的技术体系支撑。信息化技术和无损检测技术在装配式混凝土建筑中将得到进一步的应用。

（2）钢结构装配式建筑。随着政策继续鼓励支持，钢结构装配式建筑的技术体系逐渐完善，装配式建筑将驶入发展快车道。材料部品方面：开发高性能钢材、新型建筑围护材料和部品，解决关键应用技术问题，实现产业化生产和工程应用。结构体系方面：解决关键机理和理论问题，建立设计方法，实现成套技术集成，开展工程示范推广工作。设计制作方面：提出标准化规则，建立模数化部品部件体系，实现部品部件商品化供应和智能化制造，建立基于部品部件的工业化建筑设计方法。

（3）装配式木结构建筑。我国装配式木结构建筑还处于快速发展的初期，未来木结构建筑将在绿色建筑、节能环保建筑的发展中起到重要的作用。木结构建筑将在文教建筑中得到大量应用，幼儿园、小学，也是我国未来木结构建筑发展的主要方向之一。木结构建筑能较好地融入自然风景中，对环境影响较小，适合旅游度假类建筑。

（4）基础设施装配式建造。我国的混凝土桥梁梁部结构，已广泛运用节段预制拼装、整孔架设施工技术，如港珠澳大桥、南京长江四桥、厦门集美大桥、上海长江大桥、广州地铁四号线等工程。上部结构预制装配式桥梁在我国应用已经相对成熟，相比之下，下部结构预制装配化应用发展相对缓慢，只是在一些跨海大桥或者是现浇施工特别困难的情况下才采用装配式施工方法。推行装配式混凝土桥梁，利于实现桥梁设计标准化、生产工厂化、施工机械化，减少模板的用量，减少施工现场作业，降低人工成本，确保结构构件质量，符合国家经济发展的需求。

在隧道及地下工程建设领域，我国正积极探索和发展预制装配式隧道衬砌。但由于各种原因，目前钻爆法施工隧道的建造方式仍然以现浇为主，装配式隧道施工比例还较低，与国家提倡发展绿色建筑的有关要求相比还有较大差距。未来装配式隧道衬砌将是本领域新的发展趋势。

8.2.1.3 应用场景和效益分析

1. 应用场景分析

在装配式建筑领域，从应用地区分析装配建造技术，根据住房和城乡建设部的相关文件，可分为重点推进地区和积极推进地区。重点推进地区中，北京、上海、深圳、沈阳、合肥装配式建筑发展起步早，产业基础好，政策力度大，项目落地多，已率先迈入规模化发展阶段。积极推进地区中，约一半地区装配式建筑推动力度较大。沈阳、长沙、济南、青岛、郑州、成都等地不断完善发展目标体系和政策扶持体系，装配式建筑工程建设规模和应用领域逐步扩大。具体到应用场景，装配式建造技术将继续以新建建筑为主，包括新建住宅、新建公共建筑等。随着预应力装配式混凝土技术的发展装配式混凝土建筑仍然会是装配式建造技术应用的主要部分。2019年下半年，住房和城乡建设部接连批复青海省、浙江省、江西省、河南省、山东省、湖南省等开展装配式钢结构住宅建设试点。装配式钢结构住宅将迎来快速发展，在公共建筑、住宅建筑、工业建筑、农房建筑中广泛应用。装配式木结构未来的应用将集中在绿色建筑、文教建筑、旅游度假建筑、休闲会所类建筑、体育场馆类建筑和多高层建筑中。装配式钢—混凝土建筑的应用主要在高层建筑、复杂结构建筑、桥梁工程领域方面。

在桥梁工程领域，虽然已经广泛使用预制装配式结构，但仍以上部结构为主，对于下部结构的装配式建造将是新的应用场景。特别是强震区装配式桥墩、铁路桥装配式桥墩的应用是新的技术发展趋势。

预制装配式仰拱（衬砌）采用工厂集中批量生产，可严格控制预制构件的质量，从而提高隧道的整体施工水平和安全。而养护期满运至现场进行机械拼装，可大大减少现场施工作业人员数量，降低对熟练工人的依赖程度，提高机械化施工水平，符合施工工厂化的技术发展趋势。

在应急设施领域，应急设施是人们在突发灾难等紧急状态下为了妥善安置受灾人员、物资等，并满足人们基本生活需求的基础设施，一般要求工期短，同时又要保证工程安全质量和使用功能，保证在紧急状态下及时启用和安全运转。应急传染病医院——雷神山医院采用标准化模块化规划设计、工业化装配式建造方式，保证了项目的安全与高效建造。

2. 效益分析

（1）经济效益

从国内外工程实践来看，采用装配式建造技术具有综合成本优势。原因是减少用工、缩短工期、节约材料。但现阶段，简单估算建造成本仍然比现行传统建造方式要高。

体现成本优势的前提，一是采用标准化设计，尽量减少构配件规格品种，提高模具周转次数，减少摊销费用；二是拥有熟练的技术、管理队伍和一线操作工人；三是采用成熟的技术体系和工艺工法。当采用工程总承包方式时，其优势更加明显。根据发达国家发展经验，当人工成本占建安成本比例达到40%时，装配式建造技术将具有明显的成本优势。

（2）环境效益

目前全球水资源处于极度短缺的状态，而建筑业的用水量占全社会总用水量的50%以上，且一直处于上升阶段。传统式建筑用水主要在施工现场上消耗比较大。而装配式建筑采用预制件，可以减少施工现场混凝土构件的养护用水以及冲洗设备用水；并且装配式建筑是使用机械进行安装，可以削减人力，同时也降低了生活用水量。在这个过程中，产生了直接或间接的节水效益。

装配式建筑所使用的构件都是预制件，即在工厂生产的构件。而工厂采用标准化生产，能够准确把握材料的用料，且对构件的质量有严格的控制。同时，工厂的工人均经过专业培训，具备较高的操作水平以及一定的责任心，能够提高工作效率和成品率。

建筑业的能源损失主要体现在电的消耗上。据资料显示，通过调查不同项目的用电量，可计算出装配式建筑的平均用电量比传统式建筑减少25%，装配式建筑在大部分的情况下，均表现出较高的节能效益。

（3）社会效益

随着我国人口老龄化快速发展，劳动力成本持续攀升，人民群众对住房质量及品质的要求不断提高，环境保护压力持续加大，传统建筑生产方式已经不能适应时代需要。发展装配式建造技术，有利于提高质量、提高效率、减少人工、减少环境污染，这不但是我国建筑行业追赶世界先进建造水平的重要举措，也是行业自身实现绿色发展的迫切需要。随着装配式建造技术的发展，其综合效益的优势将会更加突出。

8.2.1.4 支撑条件

装配式建造技术近年来快速发展，其支撑条件已经相对完善，该技术在住房和城乡建设领域的支撑条件主要包括技术支撑和政策支撑。

1. 技术支撑

技术支撑主要包括信息化技术以及无损检测技术。其中，信息化技术包括信息化建管系统、装配式建筑＋EPC＋BIM技术、全寿命周期质量追溯技术、BIM的装配式建筑部品部件库技术。信息化技术的进一步应用，将会为装配式建造技术的质量提升提供技术支撑。

相比较传统建造方式，装配式建造技术在检测方法上还需进一步完善。由于装配式建造技术的特点，预制部品部件在现场装配工作量大，不少构件之间连接靠人工操作，人为因素对工程质量影响大。在建设过程中采用严格质量管理控制体系并运用新的检测手段控制装配式住宅建筑工程质量，是非常重要和必要的。

2. 政策支撑

由于装配式建造技术成本仍然比现行传统建筑方式高，未来一段时间，该技术的支撑条件仍然以政策支撑为主。截至目前，各地均出台了推进装配式建筑发展相关政策文件，在土地、规划、财税、金融等方面制定了相关鼓励措施。未来政策支撑将以顶层制度设计、加大政策落地实施、引导产能供需平衡和加大标准化推行力度为主。

在顶层制度设计方面，可引导各地探索具有地方特色的装配式建筑发展路径，完善装配式建筑政策和标准体系，科学选择发展装配式混凝土结构、钢结构、现代木结构和组合结构等装配式建筑，探索装配化装修。在加大政策落地实施方面，可进一步落实约束性推广政策，研究发布装配式建筑工程项目分阶段验收、提前预售等政策的实施细则，提升政府部门协同推进能力，确保各项支持政策落地实施。在引导产能供需平衡方面，可进一步引导各地根据本地经济社会发展水平和装配式建筑发展的实际需求，根据装配式建筑部品部件的合理运距，进行科学的产能测算，提出预制构件产业布局及规划，引导产业有序发展。在加大标准化推行力度方面，可进一步鼓励各地着力开展标准化设计研究，研究预制模块少规格、多组合技术，推广通用化、模数化、标准化设计方式。

8.2.2 装配式模块化组合建筑技术

装配式模块化钢结构的核心理念及其与传统装配式建筑最大的区别在于预制装配的对象不是梁单元、板单元、柱单元这种单元构件，而是盒子形状的空间模块。模块化结构体现了工业化的高速发展，是在建筑理念和技术上的一项重要突破，其在工厂生产阶段就完成了大部分的精装修和清洁工作，然后运输到工地进行拼接搭建。模块式建筑技术将设计、生产、施工和验收等合为一体，更加注重设计标准化、建筑生产工厂化、施工机械化和项目组织管理科学化，建筑工业化程度较高。对于装配式模块化结构体系，需要在应用多样化、性能优异化、管理规范化等方面开展进一步研究。

8.2.2.1 技术要点

装配式模块化单元组合结构体系是在传统装配式钢结构建筑基础上，采用装配式钢框架作为建筑承重结构体系，根据建筑使用功能将其划分为多种功能集成的钢结构模块化单元。其所有模块化单元在工厂统一制作完成后运送至现场，直接组合、拼装、填充于钢框架之中，通过全干式节点连接形成完整的建筑。由于钢框架和模块化单元均在工厂制作完成，现场仅需开展拼装填充、管线接驳、缝隙填充封闭等工作，便于机械化施工，较传统方法效率有了显著提升，真正实现了全装配式建筑。

装配式钢框架—模块化单元填充组合结构体系基本实施思路：钢框架由 H 型钢或工字钢通过螺栓组装而成，并研制一系列可在工厂预制而成的模块化装配式产品（如宿舍、卫生间、楼梯间、会议室、走道等），在现场直接将其填充入钢框架内，通过特制的节点进行连接固定，组合成功能完整的建筑体系。此类结构体系可进一步保证装配式钢结构建筑的设计多样化、构件标准化、功能模块化、制作工厂化以及施工现场的快速组装，真正实现绿色建造以及建筑工业化（图 8-1）。

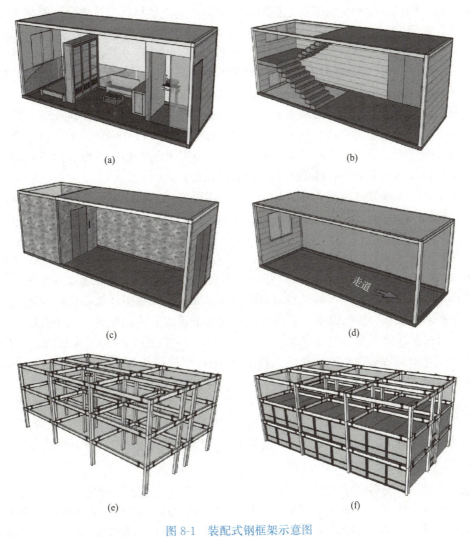

图 8-1 装配式钢框架示意图
(a) 宿舍模块；(b) 楼梯间模块；(c) 电梯井（间）模块；
(d) 走道模块；(e) 钢框架；(f) 填充组合结构体系组装示意

目前国内已有比较全面的钢框架技术规范和标准，但在钢结构模块化单元方面却仅有行业标准《箱式钢结构集成模块建筑技术规程》T/CECS 641—2019。对于装配式钢框架—模块化单元填充组合结构体系，国内外尚无针对性的规范或标准，也缺少专业设计软件和与之匹配的标准图集，只能参照已有规范或标准开展相关工作。然而，采用通用软件进行简化后的模拟分析，由于缺少理论和机理支撑，其计算结果难以真实地反映装配式钢框架—模块化单元填充组合结构体系的受力、变形状态，会对工程建设产生不利影响。因此，应对装配式钢框架—模块化单元填充组合结构体系的组成结构、模块化单元、节点连接、受力变形分析等方面展开研究，探析模块化单元与钢框架协同工作机理，提出相关设计理论与方法，并通过示范工程建设对有关研究成果进行推广应用。

8.2.2.2 发展现状和趋势

对于钢结构模块化单元的研究,最早起源于国外的集装箱建筑,多集中在建筑设计研究和结构性能研究两方面。国外许多学者认为集装箱装配式建筑具有便捷、灵活等优点,可用于灾后重建的临时建筑或永久性建筑,并通过工程实例,对集装箱建筑的结构体系、受力变形、施工建设、门窗制作、装饰装修等内容进行了研究。国内方面,天津大学对不同工况下的扩展集装箱式活动房进行了比较全面的试验研究和数值模拟,取得了一些研究成果。虽然已经有了几十年的发展历史,但是以集装箱建筑为代表的模块化钢结构单元房仍较为小众,其主要受制于以下几方面:①集装箱建筑空间尺寸固定,难以满足设计多样化和灵活性的要求;②现有模块化单元节点连接技术仍较为滞后,故极少用于建设中高层建筑;③集装箱建筑节能环保性能较差,舒适性较低。

模块化建筑体系是在装配式建筑基础上的技术升级,其不仅是单个构件的组装,而是将不同功能的单元产品(如房间、卫生间、厨房、楼梯间、电梯井等)直接进行组装,工业化、标准化程度更高,可进一步大幅提高效率、降低成本。国外专家通过对低、中、高层模块化建筑物建筑分别进行研究,发现4~6层模块化建筑可采用墙体内板或支撑的横隔板增加结构的整体稳定性,6~10层建筑需要在电梯和楼梯区域或端部山墙选用合适的独立支撑结构以保证稳定性,高层建筑则建议采用混凝土或钢框架核心筒结构体系,以保证整体结构的稳定性。国内方面,任庆英大师提出了箱式钢结构集成模块建筑体系,对其建筑布局、消防设计、墙体力学性能、模块间节点力学性能、结构体系进行了全面的研究,编制了《中集钢结构集成模块建筑技术规程》,并应用于雄安市民服务中心建设,取得了良好的效果。但上述研究中多将模块化单元作为建筑结构承载的构件之一,这对模块化单元具有较高的要求,不仅会增加制作、运输和安装成本,而且模块化单元与结构之间的节点连接会比较复杂,一旦个别单元受损,可能会影响整个结构的稳定性。因此,仍需在已有成果的基础上开展进一步研究,提出更为合理的模块化装配式钢框架结构体系。

8.2.2.3 应用场景和效益分析

通过研制不同规格尺寸的模块化单元,以及单元与单元之间、单元与钢框架之间的安全高效节点连接技术,装配式钢框架—模块化单元填充组合结构体系可根据现场应用需求,满足不同建筑使用功能的组合拓展与快速组装。其不仅能用于公寓、宿舍、办公楼、医院等各类中高层建筑,还可广泛应用于应急抢险、公共卫生事故救援、短期大型活动、临时建筑设施等比较复杂且对施工速度有着极高要求的建设领域。

在技术方面,装配式钢框架—模块化单元填充组合结构体系具有以下优势:①建筑装配率可达到100%;②可以实现设计多样化、构件标准化、功能模块化、制作工厂化、施工机械化,可节约工期约65%;③采用轻量化的模块化单元,可有效减轻结构自重,节约结构主材约50%;④现场湿作业工作量为零,且建筑结构体系可拆卸循环使用,更加绿色、节能、环保。

在经济方面,装配式钢结构建筑符合国家最新政策要求,不仅摆脱了对砂石材料的依赖,而且可有效化解钢铁行业产能过剩、劳动力短缺等社会问题,能促进国内建筑产业调整结构、转型升级,经济效益显著。

8.2.2.4 支撑条件

装配式建筑从产生并发展至今,已逐步成为国家战略重点发展产业,国家先后出台了

《国务院办公厅关于大力发展装配式建筑的指导意见》《国务院办公厅关于促进建筑业持续健康发展的意见》《"十三五"装配式建筑行动方案》等一系列相关政策和文件，以促进装配式建筑快速发展。相比 PC 结构和木结构，钢结构在受力性能、施工工艺、节能环保、标准化生产等诸多方面均具有独特优势，而得到了越来越多的关注与认可；与此同时，随着社会进步、经济实力提升、建筑技术不断更新，以及贯彻绿色环保要求、建设节约型社会、提高建筑产业化水平等方面的需求越来越大，进一步增强了发展装配式钢结构建筑的必要性与重要性。

对于装配式钢框架—模块化单元填充组合结构体系，仍需在以下几个方面进行协同创新：①模块化单元围护结构研究，需满足轻质、防水、保温、隔热、隔声、耐久性等方面的要求；②模块化单元与钢框架连接方式研究，既要方便快捷，又要满足承载、变形、协同工作等方面的要求；③新型填充组合结构体系设计、施工、质检、管理等环节的规范规程与政策文件研究。

8.2.3 装配式混凝土建筑技术

装配式混凝土建筑是指把在工厂生产的预制混凝土构件运输至工地，经装配、连接、部分现浇而成的建筑。相对于传统的现浇建筑，装配式混凝土建筑具有缩短工期、节约能源与材料、节省劳动力、绿色环保等优势。对于装配式混凝土建筑，需要在结构体系的优化、节点连接方式的简易化、部品部件的标准化、节点检测技术等方面进一步研究。

8.2.3.1 技术要点

装配式建筑包括建筑的结构系统、外围护系统、设备及管线系统、内装饰系统的主要部分采用预制部品部件集成建造的建筑。全装配式混凝土框架结构技术体系，是指首先研制预制柱、预制梁、预制叠合板、预制叠合梁、预制楼梯、整体卫生间、整体厨房、内隔墙板等一系列部品部件，然后通过高效连接节点将其组合成完整的装配式框架结构体系。该技术体系目的是在保证装配式混凝土建筑的安全性、可靠性前提下，结合现有的预制部品部件，通过开发整体预制结构单元（整体卫生间、整体厨房或其他单元房）以及外围护墙板结构，采用高效连接节点，使其装配式混凝土框架结构达到全装配的效果，形成降本增效、可复制规模推广的建筑技术体系。通过所开发的整体预制结构单元，可完善与扩展预制混凝土部品部件库，提高装配式混凝土建筑整体质量、减少装配工序（图 8-2）。

全装配式混凝土框架结构技术体系关键技术内容有：①不同功能的预制构件或建筑结构单元的设计、研发与制作；②各装配式构件、结构单元（部品部件）与主体框架结构节点的连接设计及力学性能研究；③全装配式混凝土框架结构受力变形及稳定性分析；全干式工法连接的装配式混凝土建筑结构及建造体系研究。

8.2.3.2 发展现状和趋势

装配式建筑自诞生以来就受到了人们的广泛关注，特别是"二战"后，经济高效、节省人力的预制混凝土结构以及装配技术迎来了黄金时期，被大量应用于城市战后重建。例如，法国港口城市 Le Havre 在"二战"中几乎完全被炸毁，战后重建中广泛地应用了现浇混凝土框架与预制混凝土填充墙组成的体系。法国独创的装配整体式混凝土结构体系为世构体系（SCOPE），它是一种预制预应力混凝土装配整体式框架结构体系，主要预制构

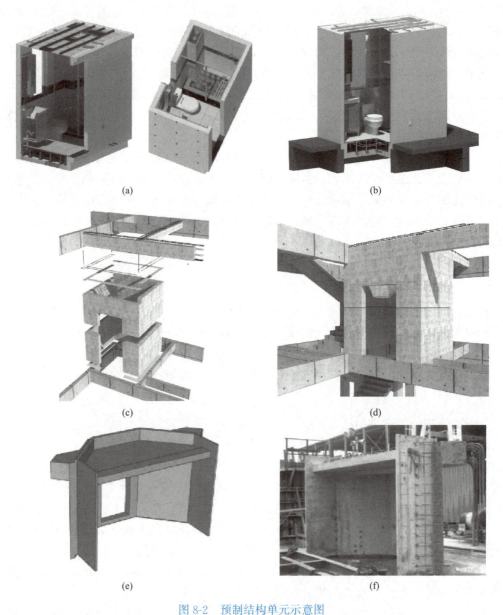

图 8-2 预制结构单元示意图
(a) 整体卫生间效果图；(b) 卫生间与主体结构拼装连接；(c) 预制电梯井效果图；
(d) 电梯井与主体结构拼装连接；(e) 预制阳台效果图；(f) 预制阳台成品

件包括预应力叠合梁、叠合板和预制柱等，世构体系的节点构造方式包括键槽、U 形筋和现浇混凝土，该体系已应用到《预制预应力混凝土装配整体式框架结构技术规程》JGJ 224—2010 中。德国近几年推动了零能耗被动式建筑的发展，研发了双皮墙（叠合墙）、T 梁、双 T 板、预应力空心楼板、叠合板等预制构件，其中双皮墙是德国首创和广泛应用的构件形式，拥有先进的全自动生产流水线，生产效率和标准化程度高。美国装配式构件采用 BL 质量认证制度，设计遵从 PCI 协会编制的《PCI 设计手册》及《预制混凝土结构抗震设计》，目前美国装配式建筑产业已经建立了完善的专业化、标准化、模块化、通用化技术体系，并在近年来发掘和推行了可持续环保与低碳节能的绿色装配技术，如干连接装配混凝土结构技术（ACSTC）体系、模块化技术体系等。装配式混凝土结构体系在日本同样得到了比较广泛的应用，其主要技术特点为：外墙板多采用夹心墙，楼板以预应力空心板为主、预应力平板组合楼板和预应力小梁加空心砌块组合楼板为辅，卫生间整体预制，预制柱采用套筒连接；以框架结构为主，高层建筑多辅以隔震层和减震构件等措施，并在住宅体系中大力推动建筑承重结构骨架体长寿命化和填充体可变化等技术应用。新加坡80%的住宅由政府建造，一般遵从HDB装配式设计指南，采用厢式预制装配系统（PPVC）免抹灰预制集成建筑技术、PBU预制卫生间技术和BIM技术，多为塔式或板式混凝土高层建筑，装配率可达70%。中国香港装配式公共房屋的建设经历了由"后装"工法到"先装"工法的变革，基本解决了防水、隔声等问题，目前多采用PC外墙挂板＋标准化定型的技术体系。内地装配式建筑发展的主要技术路线为"引进吸收后再创新"，比较常用的有世构体系、全预制装配整体式剪力墙结构（NPC）体系、双皮墙体系等，根据结构形式可分为框架结构和剪力墙结构。

20世纪末，全球发生了若干次大地震，早期装配式混凝土结构抗震性能较差的问题暴露了出来。对此，各国学者对装配式混凝土建筑的节点连接、结构体系进行了大量的研究工作，提出了许多新型节点连接方式并对其进行性能分析，逐渐完善了装配式混凝土结构建筑理论。

目前，装配式混凝土建筑结构体系、预制部品部件和连接节点的发展趋势可概括为以下几方面：一是在保证装配式建筑结构体系安全稳定的前提下，尽可能提高装配率；二是预制部品部件的设计研发应注重轻质量、模块化、标准化、自动化生产，满足节能环保要求，且不同部品部件通过组合可实现功能拓展；三是预制构件连接节点的操作简便、高效、性能可靠、稳定，便于检测，且节点连接部位应合理布置，避开受力复杂区域。

8.2.3.3 应用场景和效益分析

全装配式混凝土框架结构技术体系可广泛应用于宿舍、公寓、住宅、写字楼、医院等中高层建筑。

在经济效益方面，目前全装配式混凝土框架结构技术体系比传统现浇工艺成本高200～500元/m²，主要原因是装配式建筑构件、部品部件转移到工厂，生产方式的改变造成了前期成本增加，比如在设计研发、模具制造、运输吊装、技术培训等方面其成本明显高于传统工艺。

在社会效益方面，全装配式混凝土框架结构技术体系完全符合国家对建筑业提出的绿色、节能、高效等方面要求，具有如下显著优点：①质量可靠，所有预制构件、部品部件均可在工厂标准化批量生产，不受天气影响；②节能环保，能够大幅降低各类物料的损耗，从源头解决建筑垃圾问题；③缩短工期，该技术体系装配率可达到60%以上，施工效率更高；④节约人力，现场只需对各类构件、部品部件进行组装连接，更加便于机械化施工，降低对劳动力的依赖。可见，该技术体系不仅利于建筑行业转型升级，而且可吸纳BIM、大数据、5G等先进技术，为下一步的智能建造、数字建造奠定基础。

8.2.3.4 支撑条件

在技术方面，混凝土预制构件、部品部件应满足标准化设计的要求，保证各类产品加工的经济性、安装的便捷性，通过标准化设计达到"少规格、多组合"，从根本上降低建设成本；不断与信息技术、数字技术相融合，对建筑结构体系关键节点进行全生命周期实时监测；同时，进一步加强装配式人才培养，定期就最新技术及发展进行培训和交流。

在政策方面，国家及地方政府制定了一系列的政策以推进装配式建筑的发展，如2017年住房和城乡建设部印发了《"十三五"装配式建筑行动方案》，对不同地区装配式建筑占比提出了明确要求；2018年2月起实施的《装配式建筑评价标准》GB/T 51129—2017规定全装修的建筑装配率不得低于50%。这些政策的出台及实施进一步推动了全装配式混凝土框架结构技术体系的发展。但目前还面临产业链不健全、用户对装配式混凝土建筑缺乏了解、接受程度低等问题，仍需政府进行合理引导与宣传，不断改善相关状况。

在金融方面，应对装配式构件、部品部件生产企业，以及产业链相关企业予以倾斜和支持；开发装配式建筑方面的金融产品（如建筑质量保险），解决企业和用户的后顾之忧。

8.2.4 钢木组合装配式建筑技术

钢木结构是指运用钢构件和木构件相互组合的方式建造的构筑物结构体系。钢木组合装配式建筑在建造过程中多使用型材和预制构件作为建筑材料，将工厂加工完成的型材运送到施工现场进行组装，通过这样的方式可使建造过程标准化，既降低了施工难度，又减少了工程造价。这种结构体系比传统的木结构体系更加坚固耐用，又比现代的纯钢结构更丰富多彩。对于钢木组合装配式建筑技术，需要提升材料性能、节点性能并在配套部品部件等方面进一步展开研究。

8.2.4.1 技术要点

木材是一种保温性能良好的建筑材料，对人体无害，透气性能较强，木结构建筑相对其他类型建筑更加宜居；同时，木材是一种快速的可再生资源，绿色环保，其再生过程同样是一个绿色过程；此外，各类木结构构件均可在工厂根据需要统一预制生产，现场直接进行组合拼装，对于推进我国绿色装配式建筑发展具有重要的意义。然而，木结构在推广过程中主要受制于节点连接问题，传统的木结构连接方法有榫卯连接、齿连接、钉连接或胶合连接等，其施工烦琐，对工人有较高的要求，不利于机械化快速施工，在大跨度构件上同样存在一些技术瓶颈。因此，可通过研制一系列的钢制节点来实现木制构件的组合拼装，形成完整的结构体系。钢制节点可大幅提高现场施工效率、节省人工、降低成本，同时便于检修、维护、拆装，具有免装修效果。此外，该建筑体系在节点处有许多连接点，在地震时，节点之间可以将荷载重新分配，并且木材本身具有韧性，能够更好地抵抗周期性荷载和冲击性荷载。木结构本身的完整性可以弥补钢材的缺陷，有一定范围的变形能力以及很大的结构冗余度，使结构体系产生了更强的柔性，结构可以通过自身的变形来消耗能量，提高整体安全性。

本技术体系主要开展以下研究工作：①木制构件（梁、柱、桁架等）力学性能研究；②不同连接形式钢制节点设计及其力学性能研究；③钢制节点木结构桁架体系受力稳定性分析；④钢制节点木结构框架体系受力稳定性分析；⑤钢制节点木结构建筑体系维护结构研究。

此类新型建筑体系以木制构件为主要承载材料，天然、可再生、无污染、轻质、价廉,其尺寸一般较大,可有效避免纯钢结构杆件尺寸过小容易失稳或屈曲破坏的缺点;钢制节点为建筑节点主要承载材料,其在工厂预制而成,解决了传统木结构连接工艺复杂、操作难度大、质量不可控等缺点,既充分发挥了钢、木两种材料的优点,同时又避免了其缺点,具有重要的理论研究意义和工程应用价值。

8.2.4.2 发展现状和趋势

木结构建筑是我国五千年文明历史的精华,在封建社会时期,大部分建筑均采用木结构体系,随着中华文化的传播,木结构建筑艺术也被其他国家和地区采纳并效仿。周边的亚洲国家对木结构建筑的采用也越来越广泛,朝鲜、韩国、日本以及一些东南亚国家都结构结合当地的文化特色对我国流传过去的木结构进行了改造,使得木结构的外形更加丰富多彩。但是,木结构自古以来主要采用榫卯连接,节点制作工艺比较复杂,耗费时间长,这也导致了木结构的缓慢发展。

随着经济发展和技术进步,钢木组合建筑结构体系在国外受到了越来越多的关注和应用。英国建筑研究院和木结构工业协会共同主持开展了"TF2000"研究项目,对一个6层足尺钉连接木结构进行激振试验,发现整体结构具有良好抗震性能且层间位移角位于限制内,隔墙和楼梯等非结构构件能有效提高整体结构抗侧刚度;在门窗洞口处设置钢支架作为补强措施,能够为整体结构提供延性加强带,在增强结构整体性的同时能够提高结构的耗能能力;抗连续倒塌实验表明,按照英国木结构规范设计的具有合理布置与可靠连接的多层木结构具有足够的强度和整体性。美国国家科学基金主持开展了"NEESWood"研究项目,针对一个底层为钢框架、上面六层为木结构的建筑进行了振动台试验,采用多条模拟地震波,最严重的地震波相当于重现1995年的日本阪神地震。试验表明首层钢框架在大震作用下处于弹性阶段,最大层间位移角均值为2%,试验测得较高层位置处的速度也较为合理。日本钢铁资源紧缺,但森林资源丰富,在日本许多公共建筑及民用私宅均采用钢木组合结构,甚至还将木结构与预应力钢索组合,实现大跨度木钢组合预应力桁架。

国外有两种常用的钢木结构体系,一种是将钢木组合作为一种构件,将此组合构件应用于实际工程,提高结构体系的承载力。另一种是钢木分离式,用木材代替了结构中的一部分钢材,增强了结构的稳定性。日本的AIRA综合运动公园体育馆采用独特的设计方案使木材与钢材各自发挥优越性,部分木材取代钢材发挥作用,其屋顶采用特殊结构,即不完整桁架体系,桁架的上弦杆处采用木材,实现了木结构与钢结构的组合。

获得世界最佳运动场所设计奖的温哥华冬奥会速滑项目场馆采用了经典的钢木设计,是全球最大的钢木组合的屋顶结构。除此之外,日本的川崎市穹顶、瑞士特拉弗西娜桥等建筑都体现了国外对钢木组合技术的应用。

国内方面,同济大学丁洁民教授对大跨度钢木组合结构的应用特点进行了研究。海南大学尚春静教授从海南自然、地理环境特点及发展规划等方面分析了钢木组合屋盖结构节能建筑在海南地区发展的适应性,并对建筑结构钢板蒙皮抗侧性能试验研究进行有限元模拟验证,推导了组合屋盖的变形的简化计算公式。东南大学王静教授通过归纳现代木结构结构类型与传统木结构连接节点发展演变,分析了现代钢木节点的表现特征,并对现代木结构建筑中的钢木节点类型进行分类,归纳了节点设计常用手法,从结构逻辑、建造逻辑、机械化逻辑、文化、空间效果等5个方面研究了钢木节点在建筑中的表达。北京交通大学陈爱国教授对钢木组合连接静力性能、钢木组合梁抗弯性能进行了研究。北京建筑大学赵东拂教授研究了钢筋缀件细部尺寸、不同弯折形式等因素对钢—木组合柱的抗侧力性能的影响，明确了钢—木组合柱的抗震耗能机理。

目前，综合国内外已有研究成果可知，钢木组合结构主要的钢节点为嵌板式与螺栓结合节点和齿板式节点、木钢索预应力节点等。

虽然国内外已有许多学者就钢制节点木结构建筑体系进行了研究，并取得了一定成果，但在以下几方面仍需开展进一步研究。

1. 温度作用下钢制节点与木结构的协同工作机理

钢材与木材在温度作用下膨胀系数差异显著，全干木材的膨胀系数为 $3\sim4.5\times10^{-8}/℃$，而钢材的膨胀系数 $8.3\sim14.68\times10^{-8}/℃$。所以在温度作用下，钢木组合结构中易产生结构内应力，这种内应力对于组合结构中的材料结合是不利的。尤其是在严寒地带，钢木组合之间的协调性更加重要。

2. 组合构件连接构造问题

关于钢木组合结构的研究大多停留在对于单个构件的受力性能研究层面，而构件的选择与构造大多是以钢材为夹芯板，两边放上木材，与钢材螺栓连接或铆钉连接为核心板提供侧向支撑，构造形式较为单一，难以充分发挥钢木材料的优点。

3. 结构体系研究尚未成熟

目前，钢木组合节点的连接构造主要还是参照轻型木结构的节点构造，用各式各样的型钢节点进行加固，连接的方式也大多为螺栓连接和铆钉连接。然而，钢木组合结构体系的关键点便是节点处的连接构造，节点的构造对于抗震性能、结构整体稳定的有着巨大的影响，这类问题在国内的研究尚未成熟。

8.2.4.3 应用场景和效益分析

钢制节点木结构建筑体系通过专业的工厂化生产，可进行高精度质量控制，其装配速度快，连接安全可靠，实现了建筑材料应用的节能环保。其不再是建筑工程，而是一种住宅产品，完成后的建筑实体就是建筑产品，可用作商品房、公寓、写字楼、医院、幼儿园、别墅、可移动式建筑、体育场馆、大型展厅等。

钢制节点木结构建筑体系总重量是传统砖混建筑的 $1/3\sim1/2$，节省工程造价，房屋框架体系全在工厂流水线加工，现场组装，加工速度快，比传统砖混房屋施工周期短 $1/3\sim1/2$。同时，木材是一种保温性能好的建筑材料，从居住角度来看，冬暖夏凉，十分适宜；木材还是天然绿色材料，无污染，对人体也无害，透气性能较强，可以维持室内外的湿度；更重要的是木材再生产过程是一个绿色过程，通过不断的植树来培育更多的木材，在培育的过程中绿化了环境，清新了空气。该建筑体系几乎不会产生建筑垃圾，现场可实现全干式连接，能够实现设计多样化、构件标准化、功能模块化、制作工厂化、施工机械化。

8.2.4.4 支撑条件

在技术方面，钢木组合建筑体系应在防火技术、耐久性（防虫、防腐蚀）、楼面构造、屋面系统等方面继续深入研究，不断提升建筑适用性与舒适性。

在政策方面，国家先后出台了《关于大力发展装配式建筑的指导意见》《"十三五"节能减排综合工作方案》《国务院办公厅关于促进建筑业持续健康发展的意见》《建筑节能与绿色建筑发展"十三五"规划》等政策文件，国务院及住房和城乡建设部各项关于装配式建筑发展的文件上都提倡要因地制宜发展现代木结构的装配式建筑。但目前仍存在产业链不健全、用户缺乏了解、接受程度低等问题，需政府继续制定针对性的政策，进行合理引导与宣传。

在金融方面，应对钢制节点木结构生产加工企业，以及产业链相关企业予以倾斜和支持；开发此类装配式建筑方面的金融产品（如建筑质量保险），解决企业和用户的后顾之忧。

8.2.5 BIM装配式建筑技术

装配式建筑的信息化管理和智能化应用都需要依托BIM技术来实现，同时标准化设计、工厂化生产、装配化施工、一体化装修的实现都需要以BIM技术作为支撑。通过构建基于BIM的集成化平台，集成与项目相关的资源及各方面信息，发挥出装配式及建筑工业化优势。目前需要通过研究解决的问题主要为集成化平台的建立及整合、信息的共享及安全、建造全过程各阶段的应用、信息的完整性及轻量化应用等方面。

8.2.5.1 技术要点

装配式建筑是一个要求设计标准化、生产工厂化、施工装配化、机电装修一体化，以信息化带动装配式建筑全生命周期内各参与方的"五化一体"的建筑。

智能建造就是要将建设中的材料、设备、人员等管理对象借助物联网和BIM技术，实现互联互通与远程共享，通过信息测绘、数字施工、智能化检测等手段完成全生命周期的信息化管理。并构建基于BIM的装配式建筑智能建造体系，充分利用各种信息化技术和网络技术，将装配式建筑全生命周期内的信息集合在同一信息平台上，以便装配式建筑全生命周期内项目各参与方能够通过该信息平台及时了解、分享项目相关信息，实现项目信息的及时流转和项目决策。要实现装配式建筑预制模块的设计、生产、装配信息化管理，需要基于BIM的统一协调平台，集成与项目相关的信息，最大限度地发挥装配式建筑工业化的优势。

如图8-3所示，基于BIM的装配式建筑智能建造体系包括信息采集层、网络层、数据中心层以及服务层。信息采集层是智能建造体系的基础，主要获取装配式建筑全生命周期内产生的海量信息，通过无线射频技术、无人机以及三维激光扫描等技术为数据的及时采集提供支持。采用这些设备能及时获取到预制模块生产状态、产品质量、进度等及时信息。网络层通过有线网络和无线网络把收集到的信息进行及时传递。数据中心层是一个海量的数据库，包含着各种结构化和非结构化的数据。服务层服务于建筑全生命周期内各个参与方，项目各个参与方可以通过数据中心层提取出本方需要的数据，通过PC端或移动端完成个性化、针对性的工作，以实现项目各参与方协同工作、信息传递的互通。

装配式建筑从预制模块的设计到整体建筑物的装配完成，需要经过设计、生产、装配三个阶段，通过智能建造技术可以快速获取装配式建筑全生命周期中的信息，利于项目各参与方之间的协同工作。

1. 基于BIM的装配式建筑模块设计过程应用

装配式建筑2D设计时代，经常会面临设计成本高、返工高、信息错漏丢失等问题，

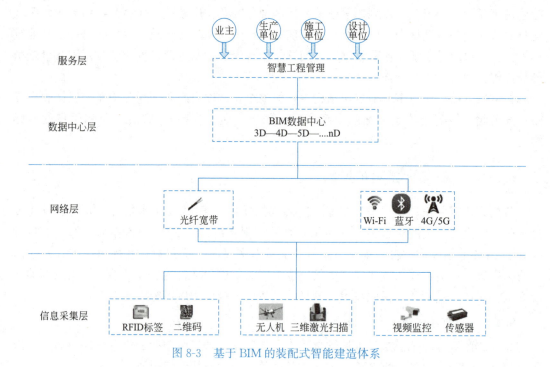

图 8-3 基于 BIM 的装配式智能建造体系

项目中更是缺失信息化技术作为协同设计的支撑,传统的设计流程也难以适应信息化发展的要求。

基于 BIM 的装配式建筑智能建造理念下的协同设计与传统的设计方式有所区别。在设计阶段,设计单位通过信息化平台与生产单位和施工单位保持沟通,将生产单位和施工单位的角色前置到设计环节,加强信息沟通,在设计阶段提前找出生产环节和施工环节可能出现的问题,保证设计成果满足生产能力和施工要求。

在设计环节采用标准通用的方法设计通用、标准的模块,并把这些标准化、通用化的预制模块集成在一起,形成预制模块库。设计过程中,预制模块库已有预制模块的模型可供选择,以减少设计的人工成本和时间成本。由于提前将生产单位的角色功能前置到设计环节,预制模块的设计会考虑生产单位的生产能力。预制模块库由设计单位和生产单位共同拥有,可保证后期生产的顺利进行,预制模块库并非一成不变,会随着特殊模块的加入不断更新模块库,满足特殊建筑布局。

决定设计模型能否应用于生产和施工的是模型的分析和复核,分析复核的主要任务就是确定模型的安全性,并满足荷载要求。装配式建筑设计的 BIM 模型分析复核包括两个步骤:有限元分析和结果对比。有限元分析的任务是将 BIM 模型转换成结构分析模型,确定模型的弯矩、剪力等,分析模型的荷载,将有限元分析出的结果与设计规范相比较。如不满足设计要求,则应修改不符合规范的预制模块的参数类型,直至符合设计标准为止。将 BIM 模型导入到如 Pathfinder、Ecotect、CFD 等传统的设计分析软件中可进一步分析人流疏散、日照、风动等性能分析,提高建筑性能。设计成果中最重要的表现形式是设计图纸,图纸中含有大量的技术标注,在目前以人工操作为主的生产、施工条件下,施工图具有不可替代的作用。经过初步校核、审核以及碰撞检查后,基于 BIM 技术下的装配式建筑设计出图除可在相关 BIM 核心建模软件中生成平、立、剖面图纸外，还可以生成包含预制模块的相关信息如模型尺寸、模块配筋、材料明细表、预留洞口等图纸，以便再次校核、生产和施工。设计模型和生成的二维图纸可上传到云平台中，经过轻量化处理的模型和二维图纸便于项目参与方调用模型、商讨设计方案、深化设计，有助于沟通协调。

2. 基于 BIM 的装配式建筑智能建造在模块生产过程中的应用

目前，大多数生产单位依然采用传统方法，以二维平面图为基础进行预制模块的生产加工，这种方法有可能出现错解、误解设计意图的情况。因此设计师需要认真、仔细地校核每张设计图纸，但即使如此，也会出现错误。

BIM 是建筑信息化的产物，其所携带的信息贯穿于建筑全生命周期，保证建筑信息的延续性，并将设计阶段的信息传递到生产阶段。基于 BIM 的装配式建筑预制模块的生产可将 BIM 模型里的模块信息准确地、全面地传递给预制模块的生产单位，传递的方式可以是三维信息化模型，也可以是二维深化图纸。由于信息的准确和全面性，BIM 模型的应用不仅为信息的管理、存储提供了方便，而且三维信息化模型在装配模拟、生产加工、运输等方面的应用也为装配式建筑智能建造打下了基础。

装配式建筑的预制模块生产是装配式建筑全生命周期中的重要阶段，是由虚拟设计转换为实体的重要环节。预制模块的生产环节依托 BIM 技术和物联网技术对预制模块的关键节点、流程实施动态跟踪，及时更新预制模块的生产状态和所处状态下的拓展信息，从而使预制模块生产单位管理者及时了解预制模块生产的状态，更好地安排后续工作。装配式建筑预制模块从生产到装配要经过生产、运输和装配三个环节，主要涉及生产单位、运输单位和施工单位。

BIM＋物联网技术在生产阶段对模块的定位跟踪及运用共有 3 个流程，依次实现对生产准备阶段、预制模块生产阶段、预制模块运输阶段中所有环节的跟踪管理。信息化技术的出现使得装配式建筑在各个环节中信息流转慢的情况得以改善，其通过信息技术及时更新预制模块的生产、物流信息等信息，将点对点的信息沟通方式转换为系统的、集中的沟通方式，并将有纸化办公升级为数字化、电子化的办公方式。通过 BIM 技术、物联网技术、GPS 定位系统可实现预制模块生产、运输、出厂等一系列的跟踪定位。项目各参与方可通过信息沟通平台更新、查询、定位预制模块的生产、运输情况，便于各个参与方以精确、及时的信息安排好本单位的工作。

3. 基于 BIM 的装配式建筑智能建造在施工过程中的应用

（1）场地布置管理。装配式模块化建筑在建筑阶段的实质是把生产好的预制模块通过可靠的连接方式完成拼接。施工过程中面临着装配、现浇、装饰装修多专业、工种的协同工作，且存在基坑深度大、绿色文明施工、与已建建筑物距离近等问题，同时还面临着作业环境复杂，施工工地平面布置易发生变动等问题。受到施工工地的地形和常规技术的限制，人们难以对施工场地进行有效、正确的布置，往往根据经验布置预制模块存储区，因此找错模块、找不到构件的情况时常发生，直接影响到项目进度。传统的场地平面布置采用二维平面布置，不能充分考虑装配式建筑吊装等立体空间的操作，更不能充分考虑到时间维度，BIM 技术的出现为装配式建筑施工场地平面布置提供了一个很好的方式，可直观地展示空间上的布置和时间上的逻辑。

（2）预制模块管理。由于 BIM 模型中所包含的信息与二维码或 RFID 标签信息是一致的，所以施工单位只需要通过 BIM 信息即可知道每天需要哪些预制模块。因此施工单位可与生产单位协调预制模块的生产和运输计划，每天运输的预制模块就是当天需要装配的预制模块。这种有次序的运输预制模块既能解决施工现场构件堆放的问题，也能节约运输成本，且不用一次把全部模块堆放在施工现场。施工单位可通过信息化协调平台查询预制模块运输情况，根据施工实际施工进度和项目进度安排做好预制模块接收准备工作。运输车辆到达施工现场后，相关责任人检查预制模块的质量情况，通过三维激光扫描、目测、卡尺量等方法检查预制模块的外观、平整度、裂缝、露筋等质量问题，按照预制模块缺陷修补质量管理办法确定预制模块质量等级。施工单位责任人通过手持阅读器或移动端记录预制模块的检验时间、接收时间、入库时间，做好预制模块修补、返厂、接收处理办法，通过信息化协同平台反馈到后台数据库中。

在预制模块的存放和管理过程中需要控制预制模块的进场和摆放、入库，这需要耗费大量的人工和时间。信息化手段能够很好地定位、追踪预制模块的位置。施工单位施工人员可根据 RFID 芯片定位预制模块摆放位置，每一个芯片对照一个唯一的预制模块。二维码可详细记录预制模块的相关信息，存储人员可通过移动端扫描二维码查询预制模块属性信息，访问后台数据库进一步了解预制模块生产信息。直接读取芯片信息可实现电子信息的自动对照，减少人工录入出现的模块摆放位置不对、入库数量不匹配的情况，完成预制模块的摆放。施工单位其他工作人员可通过后台数据库及时了解预制模块的状态信息。

（3）施工进度管理。施工进度计划管理是在项目施工过程中，对项目进展情况和能否按照合同工期完成项目交付所进行的管理。项目管理者根据项目拟定工期制定经济合理的施工进度计划，在实际执行过程中根据实际情况不断修正进度计划，直至工程完工交付使用。在装配式建筑施工过程中，常会由于项目管理者缺少装配式建筑施工经验，导致其缺乏掌控能力，无法准确地根据用工量、工作量安排施工进度计划。通过 BIM 虚拟施工技术的应用，项目管理者可以借助直观的三维可视化效果直观地了解施工进度情况，为编制施工进度计划提供有效的支撑，对整个项目进行虚拟建造。根据虚拟建造可对施工进度计划实施检验，如空间检验、时间检验、用工量检验以及工作量检验等，针对检验结果优化施工进度计划。BIM 技术具备强大的集成功能，但是数据采集不是 BIM 技术的优势。BIM 技术优势在于结合二维码、无线射频技术等物联网技术的应用快速地收集施工现场的实际完成情况，通过与 BIM 模型相互关联，实现装配式建筑实时进度管理。

（4）施工安全管理。安全管理是施工进度、成本、质量三大控制目标的重要保障。传统的安全培训主要依靠"传帮带"或是书本学习，传授者多依靠现场实践和长期的工作经验进行指导，被传授者很难通过简单的口耳相传或课堂教育、试卷考核的方式深刻地认识到安全施工的重要性及安全施工的关键点。在信息化的大环境下，BIM、无线射频、VR 等信息化技术可有效弥补传统施工安全管理中的缺陷。

传统安全管理模式下对施工过程中的安全监管一直存在着监管不到位、信息不通畅的问题，为有效解决这些痛点，宜引进 BIM、无线射频、实时监控等技术。

无线射频技术的标签标记于模块吊装、机械设备、工人安全设备上，BIM 技术是物理和功能特性的数字化表达，其本身就是一个集成项目全生命周期的数据库，具备强大的数据集成功能。BIM 技术与无线射频技术的结合能以实时可视化的方式将标记物传输于后台，项目管理人员可及时查看工地中的安全环境。

BIM 技术可在开始装配前分析出潜在的危险源，项目施工人员可根据列出的危险源清单进行分类（如：人、材料、机械等），确定风险等级并贴上无线芯片标签，标签内应包含对象属性、工作区域及安全防护措施等基本属性。同时还可设置相应的权限，当佩戴标签的工作人员进入某区域时，感应设备即可查询到标签内的人员属性信息是否完备，如若不完备则无法进入该区域。阅读器对可进入该区域的工作人员进行连续的采集、跟踪、定位，一旦施工人员误入危险区域，后台会分危险等级提醒项目管理者，项目管理者以三维可视化的方式及时查看。项目管理者可通过三维可视化模型可动态地查看周围的施工环境、吊装器械、人员是否在安全范围内。一旦出现安全预警，后台即发出预警信号，项目部可立即派出安全小组进行处理。

8.2.5.2 发展现状和趋势

装配式模块化建筑的核心是"集成"，BIM 技术是贯穿于装配式模块化建筑设计、生产、装配、装修和管理的集成化技术体系。美国是较早启动建筑信息化的国家，在标准的制定、研究、应用等方面都走在了世界前列，95%的装配式建筑承包商都在使用 BIM 技术。在设计阶段即建立"BIM 构件库"，通过可视化设计、预制构件拆分及优化、BIM 性能分析，不断增加 BIM 模型构件的数量、规格、种类，形成标准化的预制构件库。美国装配式建筑通过 BIM 模型所携带的信息指导部品部件生产和出图，将预制构件生产的 BIM 模型传输到数字化生产机床即可自动化地完成预制构件的生产，并利用自主开发的装配式建筑平台完成复杂节点施工模拟、工序模拟等，直观、准确地反映装配式建筑的建造过程。同时利用 BIM 技术与物联网集成建立"BIM 集成装修部品库"可实现可视化设计、预制构件跟踪并可延伸到物流等环节。由于美国建筑业劳动力资源的紧缺，美国装配式建筑正在致力于智能化装配模式，如推广机器人、自动装置和智能装配，从标准上看，美国正在制定《ABC/BIM 技术标准》，该标准适用于装配式建筑全生命周期中涉及装配模拟、装配式建筑能耗、激光扫描、BIM 装配安全验证等方面。

德国是世界上装配式建筑发展最快的国家，预制构件的比例高达 94.5%，这离不开 BIM 技术的支持，BIM 技术在装配式建筑中已形成完整的体系。以德国建筑工业 4.0 先进的 BIM 软件为依托，创建精准的三维信息化模型，通过预制节点设计和施工模拟，确定 BIM 设计方案并可将预制构件的属性清单、图纸、物料清单、钢筋加工数据等直接输出为自动化生产机器可识别的格式。通过德国自主开发的 iTWO 信息化平台可整合三维模型、进度信息、成本，形成 BIM5D，用于装配式建筑全生命周期管理。各个阶段的进度信息、成本信息、预制构件的生产和装配过程都能在模型中得以体现。该平台覆盖装配式建筑的全流程，可实现装配式建筑设计、算量计价、进度管理、成本管理、预制构件生产跟踪等，平台集成第一手的数据信息，便于各参建方及时沟通、监控进度控制、装配施工等。

基于 BIM 的装配式建筑智能建造需要以 BIM 技术为核心集成物联网、三维激光扫描、VR 等信息化技术，快速搜集装配式建筑全生命周期内所产生的信息并将这些信息及时流转。从技术应用集成度上看，个别项目中 BIM 与其他信息化技术结合应用的集成度高，大多数项目只是采用个别信息化技术，如 RFID、二维码、VR 等，并没有形成信息化技术的集成应用，难以形成集成化效果。RFID 技术应用于预制构件的生产、运输及存储中可有效地建立质量追溯系统，施工管理人员通过扫描二维码可获知预制构件的测量结果、制作工艺等信息。

装配式模块化建筑的特点是建筑、结构、机电、内装一体化设计，把内装环节前置到设计阶段。装配式模块化建筑装饰装修设计不是简单的毛坯房加装饰装修设计，需要考虑室内空间大小、装修工艺、部品摆放、管线布置、预留洞孔，将每一个独立空间视为一个基本单元，在该单元内实现基本功能，如卫生间、厨房等，避免二次设计。

生产完成后的预制构件，通常由生产单位质量检测人员采用尺子或凭经验对照质量检测标准，确定预制构件的平整度、裂缝尺寸，以确定预制构件的质量等级，并通过有纸化的方式记录下来传递到相关负责人手中，少有使用三维激光扫描的方式快速检测预制构件的情况。预制构件临出厂前被堆放在临时堆放区，堆放过高时，管理人员往往通过攀爬的方式记录预制构件的所处位置及质量。通过这些人工方式确定预制构件的质量会受生产管理人员的主观经验影响、记录过程中也存在一定的误差，难以保证预制构件的质量。

在施工技术交底方面，施工工人较难以第一视角去模拟施工工艺流程，缺乏真实的体验，易导致施工效果降低。在安全教育方面，项目中采用的"传帮带"、班组组长指导模式尽管可以起到一定作用，但是工人难以切身感受到安全的重要性，因此具备沉浸式的体验和从实际模拟中学习安全知识的技术有助于装配式安全教育培训，但是我国通常采用的是人工传授或三维展示的方式，并没有有效地采用虚拟现实技术。

装配式模块化建筑是一个复杂的系统工程，其系统性地集成应用各类配件、部品等，通过标准化系统集成设计和精密的几何尺寸偏差控制、高效可靠的连接节点和施工方法，实现工厂精益加工，现场机械化装配，并做到以土建结构、机电安装和装修一体化的方式建设的建筑。目前，装配式建筑中运用信息化技术的覆盖面不足，信息集成的程度也不高，并不能充分地利用三维激光扫描、物联网技术采集预制构件的信息状态，依然采用人工记录的方式，项目其他参与方不能及时获知预制构件的当前状态。信息化的管理是推进装配式建筑朝智能建造方向发展的重要因素，应建立以 BIM 技术为核心，集成三维激光扫描、VR、物联网技术为支撑的智能建造体系并应用于装配式建筑设计、生产和建造阶段。

8.2.5.3 应用场景和效益分析

建筑工业化具有标准化设计、工厂化生产、机械化施工、一体化管理的特点，与传统的住宅建造方式相比，具有绿色环保、工厂化生产、机械化程度高、人工劳动量少等优势，通过信息化技术可使建筑工业化在设计、生产、建造过程中及时获取相关信息以实现信息的快速流转。我国建筑业正面临转型升级，需要由环境污染严重、生产效率低的现浇技术向建筑工业化转型，要想实现建筑工业化就需要大力推动装配式建筑。德国是建筑工业化的标杆，我国受德国工业 4.0 的启发，决定利用信息化技术助力装配式建筑的发展，并推动中国制造 2025。现在许多项目仍然存在参建单位多、地域跨度大、质量问题多等问题，与国际相比我国信息化的应用还相对缺乏。新的建设要求走绿色、低碳、环保、智能、工业化与信息化相结合的道路，因此，建筑工业化的装配式建筑和具有集约、高效、智能的智慧化建造符合当前时代背景。装配式建筑是工业化产品的一种，是建筑工业 4.0 的重要体现，是解决供给侧改革、建筑产业转型升级、城镇化建设的需要。

基于 BIM 的装配式建筑智能建造，采用高新技术对建筑全生命周期内的技术和管理实现集成，以达到装配式建造的工业化、智能化。基于 BIM 技术的装配式建筑智能建造第一步是设计，以标准化的设计形成标准化的模块，根据模块完成楼层的标准化设计，最后完成建筑物的设计，其中 BIM 技术是设计的关键技术。依靠其强大的可视化、出图性、模型性的功能可降低设计出错率、提高设计的精确性，在生产阶段可依靠 BIM 技术辅助工厂加工制造，通过工厂管理平台读取三维信息化模型完成预制构件自动化、智能化的加工；基于 BIM 和物联网技术支持可完成预制构件的精细化追踪和构件管理，预制构件的生产状态和运输状态可及时反馈到后台数据库中，以实现智能化追踪。

装配式模块化建筑是复杂的系统，涉及建筑全生命周期各个阶段，这种新型的建造方式打破了传统建造方式相互脱节的现状，可将设计、生产、装配各个阶段相互串联起来。因此装配式建筑需要与项目各参与方进行更多的信息沟通。将信息化技术、自动化生产等与装配式建筑相结合，可改善装配式建筑设计、生产、装配各个阶段的工作效率，提高产品质量、降低消耗，带动装配式建筑设计创新、管理模式创新、装配创新并促进装配式建筑上下游企业间协同工作。同时以 BIM 强大的数据集成和整合为基础，可支撑全生命周期内的信息集成和流转，实现装配式建筑全产业链的信息传递和共享，向装配式建筑智能建造迈进。

BIM 技术的特点是信息集成与信息共享，建立涵盖建筑工程全生命周期的模型信息库，并实现各个阶段、不同专业之间基于模型的信息集成和共享。BIM 与虚拟仿真的集成应用主要包括虚拟场景构建、复杂节点施工模拟、安全教育以及交互式场景漫游，可使相关人员从不同视角、时间点感受施工过程，比较不同施工方案的优势与不足以确定最佳施工方案。BIM 技术与虚拟现实的集成应用在很大程度上可提高装配式建筑设计效率、提高安全培训效果、选定最佳施工方案。对于现场难以获取的施工现状，可通过三维激光扫描技术得到现场真实信息。BIM 与三维扫描集成可将 BIM 模型与三维激光扫描出的模型进行对比，以达到工程、预制构件质量检查、快速建模、收集实际施工进度的目的，可解决很多传统人工方法无法解决的问题。

传统物料跟踪通常依赖的是有纸化办公、电话、邮件等方式进行管理，这种线性沟通方式易造成信息沟通不及时、人工记录错误、资料不全、查询困难等问题，装配式建筑项目各参与方之间难以及时获取到生产阶段的信息。物联网技术广泛运用于生活中的方方面面，如物流跟踪、材料定位、信息管理等，将物联网技术应用于装配式建筑生产环节可大幅度提高信息采集能力。在预制构件生产过程和运输过程中，为保证预制构件信息的及时更新和装配式建筑质量可追溯，需要引入无线射频技术和 BIM 技术，将无线射频标签植入预制构件。该标签包含预制构件的基本信息，如构件的几何尺寸、安装位置、材料等，生产的预制构件与模型中的三维构件实现一一对应，当生产工序完成后一旦生产人员手持阅读器扫描标签，修改预制构件的生产状态，该信息便会及时地反馈到后台数据库中。

RFID 的标签具有唯一性且 RFID 实时传输数据的特性可保证数据库中的信息不断更新和修正，便于生产单位、施工单位、建设单位等的及时查看，实现预制构件生产的信息化与自动化。这也是保证预制构件订单管理、构件出库、物流运输顺利进行的前提和基础。因此，BIM 是装配式建筑实现自动化生产、信息化管理的重要技术。

智能建造作为一种新兴的工程建造模式，其集成多种信息化技术应用于工程项目管理中，使生产过程中的各种资源和工序产生相互感知和联系，智能建造具备以下特点：

（1）智能建造是建筑现代化的重要组成部分，从智慧化角度阐述建筑产业现代化。其与绿色化建筑、绿色化施工、建筑工业化、住宅产业化互为补充、相互支撑，共同构建建筑产业现代化。

（2）智能建造是创新的建造形式，不仅创新建筑技术本身，而且创新建造组织形式，甚至整个建筑产业链。

（3）智能建造是一个开放的、不断学习的系统，不断从实践中汲取信息，通过学习形成新的知识。

（4）智能建造是以人为本的，不仅可将人从繁重的体力劳动中解放出来而且还能汲取人类的智慧，把人从脑力劳动中解放出来。

（5）智能建造是社会化的，它克服了传统建筑业无法发挥工业化大生产的规模效益的缺点，实现小批量、单件高精度建造、精益建造，且能实现"互联网＋"在建筑业的叠加效应和网络效应。

（6）智能建造有助于创造一个和谐共生的产业生态环境。智能建造使得复杂的建造过程透明化，有助于建筑全生命周期内各参与方对信息的协同与共享，使业主和承包商之间、总包与分包之间形成合作共赢的关系。智能建造通过信息化技术收集、集成建筑全生命周期内的信息，为项目相关参与方提供及时、精准的信息以实现信息快速的流转。其他各参建单位可及时掌握项目的进展情况，达到互通有无，智能建造相关技术包含BIM、物联网技术、三维激光扫描、VR技术等。BIM本身是一个强大的数据库，包含建筑物的几何信息和非几何信息并集成建筑全生命周期的相关信息，是智能建造的主要技术手段；物联网技术在智能建造中扮演着信息传递和收集的作用，利用无线射频技术或二维码可实现对预制构件的感知，智慧化地感知、收集各个构件在各个阶段所处的状态；三维激光扫描技术可快速记录出施工的完成情况、检查预制构件的质量，减少人工工作量和人工出错率；虚拟现实技术是集传感、仿真等先进技术为一体的三维环境技术，人们利用计算机对复杂数据进行可视化操作，可以把三维模型变成具有空间感的虚拟场景，在虚拟场景中进行漫游和体验，提前查看建筑、结构、机电以及装饰装修的设计成果、预留孔洞等，同时便于施工技术交底、安全知识培训等。

8.2.5.4 支撑条件

1. 标准化完善

（1）设计标准化程度需要提高。建筑设计在设计过程中占据主导地位，现行的建筑设计标准与装配式建筑还有许多不同，装配式建筑不是简单的拆分，而是需要在建筑设计过程中严格按照模数化标准，使得项目在一开始的设计阶段就进入模数化的轨道，这就为结构构件和部品部件的生产打下了基础。

（2）产品标准化设计与个性化需求的矛盾。装配式建筑是系统性地集成应用各类预制的建筑及结构构件、配件、部品等，通过标准化系统集成设计和精密的几何尺寸偏差控制、高效可靠的连接节点和施工方法，实现工厂精益加工，现场装配并做到土建结构、机电安装和装修一体化的建筑。模数化协调与模数化标准是装配式建筑设计的前提，模数协调并未强制推行，导致在设计过程中住宅体系与部品、部品与部品之间、管道设备之间不能有效协调。尽管BIM技术具备三维可视化与参数化设计，但在运用BIM技术进行构件拆分时并没有相关的拆分标准可参照，导致拆分出来的构件，生产厂家难以生产，造成返工、重复工作的问题。

（3）设计理念的更新。我国装配式建筑主要设计理念是"等同现浇"的。即以现浇结构为参照，在设计时先选择结构类型、整体结构分析、拆分构件及设计节点、深化设计，再由预制加工构件生产厂根据设计图纸生产预制构件。这种设计方法造成的结果是预制构件的种类多、生产烦琐、难以形成规模化批量化生产、施工过程复杂，与建筑工业化理念相违背。

（4）设计流程与环节的规范化。装配式建筑与传统现浇技术相比，在设计、生产、装配式阶段对项目各参与方的协调和信息的沟通效率要求更高，任何一个环节都可能影响项目的成本和进度。BIM技术具备信息携带和流转的特点，以数据和信息贯穿于项目各个阶段，在设计阶段，文件的命名和模型的编码都会对信息的流转产生影响，若没有按照规定的标准，而是按照个人习惯对文件和构件名命名就会导致文件的传输错误和信息的失真，这就会造成二次"信息孤岛"。

2. 软件与数据格式兼容问题

（1）国产BIM软件的质量和数量需要提高。BIM理念起源于国外，软件经过大量实践的检验已经相对成熟，如：Autodesk、Bentley、Nemetschek、Dassault。我国装配式建筑设计、施工、运维阶段多应用国外的软件。与国外BIM软件相比，我国BIM软件开发还处于起步阶段，在三维建模可视化、模型轻量化等方面与国外软件仍有较大差距。

目前，我国设计阶段所采用的国外BIM核心建模软件普遍具备自动计算模型工程量的功能，但是并不精准。以Revit为例，在通过Revit软件进行建模时，软件会自动生成预制模块钢筋的用量，但不精准，难以直接指导装配式建筑的成本估算。由于Revit是由国外软件公司开发，计算规则和扣减规则和我国目前采用的规则有些不同，因此Revit计算出的模型算量与我国有很大差异，通常情况下，Revit计算出的量低于实际用量。

（2）软件间数据格式差异。BIM符合装配式建筑全生命周期理念，以信息化带动装配式建筑产业化的发展，以数据支撑整个项目。技术是理论的承载，BIM软件是实现理念的工具，而在实际运用过程中，软件与软件之间转换格式的差异，底层数据的不兼容，造成了大规模重复建模，导致无法实现协同工作，更无法实现建筑全生命周期的信息共享。通常同一公司旗下的系列软件之间进行数据交换可相互兼容，不需要转换成中间格式，例如：通过Revit建出的模型，即可导入到Navisworks软件中进行碰撞检查、4D模拟等。但是，Autodesk公司旗下的建模软件Revit与我国建筑科学研究院建筑工程软件研究所研发的工程管理软件PKPM之间进行数据交换就需要转换成中间格式。虽然目前中间格式有国际标准，如IFC标准，但是通过中间格式转换后模型信息丢失比较严重，对模型的应用会造成很大影响。

3. 专业人才需要充实

（1）建筑信息化人才。建筑设计人员对于BIM技术较为了解的只占68%，而只有4%的设计人员真正使用或正在使用BIM技术参与装配式建筑设计。由于对BIM理论的缺乏了解，软件操作的不熟练以及仍然按照传统的设计流程、工作流程进行工作，导致设计工作中缺乏协同意识、样板文件用错、族类别、信息编码用混。与此同时建筑产业化人才缺口达800万，每年建筑专业毕业生60万左右，毕业生中具备项目协同能力的比例仅为10%。通过以上数据可以看出，虽然建筑产业化在很多方面具备优势，但具备装配式建筑和 BIM 相关理论、技术的人才缺口很大，在实践过程中只能摸着石头过河。人才的匮乏是装配式建筑智能建造技术应用与发展的"短板"。

BIM 的核心价值是通过 BIM 多维度结构化数据库的能力，通过数据支撑和技术支撑对项目精细化管理起到决定性作用，从而多方位地创造项目效益。由于很多设计人员缺乏对 BIM 理念的深入理解，单纯地认为 BIM 只是软件、高性能的图形显卡和工作站等，因此设计环节也只是从二维软件升级到三维软件、提升计算机性能，没有从根本上了解到协同设计和信息的重要性。

（2）专业的装配工人。传统现浇技术在我国建筑业中占有重要地位，结构体系和工程管理理念相对成熟。生产一线的技术与管理人员大多具备高职以下学历，从事直接生产工作的，如钢筋工、模板工等工人大多数是初中以下学历，很多没有受过良好职业培训且不具备相关从业资格证书。当前现状与发展建筑产业化、建立与装配式建筑相匹配的人才队伍尚有很大差距。

目前，由于装配式建筑在施工过程中缺乏成熟的产业工人，只能在施工前进行教育培训，而这些工人大多是现浇技术工人出身或新入职人员，在预制构件装配工艺和信息化技术应用方面缺乏相关知识，只能随着项目进度的不断推进，在项目中接受知识，遇到问题分析问题并解决问题。

9 绿色金融及中介服务技术

绿色金融是指为支持环境改善、应对气候变化和资源节约且高效利用的经济活动，即对环保、节能、清洁能源、绿色交通、绿色建筑等领域的项目投融资、项目运营、风险管理等所提供的金融服务。1992 年，联合国环境署联合知名银行在纽约共同发布了《银行业关于环境和可持续发展的声明书》，共计 100 多个团体和机构在声明书上签字，声明促进了可持续发展金融理念的推广。2003 年，7 个国家的 10 家主要银行宣布实行"赤道原则"，其宗旨在于为国际银行提供一套通用的框架，要求金融机构在投资项目时要综合评估该项目对环境和社会产生的影响。目前全球有 80 多家国际性金融机构正式宣布接受"赤道原则"，囊括了新兴市场 70% 以上的国际融资项目贷款。2016 年，中国人民银行、财政部等七部委发布《关于构建绿色金融体系的指导意见》，推动绿色金融体系在我国的全面发展，并成为推动生态文明建设以及绿色发展事业的一大助力。《中共中央 国务院关于新时代加快完善社会主义市场经济体制的意见》指出：要坚持正确处理政府和市场关系，最大限度减少政府对市场资源的直接配置和对微观经济活动的直接干预，充分发挥市场在资源配置中的决定性作用。未来一个时期，住房和城乡建设领域绿色发展和科技创新工作将更多地发挥市场的作用，而绿色金融将发挥非常关键的作用。

9.1 住房和城乡建设领域绿色金融支持项目类别

住房和城乡建设领域绿色发展项目是绿色金融支持的重要领域。2013 年，中国银行业监督管理委员会办公厅发布《关于报送绿色信贷统计表的通知》，明确将既有建筑绿色改造项目以及绿色建筑开发建设与运行维护项目纳入绿色信贷统计范围，并明确纳入统计范围项目的具体标准。2015 年，中国银行业监督管理委员会发布的《能效信贷指引》将建筑节能纳入绿色信贷重点支持的范围。2016 年 1 月，国家发展改革委发布的《绿色债券发行指引》明确将绿色建筑发展列为重点支持项目，并将建筑工业化、既有建筑节能改造、低碳社区试点、低碳建筑等低碳基础设施建设一并列为重点支持项目。2019 年，国家发展改革委等七部门联合印发的《绿色产业指导目录》也将建筑节能与绿色建筑纳入支持范围。从目前国家绿色信贷、绿色债券等支持项目的类别看，在住房和城乡建设领域主要是围绕城乡基础设施绿色升级等方面设置相应支持项目。

9.1.1 绿色建筑

绿色建筑即依据国家绿色建筑相关规范、标准设计建设，并获得国家相关绿色建筑评价标识的各类民用、工业建筑建设。例如建筑相关技术指标符合《绿色建筑评价标准》GB/T 50378—2019、《绿色工业建筑评价标准》GB/T 50878—2013、《绿色生态城区评价标准》GB/T 51255—2017、《绿色办公建筑评价标准》GB/T 50908—2013、《绿色商店建筑评价标准》GB/T 51100—2015、《绿色医院建筑评价标准》GB/T 51153—2015 等技术标准，并获得绿色建筑评价标识的建筑。

9.1.2　超低能耗建筑

超低能耗建筑即适应气候特征和场地条件，通过被动式建筑设计降低建筑供暖、空调、照明需求，并通过主动技术措施提高建筑能源设备和系统效率的公共和居住建筑。建筑技术指标需符合《近零能耗建筑技术标准》GB/T 51350—2019。

9.1.3　建筑可再生能源应用

建筑可再生能源应用即利用建筑屋顶、墙面安装太阳能光伏发电装置向建筑提供电力，并利用热泵等设施向建筑供冷、供热的建筑可再生能源应用系统的设计、建设及可再生能源建筑应用改造活动。

9.1.4　既有建筑节能及绿色化改造

既有建筑节能及绿色化改造即改造后建筑相关技术指标符合国家或地方相关建筑节能标准的既有建筑物节能改造活动、建筑用能系统节能改造活动；以及获得国家相关绿色建筑标识的既有建筑改造和运营。例如建筑技术符合《民用建筑设计统一标准》GB 50352—2019、《公共建筑节能设计标准》GB 50189—2015、《既有建筑绿色改造评价标准》GB/T 51141—2015 等技术标准，且绿色化改造后获得绿色建筑标识的建筑。

9.1.5　海绵城市建设

海绵城市建设主要体现在以下四个方面：一是海绵型建筑与小区的建设和运营，即在公共建筑及居住小区因地制宜采取屋顶绿化、可渗透地面铺装、微地形、雨水花园建设、雨落管断接、雨水调蓄与收集利用设施建设等工程技术手段开展的海绵型建筑与小区的建设和运营；二是海绵型道路与广场的建设和运营，即在非机动车道、人行道、停车场、广场等场所采用透水铺装，以及道路与广场雨水收集、净化和利用设施建设，生物滞留带、环保雨水口、旋流沉砂等道路雨水径流污染防治治理设施建设等技术措施开展的海绵型道路与广场的建设和运营；三是城市排水设施达标建设运营和改造，包括城市排水防涝设施达标建设、运营和改造。如城市易涝点排水改造，雨污分流管网建设和改造、雨水岸线净化设施建设和改造，沿岸流干管建设和改造，沉淀过滤、人工湿地等溢流污废水净化设施建设和改造，雨水调蓄设施建设和改造等；四是城市水体自然生态修复，包括为保护和修复城市水体自然生态系统开展的河湖水系自然连通恢复和保护工程，河道系统整治、生态修复活动。如渠化河道改造，因势利导恢复自然弯曲河岸线、自然深潭浅滩和泛洪漫滩等。

9.2　住房和城乡建设领域绿色金融支持工具

2019 年，由国家发展改革委、工业和信息化部、自然资源部、生态环境部、住房和城乡建设部、中国人民银行、国家能源局等几部委联合印发了《绿色产业指导目录（2019年版）》，提出将节能环保产业、清洁生产产业、清洁能源产业、生态环保产业、基础设施绿色升级和绿色服务等六大领域作为国家重点支持的绿色产业，并对上述产业提供绿色投融资支持。在住房和城乡建设与基础设施绿色升级领域中常用的绿色金融支持工具主要包括绿色信贷、绿色债券、绿色基金、绿色保险、碳金融等。

9.2.1 绿色信贷

绿色信贷的主要目的是正确处理金融业与可持续发展的关系，主要表现形式为向生态保护、生态建设和绿色产业等领域提供融资服务，构建新的金融体系并完善金融工具。2000年后我国的绿色信贷发展从环境保护领域开始起步，逐步发展壮大。2012年，中国银行业监督管理委员会颁布《绿色信贷指引》，对绿色信贷的内涵进行了说明，并从组织管理、政策制度及能力建设、流程管理、内控管理与信息披露等各方面提出了具体要求，具有很强的实用性和可操作性，并制定《绿色信贷统计制度》，明确了12类项目统计口径，还对7项节约指标进行了统计。2018年，银保监会对《绿色信贷统计制度》进行了修订，将建筑节能纳入能效信贷业务重点服务领域，涉及既有和新建居住建筑、国家机关办公建筑和商业、服务业、教育等公共建筑。

从2018年中国银行业监督管理委员会官方网站上披露的国内主要银行机构历年绿色信贷整体数据情况以及相关信息披露说明来看，国内21家主要银行机构绿色信贷呈持续健康发展态势，主要有以下特点：一是绿色信贷规模保持稳步增长。信贷规模从2013年末的5.20万亿元增长至2017年6月末的8.22万亿元。其中，绿色交通、可再生能源及清洁能源、工业节能节水环保项目贷款余额较大并且增幅居前。二是绿色信贷的环境效益较为显著。以节能减碳环境效益为例，根据绿色信贷统计制度确定的环境效益测算规则，截至2017年6月末，节能环保项目和服务贷款预计每年可节约标准煤2.15亿t，减排CO_2 4.91亿t。三是信贷质量整体良好，不良率处于较低水平。例如，2017年6月末，国内主要银行节能环保项目和服务不良贷款余额241.7亿元，不良率0.37%，比各项贷款不良率低1.32%。

在行业主管部门的指导和推动下，银行业金融机构针对环境和社会风险，逐步构建并完善自身的绿色信贷政策体系。既包括从全局出发，整体统筹的绿色信贷总体政策，也包括针对国家重点调控的限制类型行业，以及能带动的环境和社会风险行业，制定的行业信贷政策。从而加大对节能环保等绿色经济领域的信贷支持力度，严控"两高一剩"行业授信和贷款，建立绿色信贷发展的长效机制。

在住房和城乡建设领域，银行业金融机构为绿色城乡建设项目信贷开辟了绿色通道，商业银行将该项贷款列入重点支持类对象，绿色项目信贷额度纳入中小企业贷款降准额度范围考核，针对绿色城乡建设不同领域、不同阶段的融资需求特点和绿色化水平，提供差异化信贷服务并加大绿色信贷支持力度。

9.2.2 绿色债券

绿色债券是指将所得资金专门用于资助符合规定条件的绿色项目或为这些项目进行再

融资的债券工具。

2015年国家发展改革委公布的《绿色债券发行指引》中提到了绿色债券的概念，绿色债券是指募集资金主要用于支持节能减排技术改造、绿色城镇化、能源清洁高效利用、新能源开发利用、循环经济发展、水资源节约和非常规水资源开发利用、污染防治、生态农林业、节能环保产业、低碳产业、生态文明先行示范实验、低碳试点示范等绿色循环低碳发展项目的企业债券。2020年5月，中国人民银行会同国家发展和改革委员会、中国证券监督管理委员会印发的《绿色债券支持项目目录（2020年版）》明确提出，绿色债券是指将募集资金专门用于支持符合规定条件的绿色产业、绿色项目或绿色经济活动，依照法定程序发行并按约定还本付息的有价证券，包括但不限于绿色金融债券、绿色企业债券、绿色公司债券、绿色债务融资工具和绿色资产支持证券。

在《绿色债券支持项目目录（2020年版）》中，明确将"基础设施绿色升级"作为绿色债券支持项目领域，提出了6大类项目包括"能效提升""可持续建筑""污染防治""水资源节约和非常规水资源利用""绿色交通""生态保护与建设"等和32类具体项目，同时对支持项目的条件进行了界定。我国在2016年首次建立绿色债券市场，并一跃成为全球最大的绿色债券市场，当年绿色债券发行总额占据全球市场份额的40%。截至2019年底，我国金融机构和企业在境内外发行的绿色债券（含资产证券化产品）累计超过1万亿元。

9.2.3 绿色基金

绿色基金是针对节能减排，致力于低碳经济发展，环境优化改造项目而建立的专项投资基金。其品种众多，包括但不限于绿色产业基金、担保基金、碳基金、气候基金等。截至2016年底，全国已设立并在中国基金业协会备案的节能环保、绿色基金共265只，其中约59只由地方政府及地方融资平台公司参与发起设立，占比达到22%。地方政府、境内社会资本和境外机构等成立的绿色发展基金，可通过技术援助、风险担保、市场激励等手段，帮助减少绿色项目前期的不确定性，积极引导社会资本参与绿色项目早期融资。

2020年7月15日，国家绿色发展基金股份有限公司在上海市揭牌运营，基金由财政部委托上海市政府进行管理，采取公司制形式，注册资本885亿元，股东共26位。其中，中华人民共和国财政部为第一大股东，持股比例为11.30%；国家开发银行、中国银行、中国建设银行、中国工商银行、中国农业银行各持股9.04%，交通银行持股比例为8.47%。从基金的支持领域看，主要包括环境保护、污染防治、能源资源节约利用、绿色交通、清洁能源等。

9.2.4 绿色保险

绿色保险是绿色金融体系中非常重要的一环，《关于构建绿色金融体系的指导意见》中指出，发展绿色金融的目的就是要支持环境改善、应对气候变化和资源高效利用等具有环境效益的项目；而提供绿色金融服务的内容，就是要涵盖绿色项目投融资、项目运营和风险管理的方方面面。绿色保险作为绿色金融体系的重要组成部分，在国家绿色金融战略中的职责和功能则主要体现在风险管理、绿色发展、绿色融资、绿色投资等方面，并作为市场化的风险管理机制与社会治理机制，能有效调动多方力量，构建政府、企业和社会全方面参与的环境治理机制，有效防范环境责任风险、分担损害赔偿责任、保障受害者合法权益。

目前绿色保险的产品类型主要包括以下几类，一是环境污染风险保障类保险，是指以企事业单位和其他生产经营者污染环境导致损害应当承担的赔偿责任为标的的保险产品；二是绿色资源风险保障类保险，是指为保护森林、野生动物等绿色自然资源，缓解人类社会与自然环境的矛盾而提供风险保障的保险产品；三是绿色产业风险保障类保险，是指为节能环保、清洁能源、绿色交通、绿色建筑、绿色农业等行业领域有关技术装备和产品提供风险保障的保险产品；四是绿色金融信用风险保障类保险，是指在绿色金融活动中，针对绿色金融工具，以履约义务人的信用风险为标的的保险产品；五是巨灾/天气风险保障类保险，是指从应对气候变化和极端天气的角度出发，为自然灾害损失提供风险保障的保险产品；六是鼓励实施环境友好行为类保险，是指对实施绿色生产、绿色消费等环境友好行为的参保人，提供费率优惠或权益增进的保险产品；七是保险资金的绿色化投资，是指根据保险资金成本、期限的特性，通过债权投资计划、股权投资计划、资产支持计划、绿色产业基金、绿色信托、绿色PPP、绿色债券等多元化方式，支持绿色项目或产业发展的投资活动；八是创新的绿色保险产品，包括绿色建材质量安全责任保险、绿色建筑可再生能源保险、建筑工程质量保险、绿色建筑性能保险、绿色建筑财产保险等。

在建筑领域使用绿色保险保障项目可在设计、施工和运营阶段实现绿色目标，通过绿色保险为项目增信。银行等金融机构可依据绿色项目保单和绿色项目专项指数综合确定项目绿色信贷额度和贷款利率等情况，保障投保绿色保险的项目获得绿色通道支持。我国绿色建筑相关保险起步较晚，目前各地已陆续开展绿色保险，支持绿色建筑发展研究与实践。绿色保险更多通过保障形式为建筑节能项目分散风险，确保达到预期效果。北京市率先推出绿色建筑性能保险，以市场化手段推动绿色建筑建设达到运行评级星级标准，推进绿色建筑由绿色设计向绿色运行转化。青岛市随后也推出超低能耗建筑性能保险，以促进建筑物达到超低能耗建筑指标要求。

9.2.5 碳金融

碳金融，就是指旨在减少温室气体排放的各种金融制度安排和金融交易活动，主要包括碳排放权及其衍生品的交易和投资、低碳项目开发的投融资以及其他相关的金融中介活动。

1992年，《联合国气候变化框架公约》在联合国环境与发展大会上通过，它是世界上第一个为全面控制CO_2等温室气体排放，以应对全球气候变暖给人类经济和社会带来不利影响的国际公约。1997年在日本京都通过了公约的第一个附加协议，即《京都议定书》，并于2005年正式生效。《京都议定书》把市场机制作为解决以CO_2为代表的温室气体减排问题的新路径，即把CO_2排放权作为一种商品，从而形成了CO_2排放权的交易，简称碳交易。《京都议定书》的签订是人类历史上首次以法规的形式限制温室气体排放，其确立了三种灵活的减排机制，包括国际排放贸易机制（IET）、清洁发展机制（CDM）和联合履行机制（JI）等。以清洁发展机制为例，它允许工业化国家的投资者从其在发展中国家实施的并有利于发展中国家可持续发展的减排项目中获取"经证明的减少排放量"。

《京都议定书》的签订,直接催生出一个以 CO_2 排放权为主的碳交易市场。由于 CO_2 是最普遍的温室气体,也因为其他五种温室气体根据不同的全球变暖潜能,以 CO_2 来计算其最终的排放量,因此国际上把这一市场简称为"碳市场"。市场参与者从最初的国家、公共企业向私人企业以及金融机构拓展。在这个目前规模超过 600 亿美元的碳市场中,交易主要围绕两方面展开,一边是各种排放(减排)配额通过交易所为主的平台易手,而另一边则是相对复杂的以减排项目为标的的买卖。前者派生出类似期权与期货的金融衍生品,后者也成为各种基金追逐的对象。而且,这一市场的交易工具在不断创新、规模还在迅速壮大,按照目前的发展速度,不久的将来碳交易将成为全球规模最大的商品交易市场。

2016 年 1 月,国家发展改革委办公厅发布《关于切实做好全国碳排放权交易市场启动重点工作的通知》,在通知中强调,为充分发挥市场机制在温室气体排放资源配置中的决定性作用,国家、地方、企业上下联动、协同推进全国碳排放权交易市场建设,确保 2017 年启动全国碳排放权交易,实施碳排放权交易制度。《通知》还指出,在全国碳排放权交易市场第一阶段将涵盖石化、化工、建材、钢铁、有色、造纸、电力、航空等重点排放行业,并对拟纳入企业的历史碳排放进行核算、报告与核查。

国务院关于印发《"十三五"控制温室气体排放工作方案》的通知中强调 2017 年要启动全国碳排放权交易市场,到 2020 年力争建成制度完善、交易活跃、监管严格、公开透明的全国碳排放权交易市场。但总体看,我国的碳金融市场尚处于起步阶段,碳治理、碳交易、碳金融、碳服务以及碳货币绑定发展路径等仍不完善。我国金融机构也没有充分参与到解决环境问题的发展思路上来,碳交易和碳金融产品开发也存在法律体系欠缺、监管和核查制度不完备等一系列问题。国内碳交易和碳金融市场尚未充分开展,也未开发出标准化交易合约,与当前一些发达国家碳交易所开展业务的种类与规模都有一定差距。

9.2.6 基础设施领域不动产投资信托基金(REITs)

基础设施领域不动产投资信托基金(REITs)是国际通行的配置资产,具有流动性较高、收益相对稳定、安全性较强等特点,能有效盘活存量资产,填补当前金融产品空白,拓宽社会资本投资渠道,提升直接融资比重,增强资本市场服务实体经济质效。短期看有利于广泛筹集项目资本金,降低债务风险,是稳投资、补短板的有效政策工具;长期看有利于完善储蓄转化投资机制,降低实体经济杠杆,推动基础设施投融资市场化、规范化健康发展。

2020 年 4 月,中国证券监督管理委员会会同国家发展改革委印发《关于推进基础设施领域不动产投资信托基金(REITs)试点相关工作的通知》,提出了推进基础设施领域不动产投资信托基金(REITs)试点的基本原则和项目要求。一是要聚焦重点区域。优先支持京津冀、长江经济带、雄安新区、粤港澳大湾区、海南、长江三角洲等重点区域,支持国家级新区、有条件的国家级经济技术开发区开展试点;二是要聚焦重点行业。优先支持基础设施补短板行业,包括仓储物流、收费公路等交通设施,水电气热等市政工程,城镇污水垃圾处理、固废危废处理等污染治理项目。鼓励信息网络等新型基础设施,以及国家战略性新兴产业集群、高科技产业园区、特色产业园区等开展试点。

从该项政策内容要求可以看出,后续各类城市基础设施,特别是新型城市基础设施的发展动力将显著增强,无论是从宏观经济、产业经济还是城市经济上看,都能够发挥重要的作用。从宏观经济的角度看，这体现了基建发力进而带动固定资产投资的导向，使得投资作为"三驾马车"之一的地位更加凸显，有助于宏观经济的复苏。而从产业经济的发展角度看，一些具体产业领域需要基建的配合，后续借 REITS 改革有助于基建业务的快速发展，进而带动相关产业的发展。从城市经济的角度看，一些重要区域的基础设施建设将获得支持，有助于城市经济的快速发展，其对于房地产在内的各类细分产业也将产生积极推动作用。

9.3 住房和城乡建设领域绿色发展有关指数评估方法

指数可综合反映特定行业或某个领域的发展方向和发展程度，反映多因素综合变动中个体因素的波动情况，体现行业在一定阶段中的发展趋势，具有一定的阶段性评估和发展预测作用。现阶段，我国住房和城乡建设领域的相关指数主要有：

9.3.1 绿色发展指数

2017 年，由国家统计局、国家发展改革委、环境保护部和中央组织部联合发布了绿色发展指数，包括各地区资源利用、环境治理、环境质量、生态保护、增长质量、绿色生活、公众满意程度等 7 个方面的变化趋势和动态进展，共 56 项评价指标。绿色发展指数可为投资者全面衡量投资项目的收益提供更高和更全面的视角，鼓励发展绿色产业，壮大节能环保产业、清洁生产产业，形成经济发展的新动能。

9.3.2 建筑工程造价指数

建筑工程造价指数是反映一定时期的工程造价相对于某一固定时期的工程造价变化程度的比值或比率，包括按单位或单项工程划分的造价指数，按工程造价构成要素划分的人工、材料、机械价格指数等。其可用于分析价格变动趋势及原因，指导承发包双方进行工程估价和结算，预测工程造价变化对宏观经济形势的影响。

9.3.3 住宅产业化指数

住宅产业化指数包括住宅产品中具有的合乎建筑工业化和模式产业化的主要指标，对住宅工程项目的设计、建造、管理阶段，以及部品构配件研发生产的工业化水平等进行的综合评估。住宅产业化指数有利于不断提升和推进住宅产业化和工业化建造水平，为建筑产业转型升级奠定基础。

9.3.4 建筑可持续发展指数

为评估建筑在运维过程中的可持续发展水平，中国香港品质保证局在特区政府的支持下开发了建筑可持续发展指数，包括建筑基础指标、建筑服务质量、建筑绿色生态、建筑智慧化以及建筑经济价值，全面评估建筑在环境、社会和经济等方面的水平，为建筑投资者和建筑租赁企业提供有益参考。

9.3.5 ESG 绿色指数

ESG 是指环境表现（E）、社会责任（S）和公司治理（G），作为传统信用评级的有效补充，为银行识别、选择客户提供了重要工具。目前国内一些银行对企业融资贷款会用 ESG 绿色评级进行评估，绿色房地产企业目前也多采用 ESG 评估体系对自身企业项目进行评估。ESG 绿色指数有助于防范环境和社会风险，推动银行资产负债表的绿色化，有利于银行对绿色项目的投资，进而推动绿色企业的可持续发展。

9.3.6 城市体检指标体系

2019 年，住房和城乡建设部在广泛征求国家发展改革委、教育部、公安部等部（委）以及院士专家意见建议的基础上，建立了开放型的城市体检指标体系框架，指标体系涉及生态宜居、健康舒适、安全韧性、交通便捷、风貌特色、整洁有序、多元包容、创新活力 8 个方面共 50 项基本指标。如查找城市病灶病因，修复城市机体、增强城市活力，进一步提升城市人居环境品质，推动城市高质量发展。

9.4 建筑绿色化投融资动态评价方法

采用基于物联网技术的动态数据跟踪评价方案，对绿色金融支持项目进行持续的绿色效益跟踪，以优化企业融资成本，监督绿色效益实现。一是投融资双方采用动态评价方法学，按照绿色化投融资约定，对项目的各项指标进行动态跟踪和评价，并作为风险缓释和绿色效益的约束手段；二是通过建立建筑动态数据监测系统实时获得动态数据，通过数据表征现状、记录历史过程特点、监测项目运行效果；三是根据建筑绿色化设计方案对建筑项目的绿色效益和经济效益形成评估结果，在提高技术能效、减少用能需求、需求侧精细化管理、监控和改善环境、降低管理及维修成本等方面出具评估结论。

建筑绿色化是实现绿色发展的重要内容。然而，由于建筑绿色化改造过程中增量成本计量标准有待完善、改造完毕投入使用后实现绿色效益的计量与监督手段薄弱、既有建筑绿色化改造融资的风险缓释手段单一、地方政府政策引导与支持不足等因素，使得金融机构在建筑绿色化改造领域虽关注多，但实际投放少。为此，急需出台建筑绿色化投融资的可操作性细则。动态评价方法学是指基于动态数据监测、大数据分析和情况反馈等信息化技术组合，通过建筑日常运营形成的动态数据，获得建筑运营过程中的能耗效率、室内环境、人员活动和设备运行情况等信息，并据此评估建筑运营情况对项目还款的影响，从而建立投融资活动与建筑绿色化改造相关效益相联动的商业机制，是实现过程化管理的必要手段。

该项技术的推广应用，一是需要在建筑绿色化领域进行试点，对该方法学进行应用，并根据应用情况进行动态优化调整，二是需要建立建筑领域与金融领域良好的信息沟通共享机制，突破行业界限，实现协同推进。

9.5 推动科技成果转化中介服务机构建设

现阶段，我国住房和城乡建设领域涌现出大量有创新价值的科研技术成果，但由于未能与市场进行良好对接,导致科技成果不能在市场上大规模推广应用并形成可持续的经济价值。国外的成功经验,可为我国住房和城乡建设领域建立科技成果转化的技术转移服务机构提供经验借鉴和发展思路。

9.5.1 成果转化中介服务机构主要职责

成果转化服务机构应与科研人员保持密切联系,持续跟踪其研究成果,一旦发现有商业化可能的成果后,则成立专门的评估小组对该项成果进行评估。通过评估后,技术转移公司负责该项成果的专利写作、申请、授权及后续所有商业化运作。研究院主要通过专利许可的方式获取专利授权费用,继而支持研究院的基础研究。在科技成果转化过程中,技术转移服务公司负责从实验室到市场全过程的各个产业化步骤。

9.5.2 成果转化服务主要模式

成果转化服务的主要模式包括:一是成果转化服务公司与其他企业共同投资;二是通过独家或非独家的形式将技术授权或许可给某一公司,甚至是非营利性的机构。对于授权,可以有不同的协议,最常见的一种就是材料转移协议,即通过协议把本来属于研究单位的一些产权转移到企业和工业中。技术转让部门的责任和义务则是监督这个过程,以去掉中间的一些不良环节或者是容易出现问题的环节。因此,新研发的技术可能会通过企业赞助而得到推广。在技术转让之后,研究者和企业仍然可获得一些资讯服务。

9.5.3 成果转化服务机构的激励机制

为使科技成果有效转化,技术转移公司主要采取以下几种激励机制:一是直接投资。通过公司内部资金直接对创新科技研究进行资助,确保研究工作的正常进行,建立知识产权保护。二是政府拨款。企业和研究单位联合起来申请政府项目,政府从中拨款赞助,赞助额度视具体项目从66%到90%不等,且专利永远属于研发机构,只是使用权被转让给了公司。三是联合投资。技术转移公司和一些对项目感兴趣的大公司联合投入基金对项目进行赞助。四是设立奖励基金。如果发布了前沿性的研究项目,技术转移公司将对其进行奖励。

9.5.4 成果转化服务保障机制

一是从国家层面提高保护知识产权意识,鼓励原始创新,对"卡脖子"核心技术研究重点激励保障机制。二是国家鼓励调动企业创新活力,对技术转移给予更多的政策支持。三是鼓励政产学研用等多方参与,提高全产业链条参与力度。四是完善相关技术的标准化工作,为技术转移工作提供依据。此外,中介服务机构要充分考虑结合空间利用、耗能、污染物及碳排放等方面问题,完善技术创新与转移活动。

10 展望与建议

我国住房和城乡建设领域经过长期发展和实践，在绿色建筑与建筑工业化、节能减排、防灾减灾、城镇基础设施建设等领域的关键技术创新成就显著，达到世界先进水平，住房和城乡建设领域的智能化、数字化和智慧化进程已取得初步成效、前景广阔。

展望住房和城乡建设领域的"十四五"科技创新，应以习近平新时代中国特色社会主义思想为指导，深入贯彻落实习近平总书记关于科技创新的重要论述和指示批示精神，坚持新发展理念，实施创新驱动发展战略，紧扣创新型国家建设的目标任务，以提升科技创新支撑引领作用为目标，以体系建设和能力建设为主线，着力加强原始创新，着力推进关键领域自主技术研发，着力攻克关键技术瓶颈和技术短板，着力提升产业基础创新能力和产业链现代化水平。推动政府职能从研发管理向创新服务转变，发挥政府引导、市场配置资源的决定性作用，强化企业创新主体地位和主导作用，发挥科研院所骨干引领作用，加快形成适应国家科技体制改革要求和行业发展需求的科技管理新模式。

建设绿色、可持续、智慧化的城镇已成为全球城镇化和城市发展的共识，住房和城乡建设领域的"十四五"科技创新，应以内涵发展、绿色发展、高质量发展和"人民城市"建设为核心，以城市和村镇可持续发展需求为牵引，以企业为主体、学科交叉和技术协同为动力，及时将创新技术转化为标准体系和推广应用。"新基建"为住房和城乡建设领域"十四五"高质量发展和科技创新提供了新的驱动力和助推力。通过推动信息技术、先进制造、新材料、人居健康等前沿技术与城乡建设的交叉融合和协同创新，促进城市规划和城市设计、工程建造和质量控制、城市管理和安全、城市更新等领域生产方式的颠覆性转变。信息技术将加速实现城乡建设的网络化和数字化，通信和航空航天技术将加速实现城乡建设的空间化和感知化，材料技术将使城乡建设更安全，人居健康与安全技术将使城乡建设更宜居，生态环保技术将使城乡建设更绿色，绿色能源技术将使城乡建设更持续，绿色建造技术将使城乡建设更智能，绿色金融及中介服务技术将使城乡建设更高效。"十四五"期间建议围绕下列行业发展需求和趋势开展技术创新：

1. 城乡发展向功能更新和提质增效转变

通过创新和协同应用高性能材料、生态环保技术、信息技术，优化城乡设计和布局，显著提升区域、城市、社区和建筑的功能和宜居品质，城市地下地上空间统筹开发，提高城市承载力，不断延展城市和村镇公共服务设施覆盖范围，实现城乡统筹发展。推进整治、修复和改建老旧小区和旧工业区，实现城乡提质增效，建设"宜居城市"。通过增加城市绿地和水面，修复城市生态，保护城市历史文化和自然风貌，建立供水安全保障技术体系，大幅度减少城乡建筑垃圾和废弃物，实现垃圾分类全覆盖，资源循环再生利用比例显著提升，建设"生态城市"。通过转变城市能源生产、存储和消费方式，发展生物质能源、深层地热能、氢能等城市再生能源技术，建设城乡绿色能源和多能互补综合利用，建设"绿色城市",共同推动建设"美丽乡村""美丽城市"和"美丽中国"。

2. 城乡治理向智慧城市和智慧社区转变

通过创新和协同应用 CIM 和数字孪生、大数据、云计算、区块链、人工智能等前沿技术,建立可计算、可推理、可感知的多维动态城市时空信息、资源配置和服务供给平台,实现市政基础设施的网联和智能感知,建立城市智能交通基础设施、智慧能源基础设施。通过"数字孪生城市"和大数据、人工智能等高科技实现城乡精细化管理,提升公共交通设施的效率和安全性。聚焦应急保障技术、健康社区技术、网络人居环境技术,实现物理实体城乡管理与网络虚体城乡管理协同发展,建设"健康城市"。通过数字基础设施支撑人员、信息、货物流动,提升城市和社区治理的现代化、信息化和智能化水平,建设更聪明、更智慧的城市和社区。

3. 城乡建设向绿色制造和智能建造转变

通过创新和协同应用绿色建造、材料、信息技术,依托"智慧建设",提升城市设计技术、工程建造技术、人居环境技术、城市基础设施建设和运维技术。持续推广装配式建筑技术,发展以数字化为核心,包括工期进度、造价预算、能源消耗、设施管理的全生命周期 BIM 模型,推广应用新材料、低能耗和低排放建筑。开发新型建造装备、3D 打印技术、建筑机器人,持续提升建筑工业化和智能化建造水平,推动智能建造与建筑工业化协同发展,提高工程质量和效率,破解未来劳动力短缺的难题。在基础研究、应用研究和前沿研究集成创新基础上,不断完善住房和城乡建设标准体系,推动中国标准国际化,实现住房和城乡建设生产方式的根本转变。

4. 城乡设施向韧性提升和智慧保障转变

自然灾害和人为破坏等不确定性风险不断增加,城市基础设施老化,对城市安全构成巨大威胁,通过创新和协同应用高性能材料、绿色建造、信息技术、网络技术,全面进行城市体检和城市管网升级改造,提升建筑、城市基础设施和地下空间的安全监测、灾害感知预警、多灾种耦合性能评估及灾后功能快速恢复能力,建立数据互联互通、信息共享、互为支撑的城市安全、应急管理和风险防范系统,高效应对气候变化、突发事件、疫情防控等城市灾害风险,发挥高性能建筑材料在城乡防灾减灾中的重要应用,采用全生命周期理论和技术建设城乡基础设施,提高公共服务、城乡治理、基础设施和生态环境的应急和抗灾能力,建设"平安城市"和"韧性城市",推动"平安中国"建设。

5. 城乡资源配置向技术与资本高度融合转变

充分发挥市场在绿色技术创新领域、技术路线及创新资源配置中的决定性作用,强化企业绿色技术创新主体地位,促进人才、资金等要素向绿色技术创新领域集中,进一步推进绿色技术成果转移转化。随着绿色金融体系的逐步建立,更多社会资本将投入到绿色建筑、建筑节能、清洁能源、城乡绿色基础设施等绿色技术创新领域,推动绿色技术与资本的融合,加快塑造绿色技术创新环境,助力绿色发展方式和生活方式转变。

参考文献

[1] 刘星湄，李宇宏. 建筑行业人工智能应用现状及展望 [J]. 城市建筑，2018 (11)：6-8.

[2] 鞠松，杨晓东. 国内外人工智能技术在建筑行业的研究与应用现状 [J]. 价值工程. 2018 (4)：225-228.

[3] 朱雅菊. 区块链技术在建筑行业的应用场景展望 [J]. 工程经济. 2018 (6)：45-47.

[4] 梅松，蒋丹，楼皓光等. 区块链技术在建筑工程领域的应用研究 [J]. 建筑经济. 2019，40 (11)：5-8.

[5] 蔡得菊. 云计算助力建筑行业信息化转型 [J]. 价值工程. 2018，37 (34)：287-288.

[6] 张璐，冯锦通. 新型建筑工业化发展现状研究与思考 [J]. 四川建材. 2020，46 (8)：237-238.

[7] 蒋艺，陈明. 基于"互联网+"BIM 技术的建筑工程施工管理研究 [J]. 工程技术研究. 2020，5 (4)：151-153.

[8] 华为技术有限公司. 华为区块链白皮书 [R]. 2018.

[9] IDC Corporate USA. IDC FutureScape：全球云计算 2020 年预测——中国启示. 2020.

[10] 李雪凝. 大数据在建筑行业中应用实践和展望 [J]. 中国市政工程. 2018 (2)：1-3.

[11] 施巍松，张星洲，王一帆等. 边缘计算：现状与展望 [J]. 计算机研究与发展. 2019 (1)：73-93.

[12] 吴宏杰，沈华祥，凌华靖等. 基于边缘计算的建筑设备状态感知模型与应用 [J]. 计算机工程与应用. 2019 (18)：263-270.

[13] 袁雁兵，朱永占. 物联网技术在智慧城市建设中的应用研究 [J]. 建筑工程技术与设计. 2017 (26)：110.

[14] 严逸超. 5G 时代背景下物联网技术在智慧城市建设中的应用研究 [J]. 通讯世界. 2020 (1)：118-119.

[15] 姜萌. 物联网+BIM 在工程运维管理中的应用 [J]. 建材与装饰. 2020 (9)：149-150.

[16] 孟卉，李渊，张宇. 基于 BIM+理念的建筑文化遗产数字化保护探索 [J]. 地理空间信息. 2019 (3)：20-23.

[17] 郭文强. 基于"BIM+VR"的建筑可视化设计方法及应用研究 [D]. 北京：北京交通大学，2017.

[18] 胡瑛，张玮. BIM 技术在装配式建筑中的运用 [J]. 建筑经济. 2020 (6)：125-126.

[19] 康宁. BIM 在工程建设当中的应用前景 [J]. 绿色环保建材. 2020 (1)：214.

[20] 刘喆，周瑞. 基于 BIM 的装配式建筑智慧建造应用研究 [J]. 智能建筑与智慧城市. 2019 (4)：45-46.

[21] 史少英，王伟君. BIM 技术在国内建设项目中的应用研究和分析 [J]. 工程建设与设计. 2020 (6)：263-266.

[22] 王明省，邓兴栋，郭亮等. 基于智慧时空信息云的 CIM 平台搭建及应用 [J]. 软件. 2020，41 (5)：83-86.

[23] 许镇，吴莹莹，郝新田. CIM 研究综述 [J]. 土木建筑工程信息技术. 2020，12 (3)：1-7.

[24] 陶飞，刘蔚然，张萌等. 数字孪生五维模型及十大领域应用 [J]. 计算机集成制造系统. 2019，25 (1)：1-18.

[25] 周奎翰,李刚,田亚娜. 数字孪生城市中边云协同互联方案 [J]. 数字化用户. 2019, 25 (26): 139.

[26] 刘刚,谭啸,王勇. 基于"数字孪生"的城市建设与管理新范式 [J]. 人工智能. 2019 (6): 58-67.

[27] 贾良玖,董洋. 高性能钢在结构工程中的研究和应用进展 [J]. 工业建筑, 2016, 46 (7): 1-9.

[28] 王庆敏,王忠民,刘应心. 高层建筑用耐火钢研究与应用综述 [J]. 宽厚板, 2020, 26 (4): 45-48.

[29] 周昊,李萍,杨王辉. 耐候钢在国内外的发展、应用与前景 [J]. 山东冶金, 2018, 40 (6): 21-24.

[30] 王瑞麒. 钛金属材料在建筑结构工程中的应用 [J]. 中国金属通报, 2018 (1): 146-147.

[31] 李敏,王逸玮,黄丽颖. 我国发展建筑用钛的机遇和挑战 [J]. 钛工业进展, 2017, 34 (4): 5-8.

[32] 石永久,程明,王元清. 铝合金在建筑结构中的应用与研究 [J]. 建筑科学, 2005 (6): 7-11.

[33] 张爽,杨明,孙礼庄等. 铝合金装配式建筑的发展前景与应用 [J]. 科学技术创新, 2020 (2): 112-113.

[34] 杨惠庆. 浅析高层建筑铝合金模板技术在建筑工程中的应用 [J]. 四川水泥, 2020 (1): 338.

[35] 刘艳辉,杜鹏. 金属蜂窝夹层板的研究进展 [J]. 机械制造与自动化, 2013, 42 (1): 9-11, 15.

[36] 蔡振兴. 高性能水泥基复合材料的性能分析及应用研究概述 [J]. 山东工业技术, 2019 (1): 49.

[37] 赵素晶. 超高性能水泥基复合材料的力学性能和微结构研究 [D]. 南京: 东南大学, 2016.

[38] 马晋东. 建筑膜材的高温力学性能试验研究 [D]. 哈尔滨: 哈尔滨工业大学, 2018.

[39] 吴崎云. 新型材料在建筑改造中的应用 [J]. 住宅与房地产, 2019 (33): 88.

[40] 黄衡,肖长发,王纯等. 乙烯-四氟乙烯共聚物中空纤维膜的制备及性能 [J]. 高分子材料科学与工程, 2019, 35 (6): 117-123.

[41] 王晓敏. 复合材料在土木工程中的发展与应用分析 [J]. 建材与装饰, 2019 (33): 57-58.

[42] 蓝茜,张海燕. 近现代中国木结构建筑的发展与展望 [J]. 智能建筑与智慧城市, 2020 (1): 44-47.

[43] 金银慧,朱建伟,付宁等. 木质工程材料在木结构建筑中的设计与应用 [J]. 工程建设与设计, 2020 (2): 5-6.

[44] 郭莹洁,曲可鑫,张兰英等. 我国装配式木结构建筑产业发展概述 [J]. 城市住宅, 2020, 27 (1): 30-35.

[45] 丁永刚,孙蕾,李学森等. 不同类型纳米粒子改性涂层对混凝土疏水和抗冻性能的影响 [J]. 新型建筑材料, 2019, 46 (8): 154-158.

[46] 杨光,邓安仲. 多色系复合型建筑节能涂层的制备及性能 [J]. 电镀与涂饰, 2017, 36 (14): 736-740.

[47] 李洁. 钢结构涂层在多因素影响下的耐风沙冲蚀性能研究 [D]. 呼和浩特: 内蒙古工业大学, 2019.

[48] 蔡东宝. 自清洁涂层制备工艺的研究与应用 [D]. 西安: 西安建筑科技大学, 2018.

[49] 洪声隆. 建筑阻燃防火材料研究现状、存在问题及解决对策 [J]. 消防技术与产品信息, 2010 (1): 15-18.

[50] 吴琛. 建筑阻燃防火材料应用及技术研究 [C]. 2012年中国消防协会防火材料分会与建筑防灾专业委员会学术会议. 2012.

[51] 马圣波. 有关阻燃剂在建筑材料防火的应用 [J]. 化学工程与装备, 2014 (4): 181-182.

[52] 刘洋. 环保型建筑节能材料的特性及应用发展趋势 [J]. 中国资源综合利用, 2019, 37 (9): 165-168.

[53] 吴超,胡杰. 绿色节能建筑材料在建筑工程中的应用 [J]. 建材发展导向（下）, 2019, 17 (10): 53-55.

[54] 曾健,陈永锋,冼定邦等. 建筑陶瓷大板幕墙干挂技术 [J]. 佛山陶瓷, 2020, 30 (1): 42-44.

[55] 郭劲言, 杜润平. 高分子材料在建筑领域中的研究进展 [J]. 内蒙古煤炭经济, 2015 (11): 30-32.

[56] 陈卓然. 浅谈智能高分子材料在建筑工程中的应用 [J]. 建筑工程技术与设计, 2018 (23): 4442.

[57] 韦宗珍. 建筑材料中纳米技术的应用 [J]. 建筑工程技术与设计, 2017 (10): 702.

[58] 张瑞锐, 郭永聪, 罗刚等. 纳米材料在绿色建筑中的应用及其挑战 [J]. 硅酸盐通报, 2014, 33 (6): 1408-1412.

[59] 宋振, 李俊领, 李岩. 纳米隔热涂膜玻璃的节能性能分析 [J]. 建筑节能, 2014, 42 (10): 32-35.

[60] 马伟伟. 石墨烯的制备及其在建筑防水领域中的应用研究探索 [J]. 中国建筑防水, 2019 (6): 7-10.

[61] 付饶. 石墨烯建筑材料的研究应用现状及前景展望 [J]. 天津建设科技, 2019, 29 (6): 44-50.

[62] 王永胜, 翟龙, 胡峻铭等. 智能混凝土应用技术研究综述 [J]. 四川水泥, 2017 (12): 176.

[63] 黄小坤, 段树坤, 刘强等. 玻璃结构研究进展与工程实践 [J]. 建筑结构学报, 2020, 41 (6): 1-20.

[64] 王建军, 刘红梅, 倪红军等. 3D 打印技术在建筑领域的应用现状与展望 [J]. 建筑技术, 2019, 50 (6): 729-732.

[65] 李忠富, 何雨薇. 3D 打印技术在建筑业领域的应用 [J]. 土木工程与管理学报, 2015, 32 (2): 47-53.

[66] 工业和信息化部. 国家增材制造产业发展推进计划 (2015~2016 年). 2015.

[67] 王康, 黄筱调, 袁鸿. 3D 打印技术最新进展 [J]. 机械设计与制造工程, 2015, 44 (10): 1-6.

[68] 徐广红, 陈兵, 杨隆庆等. 新型高楼幕墙清洗机器人的研制及安全性分析 [J]. 机械设计与制造, 2017 (2): 258-262.

[69] 张雪. 探析我国城镇污水处理厂现状与发展趋势 [J]. 中国战略新兴产业, 2018 (24): 40-41.

[70] 汤磊. 浅谈污水处理厂污泥处置现状及产业化发展建议 [J]. 化工管理, 2019 (6): 151-152.

[71] 国家住宅与居住环境工程技术研究中心. 中国健康住宅 20 年 [M]. 北京: 中国建筑工业出版社, 2017.

[72] 韩继云等. 老旧建筑安全鉴定及综合改造 [M]. 北京: 中国建筑工业出版社, 2018.

[73] 商务部. 国家应急救灾物资调度协调系统建设关键技术研究与示范 (技术报告). 2014.

[74] 中国科学院电子学研究所. 智能化机动式应急救灾安置综合体关键技术研究 (技术报告). 2015.

[75] 国家卫生健康委健康科学大数据中心. 智能化社区应急与综合治理实验项目 (项目报告). 2020.

[76] 住房和城乡建设部科学技术委员会科技协同创新专业委员会. 以数字化技术支撑完整居住社区建设发展 (专题报告). 2020.

[77] 程海丽, 杨飞华, 张杰. 改性建筑垃圾作为橡胶填料的可行性研究 [J]. 环境污染与防治, 2011, 33 (1): 27-29, 35.

[78] 李海明. 我国城市建筑垃圾资源化利用研究进展与展望 [J]. 建筑技术, 2013, 44 (9): 795-797.

[79] 董楠楠, 张昌夷. 近 40 年德国立体绿化研究历程及启示 [J]. 中国城市林业, 2018, 16 (4): 7-11.

[80] 志成, 琳达·贝拉斯克斯. 德美日的"第五面生态建筑" [J]. 中外企业文化, 2015 (2): 46-49.

[81] 孙健, 李亚齐, 胡春等. 日本屋顶绿化建设对我国的启示 [J]. 广东农业科学, 2012, 39 (11): 65-68.

[82] 罗淞雅. 立体绿化在城市中的研究与应用 [J]. 资源节约与环保, 2016 (7): 63.

[83] 程士榛. 北京市城区屋顶绿化建设现状及其未来设计策略研究 [D]. 海口: 海南大学, 2019.

[84] Maria Beatrice Andreucci, Alessio Russo, Agnieszka Olszewska-Guizzo. Designing Urban Green Blue Infrastructure for Mental Health and Elderly Wellbeing. 2019, 11 (22).

[85] Yangang Xing, Phil Jones, Iain Donnison. Characterisation of Nature-Based Solutions for the Built

Environment [J]. Sustainability, 2017, 9 (1).

[86] 余静, 王昭. 城市立体绿化困境的社会成因及其对策探讨 [J]. 四川环境, 2019, 38 (4): 99-104.

[87] 林书亮. 深圳地区立体绿化现状及存在问题研究 [J]. 中国园艺文摘, 2017, 33 (12): 74-77.

[88] 朱金雅. 城市立体绿化发展现状及对策探讨 [J]. 绿色科技, 2015 (7): 139-140.

[89] 谭一凡. 国内外屋顶绿化公共政策研究 [J]. 中国园林, 2015, 31 (11): 5-8.

[90] 朱建军, 李志伟, 胡俊. InSAR 变形监测方法与研究进展 [J]. 中南大学地球科学与信息物理学院, 2017 (10).

[91] 许才军, 何平, 温扬茂等. InSAR 技术及应用研究进展 [J], 测绘地理信息, 2015, 40 (2).

[92] Wegmüller U, Walter D, Spreckels V, et al. Nonuniform Ground Motion Monitoring With Terra-SAR-X Persistent Scatterer Interferometry [J]. IEEE Transactions on Geoscience & Remote Sensing, 2010, 48 (2): 895-904.

[93] 王腾. 基于时间序列 SAR 影像分析方法的三峡大坝稳定性监测 [J]. 中国科学: 地球科学. 2011 (1).

[94] 何秀凤, 仲海蓓, 何敏. 基于 PS-InSAR 和 GIS 空间分析的南通市区地面沉降监测 [J]. 同济大学学报（自然科学版）, 2011, 39 (1): 129-134.

[95] 罗三明, 杜凯夫, 畅柳等. 基于 PS-InSAR 方法反演北京地区地表沉降速率 [J]. 大地测量与地球动力学, 2014, 34 (1): 43-46.

[96] 赵亿, 钱乐, 杨魁. 探讨 InSAR 技术在城市建筑物沉降监测中的精度 [J]. 城市勘测, 2015 (3): 115-119.

[97] 陈滔, 葛春青, 陶舒等. 小基线合成孔径雷达干涉测量算法及其应用 [J]. 测绘科学, 2015, 40 (11): 96-99, 126.

[98] 杨魁, 刘俊卫. 城市建筑物永久散射体识别策略研究 [J]. 城市勘测, 2016 (2): 84-87.

[99] 张跃, 孙显. 基于 InSAR 相干系数统计建模的建筑物检测 [J]. 国外电子测量技术, 2017, 36 (4): 36-39, 51.

[100] Min Xiao, Yaolin Lin, Jie Han, Guoqiang Zhang. A review of green roof research and development in China [J]. Renewable and Sustainable Energy Reviews, 2014 (40).

[101] 李欣蕊, 李运远. 以植物体现建筑生态性的建筑模式——植物建筑 [J]. 建筑与文化, 2015 (11): 94-95.

[102] 余虹亮. 基于倾斜摄影的城市三维重建方法研究 [D]. 南宁: 广西大学, 2016.

[103] 项小伟. 近景摄影辅助倾斜摄影的影像匹配及三维建模研究 [D]. 太原: 太原理工大学, 2019.

[104] 廉淼. 无人机倾斜摄影在 BIM 技术中的应用 [D]. 太原: 太原理工大学, 2019.

[105] 任超锋. 航空视频影像的正射影像制作关键技术研究 [D]. 武汉: 武汉大学, 2014.

[106] 潘舒放. 基于云技术的变形监测数据管理系统 [J]. 工程建设与设计, 2017 (4): 202-203.

[107] 杨小虎, 王小平. 基于物联网的变形监测系统设计 [J]. 科学技术创新, 2019 (28): 83-84.

[108] 李鹏. 北斗与 GPS 在桥梁变形监测中的对比分析 [J]. 北京测绘, 2020, 34 (1): 92-95.

[109] 于雪飞. 基于云平台的危房健康监测系统研究 [J]. 科技创新导报, 2019, 16 (18): 152-154.

[110] 李兵, 吕扬, 周庆等. 机载激光雷达技术在北方河道整治中的应用 [J]. 北京测绘, 2018, 32 (3).

[111] 赖广平. 机载激光雷达系统在测绘领域的应用 [J]. 环球市场, 2019 (30): 378.

[112] 龚健雅, 季顺平. 从摄影测量到计算机视觉 [J]. 武汉大学学报（信息科学版）. 2017 (11): 1518-1522, 1615.

[113] 焦亮. 基于机器视觉的精密零件高精度测量与自动化装配系统的软件及实验研究 [D]. 广州: 华南理工大学, 2016.

[114] 董迪. 基于机器视觉的高精度测量系统研究 [D]. 沈阳: 沈阳工业大学, 2016.

[115] 宁津生. 测绘科学与技术转型升级发展战略研究 [J]. 武汉大学学报（信息科学版）, 2019, 44 (1): 1-9.

[116] 刘公绪, 史凌峰. 室内导航与定位技术发展综述 [J]. 导航定位学报, 2018, 6 (2): 7-14.

[117] 谢地, 鲁照权, 丁浩峰. 基于超声波测距的高精度室内定位系统 [J]. 传感器与微系统, 2019 (10).

[118] 冯星明, 倪冰. 主流室内定位技术应用研究 [J]. 现代建筑电气, 2017 (2): 24-28.

[119] 肖剑锋, 李东新. 混凝土施工中几种定位技术的分析比较 [J]. 国外电子测量技术, 2018 (7).

[120] 姜浩. UWB室内定位技术在火电厂安全管理中的应用 [J]. 中国电业, 2019 (12): 96-98.

[121] 肖岩, 李冀, 唐朝云等. 高精度室内外一体化定位技术及其在电缆通道巡检中的应用 [J]. 无线互联科技, 2019 (14): 167-168.

[122] 何斌, 王菲, 王志鹏. 基于UWB定位系统的建筑数字孪生应用 [J]. 建筑技艺, 2019 (9).

[123] 朱建军, 李志伟, 胡俊. InSAR变形监测方法与研究进展 [J]. 测绘学报, 2017, 46 (10): 1717-1733.

[124] 蔡永俊. 调频连续波合成孔径雷达成像研究与系统实现 [D]. 北京: 中国科学院国家空间科学中心, 2016.

[125] 李春升, 王伟杰, 王鹏波等. 星载SAR技术的现状与发展趋势 [J]. 电子与信息学报, 2016, 38 (1): 229-240.

[126] Soni R, Bhatia M, Singh T. Digital twin: intersection of mind and machine [J]. International Journal of Computational Intelligence and IoT, 2019, 2 (3): 667-670.

[127] Haag S, Anderl R. Digital twin-proof of concept [J]. Manufacturing Letters, 2018 (15): 64-66.

[128] Delbrügger T, Lenz L T, Losch D, Rossmann J. A navigation framework for digital twins of factories based on building information modeling. In Proceedings of the 22nd IEEE International Conference on Emerging Technologies and Factory Automation (ETFA). Limassol, Cyprus: IEEE, 2017: 1-4.

[129] 何关培. BIM总论 [M]. 北京: 中国建筑工业出版社, 2011.

[130] 住房和城乡建设部. 城市信息模型（CIM）基础平台技术导则. 2020.

[131] 沈学民, 承楠, 周海波等. 空天地一体化网络技术: 探索与展望 [J]. 物联网学报, 2020 (3).

[132] 刘丹丹, 赵永生, 岳莹莹等. BIM技术在装配式建筑设计与建造中的应用 [J]. 建筑结构, 2017, 47 (15): 36-39, 101.

[133] 丁烈云, 徐捷, 覃亚伟. 建筑3D打印数字建造技术研究应用综述 [J]. 土木工程与管理学报, 2015, (3): 1-10.

[134] 邵志刚, 衣宝廉. 氢能与燃料电池发展现状及展望 [J]. 中国科学院院刊, 2019, 34 (4): 469-477.

[135] 李久林. 智慧建造——智慧城市建设之路 [R]. 2017.

[136] 戴文莹. 基于BIM技术的装配式建筑研究 [D]. 武汉: 武汉大学, 2017.

[137] 肖志强, 路长平, 郭世勇等. 兰渝线四电BIM综合应用平台 [J]. 铁路技术创新, 2015 (3): 99-103.

[138] 陈骏, 程剑, 伍永祥等. 装配式混凝土结构工具式集成施工方法应用研究 [J]. 施工技术, 2018 (22): 56-59.

[139] 吕明. 装配式建筑发展存在的问题及对策分析 [J]. 绿色环保建材, 2018 (12): 225.

[140] 刘康. 预制装配式混凝土建筑在住宅产业化中的发展及前景 [J]. 建筑技术开发, 2015 (1): 7-15.

[141] 杨尚荣. 预制装配式模块化建筑结构设计研究［D］. 广州：广州大学，2018.
[142] 赵倩. 国内外装配式建筑技术体系发展综述［J］. 广州建筑，2018，46（4）：3-5.
[143] 王小盾，陈志华，白晶晶等. 钢木组合结构的研究现状与发展前景［C］. 2011 全国钢结构学术年会论文集，2011.
[144] 严建华，王飞，谢小青等. 城镇污水处理厂污泥减量化、无害化与综合利用关键技术研究与示范工程［J］. 给水排水. 2013（9）：9-13，135-136.
[145] 朱明璇，李梅等. 污泥处置技术研究综述［J］. 山东建筑大学学报. 2018，33（6）：63-68.
[146] 刘占省，刘诗楠，赵玉红等. 智能建造技术发展现状与未来趋势［J］. 建筑技术，2019，595（7）：5-12.
[147] 程碧华，汪霄，潘婷. 3D 打印技术在建筑领域的应用及问题探析［J］. 科技管理研究，2018，38（7）：172-177.
[148] 李朋昊，李朱锋，益田正等. 建筑机器人应用与发展［J］. 机械设计与研究，2018，34（6）：33-37.
[149] 韩靓. 智能制造时代下机器人在建筑行业的应用［J］. 建筑经济，2018，39（3）：23-27.
[150] 沈海晏，张维贵，刘静等. 高层建筑施工机器人的发展与展望［J］. 施工技术，2017，46（8）：105-108.
[151] 周俊. 先进制造技术［M］. 北京：清华大学出版社，2014.
[152] 李博，张勇，刘谷川等. 3D 打印技术［M］. 北京：中国轻工业出版社，2017.
[153] 张明文. 工业机器人基础与应用［M］. 北京：机械工业出版社，2018.

致 谢

本书的内容大量参考和引用了公开发表的学术论文、研究报告、技术文件和其他文献资料，未能一一明确列举和标注，本书编制组特向参考和借鉴的每篇参考文献的作者致以诚挚的谢意。

本书在编制过程中得到了行业各级领导和技术专家的支持，提供了技术发展建议报告、研究项目建议书和报告修改意见，住房和城乡建设部科学技术委员会各专业委员会的专家提供了重要的修改意见，本书编制组真诚感谢为本书作出贡献的每位行业领导和技术专家。